U0503754

中文社会科学引文索引（CSSCI）来源集刊
上海交通大学国家文化产业创新与发展研究基地 云南大学文化发展研究院 主办

中国文化产业评论 第30卷

Commentary on Cultural Industry in China

胡惠林 李炎 主编
单世联 林艺 凌金铸 副主编

上海人民出版社

目　录

文化产业与文化经济

文化治理

文化旅游

特　　稿

第 30 卷

Commentary on Cultural Industry in China

为中国文化产业修志立志

——《上海市志·文化产业分志》序

中华文化促进会副主席、原国家文化部首任文化产业司司长　王永章

《上海市志·文化产业分志》(以下简称"《上海文化产业志》")出版了,主编胡惠林教授嘱我为《上海文化产业志》写个序。为文化产业修志立志,这是中国文化产业发展的一件大事,我慨然应允。

文化产业是文化建设与发展的重要载体,是现代文化建设最重要的社会生产机制和文化发展形态。没有文化产业就没有现代社会发达的现代文化形态。上海是近代以来中国文化产业的策源地之一,早在20世纪30年代就初露端倪,至20世纪60年代已初步形成当代中国较为完备的社会主义文化体系,为新中国文化产业发展作出了不可替代的贡献。

1978年,中共十一届三中全会作出党的工作重心转移的战略决策后,上海于1985年率先在全国召开上海文化发展战略研讨会,第一次把文化发展战略纳入中国社会主义文化建设与发展的进程之中,文化产业发展成为其中的重要议题,并由此开展了上海的文化产业理论研究与政策研究。邓小平南方谈话关于"计划和市场"兼容理论的提出,中共十四大关于建设社会主义市场经济体制改革目标的重大决策,中国加入世界贸易组织(WTO)面临的政策与制度性挑战,为中国文化产业发展提供了重要历史机遇和时代环境。中共十六大提出"积极发展文化事业与文化产业",是新中国成立以来文化政策的重大创新,为建设中国特色社会主义文化开辟了新的道路。上海文化产业进入深化文化体制改革、重塑文化产业体系的新的历史发展阶段,先后组建了文新报业集团、世纪出版集团、上海演出总公司等新的文化产业组织。上海盛大网络的迅速崛起,不仅领跑了中国网络游戏产业,丰富和扩大了文化产业的范畴,而且为非公有制文化资本进入文化产业领域树立了可复制的经验。中国上海国际艺术节、上海国际电影节等活动的举办,不仅有力推动了社会主义文

化的繁荣和发展，而且为全国文化艺术活动的市场化运作创造了新鲜的经验。

中共十八大以来，进入中国特色社会主义建设新时代，建设现代文化产业体系与建设现代公共文化服务体系、建设现代文化市场体系一同构成新时代中国特色社会主义文化建设与创新发展的新要求和新目标。习近平总书记“一带一路”倡议和构建人类命运共同体目标的提出，在为建设中国与世界新型关系的同时，对中国文化产业建设与发展提出新的目标，赋予新的使命。文化产业兼具意识形态和商品经济的双重属性。意识形态工作在我国文化建设中具有极端重要性。“总体国家安全观”关于文化安全是维护国家安全重要保障的论述，赋予了中国文化产业发展的根本价值观：不忘初心，牢记使命，为实现中华民族伟大复兴的中国梦而奋斗。

文化产业发展是改革开放以来中国取得的最伟大的成就之一，也是新中国成立 70 年来社会主义文化建设与发展的重要标志。把这一伟大的创举记录下来，著书立志，将是一件前无古人、后启来者的历史伟业。上海文化产业的发展，是改革开放以来中国文化产业发展的一个缩影。编撰《上海文化产业志》，无疑将引领风气之先，开历史之先河，为有着数千年修志传统的中国，再增添一个新的志类。

文化产业与其他行业不同，是一个以生产文化产品和提供文化服务为核心的产业部门，既有很强的行业属性，又有很强的政策特性。同时，文化产业还是一个不断发展中的社会文化生产系统，与人们的社会生活和国家的政治经济有着非常密切的关系。随着社会生产力的发展而不断成长发展是它的一大特点。文化产业的每一次创造性发展都包含着极为丰富的政治、政策、制度、体制等方面的重要历史信息。把它的每一次创造性发展记录下来，让后人更好地了解和认识中国文化产业的发展历程，是编修《上海文化产业志》的重大价值和意义。它将为今后编撰《中国文化产业志》提供一个案例与范本，也会为各地编修《文化产业志》提供很好的借鉴与参考。

40 年来的中国文化产业发展，为新中国 70 年的壮丽诗篇增添了浓墨重彩的一笔。不仅历史需要，现实也需要为中国文化产业修志立志，这应该是当前文化工作者一项义不容辞的历史责任。

我对《上海市志 · 文化产业分志》的出版表示热烈祝贺，同时更期待着《中国文化产业志》的早日问世！

是为序。

文化与经济共同富裕：实施“八八战略”以来浙江发展文化产业的探索

乔治华盛顿大学　陈希颜　中共浙江省委党校　陈立旭

［内容提要］“八八战略”是进入21世纪后浙江省作出的全面规划未来经济和社会发展的重大战略决策和部署。加快发展文化产业是“八八战略”中加快建设文化大省的重要内容。实施“八八战略”以来，历任省委坚持一张蓝图绘到底，在不同历史条件下，不断完善文化产业发展政策、体制机制，加快培育国有和民营文化产业发展主体，不断优化文化产业发展环境，不断推动文化产业发展跃上新台阶。在大力发展经济的同时，大力发展文化产业，走文化与经济共同发展、共同富裕之路，是这一探索的鲜明特征。

［关键词］“八八战略”；浙江；文化产业；文化大省

2021年5月20日，《中共中央　国务院关于支持浙江高质量发展建设共同富裕示范区的意见》正式发布。这不仅标志着我国在全面建成小康社会之后，已经把扎实推动共同富裕取得更为明显的实质性进展摆上了重要议事日程，而且也标志着浙江将在我国扎实推动共同富裕取得更为明显的实质性进展征程中发挥先行探索与示范作用。实现精神富有，是实现共同富裕的重要内容，而发展文化产业则不仅是实现精神富有的重要途径，而且也是推动高质量发展建设共同富裕示范区的题中应有之义。

21世纪初期，浙江主要经济指标已经位居全国前列，但也面临着“先天不足”“成长烦恼”和“先发问题”。中共浙江省委对这一“浙江现象”以及破解浙江发展瓶颈等进行了深入思考，形成了推动浙江继续“走在全国前列”、引领浙江新一轮发展总方略的“八八战略”。在这个背景下，浙江省委把加快发展文化产业作为加快建设文化大省的重要内容。实施“八八战略”以来，历任省委坚持一张蓝图绘到底，在不同历史条件下，不断推动文化产业发展跃上新台阶。浙江文化产业不仅在满足人民群众文化需求、实现精神富有中发挥越来越重要的功能，而且在推动经济结构调整、转变经济发展方式、培育新的经济增长点、推动高质量发展建设共同富裕示范区中也凸显出越来越重要的作用。

一、加快建设文化大省与发展文化产业的思考与探索

党的十六大以来，党中央对浙江明确提出了“努力在全面建设小康社会、加快推进社会主义现代化的进程中继续走在前列”的要求和期望。在全面调查研究基础上，中共浙江省委对“浙江现象”以及浙江如何破解“成长烦恼”“先发问题”“先天不足”等，进行了深层思考，形成了引领浙江新一轮发展，推动浙江“干在实处、走在前列”的新理念，围绕统筹推进经济建设、政治建设、文化建设、社会建设、生态文明建设和党的建设，先后作出了一系列决策部署。

在 2003 年 7 月召开的中共浙江省委十一届四次全体(扩大)会议上，省委书记习近平系统阐述了进一步发挥“八个方面优势”、推进“八个方面举措”的“八八战略”，着力于解决浙江如何全面深化改革，实现经济、政治、文化、社会、生态协调发展等关键性和全局性问题。2004 年 5 月，中共浙江省委十一届六次全会作出了全面建设“平安浙江”、促进社会和谐稳定的决策部署。2005 年 7 月，中共浙江省委十一届八次全会作出了关于加快建设文化大省的决策部署。2006 年 4 月，中共浙江省委十一届十次全会作出了建设“法治浙江”的战略部署。党的建设贯穿于浙江各项建设之中。2003 年 7 月，中共浙江省委十一届四次全会作出了关于进一步加强和改进党的建设的决定。2004 年 10 月，中共浙江省委十一届七次全会作出了关于切实加强党的执政能力的意见，提出了“巩固八个基础、增强八种本领”的要求。2005 年 1 月至 2006 年 6 月，中共浙江省委按照中央统一部署，扎实推进党员先进性教育，在加快推进经济、政治、文化、社会、生态文明建设的同时，加快推进党的思想、组织、作风、制度建设。

实施“八八战略”以及建设平安浙江、文化大省、法治浙江和加强党的执政能力建设等一系列决策部署，是党中央推进中国特色社会主义的总体部署在浙江的具体体现，构成了省域经济、政治、文化、社会、生态文明建设和党的建

设的总体布局。在这个总体布局中，“八八战略”着力于解决浙江如何实现科学发展和转变发展方式、如何全面建设小康社会、继而率先实现现代化等重大问题，是推动浙江发展的总纲领、各项工作的总方略，建设“平安浙江”是推动社会建设、构建和谐社会的主要载体，加快建设文化大省是发展社会主义先进文化的重要举措，建设“法治浙江”是发展社会主义民主政治的有效途径，加强党的执政能力建设和先进性建设为此提供根本保证。这一系列决策部署的贯彻实施，有力地推动了浙江工作继续走在全国前列。

在这一系列决策部署中，加快建设文化大省战略部署具有重要的地位和意义。从人民群众实践中，习近平认为，改革开放以来的浙江发展历程，充分显示了优秀传统文化的突出优势、强大生命力和时代价值。在政策并无特殊、陆域资源并不丰富、农业比重大、工业基础薄弱的情况下，浙江成为全国经济发展最好最快的省份之一，其深层原因，就在于文化的力量，在于区域文化中富于创造力的基因与当今时代精神的有机结合。工厂和项目，谁都可以竞争，但经济与文化相互交融所形成的强大的软实力，不是其他地方在短时间内所能赶得上的。改革开放以来的浙江实践表明，“文化的力量最终可以转化为物质的力量，文化的软实力最终可以转化为经济的硬实力”①。

对浙江现象深层原因以及破解“先天不足”“先发问题”和“成长烦恼”等的思考，习近平指出，“文化是民族的灵魂，是维系国家统一和民族团结的精神纽带，是民族生命力、创造力和凝聚力的集中体现。文化的力量是民族生存和强大的根本力量。中华民族历史悠久、饱经沧桑，几经分合，几遭侵略，都不能被分裂和消亡，始终保持着强大的生命力，根本原因就在于我们具有源远流长、博大精深的文化内涵”②。他把文化力量、精神力量比喻为经济发展的“助推器”、政治文明的“导航灯”、社会和谐的“黏合剂”。文化要素是综合竞争力的核心要素。在当今世界，文化软实力已经成为一个国家或地区综合实力的重要组成部分。由经济、科技、军事实力等体现的“硬实力”和由文化、意识形态吸引力等体现的“软实力”组成的综合实力竞争日趋激烈。一方面，经济、科技、军事等硬实力构成了一个国家或地区综合实力的基础，“要成为一个大国……必须有可使国家欣欣向荣的经济基础”③，“一国经济和军事的衰落不仅使其丧失硬力量，也使其丧失部分影响国际议程的能力，并丧失自身的部分

①② 习近平：《干在实处　走在前列》，中共中央党校出版社2006年版，第293页。

③ [美]保罗·肯尼迪：《大国的兴衰：1500—2000年的经济变迁与军事冲突》，陈景彪等译，国际文化出版公司2006年版，第7页。

吸引力"[①]。另一方面,文化软实力越来越成为一个国家或地区综合实力的重要因素。"一国的软实力主要依赖于三种基本来源:它的文化(在对他人有吸引力的地方发挥作用)、它的政治价值观(当它在国内外遵循这些价值观时发挥作用)以及它的对外政策(在他人认为这些政策合法且具有道德权威时发挥作用)。"[②]大多数研究战后史的历史学家都认为,"除了军队和金钱之外,美国在战后欧洲推动其软实力目标的能力还受到文化和思想的强烈影响"[③]。在新的历史条件下,浙江能否破解发展"瓶颈",实现新的"突围",不断增强综合实力和国际竞争力,继续走在全国前列,很大程度上取决于对发展先进文化的深刻认识和高度自觉、取决于文化建设推进的力度。从经济的角度看,任何经济离不开文化的支撑,文化赋予经济发展以深厚的人文价值,文化赋予经济发展以极高的组织效能,文化赋予经济发展以更强的竞争力。因此,"在新的历史条件下,我们必须坚持先进文化的前进方向,进一步弘扬和发展浙江精神,不断发掘其历史积淀,不断丰富其现实内涵,实现浙江人文精神的与时俱进,使之与社会主义市场经济发展的要求结合得更加紧密,与人民群众积极性和创造性的发挥结合得更加紧密,从而不断增强浙江经济社会发展的软实力,不断创造浙江经济社会发展的新优势"[④]。

正是在这一背景下,发展文化产业作为增强浙江区域发展的文化软实力、满足人民群众精神文化需求、破解发展难题、培育新的经济增长点、推动经济结构调整和经济发展方式转变的重要途径,而凸显了越来越重要的地位和作用。

首先,从软实力、文化力、文化竞争力的高度,对发展文化产业的地位和意义进行了深入的阐述。习近平认为,"发展文化产业,首先是文化本身发展的必然要求,当代文化竞争在很大程度上取决于文化产业的竞争,软实力、文化力必然通过文化产业的竞争力来加以体现。"[⑤]这就表明,文化产业发展水平是衡量文化竞争力和文化软实力的重要尺度。不仅如此,发展文化产业也是满足人民文化需求的重要途径。文化产业"既然是一个产业,就要按照市场经济的规律来发展,也就是说,只有把文化产品变成商品,变为广大群众的消费,

① [美]约瑟夫·奈:《软力量——世界政坛成功之道》,吴晓辉等译,东方出版社 2005 年版,第 9 页。

② [美]约瑟夫·奈:《论权力》,王吉美译,中信出版社 2015 年版,第 101 页。

③ 同上,第 116 页。

④ 习近平:《干在实处　走在前列》,中共中央党校出版社 2006 年版,第 319 页。

⑤ 同上,第 331 页。

才能实现经济价值和社会效益，也才能最大限度地体现文化的宣传教育功能，强化它的意识形态属性，达到以优秀作品鼓舞人的目的”①。这就表明，文化产业不仅具有经济功能、娱乐功能，更重要的是还具有宣传教育功能、意识形态功能、文化传播功能。发展文化产业，推动文化消费，既有助于实现文化产品的经济价值、经济效益，也是实现文化产品意识形态功能、宣传教育功能、文化传播功能的有效途径。

与传统的自然经济社会形成鲜明对照，在当今社会，伴随着文化产业和文化市场的兴起，一个国家和地区的文化传播力和影响力，已经在很大程度上取决于其文化产业发展程度以及文化产品的市场占有率和流通率。冷战结束后，西方文化特别是美国文化迎来了挟全球化之力大规模扩张的历史性机遇。美国价值观伴随英语、好莱坞影片、可口可乐、麦当劳等迅速扩散到世界各个角落，全球化甚至一度被不少人等同于“西方化”“美国化”。“尽管像马歇尔计划这样的政府计划是重要的，但历史学家们同样强调非政府行为的影响力。‘美国公司和广告主管以及好莱坞电影公司的负责人向世界其他地区销售的不只是他们的产品，还有美国的文化和价值观，以及美国成功的秘密。’正如一位挪威学者所说：‘联邦主义、民主和开放市场代表了美国的核心价值观，这是美国要向外输出的。’美国因此而更容易维持它所称的‘受邀请的帝国’。”②正是在这个背景下，加快发展文化产业的重要性进一步凸显了出来。文化产业已经成为一个国家和地区文化软实力的重要组成部分、综合实力的重要构成因素。

其次，从推进经济结构调整和转变经济发展方式的高度，阐述了发展文化产业的战略地位。

对如何破解浙江“成长烦恼”“先发问题”，推动科学发展进行了深入思考后，习近平指出，发展观必须回答“什么是发展?”“为什么要发展?”“怎样发展?”“如何评价发展?”四个基本问题。“我们仍然需要GDP，但经济增长不等于发展，也必须明确经济发展不是最终目的，以人为中心的社会发展才是最终目标。”“发展必须是可持续的。这些道理一经揭示出来，看似浅显易明，但不揭示出来，可能在实践中就忽略了；一旦忽略，就出现许多问题，有些问题积重难返，就非下‘虎狼之药’不可。”③就浙江而言，“近几年来，随着发展环境、发

① 习近平：《干在实处　走在前列》，中共中央党校出版社2006年版，第331页。

② ［美］约瑟夫・奈：《论权力》，王吉美译，中信出版社2015年版，第116页。

③ 习近平：《干在实处　走在前列》，中共中央党校出版社2006年版，第23页。

展条件、发展要求的变化，特别是要素供给和环境承载力瓶颈制约的进一步凸显，我们在深深感受到'成长的烦恼'和'制约的疼痛'的同时，也切实增强了推进科技进步、提高自主创新能力、提升产业层次、实现'凤凰涅槃'的自觉性和紧迫性"①。"调整和优化产业结构、转变经济增长方式，是我省经济形态发展的客观趋势和内在要求，是解决我省经济发展与人口、资源之间矛盾的根本出路，是把经济发展转入科学发展轨道的关键所在。"②"从长期看，关键还是要调整产业结构，宜轻则轻，宜重则重，加快传统产业技术改造，大力发展高新技术产业，充分利用我省港口优势适度发展重化工业。同时，要进一步引导企业加强管理，加快技术创新和技术进步，改变低成本、低价格竞争和以量取胜的经营策略，着力提高产品档次和附加值。"③而发展文化产业，"具有促进经济结构调整和增长方式转变的意义"。他认为，文化产业既是现代服务业的重要门类，也是体现先进制造业水平的一个重要窗口。推进经济结构调整和增长方式转变，最终目的一个是为了更多地赚钱，如产业高度化等；一个是为了更少地消耗，建设节约型社会。"而文化产业就是高附加值的产业，就是极少消耗的绿色产业。因此，必须把文化产业作为文化大省建设的重要突破口，努力使文化产业成为文化大省建设的重要支撑，成为浙江经济发展的重要增长点。"④这就把推动文化建设、发展文化产业提升到了前所未有的战略高度来认识。文化产业以创意、文化、科技为源头，以内容为核心，具有产业链长、引领性强、资源消耗低、环境污染少等优势，是国民经济中具有先导性、战略性、支柱性的朝阳产业。加快发展文化产业，是破解"先天不足""成长烦恼""先发问题"，扩大消费，增加就业，推动经济结构调整和转型升级，形成浙江新发展优势的时代要求。推动浙江新一轮的发展，不仅要求强化经济发展中科学技术、信息、观念、审美等因素的作用，从根本上改变传统生产、生活、交往方式和价值观念，不断提升发展的文化软实力；而且要使文化具有经济力，成为社会生产力的重要组成部分，把文化的产业属性解放出来，强化文化产业在产业结构调整、经济转型升级中的作用。正因如此，"必须把文化产业发展作为文化大省建设的重要突破口，努力使文化产业成为文化大省建设的重要支撑，成为浙江经济发展的重要增长点"⑤。

① 习近平：《干在实处　走在前列》，中共中央党校出版社2006年版，第33页。
② 同上，第128页。
③ 同上，第127页。
④⑤ 同上，第331页。

二、以体制改革释放文化产业发展活力的探索与实践

2003年6月,浙江被确定为全国文化体制改革综合试点省,标志着浙江文化产业进入了以文化体制改革释放发展活力和动力、以制度创新推动加快发展的阶段。

文化产业与市场经济体制具有一种天然的亲和性。联合国教科文组织把文化产业定义为:结合创造、生产与商品化等方式、运用本质是无形的文化内容。这些内容基本上受到著作权的保障,其形式可以是商品或服务。一般来说,文化产业形成的条件是,文化产品和服务在产业和商业流水线上被生产、再生产、储存或者分销,也就是说,规模庞大并且同时配合着经济考虑而非任何文化发展考虑的策略。①这一定义,已经明确揭示了文化产业与商品经济、市场经济的天然联系。

加快建设文化大省的一个内在逻辑,就是要根据精神文明建设特点和规律适应市场经济要求,破除体制性障碍,解放和发展文化生产力。正因如此,浙江的文化体制改革,不仅伴随建设文化大省战略的实施从自发走向自觉、从局部走向全面,而且也伴随建设文化大省战略的加快推进而不断向纵深推进。市场经济、民营经济等的先发优势,较早形成的政府"有所为有所不为"传统,都为浙江率先破除计划经济体制弊端,创新文化发展方式,创造了重要条件。

从20世纪50年代开始,中国逐步形成了与计划经济体制相适应的文化发展模式。伴随社会主义改造及事业企业机构的公有化、单位化,中国文化管理也具有了集中统一的特征,计划指令性趋势越来越明显。文化产品和服务的生产、流通、消费逐步被纳入集中统一管理的计划体制框架中。比如,1950年3月,出版总署公布了《关于统一新华书店的决定》。此后,全国新华书店系统增强了整体观念,统一了业务规章制度,消除了各自为政的现象,中国图书发行事业从分散经营走向集中统一。出版、印刷、发行工作的集中和统一,迅速奠定了新中国出版体制的基础。②在电影发行放映领域则实行"统购包销"制度,即全国电影由中影公司统一组织生产、统一购买、统一结算、统一发行、

① 苑洁:《当代西方文化产业理论研究概述》,载林拓等主编:《世界文化产业发展前沿报告》,社会科学文献出版社2004年版。

② 蒯大申、饶先来:《新中国文化管理体制研究》,上海人民出版社2010年版,第117页。

统一放映，并实行统一领导下的分级业务管理制。地方电影公司无影片经营主导权，发行什么节目，投入拷贝规模和上映时机，均统一按照中影公司年度计划分月执行。同时各级电影公司发行收入也主要集中于中影公司。这种“统购包销”制度，规定了省级电影公司作为中影公司的一级代理机构，其行政管理归属当地文化主管部门，业务（发行、结算）归口中影公司，对上贯彻中影公司年度和当地文化主管部门下达的各项任务，对下具体实施、督导计划和任务的完成。

除此以外，其他文化行业也都被纳入集中统一管理的体制框架中。政府统一调配为执行文化产品生产计划所需要的人力和物力，以指令方式规定文化生产部门的产品品种、产量以及供销渠道，确定其职工数量、干部级别及具体人选，控制其资金规模及使用方向；文化产品的生产部门只能按照计划进行创作和生产，不能自行决定创作和生产的品种和数量；这就形成了行政化的文化管理模式。文化艺术机构在体制构成和运作方面与行政机关具有基本相同的属性，并按照行政体制的结构和运作模式来建构和运行。政府依靠行政手段对文化企事业单位实行直接具体的管辖，直接介入业务管理，政府既“管文化”也“办文化”，管办不分、政事不分、政企不分。

这种文化发展体制发挥了重要的历史功能。比如，伴随着社会主义改造，“改戏、改人、改制”等“三改”政策的实施，废除了陋规，经过登记和审查，改成集体所有制的民间剧团，戏曲艺术从剧目、演员到价值取向都产生了重大改变。经过社会主义改造以后形成的集中统一管理体制，对于集中人力和财力办大事，从而迅速改变包括文化领域在内的中国社会领域的落后面貌具有重要作用。如有学者所说，“中国革命后社会的整合是在特定的条件下，成为国家或政府推动现代化模式的组成部分，这是由中国社会资源总量的贫弱所决定的，也是与中国革命后社会的现代化程度不高相适应的”①。国家权威支配下的计划经济体制，曾经在中国文化领域爆发出了难以低估的能量。新中国成立初期，绘画、音乐创作、诗歌、小说、舞蹈等呈现出了一定程度的繁荣局面。国家权威支配下严密畅达的组织动员体系推动各项文化实践所产生的巨大社会影响，也从思想、理论和精神上逐渐改造了民众的世界观、价值观和人生观，从而有力推进了新中国各项政治、经济和社会实践。

与此同时，与计划经济体制相适应的文化体制也逐渐暴露出了弊端。大

① 刘建军：《单位中国——社会调控体系重建中的个人、组织与国家》，天津人民出版社2000年版，第55页。

包大揽、政事政企不分的管理体制混淆了政府职能界限，加重了公共财政负担，导致了政府运行的低效率；缺乏自主创新激励机制的"大锅饭"体制，导致了文化事业单位机构臃肿、人浮于事以及文化艺术工作者创造力萎缩等现象。就严格意义而言，在计划经济时期，中国几乎没有文化产业。虽然那时也出版或制作了一定数量的图书、期刊、电影产品等，但往往难以有效实现价值补偿和价值增值(文化产业性质的重要内容)。文化的经济属性(更能体现产业性质的属性)只有在市场经济条件下才可能被较充分地认识和发掘，文化产业只有在市场经济孕育和发展的条件下，才可能存在和发展。这意味着，发展文化产业，必须破除长期以来形成的体制弊端，建立与市场经济相适应的文化管理体制，通过文化体制改革，释放文化产业发展活力。

改革开放以来，像全国其他地区一样，浙江经历了从计划到市场的经济体制转换。文化体制改革与经济、政治、社会等领域的体制改革等具有内在联系，是改革开放以来继经济体制改革之后又一次涉及全局性的深刻而复杂的变革。市场化取向改革，必然对计划体制下文化产品和服务以及传统体制产生冲击，从而引发文化发展模式的重构。从改革开放前和改革开放初由政府大包大揽的"文化事业"，到 20 世纪和 21 世纪之交先于全国把"公益性文化事业"和"文化产业"从传统文化发展模式中剥离出来，在这个过程中，浙江省不仅在文化体制改革理论和政策上取得了一定程度的突破，而且在实践上也取得了相当程度的推进，积累了一些成功经验。

从提出"发展文化产业，建设文化大省"战略开始，中共浙江省委对于文化产业发展的体制性障碍，就已经有了一定程度的认识，并初步形成了改革的思路。2000 年出台的《浙江省建设文化大省纲要》提出，要"大力推进文化体制创新，建立科学合理、灵活高效的管理体制和文化产品生产经营机制"；"进一步转变政府职能，理顺关系，真正实行政企分开、企事分开、管办分离，充分发挥市场在资源配置中的基础性作用，促使各种文化资源和文化要素的合理流动"；"积极推进经营性文化事业单位的企业化改造"。其中，既涉及宏观文化管理体制改革，也涉及微观文化企业培育。2001 年出台的浙江省政府《关于建设文化大省若干文化经济政策的意见》，不仅进一步把"以体制改革推动文化产业发展"的思路具体化，而且也进一步明确了与文化体制改革相配套的文化产业发展政策。2002 年 5 月出台的浙江省委、省政府《关于深化文化体制改革加快文化产业发展的若干意见》，关键词就是"文化体制改革"和"文化产业发展"。这些都标志着，自从确立把"发展文化产业"作为"建设文化大省"的

“突破口”和“重要标志”的战略以来，浙江省已经在一定程度上意识到，发展文化产业并非是一件孤立的事情，而是与宏观管理体制的改革、文化经济政策的制定、微观文化企业主体的培育等诸方面联系在一起的综合工程。改革开放以来特别是21世纪以来浙江省对以文化体制改革释放文化产业发展活力的积极探索，取得了一定成效，积累了一定经验。但长期以来形成的体制弊端并不是短时期就能消除的，一些制约文化产业发展的深层次矛盾和问题仍然在相当程度上存在。因此，激发文化创造活力，加快推动文化产业发展，迫切需要一场更系统更全面的改革。而文化体制改革综合试点省的确立，则为浙江省开展这样一场更系统更全面的改革，创造了重要的契机。

2003年6月，浙江和广东一起被确定为全国文化体制改革综合试点省，既意味着中央对作为市场经济、民营经济先发省份的浙江省文化体制改革初步探索和实践成效的肯定，也标志着浙江文化改革发展的重要性和紧迫性更加凸显。习近平高度重视文化体制改革综合试点工作，把文化体制改革作为一项战略性任务，摆上省委、省政府重要议事日程。在2003年实施“八八战略”之初就提出了“率先建立能够调动千万人积极性的体制机制”的任务，指出“没有市场的文化，肯定不是先进文化”①。

2003年7月，在文化体制改革和文化大省建设座谈会上，习近平从“加快培育文化市场主体”和“文化市场体系”两方面明确了经营性文化产业的改革目标。他说，市场主体和市场体系具有一种辩证的关系，“在市场经济中互为依存，不可分割。没有数量众多、发育充分的市场主体，市场体系难以为体系；没有健全、完善的市场体系，市场主体也就难以在市场中生存”②。因此，两者在改革中同等重要。习近平把培育文化市场主体归纳为三个方面，即深化国有文化单位改革，重塑一批国有或国有控股的文化企业；发挥浙江民营经济优势，发展一批民营文化企业；充分利用我国加入世贸组织的有利条件，引进一批外资或合资文化企业，形成以公有制为主体、多种所有制共同发展的文化产业格局。他还从浙江省实际出发，分析了培育文化市场主体的难点和突破点以及亮点：“难点和突破点在于国有文化单位改革，亮点在于民营文化企业的发展。”③关于培育和规范文化市场体系，关键是要打破文化产业发展的行业垄断和条块分割，必须把文化体制改革与世贸组织的贸易规则衔接起来，与国

① 习近平：《干在实处　走在前列》，中共中央党校出版社2006年版，第332页。
② 同上，第326页。
③ 同上，第326—327页。

家现行法律衔接起来，整顿和规范市场秩序。他还明确了培育和规范文化市场体系的目标任务，即“加快建立健全统一、开放、竞争、有序的现代文化市场体系，发展现代流通方式，促进文化商品和生产要素在统一市场中合理流动”①。

2003 年 8 月，《浙江省文化体制改革综合试点总体方案》得到中央批复同意后，浙江省文化体制改革领导小组迅速批复了省文化厅、省新闻出版局、省广播电视局、浙江日报报业集团、浙江出版联合集团、浙江广播电视集团 6 个省级试点部门和杭州、宁波两个试点城市的试点方案。由此，浙江省文化体制改革试点工作开始从宏观和微观两个层面上全面启动。在第一期试点工作中，浙江省确定了涉及 12 个部门的 30 个省级试点单位(杭州、宁波)。从 2005 年起，省级试点单位扩大到 112 个；地区试点扩展到了全省 11 个地级市(每个市至少有 5 个)。

浙江省文化体制改革综合试点工作取得了明显进展和阶段性成果，不仅为浙江全省进一步全面深化文化体制改革积累了经验，而且也为全国发挥了先行探索与实践的作用。在这个背景下，2005 年 7 月，浙江省委第十一届八次全体(扩大)会议通过的《关于加快建设文化大省的决定》进一步提出，要“以推进文化体制改革综合试点为契机，在全省新闻出版、广播影视、文化演艺领域，扩大改革范围，增加改革试点，拓展改革内容，由点到面、分期分批全面推进文化体制改革”；“深化宏观管理体制改革，探索建立调控适度、运行有序、促进发展的文化宏观管理体制，初步形成党委领导、政府管理、行业自律、企事业单位依法运营的格局”；“进一步推进政府职能转变，逐步实现政企、政事分开，管办分离”；“深化文化市场综合执法改革，进一步理顺管理体制，健全法规体系，依法加强文化市场的建设和管理”；“坚持权利、义务和责任相统一，管人、管事和管资产相结合，建立国有文化资产管理新制度”；“积极发展文化行业组织”；“深化微观运行机制改革，加快培育市场主体，建立保证正确导向、适应市场经济、富有活力的微观运行机制”；“改革和创新公益性文化事业单位管理和运行机制，不断提高公共服务能力和水平”；“积极推进经营性国有文化单位转企改制，建立和完善现代企业制度”；“进一步深化新闻出版广播影视集团化建设”；“规范市场准入，完善扶持政策，优化发展环境，充分调动多种所有制投资创业的积极性，大力发展民营文化企业”。这就勾画了浙江省全面深化文化体制改革的“四梁八柱”和“顶层设计”。

自从开展改革综合试点工作以来，浙江省着眼于解放和发展文化生产力，

① 习近平：《干在实处　走在前列》，中共中央党校出版社 2006 年版，第 328 页。

从宏观和微观两方面稳步推进文化体制改革。在宏观管理上，围绕建立“党委领导、政府管理、行业自律、企事业单位依法运营”格局，从“推进政事分开、管办分离”“加快转变政府职能”以及“建、并、分”三方面入手，破除束缚文化产业发展的体制机制障碍。在微观层面上，着力于打造“四个一批”：即转出一批主体，国有文化事业单位通过深化内部干部、人事和分配制度改革，转换机制，增强活力，形成适应发展要求的企业化管理模式；改出一批主体，通过明晰产权，改制改造，对一部分国有文化单位实行“事改企”，有条件的改制为规范的现代企业；放出一批主体，在政策允许的范围内，通过完善产业政策，优化服务环境，让民间资本进入文化领域，形成一批民营文化企业；扶持一批主体，扶持龙头文化产业集团和重点文化公益单位。

文化体制改革的根本目的是解放和发展文化生产力，在文化产业领域，就是要按照市场经济规律以及社会效益和经济效益相结合等原则，释放文化企业主体的生产和经营活力。在文化体制改革综合试点过程中，浙江文化产业发展呈现出盘活存量、发展增量、以存量和增量共同拉动发展的显著态势：一是文化产业快速增长。2004 年，浙江文化产业增加值达 378 亿元，文化产业从业人员 110 万人，人均增加值 34 364 元，与 2003 年相比，年增长速度为 21.2%。二是存量领域的文化产业发展潜能开始释放。2004 年 8 家国有文化集团资产总值达到 126.7 亿元，全年总收入超过 100 亿元。三是增量领域的民营文化企业成长迅速、文化产业区块特色明显。2004 年，浙江民营文化企业从业人员为 50 万人，占浙江省文化产业从业人员比重的 45%，占浙江省全部从业人员(2 940 万)比重的 1.7%。横店集团、宋城集团等一批民营文化企业在全国产生了较大的影响。高新文化产业区块、传统艺术产业区块、优势文化产业区块等一批特色文化产业区块已经形成。四是新兴文化产业异军突起。数字电视、动漫产业、手机报纸等快速发展；现代文化物流业发展迅速，形成了以浙江新华发行集团为代表的图书发行连锁，以浙江华人传媒公司为代表的音像发行连锁，以浙江在线、沸蓝、大安网盟为代表的网吧连锁，以星光、时代、雁荡院线为代表的电影院线等。

在文化体制改革综合试点工作基础上，2005 年，浙江省制定了以文化产业发展为主的《浙江省文化建设“四个一批”规划》，这是浙江省“十一五”规划体系中的重点专项规划。围绕加快建设文化大省的总体目标和文化体制改革的总体方案，提出到 2010 年，建成一批重点文化设施、发展一批重点文化产业、培育一批重点产业区块、壮大一批重点文化企业。这是浙江省首次以“规划”形式对文化建设“四个一批”进行谋划布局，涵盖了全省新闻出版、广播影视、文化艺术、文化旅游、体育五大领域，对于提升浙江文化发展活力，壮大浙江文化实力，提高浙江文化竞争力，加快推进浙江文化大省建设，具有重要意义。2005 年 7 月，浙江省委十一届八次全会通过的《关于加快建设文化大省的决定》，在勾画深化文化体制改革“四梁八柱”和“顶层设计”的同时，也对推动文化产业发展作了更全面、更周密的布局和部署。将浙江发展文化产业的意义和作用上升到了“市场经济条件下繁荣社会主义文化、满足人民群众精神文化需求的重要途径”的高度来认识，并提出要通过充分发挥浙江地域文化资源优势和民营经济优势，培育一批具有较强实力和竞争力的文化产业主体，形成产品丰富、要素完备、管理有序的文化市场体系，形成以国有文化企业为主导、多种所有制文化企业共同发展的开放格局。《关于加快建设文化大省的决定》根据浙江文化产业发展的新特点和新优势，把浙江文化产业发展重点从 2002 年 5 月全省文化工作会议确立的传媒业、演艺业、美术业、会展业和体育业五大行业，调整为出版业、广播影视业、文化艺术服务业、会展业、动漫业、艺术品经营业、旅游文化服务业、文体用品设备制造业八大行业，并强调，要“积极鼓励和引导社会力量兴办文化产业，推进投资主体多元化，加快文化产业创新，培育一批民营龙头文化企业和特色文化企业，培育一批高新技术文化企业，积极培育文化产品专业市场和文化产业要素市场”。

与《关于加快建设文化大省的决定》相配套，浙江省随后出台了作为加快建设文化大省“八项工程”之一的“文化产业促进工程”，进一步明确，要“形成一批在全国有竞争优势的文化主导产业，文化产业年均增长速度快于国民经济增长速度”；“培育一批特色鲜明、规模较大、核心竞争力突出的文化产业区块”；“发展一批社会效益与经济效益俱佳、结构合理的骨干文化企业”；“打造一批市场适销对路、群众喜闻乐见、在国内外具有较高知名度的文化名牌产品”；“创建一批交易活跃、管理规范、辐射能力强的文化专业市场”。显然，与以往浙江省委、省政府同类政策文件相比，“文化产业促进工程”关于浙江文化产业发展目标的表述更清晰，也更具体了。

三、不断推动文化产业发展跃上新台阶

实施“八八战略”以来，浙江坚持一张蓝图绘到底，在不同历史条件下，不断完善文化产业发展政策，坚持不懈地推进体制机制改革创新，加快培育国有

和民营文化产业发展主体，不断优化文化产业发展环境，不断推动文化产业发展跃上新台阶。

2008 年，浙江省委出台《浙江省推动文化大发展大繁荣纲要（2008—2012）》，把文化产业发展体系与社会主义核心价值体系、公共文化服务体系一起，作为浙江未来三大文化建设体系。2011 年 10 月，党的十七届六中全会提出建设文化强国战略，强调要推动文化产业跨越式发展，使之成为新的经济增长点、经济结构战略性调整的重要支点、转变经济发展方式的重要着力点，为推动科学发展提供重要支撑。同年 11 月，浙江省委十二届十次全会通过《关于认真贯彻党的十七届六中全会精神大力推进文化强省建设的决定》，从优化文化产业布局、提升文化产业发展层次、加强现代文化市场建设这三个方面阐述了加快构建文化产业发展体系的战略任务，提出要大力实施文化产业发展“122”工程，着力培育 100 家重点文化企业、20 个重点文化产业园区（基地），助推 20 家文化企业上市，提高文化产业规模化、集约化、专业化水平。

进入“十二五”时期以来，浙江文化产业加快发展，产业规模持续扩大，产业特色加快形成，文化贸易大幅提升。2010 年至 2015 年，浙江省文化产业增加值从 1 056.09 亿元增加到 2 490 亿元，年均增长 18%；文化产业增加值占全省地区生产总值的比重从 3.88%提高到 5.81%（2015 年全国文化及相关产业增加值为 27 235 亿元，占 GDP 的比重为 3.97%）。这意味着文化产业已经成为浙江省国民经济的支柱性产业。这是改革开放以来特别是实施“八八战略”以来浙江文化产业发展具有里程碑意义的事件。

2017 年初，浙江省《政府工作报告》进一步明确全省重点培育和打造的产业，从“七大万亿”产业，转变为“八大万亿”产业，除信息、环保、健康、旅游、时尚、金融、高端装备制造等产业外，增加了文化产业。这是一个重要的标志，意味着浙江文化产业在已经实现“成为国民经济支柱性产业”战略目标后，又进入了新的、更高的发展阶段。同年 6 月，浙江省第十四次党代会提出了建设富强浙江、法治浙江、平安浙江、文化浙江、美丽浙江、清廉浙江等“六个浙江”的目标。作为推进文化浙江建设的重要举措，2017 年下半年，浙江省委、省政府分别发布《关于加快把文化产业打造成为万亿级产业的意见》《关于推进文化浙江建设的意见》等，进一步把“万亿级文化产业推进工程”作为推进文化浙江建设的“十大工程”之一，对“加快推进文化产业提质增效和转型升级，聚力打造全国文化内容生产先导区、文化产业融合发展示范区、文化产业新兴业态引领区”作出了新的谋划和部署。

2020年3月底4月初，习近平总书记考察浙江并赋予浙江建设“重要窗口”的新目标、新定位。同年6月，浙江省委十四届七次全会把“努力建设展示坚持社会主义核心价值体系、弘扬中华优秀传统文化革命文化社会主义先进文化的重要窗口”作为十大“重要窗口”之一，强调要“促进文化旅游深度融合，着力打造集文化长廊、生态长廊、旅游长廊等为一体的之江文化产业带、大运河（浙江）文化带、四条诗路文化带、‘两山’文化发展示范区、滨海文化旅游带等重大平台，建设影视文化创新中心和影视产业高质量发展基地，完善现代文化产业发展体系”。同年11月，浙江省委十四届八次全会通过的《中共浙江省委关于制定浙江省“十四五”规划的建议》进一步明确了加快构建现代文化产业体系，实施文化产业提升计划、文化产业数字化战略、骨干文化企业培育工程等“十四五”时期浙江省文化产业发展的战略目标和战略任务。2021年6月，浙江省委十四届九次全会通过《浙江高质量发展建设共同富裕示范区实施方案（2021—2025年）》，从实施文化产业数字化战略、优化文化产业发展布局、实施百家文化名企创优工程、建成全域旅游示范省等方面，进一步完善了浙江文化产业发展的目标和措施。同年8月，浙江省委文化工作会议通过《关于加快推进新时代文化浙江工程的意见》，提出到2025年，浙江省要引进和培育100家以上文化领军企业、上市企业、高成长企业。其中，文化领军企业30家，上市企业30家，高成长企业40家。这就进一步将“实施百家文化名企创优工程”的目标和任务具体化了。

实施“八八战略”以来，历届浙江省委一任接着一任干，深入推进文化体制改革，加快构建结构合理、科技含量高、富有创意、竞争力强的现代文化产业体系。在这个过程中，浙江省文化经济政策、文化体制机制不断完善，文化产业服务保障不断加强，文化产业发展的宏观环境日益优化，市场秩序日益规范和健全，涌现出了一批具有较强实力、竞争力和影响力的国有和民营文化企业，文化产业规模持续壮大，文化“走出去”步伐不断加快，文化产业整体实力和水平不断提升。根据2019年12月中国人民大学发布的2019年中国文化产业系列指数报告，由产业生产力（从投入的角度评价文化产业的人才、资本等要素和文化资源禀赋）、影响力（从产出的角度来评价文化产业的经济效益和社会效益）和驱动力（从外部环境的角度评价文化产业发展的市场环境、政策环境和创新环境）三个分指数构成的综合指数，浙江省位居北京之后，再次排名全国第二。

2021年2月中国人民大学发布2020中国文化产业系列指数。遵循系统性、实时性和前瞻性原则，2020 年新版中国省市文化产业发展指数体系对原有指数体系进行了调整和完善：一是新增了文化企业合法诚信度、资本活跃度、投资吸引力、创新成效、融合能力等指标，更加关注社会效益与文化产业高质量发展的时代需求和趋势；二是扩大了数据来源，深度运用大数据技术，引入超过 1 万个维度的文化产业数据，综合计算得出指数结果；三是细化了评价对象，由省级文化产业指数评估下沉到对区县级文化产业发展状况的监测与指数评估。根据这个新版指标体系的评估结果来看，2020 年度综合指数前十的省市分别是：北京、浙江、广东、上海、山东、江苏、湖北、河南、四川、安徽。北京在“十三五”期间连续五年保持第一，浙江连续三年位列第二。北京、浙江、广东、上海、山东等省市位列第一方阵。

实施“八八战略”以来，历届浙江省委致力于破除体制性瓶颈，积极改革创新宏观文化管理体制机制，激发文化创新创造活力；高度重视发挥规划引导作用，逐步强化规划在政府宏观文化管理中的地位、作用和功能，通过规划引导公益性文化事业和经营性文化产业发展；按照“政策保障”思路，着力于贯彻和落实中央相关要求，制定和完善了一系列支持文化改革与发展的政策，为文化体制改革、公益性文化事业和经营性文化产业发展提供了有力的政策支持；按照“完善管人管事管资产管导向相结合的国有文化资产管理体制”的目标和要求，对国有资产管理体制改革与创新进行了积极的探索与实践，为市场经济条件下不同于一般国有资产、具有特殊的文化属性或意识形态属性的国有文化资产管理机制改革与创新积累了丰富的经验。

实施“八八战略”以来，浙江省各地不断完善文化经济政策、创新体制机制，集中力量整合提升各类文化产业区块和园区，鼓励和引导文化企业集聚发展、创新发展、融合发展，提高文化产业区块和园区的投资密度和产出水平，把文化产业区块和园区建设成为加快文化产业发展和转型升级的新平台。在政府力量与市场力量、民间力量良性互动的作用下，浙江特色文化产业区块和园区不仅在规模上持续扩张而且在质效上也不断提升。以区块和园区的方式发展文化产业，成为浙江文化产业发展的一个突出特点。特色文化产业区块和园区对于浙江文化产业发展产生了集聚和辐射的双重作用，它是提升浙江文化产业规模化、集约化、专业化水平的重要平台，是浙江文化产业整体竞争力不断提升的一个重要秘密。

实施“八八战略”以来，浙江省一直致力于推动国有文化企业改革与发展，逐步明确将所有权与经营权分离开来，赋予更多自主权，使“国有文化资产”成为真正的“资本”，成为享有民事权力、承担民事责任，依法自主经营、照章纳税、自负盈亏、自我发展、自我约束，对出资者承担资产保值增值责任的独立法人实体和市场竞争主体，不断完善内部运行机制，加快形成符合现代企业制度要求的经营管理模式。通过改革，浙江省国有文化企业整体活力和实力大幅度提升。与此同时，浙江省积极探索更好地把国有文化企业产业属性与意识形态属性、经济属性和文化属性结合在一起，把党的领导与完善公司治理结构统一起来，把社会效益和经济效益统一起来的途径和方式，取得了显著的成效。

实施“八八战略”以来，浙江省始终注重利用民营资本这个现实优势，把发展民营文化产业作为浙江文化体制改革试点工作的亮点，把培育一批重点民营文化企业、鼓励参与国有文化单位改革、优化民营文化产业发展环境作为三项主要任务；着力于简政放权、提高政府服务民营文化企业水平与效率；着力于改善民营文化企业发展环境，全方位优化项目投资环境和人才引进环境等；着力于解决民营文化企业面临的最普遍与最突出的融资难、融资贵、成本高的问题，落实减税降费政策，降低民营文化企业成本和负担，加快培育和发展民营文化产业。民营文化产业发展已经成为浙江文化体制改革和文化产业发展的一个突出亮点。民营文化企业的孕育和发展，不仅有效突破了原先大包大揽的传统“文化事业”体制的堡垒，逐步扩大了文化产业增量部分的比重，而且也有效触动了仍然保留的文化产业存量部分(国有文化企业)的改革。正是在这一背景下，浙江省形成了与以公有制为主体、多种所有制共同发展的格局相适应的文化发展格局。

实施“八八战略”以来，浙江省一直致力于推动文化产业转型升级和结构优化，实现文化与科技、金融、旅游等融合发展，推动文化产业发展从量的扩张到质的提升，将之作为浙江文化产业创新性发展、集聚性发展的主旋律和路线图，作为实现“凤凰涅槃”“腾笼换鸟”“二次创业”“浴火重生”，转变经济发展方式的一项重要战略任务，作为加快建设文化大省、文化强省、文化浙江的一个重要途径。浙江一批国有、民营文化企业适应智能互动、虚拟现实等技术发展趋势，加强内容和技术装备协同创新，以高新技术发展高新文化产业，改造提升传统文化产业，发展新兴文化业态，大力推动新一代技术特别是信息技术与文化产业的融合发展，浙江省文化服务业发展规模不断扩大，新兴业态层出不穷，呈现出快速增长的态势，文化制造业逐步向“微笑曲线”两端转型。浙江省各级党委和政府越来越注重历史文化遗产的传承、保护和发掘，积极探索把文化传承、地域历史遗产保护与文化产业发展结合起来，把文化与旅游有机融合在一起，走以发展促保护、保护和开发并重之路，不断提升文化产业和旅游的文化内涵和附加值。“文化+”理念不断深入人心，文化创意和设计服务等新型、高端服务业迅速发展，综合利用工业设计、品牌策划、营销推广等文化创意手段，加快将文化元素融入制造业研发、设计等价值链高端环节，提升产品制造的文化附加值，文化产业与相关产业融合的广度和深度不断加大。

2021年5月，《中共中央　国务院关于支持浙江高质量发展建设共同富裕示范区的意见》正式发布，标志着浙江将在我国扎实推动共同富裕取得更为明显的实质性进展征程中发挥先行探索与示范的作用。中共浙江省委十四届九次全会对浙江高质量发展建设共同富裕示范区进行了系统的谋划和部署。实现精神富有是实现共同富裕的重要内容。共同富裕美好社会是全面建成小康社会后的一种更高级社会形态，需要让文化成为最富魅力、最吸引人、最具辨识度的标识。建设共同富裕示范区是一场深刻的社会变革，需要发挥文化铸魂塑形赋能的强大力量和功能。实施“八八战略”以来浙江加快推动文化建设、加快推动文化产业发展的探索与实践，为高质量发展建设共同富裕示范区注入了文化这个更基本、更深沉、更持久的动力。浙江文化产业不仅在满足人民群众文化需求、实现精神富有中发挥越来越重要的功能，而且在推动经济结构调整、转变经济发展方式、培育新的经济增长点、推动高质量发展建设共同富裕示范区中凸显越来越重要的作用。

Common Prosperity of Culture and Economy: The Exploration of Zhejiang's Development of Cultural Industry Since the Implementation of "Eight-Eight Strategy"

Chen Xiyan　Chen Lixu

Abstract: The "Eight-Eight Strategy" is a major strategic decision and development made by Zhejiang province to comprehensively plan future economic and social development after entering the 21st century. Accelerating the development of the cultural industry is an important part of the "Eight-Eight Strategy" in accelerating the construction of a cultural province. Since the implementation of the "Eight-Eight Strategy", successive provincial party committees insisted on drawing a blueprint to the end. Under different historical conditions, Zhejiang has continuously improved its cultural industry development policies, systems, and mechanisms, accelerated the cultivation of state-owned and private cultural industry development entities, continuously optimized the cultural industry development environment and promote the development of the cultural industry to a new level. While vigoronsly developing the economy, vigorously developing the cultural industry and taking the road of common development and common prosperity of culture and economy are the distinctive features of this exploration.

Key words: "Eight-Eight Strategy"; Zhejiang; cultural industries; a province with rich culture

学科建设

第 30 卷

Commentary on Cultural Industry in China

抢抓"新文科"发展机遇，加快文化产业交叉学科建设

南方科技大学　深圳大学　李凤亮

［内容提要］　"新文科"范围具有"狭义文科"与"广义文科"之别，强调文科建设与人才培养对新时代、新形势的适应与对接，意在通过突破传统学科的自我设限，加强学科的融合与创新。在人文社会科学正日益呈现"对策化、跨界化、技术化、国际化"背景下，"积极应变"成为"新文科"建设的基本出发点。"新文科"建设应该从强化硬通识、催生新思想、体现新担当着手，坚持以人为本，突出跨界融合，强化实践导向，探索范式创新，找准"新定位"，产生"新作为"，体现"新地位"。"新文科"背景下的文化产业学科创新应该抓住"新文科"发展机遇，把握交叉学科建设规律，加强文化产业学科内涵建设，团结协作推动学科建设升级。

［关键词］　"新文科"；文化产业学科；交叉学科

一、不断明确的定义

何谓"新文科"？这是一个并不容易回答的问题。

"新文科"概念的出现，源于新形势下对传统学科建设和人才培养模式的反思。

较长时期以来，高等教育界强调学科建设的稳定性、规范性、传承性，对其发展性、突破性、创新性重视不足。正是在这个意义上，全国教育大会、新时代全国高等学校本科教育工作会议都强调学科建设和人才培养的根本变革，强调适应国际局势、国内形势、产业趋势、学科态势，对学科建设与人才培养作出战略性调整与根本性变革。2019 年 8 月 26 日，教育部召开 2018 年全国教育事业发展基本情况年度发布会，相关负责人介绍，要通过大力发展"新工科"

“新医科”“新农科”“新文科”，优化学科专业结构，推动形成覆盖全部学科门类的中国特色、世界水平的一流本科专业集群。在教育部高等教育司司长吴岩看来，创新决胜未来，改革关乎国运。为主动拥抱新科技革命和产业变革的机遇与挑战，下好“先手棋”，必须发展“四新”：“新工科”“新医科”“新农科”“新文科”。在率先提出“新工科”之后，“新文科”的讨论与推进也提上议事日程。

按照笔者的理解，“新文科”至少可以从三个角度进行解读。一是范围的不同，即存在“狭义文科”与“广义文科”的不同理解。“狭义文科”更多指文史哲等人文科学，“广义文科”则是指“人文社会科学”（或称“哲学社会科学”），即人文科学和社会科学的统称。其中，人文科学主要研究人的观念、精神、情感和价值；社会科学主要研究各种社会现象及其发展规律。按照我国《普通高等学校本科专业目录（2021 年修订版）》，除了理学、工学、农学和医学外，哲学、经济学、法学、教育学、文学、历史学、管理学、艺术学等学科门类基本上都可纳入“文科”范畴。从这个意义上讲，“新文科”的范围较之“新工科”“新农科”“新医科”要更加广泛，坊间讨论的“新商科”事实上也包含在广义的“新文科”之内。二是指向的差异，“新文科”主要是强调文科建设与人才培养对新时代、新形势的适应与对接，这也是我国实施“六卓越一拔尖计划”2.0 的目标所在。三是模式的区别，“新文科”意在通过突破传统学科的自我设限，加强学科的融合与创新，提升高等教育支撑国民经济与社会发展的能力。

事实上，“新文科”建设是一场全球性教育改革运动。美国希拉姆学院旗帜鲜明提出“新文科”的教育理念。2017 年 10 月开始，学院对培养方案进行全面修订，对 29 个专业进行重组，即把新技术融入哲学、文学、语言等诸如此类的课程，为学生提供综合性的跨学科学习。在王铭玉、张涛看来，“新文科”是相对于传统文科而言的，是以全球新科技革命、新经济发展、中国特色社会主义进入新时代为背景，突破传统文科的思维模式，以继承与创新、交叉与融合、协同与共享为主要途径，促进多学科交叉与深度融合，推动传统文科的更新升级，从学科导向转向以需求为导向，从专业分割转向交叉融合，从适应服务转向支撑引领。①

学科的边界真的那么重要吗？2007—2008 年笔者在美国访学，到哥伦比亚大学访问著名华裔学者刘禾，在问她有关“什么是理论”时，她回答：“理论，首先是问题意识。”所以大家看到，美国学术界的问题意识、当下意识是比较强的，即使是“中国研究”，也不同于欧洲的传统“汉学”，强调的是对当代中国问

① 王铭玉、张涛：《高校“新文科”建设：概念与行动》，《中国社会科学报》，2019 年 3 月 21 日。

题的研究，注重的是实用性。

因此，我们有理由将“新文科”视为应国际局势、国内形势、产业趋势、学科态势而开展的对传统人文社会科学设置方式、运营形式及人才培养模式作出根本变革的一场学科建设行动。

二、重新出发的定位

教育部门在推出“新文科”建设方案时特别强调，加强“新文科”建设，要把握新时代哲学社会科学发展的新要求，培育新时代中国特色、中国风格、中国气派的新文化，培养新时代哲学社会科学家，推动哲学社会科学与新一轮科技革命和产业变革交叉融合，形成哲学社会科学的中国学派。

事实上，“求新图变”正是“新文科”提出与推进的基本方略，而这一方略的形成，与人文社会科学面临的形势变化密切相关。经过长期发展，人文社会科学正日益呈现“四化”的趋势，即“对策化、跨界化、技术化、国际化”。“对策化”是指人文社会科学在重视知识传承与创新的同时，日益强化其咨询服务功能，即“思想库”“智囊团”的作用。“跨界化”是指人文社会科学日益突破原有的学科局限与知识领域，以解决问题为旨归，不断尝试文科与理科、工科、医科、农科等“大科际”的跨越，不同文科内部“小科际”的融合渗透，不断强调文科与新的科学进展、技术创新的结合，不断推进文科建设的模式变革与途径创新。“技术化”是指文科正突破传统意义上“一支笔、一本书、一张嘴”的单一模式，强调数据采集与分析、人工智能算法、新媒介传播、虚拟交互等研究以及传播与教学模式的使用，以新技术支撑“新文科”的创新，体现出文科建设与技术支撑的深度结合。“国际化”是指在重视意识形态安全的前提下，文科建设日益呼唤跨国跨境协作，日益重视在全球交互中共享知识资源、共创思想成果，形成人文社会科学的“人类命运共同体”。在这一方面，深化文化自觉、坚定文化自信，努力构建中国特色、中国风格、中国气派的人文社会科学话语体系，大力推动中国学术“走出去”“走进去”，充分发挥人文社会科学在“讲好中国故事”“传播中国声音”中的作用，成为不可或缺的重要共识。

因此，“积极应变”成为“新文科”建设的基本出发点，成为人文社会科学找寻新的时代方位的重要策略。教育部高等教育司司长吴岩曾这样分析：从世界来看，新科技革命和产业变革呼唤“新文科”建设；从中国来看，新时代呼唤“新文科”建设；从教育来看，新方针呼唤“新文科”建设；从方位来看，世界舞台全球格局呼唤“新文科”建设。要加快中国特色理论体系创新，深化文科专业改革，打造“金课”，大力推动“新文科”建设。这一分析已深刻呈现文科改革的急迫性与基本方向。

从这个意义上讲，“新文科”建设应该找准“新定位”，才能产生“新作为”、体现“新地位”。毋庸讳言，前些年部分高校对人文社科类课程重视不够，存在课时不足、被边缘化现象，这既受到教育功利化理念的影响，也与人文社科类课程教学功能定位不明确、专业设置雷同、特色不明显、学生创新能力弱、回应和解答重大理论和实际问题不力有很大关系。人文社科只有不断明确“学科自觉”、克服“自身虚弱”，才能开辟出创新空间。

“新文科”的“新定位”，可从强化硬通识、催生新思想、体现新担当着手。

强化硬通识。传统的文科教育，除了培养专业技能，一个很重要的使命就是强化通识教育，夯实学生的人文之基，让他们成为“大写的人”。存在的问题是:观念陈旧、知识老套、新意不足，常常沦为缺少知识含量的“水课”，成为学生不费力气混学分的地方。“新文科”应在重视专业技能培养的同时，进一步强化其通识功能，成为“课程育人”的重要载体。因此，创新培养理念、改革教学内容、大力推出“金课”、强化“硬核”能力，便成为“新文科”未来重要的发力点之一。

催生新思想。区别于理工医科的教育，文科教育不仅要重视知识传授，更要成为思想创生的主要平台。“新文科”应着重培养学生的批判性思维，引导学生“求真”“向善”“寻美”，形成高度的文化自觉与文化自信，树立对自身、社会、他人的正确认知，处理好与自然界、社会群体的关系，确立正确的生态观、社会观、历史观、国家观、全球观、未来观，以积极的独立思考和独特的思想发现构建立身处世之本及贡献社会之基。

体现新担当。“文章合为时而著，歌诗合为事而作”，中国知识分子素有“经世济用”的传统担当。在当今全球形势日益复杂，政治多极化、经济全球化、科技前沿化、文化跨国化的背景下，“新文科”应积极承担供给思想、输出对策、资政育人的新使命，在关系国计民生的重大问题上发声出力，以智力之为体现时代担当，才能拥有新的有价值的历史方位。

三、期待务实的定向

2019 年被认为是“‘新文科’建设元年”，一系列战略部署刚刚破题，诸多举措有待持续实施。在“新文科”建设的诸多路向和举措中，以下几点十分重

要和急迫。

一是坚持以人为本。小到学科建设，大到教育发展，根本目的是促进人的完善与提升。“新文科”建设的首要指向应是因应时代发展要求，重塑“新人文精神”。应该说，科学技术的突飞猛进，已经向人类提出一系列挑战和质疑：科学技术的单向突破是否有益于人类进步？人工智能时代人的本质能量如何显现？大数据与区块链技术应用中如何保护人的隐私？科技哲学发展可否助推新的科技伦理形成？……一系列问题正扑面而来，需要“新文科”作出有效的正面回答。

二是突出跨界融合。人类知识与技术的产出进入新时代，交叉、融合、渗透、创新成为新的方式与特征。这种融合当然不是“为融合而融合”，而应是着眼于发现和解决问题，致力于创新和突破。事实上，近年来从教育主管部门到高校科研院所，从学术组织到学者个人，都在积极探索从“学科导向”到“问题导向”的思路调适。比如，十几年前教育部的人文社科重点研究基地便开始这一思路的尝试，设置了一批问题研究型的研究基地。科研项目的设立也确立了这一倾向，一批着眼于国计民生、需要多学科联动才能解决的社科重大项目应运而生。在人才培养的改革上，许多高校也大力探索“完全学分制”及打破学科专业边界的“创新班”“试验班”培养模式，推动创新人才培育。接下来，应进一步解放思想，以社会需求与科技进步的新趋势，倒逼文科拔尖人才培养改革与通识教育创新，努力探索跨界复合型的“新文科”发展道路。

三是强化实践导向。新文科建设重在强调实效。我们过去一直在探讨一个问题，就是文科是有用还是无用，是软作用还是硬作用？从文科的直接作用来讲，过去常常认为它是无用之学，是无功利的，但今天看来不是这样的，一个重要的思想、方略、对策，常常对国家、地区、单位或学科产生根本性的影响。应克服传统文科偏软、偏散的弊病，突出人文社会科学研究与教育和新的科技变革、社会实践的深入结合，突出与未来世界的无缝对接，强化文科的实践导向。比如对新的全球化背景下大国关系构建的建议，对新经济模式、新产业形态的发现，对互联网环境下新的社会治理模式的探索，对新技术条件下科幻产业的预测，对人工智能快速发展后科技伦理的重新思索……这些事关国计民生、人类未来的重要命题，应及时予以追踪性、引领性研究，以有效的思想作为体现“新文科”的时代担当。

四是探索范式创新。必须认识到，“新文科”建设有着崭新的历史背景与技术语境，同时也面临着人类知识生产与学科重构的新挑战。“新文科”建设应正视这些背景和挑战，以实事求是的态度、求新图变的精神，不断探索和尝试人文社会科学发展的“范式创新”。比如，能否进一步解放思想，创新专业和学科设置的方式，紧贴科学技术与社会发展前沿设立新的专业学科方向？能否取消传统的课程设置，师生共同创造“问题解决式”的新型课程？能否突破现有研究和教学中的专业限制、国别限制，走向真正的跨界融合培养？能否突破传统的象牙塔自体循环，将社会、企业中的智力资源更多引入大学？能否突破既往的评价模式，以前瞻性、引领性、突破性作为成果评价的重要尺度？……这些都是“新文科”建设需要着力解决的重要问题，也应成为人文社会科学范式转型的主要突破口。

四、“新文科”背景下的文化产业学科创新

（一）抓住“新文科”发展机遇

中国式的学科发展模式往往是趁势而上，而非逆势而为。何为“势”？就是边际条件积累到一定阶段后的能量与机遇。“新文科”既是教育部门推动人才培养与学科更新的“四新”（新工科、新医科、新农科、新文科）之一，也是国家在应对全球动荡环境下百年未有之大变局的重要举措。文化产业本来就是“新文科”的首批探路者，因此更要抓住国家发展“新文科”的战略机遇，乘势而上，努力作为，突破学科发展中的多重限制，成为新兴文科率先突围发展的“冲锋舟”。

（二）把握交叉学科建设规律

2020 年 8 月，教育部公布《学位授予单位（不含军队单位）自主设置二级学科和交叉学科名单》（截止时间为 2020 年 6 月 30 日）。在全国研究生教育会议上，经过一致的商讨，教育部决定新增交叉学科作为新的学科门类，交叉学科将成为我国第 14 个学科门类。此次完成交叉学科备案的包括 160 所高校的 549 个学科，文化产业学科名列其中。中国传媒大学、山西财经大学、华东政法大学、济南大学、山东财经大学、武汉大学、华中师范大学、吉首大学、中南大学、湖南师范大学、暨南大学、陕西师范大学等超过 10 所高校的文化产业学科被确认为“交叉学科”。还有部分高校设立了与文化产业相关的其他交叉学科。由此，文化产业的交叉学科属性得到确认。事实上，文化产业一诞生，就天然成为一种交叉学科。过去总感觉到“学科纠结”，有“身份不明”或“寄人篱下”（中文、历史、管理、经济、艺术……）之感，现在终于有了“一间自己的房间”，那就是“交叉学科”。

文化产业要认真把握交叉学科建设的规律，那就是跨界融合、强化特色，各展优势、多元发展。事实上，全国开设文化产业管理本科专业和拥有硕士博士学位点的高校，也都在寻找自己的方向。比如说深圳大学文化产业研究院，虽然是放在艺术学理论下面，但突出的是“文化科技融合与新兴文化业态”。要允许和鼓励不同学校的多元探索与区域经济社会和文化发展实际紧密结合。

（三）加强文化产业学科内涵建设

一个学科成熟的标志，通常包含以下几项：一是有独立的研究内容，能够形成稳定的、持续的研究成果；二是形成自身的理论体系，有大家公认的概念、范畴；三是有适合本学科的成熟的研究方法，并为大家广泛使用；四是形成规范的学科体制，包括从本科到硕士博士的学位点体系、人才培养体系（也包括教材体系）。可能还有其他的标志，但这四点是不可或缺的。

对照上述四点，文化产业学科在中国经过二三十年的发展，日渐成熟。尤其在研究内容、理论概念方面取得稳定成果。举个例子，王一川教授主编的《中国大百科全书》艺术学理论卷，其中除了艺术史论、艺术管理分卷，还包括文化产业分卷，由深圳大学文化产业研究院承担完成。坦率地讲，在选词条的过程中面临着一些困难，但最后还是形成了几十个词条，其中既有基本概念、范畴，也有产业门类、产业现象。

但这并不意味着学科的完全成熟。文化产业学科接下来的发展，仍需进一步加强内涵建设。学科的不稳定有它积极的一面，就是它比较生猛，左冲右突，充满活力。但也有它消极的一面，就是恒定性的欠缺、共识的不足。这是文化产业学科接下来必须解决的问题。前不久教育部召集各教指委部署新一轮马克思主义理论研究和建设工程的教材工作，文化产业类教材也在统筹之列。我们相信随着这一批新教材的设立，文化产业的学科边界、概念范畴、研究方法、知识体系等涉及学科内涵的基本问题将得到一次有效的清理和规范，这将为文化产业学科的下一步发展奠定更好的基础，形成更强烈的共识。“三十而立”，文化产业不论是产业发展还是学科建设，都应该到了走向成熟的年龄。

（四）团结协作推动学科建设升级

文化产业虽然被确立为交叉学科，但仍有一些学科发展瓶颈亟待突破。这里对推动文化产业学科升级提出两点建议：

一是要力争成为一门独立的一级学科，哪怕是交叉学科。应成立该一级学科的教学指导委员会、学位点的学科评议组。个人建议可将文化产业管理学科放置到管理学、艺术学或交叉学科门类下，不管在哪里，都应允许其授予管理学或艺术学学位。

二是应尽快成立全国性的文化产业学会。目前仅有以企业家为主体的中国文化产业促进会、中国文化产业协会，或在其他学会下面设立文化产业的二级研究会（如中国艺术学理论学会下设文化产业管理专业委员会，中国中外文艺理论学会下设文化创意产业专业委员会），真正学术性的中国文化产业学会尚未建立，全国性学科研讨交流主要由“全国高校文化管理类学科建设联席会议”来推动。文化产业学术界需进一步增强紧迫感，凝聚共识，推动全国性学术团体的建设。与之相关，全国性高水平学术刊物的创立也是题中应有之义。

Seizing the Development Opportunity of New Liberal Arts and Speeding up the Interdisciplinary Construction of Cultural Industry

Li Fengliang

Abstract: “New liberal arts” has a difference between “narrow sense” and “broad sense” in it's scope. It emphasizes the adaptation and connection of the discilinary construction and talent training to the new area, aiming to break through the self-limitation of traditional disciplinaries and to strengthen their integration and innovation. In the context of humanities and social sciences being increasingly strategic, cross-border, technical and international, a “positive response” has become the basic starting point of the development of “new liberal arts”. The paper argues that the disciplinary construction should start from strengthening hard general knowledge, catalyzing new ideas, and embodying new responsibilities. Meanwhile, it should adhere to people-oriented, highlighting cross-border integration, practice orientation and paradigm innovation. Finally, it is also important to pinpoint it's “new position” in order to produce “new actions” with it's “new status”. As new liberal arts, cultural industry should seize the development opportunity, grasping the law of interdisciplinary construction, strengthening it's connotation construction for it's upgrading through unions and cooperation.

Key words: “new liberal arts”; cultural industry discipline; interdiscipline

中国文化管理类学科建设刍议

云南大学 李 炎 耿 达

［内容提要］ 在2020年第十七届全国高校文化管理类学科建设联席会议关于文化产业新商科和文化管理类学科的讨论和交流的基础上，认为中国文化产业管理类学科建设已进入一个新的时代，需要关注其发展的语境。在梳理学科建设现状的基础上，总结了中国文化管理类学科建设经历的三个阶段、高校学科人才培养的四类实践。中国文化管理类学科的独立性、相对性已显现，学科的知识体系也已基本成型。尊重学科建设和人才培养的规律，构建与中国文化产业发展相适应的学科体系是新时代赋予的社会使命。

［关键词］ 文化管理；文化产业；学科建设；时代语境

由山西财经大学主办，山西财经大学文化旅游学院、《中国文化产业评论》编辑部共同承办的第十七届全国高校文化管理类学科建设联席会议于2020年在山西省太原市举行，来自全国69家高校、学术研究机构的150多位专家、学者和一线教师出席会议。此次会议围绕"新文科"发展的时代语境、发展现状，新技术与文科的融合，文化产业与现代社会治理，区域创新发展，课程体系，教学实践，人才培养等议题，提出很多新的观点和思考。两场主旨论坛中，8位学者从不同角度分享和探讨的话题集中在当代智能社会知识生产、时代语境与"新文科"、国家诉求、新技术发展与文化管理类学科的建设和人文学科发展方面。相较于前16届文化管理类学科建设联席会议，此次联席会议聚焦国家学科建设的时代诉求，聚焦"新文科"与"新商科"视域下的文化管理类学科建设、"新文科"背景下文化管理类一流本科专业建设及人才培养和"新文科"与"新商科"背景下文化管理类学科前沿动态。学者探讨文化管理类学科的基本特点、地位、指向、核心课程等，包括教学方法、课程体系等都紧扣"新文科"与"新商科"视角下文化管理类学科的现状与发展中面临的问题，体现了文化管理类学科经过20多年发展，随着国家文化产业走向成熟，正从学科边缘位置迈向中心，从学科交叉属性走向独立的发展时期。

一、时代语境与文化管理类学科发展诉求

学科是现代社会发展的产物。中国文化管理类学科的发展是当代社会发展中文化的功能、价值不断凸显的结果。在中国改革开放、经济快速发展、人民群众物质生活得到保障、对文化生活的诉求不断提升的基础上，伴随中国走向世界，参与世界政治、经济、文化大格局，国家文化软实力不断提升，文化渗透到社会经济各个领域，需要突破实证研究，构建一个新兴学科以适应文化的经济、管理属性。从法兰克福学派、伯明翰学派到美国实证主义对文化工业、大众文化消费、现代传媒与文化传播、知识经济、版权输出的发展脉络显示，西方社会科学中的“文化转向”，对文化的解释已从形而上的精神层面，逐渐走向形而下的实证主义，从宏观叙事转向对现代社会、经济、民众日常生活的关注[①]。论域的扩大是文化转向的首要意义，当研究内容与所涉学科体量不断增大时，文化研究不再满足于人文科学或是社会科学单个领域的半闭合发展，而是在多学科相互结合的概念磨合中转向综合学科研究。中国传统学术分类以西周“六艺分科”为先，即礼、乐、射、御、书、数，后由孔子改授为诗、书、礼、易、乐、春秋。唐初确立的经、史、子、集“四部”细目，在清初《四库全书总目提要》中发展成熟。19 世纪末 20 世纪初，西方分科观念被引入中国，国内学科分类经历从“通人之学”转向“专门之学”[②]的过程。今天的大学，无论中外，学科门类都成为专业知识的组织系统，用以细分学位授予和人才培养。而反观中国传统的“通人之学”，“六艺”分类边界模糊的特点附有融会贯通的思想，如《诗经》同时包含西方分类思想下的文学、音乐和生物。若用如今的学科眼光看待，中国古代学科门类的会通之意与综合学科思想有相似之处。只是从因果来看，前者形成于学科体系划分模糊、未建立现代制度的传统社会之中，后者经历学科演化和教育标准分类后，在愈来愈复杂的社会语境中重新展现交叉研究之势。

文化在引领城市、促进国家和区域产业结构调整、推动社会协调发展和现代社会治理中的功能和作用日渐凸显。世纪之交，中国人均 GDP 超过 1 000 美元、加入世贸组织（WTO）、成功申办 2008 年奥运会三个事件，标志着中国

① ［美］弗雷德里克·詹姆逊：《文化转向》，胡亚敏等译，中国人民大学出版社 2018 年版。
② 罗志田：《西学冲击下近代中国学术分科的演变》，《社会科学研究》2003 年第 1 期。

改革开放进入一个新的时期,经济快速发展,人民群众生活不断提升。不仅工业、农业、金融等领域要向世界打开,文化市场也要遵循国家利益,面向国际,参与国际市场的交流与竞争。文化消费成为东部大中城市和中西部中心城市经济发展的新动力。以美国好莱坞影视,日韩动漫、游戏、音乐为主的文化产品和文化服务进入中国文化消费市场。"文以教化""文治武功",中国历史上文化作为"教化工具",其经济和娱乐的功能相对弱化。一些文化学者,在学习法兰克福学派、伯明翰学派等关于文化工业、大众文化理论的基础上,从大众审美、日常生活审美化和审美日常生活化角度研究文化艺术的多元属性、经济功能和社会发展的关系,为中国文化管理、文化产业类学科的发展寻找理论基础。这也就是为什么推动中国文化管理与文化产业学科的第一批学者大多来自哲学、文化学、美学领域的缘故。

国家利益、时代的诉求、市场的作用、文化发展的自身规律、改革开放带来的契机和挑战推动了中国文化发展史上国家文化政策的重大调整。20 世纪 90 年代,决策层提出了文化是国家综合实力重要组成部分的理念。1999 年底召开的中央经济工作会议指出"我国已进入必须通过结构调整才能促进经济发展的阶段",提出要大力发展科技、文化等新兴产业的战略部署。2000 年 10 月,中共十五届五中全会作出完善文化产业政策以满足人民群众日益增长的文化消费需求,推动我国产业结构的调整和产业优化升级,落实结构调整的战略部署。2001 年,中共十六大提出大力发展公共文化事业,满足人民群众基本文化权益,大力发展文化产业,满足人民群众日益增长的精神文化需求。文化事业和产业开始分离并行运作,文化建设的本体地位也得以确立。[①]文化的社会属性和经济功能从国家层面得以明确,为之后 20 年中国文化产业的快速发展确立了理论基础和政策的合法性。同时揭开了一个学科发展最为重要的基础——人才培养。上海交通大学在 20 世纪 90 年代中期创办了文化管理的本科专业。2004 年,教育部批准山东大学、中国传媒大学、中国海洋大学和云南大学 4 所高校试办文化产业管理本科专业,为中国文化产业、文化管理类学科的建设夯实了基础。上海交通大学设立文化管理专业后,相关高校相继开设文化学、文化资源学、文化经济学、文化产业概论、文化政策学等课程。北京大学、清华大学、上海交通大学、云南大学和深圳等地方政府相继成立一批文化产业研究机构,涌现出一批文化产业研究学者,形成一批有关文化产业、文化管理理论、政策、实践的有影响力的研究成果,推动了中国文化产业、文化管

① 刘江红:《中国社会结构变动与文化政策演进》,社会科学文献出版社 2016 年版。

理类学科的发展。2004 年，上海交通大学等 7 家高校发起全国文化管理类学科建设联席会议的倡议，并举办首届文化管理类学科建设联席会议，提出了文化管理类学科建设的问题，开启了中国文化管理类学科的发展之路。

在中央政府和地方政府出台文化产业发展的一系列政策推动下，中国文化产业得到快速发展。2004—2007 年，超过国民经济 6—8 个百分点，增长超过 17%。北京、上海、广东、湖南等地区，文化产业占 GDP 的比重已超过 5%。在文化产业快速发展过程中，制约文化产业发展的一系列理论、体制机制、政策和实践中的具体问题也愈发凸显。文化事业与文化产业、文化消费与文化产业、文化产业与国民经济的关系，以及文化企业、文化品牌、知识产权中文化的社会效益和经济效益之间的关系，尤其是长期以来国家文化管理体制与机制的改革等若干重大问题，需要从理论、实践层面进行系统研究。2006 年，原国家文化部以高校为主体，在北京大学、上海交通大学国家文化创新与发展研究基地的基础上，支持 6 所高校成立国家文化产业研究中心，希望依托不同高校的传统优势学科，从不同角度关注和研究中国文化产业发展中的理论、政策、路径和特色，为国家和地方推动文化产业理论、政策和实践背书。国家公共文化事业和文化产业发展中人才短缺的问题日渐突出，不少高校也开始陆续开办文化管理与文化产业专业，短短几年，开办文化管理与文化产业的高校达到数十家，人才的培养层次从本科拓展到研究生。

2008 年，面对突如其来的国际金融危机，中国政府出台了扩大内需、促进经济增长的十项重大举措。在“保增长、扩内需、调结构”的过程中，文化消费成为拉动内需、化解金融危机、增强国家软实力的重要力量。金融危机中，文化产业逆势而上。文化创意、产业集聚与文化产业园区、文化企业、新兴文化产业业态、文化“走出去”、对外文化贸易、主题公园、文化旅游演艺、文化金融、重大文化产业项目等系列概念频繁出现，呼唤中国文化管理和文化产业研究进入一个新的发展时期，从学科建设角度构建中国文化产业的知识、理论、研究方法和人才培养体系。

2012 年，文化产业经过 10 年多的起步、快速发展，在中国产业结构中的地位进一步提高，产业业态呈现多样化发展趋势，产业结构、产业布局趋于合理。中国庞大的文化消费市场、国家公共文化产品生产和服务的购买、文化交流与文化“走出去”成为推动文化产业发展的三大力量，现代科技与地方文化资源禀赋在推动文化产业新兴业态和特色文化产业发展中的作用也日渐凸显。新的发展语境也带来文化产业学术研究关注的新话题，国有文化企业体制机制改革、中国文化与世界文化的关系、文化产业新兴业态、特色文化产业、产业结构、产业空间布局、文化人才建设等成为这个时期政府、文化企业和文化管理类学科关注的问题。2012年国家原文化部和统计局发布了新的文化产业统计指标体系，包含10大类、43个种类、146个小类，中国在短短的10多年间，构建了一个世界上最为庞大、层级最为复杂的产业结构，以数字技术和互联网为主的新现代科技将对文化产业产生重大影响，强化文化产业新兴业态在国家文化产业发展中的引领作用。中国社科院文化研究中心关注到中国文化产业在发展速度、发展方式和管理模式上的变化，中国文化产业将进入拐点期①。文化产业新的发展意味着中国文化产业学科体系和人才培育将有新的使命。中国文化产业发展进入拐点，速度放缓，而中国高校文化管理类学科和人才培养却进入一个快速发展时期，一批新的高校开始在不同学科下设置文化管理与文化产业专业，本科、硕士和博士的培养体系得以呈现。

当下，文化管理类学科体系需要在新时代语境下，以更加宽阔的视野，系统总结中国文化产业发展的实践经验，以问题为导向，充分尊重文化发展的规律，构建具有中国特色的文化管理类学科体系。

二、学科规律与文化管理类学科建设的现状

学科作为相对独立的知识体系，随着人类对自然、社会的不断探索，其分类越来越细。一个新的学科要从传统的学科中分离出来，或从实践中产生，有三个基本的标准，即“相对”“独立”和“知识体系”。学科三个基本属性是要具备与其他学科不同的角度和内容，有独立于其他学科且不可能被其他学科所取代的具体的知识体系。从文化的传承和教授技能的角度审视，学科还是教学活动中的授课分类与界定，其旨归是建立与学科相对应的人才培养体系。

一个新兴学科的发展不仅是社会、经济、科技创新发展的结果，也是人类文明进步、文化发展、知识不断创生的过程。现代科学技术催生了知识生产的方式和新兴学科的出现。当代新兴学科的发展，一方面促进了分科而学，呼唤相对独立的研究方法、研究范式和人才培养模式；另一方面又不断吸纳相关学科的知识，借鉴成熟学科的方法，拓展与不同学科的交叉。文化管理类学科需要有与之关联的学科的基础理论、基本知识作支撑，也需要将新技术融入学科理论及知识和人才培养的各个环节，以适应数字、互联网技术改变文化艺术生

① 张晓明：《中国文化产业发展正“进入拐点”》，《光明日报》，2013年7月31日。

产、储存、分配的现状，顺应数字技术新时代下国家和地方文化建设发展的诉求。同时，学科建设也需要遵循知识生产、文化发展和学科发展的规律。一个新兴学科是一个复杂的系统，也是专门性知识的传承和创生。是否有相对性、独立性和区别于关联学科的知识体系，是文化管理类学科从起步、发展走向成熟的标志。在建构其相对独立的知识体系过程中，学科的基础理论、发展史、研究方法、范式和系统的知识都需要梳理归纳。在实践基础上总结、概括的基本原理、概念群、经典个案，以及作为知识传授和人才培养的若干课程是学科建设和学科成熟的重要指标。

从学科的基本属性及传授知识的授课分类和界定看，在相对独立的知识体系建构和高校人才培养方面，文化管理类学科的发展大致有三个阶段、四个基本现状。第一阶段，借鉴西方的相关理论和概念，结合中国文化产业起步阶段的实践，形成文化管理类学科的基础性理论知识和概念。第二阶段，在结合中国文化产业实践中不同于西方文化产业与文化管理的国情、体制、机制和发展路径，探索中国文化管理类的知识、概念和研究方法。第三阶段，在中国全面融入世界经济、文化格局的过程中，文化管理、文化产业与经济、社会之间的互动更加紧密、复杂，国家公共文化基础设施、公共文化服务体系日趋完善，文化产业形成相对完备的产业结构体系，文化管理更加复杂，文化产业实践更加丰富，对建构中国文化管理类学科起到了重要的支撑，具有中国特色的文化管理类学科体系得以凸显，文化管理类学科的相对性、独立性和知识体系基本成型，并且得到了相关成熟学科的关注和国家学科管理、认定部门的认可。

学科成熟的另一个重要体现是构成以高等学校为主体的人才培养体系。从 20 世纪 90 年代中期上海交通大学创办中国第一个文化管理类专业，培养具有文化管理专业知识、能力的本科生开始，到现在已有 300 多所不同层次的高校设有文化管理类，包括文化管理和文化产业专业，形成了四个文化管理类人才培养的格局。一是依托人文历史学科，以综合性大学为主，以历史文化的基本知识和理论为基础，结合产业经济学、管理学，培养具有相对宽泛的文化视野，具有相对扎实的大众文化消费理论、文化经济学理论功底，具有一定的调查、分析、研究、策划能力，具有较强文字表达能力的学科人才，以适应文化管理、文化产业发展的诉求。二是以财经类高校为主，依托经济学、产业经济学、工商管理的相关理论与知识体系，注重运用产业经济学、工商管理的具体方法，通过弥补文化的相关知识，培养文化生产、管理和市场营销的具体从业者，以此服务文化产业发展的社会需求。三是以传媒类大学为主，设置文化管理类学科。在学科人才培养中，重点关注数字、互联网和新兴文化业态，现代科技与文化生产、贮存和传播的理论，知识和技术手段的培养，以此适应现代文化管理和文化生产的时代需求。四是以艺术类高校为主，立足艺术类学科的知识和理论体系，从艺术生产、现代艺术设计入手，强化文化创意，通过培养大众文化艺术创意研发、文化艺术展演、文化市场营销的管理人才，推动文化创意与文化艺术市场的发展。

中国文化管理类学科的建设，在经历了三个阶段及高校学科人才培养的四类实践，学科的独立性、相对性已显现，学科的知识体系也已基本成型，在西方文化工业、文化产业的知识和理论框架下，出现了一批具有中国文化管理类学科特色的概念群和相关研究方法。在新的《中华人民共和国国家标准学科分类与代码》(GB/T 13745)中，文化产业学科在新增加的交叉学科中作为二级学科，得到国家、学科认定部门的认可，但也体现了文化管理类学科建设还处于起步发展阶段。文化管理类学科与相关学科的关系比较密切，相较于成熟的学科，文化管理类学科在其独立性、相对性方面还有所欠缺，需在文化发展的实践支撑下，通过学科知识体系的建设，使得高校人才培养体系更加完备。

文化管理类学科生存发展的环境更加复杂。在当下多元因素语境下，文化管理类学科的建设需要从实践、技术和路径层面进行探索，需要几代学者针对人类文化的发生、发展，从当代文化艺术的生产、贮存、传播、分配和功能价值层面出发，从学科建设的原点、概念系统、知识基点、发展史着手，积极应对当代文化传承、传播与创生中面临的问题，构建文化管理类学科的理论体系。

近年来，大批有着良好科研训练，具有不同学科知识背景的“80 后”“90后”学者进入文化管理类学科。他们是文化管理类学科建设的新生力量，他们带来了文化管理类学科建设不同的审视角度和方法。他们更熟悉当代文化艺术的生产，更了解当代大众文化消费的现状和特征，将在未来 5—10 年成为中国文化管理类学科建设和人才培养的主力军。希望他们在自己研究和教学的基础上，关注中国当代社会的现实问题，强化学者的社会责任和时代使命。“50 后”的一批学者带着强烈的社会责任感，完成了推动国家文化产业和文化管理类学科的起步。“60 后”和“70 后”的学者追随时代发展的步伐，从理论、政策、路径助推了国家文化产业和文化管理类学科的发展。希望“80 后”“90后”的学者能在新时代的语境下，强化社会责任和使命感，进一步促进文化的繁荣发展，提升文化管理类学科的影响力，构建中国文化管理类学科的话语体系。

在第十七届全国高校文化管理类学科建设联席会议上，8 位进行主旨演讲的学者和分论坛的学者在他们的演讲中从不同的角度涉及了新时代文化管理类学科建设的很多问题，直指文化管理类学科在学科独立性、相对性和学科知识体系、人才培养方面面临的问题，既涉及课程、教学、实践中的具体问题，也包括在优势学科下，文化管理类学科发展的空间问题，这些新兴学科建设中遇到的具体问题需要探索，需要关注，也需要大量文化管理类学科的建设者，结合文化建设、文化管理和文化产业发展的具体实践进行探索，找到解决问题的方法。任何一个成熟学科的发展都是社会发展和人类具体实践的产物。文化管理学科建设的使命需要从形而上的层面，从知识、学科规律、教育本质，以及学生心智、品性和理性培养的角度系统思考。在现代社会治理体系中，政治建设、经济建设、社会建设、文化建设、生态建设“五位一体”协调发展，除文化外，政治学、经济学、社会学、生态学都已成为国家学科建设和人才培养的重点学科。要看到，在中国未来的发展进程中，文化在城市引领、乡村振兴、满足人民日益增长的美好生活需要中的功能和价值不断强化；也要清晰看到，中国文化产业仅走过20多年的发展历程，文化学、文化管理类学科和政治学、经济学、社会学和生态学相比，可资观察、分析和研究的实践还需要积淀，文化管理类知识体系还需要完善。中国文化产业还缺乏像法兰克福学派、伯明翰学派、芝加哥学派这样具有成熟理论和大家的学派，在文化产业理论领域也还没能出现《艺术与文化经济学手册》①这样可支撑中国文化管理类学科知识体系的扛鼎之作。走向成熟的中国文化产业管理类学科需要有勇于探索真理、创新知识并富有社会责任感的几代学者的努力，需要构建中国文化管理、文化产业的话语体系，从不同角度丰富学科知识、积淀学科理论。

三、结语与展望

国家“十四五”规划明确提出到2035年建成文化强国的战略目标，提升公共文化服务水平与健全现代文化产业体系成为发展社会主义先进文化、提升国家文化软实力的重要内容。中国文化管理类学科建设需要在新时代语境下构建包含公共文化与文化产业的理论话语体系，统筹事业与产业，坚持社会效益与经济效益相协调统一。目前关于中国文化管理类学科建设的学术话语还比较零散，不成体系，学者往往基于自身的学科背景与学术资源，很难形成集

① [比]维克托·A.金斯伯格、[澳]戴维·思罗斯比编著：《艺术与文化经济学手册》，东北财经大学出版社2018年版。

成优势。未来的中国文化管理类学科建设应抓住“新文科”与“交叉学科”发展的机遇，构建符合自身学科发展规律与定位的知识体系。一方面，要继续发挥中国文化管理类学科的实践应用优势，不断拓展丰富实践应用领域与场景，并通过借助已有的学科知识体系，进行学科分支领域的理论与应用研究。如借助公共管理学、经济学、社会学等学科知识，可从公共文化与文化产业发展的角度，进行文化管理学、文化经济学、文化社会学的研究探索，为中国文化管理类学科建设构筑良好的学科知识背景与氛围，打造“学科群”。另一方面，要深化公共文化与文化产业的“元科学”研究，推进中国文化管理类学科的发展。这需要学者扎根于中国特色社会主义现代化建设的宏伟实践，研究基本问题与核心议题，尤其是重视对中国公共文化与文化产业发展的脉络与规律的研究，发挥学术的批判功能，从而构建具有中国特色的文化管理类学科的理论知识体系。

在关于中国文化管理类学科的叙述中，经常将其表述为“新兴学科”“边缘学科”“跨学科研究”等。这样的指称其实并没有对学科建构方式进行合理的考究，甚至多少带有某些传统学科研究者对文化管理轻蔑的意味。这深层次的原因很大程度上是由于学界对中国文化管理类学科建构方式缺乏充分的讨论。目前中国文化管理类学科研究者偏重于“术”的应用层面，这也确实是文化管理类学科的优势，能够与政府、企业构建良好的合作机制；但是仅仅停留在“术”的层面，而没有对文化管理类学科本身作为“学”进行深刻的知识社会学研究，形成丰富扎实的基础研究成果，恐怕难以构筑中国文化管理类学科的大厦，“术”的应用也会缺乏足够的底气和营养，更无从发挥其学术批判的功能。“学”的建制化是新时代中国文化管理类学科亟待解决完善的深层次部分。只有“学”与“术”相互协调统一，才能推动中国文化管理类学科健康长效发展。

中国文化管理类学科建设的方式可以借鉴公共管理学科的证成路径，超越“普遍性建构”和“中轴化建构”方式，采用“集成性建构”方式①。文化管理类学科是关于文化价值、认知和模式的集成性学科。当今文化的价值愈发重要，无论是作为意识形态的宣扬、经济发展的媒介，还是作为文化主体性的自主建构，都值得我们深入研究。而且其还关涉推动中华优秀传统文化创造性转化、创新性发展，构建人类命运共同体等时代发展大命题。这是一个大众创业万众创新的时代，“创意阶层”的崛起是文化创意产业发展最为核心的资源优势。2020 年 9 月，习近平总书记在考察湖南长沙马栏山视频文创产业园时

① 孔繁斌:《集成性建构方式:公共管理学科再理解》,《学海》2018 年第 1 期。

指出,“文化产业是一个朝阳产业。现在文化和技术深入结合,文化产业快速发展,从业人员也在不断增长,这既是一个迅速发展的产业,也是一个巨大的人才蓄水池”①。文化产业能够带动就业,能够吸引青年人才。文化产业与传统农业工业有很大区别,它既是知识创新产业又是劳动服务密集型产业。中国文化产业发展必然是要走政府—社会—市场相结合的“政产学研用”一体化模式路子。因此,中国文化管理类学科的学术共同体要产生知识自觉,直面时代真实问题与真实需求的结构叙事,研究“中国问题”,探索“中国答案”,形成“中国理论”,推动知识体系的战略构造与国家治理的现代转型相吻合,实现知识体系的战略构造与公众参与的现代治理的有机结合。

On the Discipline Construction of Chinese Cultural Management

Li Yan　Geng Da

Abstract: Based on the discussions and exchanges on the new business and cultural management disciplines of the cultural industry at the 17th National College Cultural Management Discipline Construction Joint Conference in 2020, it is believed that the construction of Chinese cultural industry management disciplines has entered a new era and needs pay attention to the context of its development. On the basis of combing the status quo of the construction of science disciplines, it summarizes the three stages of the construction of Chinese cultural management disciplines and the four types of practices in the cultivation of discipline talents in colleges and universities. The independence and relativity of Chinese cultural management disciplines have been revealed, and the knowledge system of the disciplines has basically taken shape. Respecting the laws of discipline construction and personnel training, and building a discipline system that is compatible with the development of China's cultural industry is the social mission given by the new era.

Key words: cultural management; cultural industry; discipline construction; context of the times

---

① 《坚守人民情怀,走好新时代的长征路——习近平在湖南考察并主持召开基层代表座谈会纪实》,《人民日报》,2020年9月21日。

“中国文化产业学派”：一个值得研究的议题

华中师范大学国家文化产业研究中心　黄　莺

［内容提要］　本文以西方研究者提出的“中国文化产业学派”这一命题为切入点，从学派产生与发展的角度简要回顾了中国改革开放以来文化产业理论与实践迅速发展的历程，从历史视角对中国文化产业研究初创阶段的学者群体、学术观点、代表性成果、标志性刊物和学术研究机构与平台搭建情况等进行梳理，指出中国文化产业学派起源和发展的经验对于当前中国学派构建具有积极意义。

［关键词］　文化产业研究；“中国文化产业学派”；形成与发展；特点与思考

一、“中国文化产业学派”的提出

2015年，劳特里奇（Routledge）出版集团旗下的《国际文化政策研究》（*International Journal of Cultural Policy*）第21卷第5辑刊载了加州大学河滨分校媒体文化研究部的温迪·苏关于中国文化产业发展的研究文章，以文化产业概念在中国不同时期的演变为主线，贯穿中国文化产业的兴起和政策实践整体历程，明确提出了“中国文化产业学派”这一概念：在世纪之交，一个文化产业学派逐渐出现，它由北京大学叶朗教授、清华大学熊澄宇教授、上海交通大学胡惠林教授、上海社会科学研究院研究员花建组成①。

在提出“中国文化产业学派”的同时，温迪·苏具体列出了文化产业对国

① Wendy Su, “From Culture for the People to Culture for Profit: The PRC's Journey toward a Cultural Industries Approach”, *International Journal of Cultural Policy*, 2015, 21(5), pp.513—528.

家决策产生重大影响的标志性事件:2001 年,叶朗在全国政治协商会议上作题为《21 世纪中国经济与文化产业》的发言。熊澄宇于 2003 年 8 月 12 日向中共中央政治局作了题为《世界文化产业现状和中国文化产业的发展战略》的报告①。此文也提出了"中国文化产业学派"在研究中的一些特点,比如将文化产业的概念融入"先进现代文化"和"社会主义市场经济"理论②,从中国国家文化安全的角度看文化产业建立的必要性和重要性等。

《国际文化政策研究》以刊发与文化类政策相关的跨学科高水平论文著称。对于温迪・苏的提法,研究者可能看法各异,也未必认同海外研究者的一家之言。然而,在倡导建设社会科学中国学派的当下,温迪・苏提出"中国文化产业学派"这一概念亦会带来一些新的思考和启迪,对此作一定分析讨论也许有助于更好地认识中国文化产业研究以及"中国文化产业学派"建构的情况。

关于学派,《辞海》的解释是:"一门学问中由于学说师承不同而形成的派别。"《现代汉语词典》第七版解释为:"同一学科中由于学说、观点不同形成的派别。"春秋时期,道家、儒家、法家、墨家等学派百家争鸣,影响历史发展,宋代有程朱理学,明代有心学,清代有乾嘉学派、桐城派等等;同一个学科也会由于研究关注的问题、方法路径和思想传承形成不同学派,如 20 世纪上半叶,历史学形成了新史学派、古史辨派、南高派、食货派和马克思主义学派等等。英语中,学派是"school"一词,牛津在线词典解释为:"一个由哲学家、艺术家或者作家形成的群体,他们的思想、作品或者风格展现了共同的起源或者影响或者统一信仰,比如亚里士多德学派、威尼斯画派。"中文定义认为师承、观点不同是学派产生的条件,而英文定义则强调共同起源、影响和统一信仰,这几个因素是"逻辑或"的关系,即在决定某一事物结果的若干条件中,只要有一个条件能满足,结果就会出现,所以英文释义中举了亚里士多德学派、威尼斯画派等例子。显然英文中"学派"的定义更为宽松、范围也更宽泛一些。

从字面定义看,如果文化产业有共同起源,则"中国学派"应该理解为其中一个派别,那么国外是否存在相对应的文化产业的"某国学派"呢?答案是"没有"。但是在文化批判领域有"法兰克福学派"和"伯明翰学派"等以这些研究

① Wendy Su, "From Culture for the People to Culture for Profit: The PRC's Journey toward a Cultural Industries Approach", *International Journal of Cultural Policy*, 2015, 21(5), pp.513—528.

② 温迪・苏引用胡惠林在《文化产业发展与中国新文化变革》的论述:电影可以被视为第一次现代文化产业诞生的曙光。它的出现恰恰说明了正是现代文化产业的出现使得文化有可能面向大众而不是面向精英。这是第一次,大多数的下层阶级获得了消费、享受和诠释文化的权利。因此,"文化产业代表着先进文化"而且"先进文化只能由以市场为基础的文化产业来体现"。

机构所在的大学命名的学术流派，他们在文化批判中使用的“文化工业”等概念也被认为是中国文化产业的起源。国外在该领域的研究主要是文化经济和文化政策，还有和艺术相关的创意经济等，文化经济既有定性研究也有定量研究，期刊论文中定量研究更为多见，文化政策则多是定性研究或者定性与定量相结合的研究，文化产业虽然作为概念常见于这些文献，交织于文化经济和文化政策研究的文本和理路，但是专门探讨文化产业的英语文献并不是很多，中国学术界最熟悉的还是赫斯蒙德夫的《文化产业》等为数不多的几本书。

温迪·苏提出的“中国文化产业学派”是否严谨，是否存在随意性和缺乏依据的问题呢？这是一个可以讨论的命题。如果以西方学术界为对照，以是否获得西方学术界认可为评判标准，显然“中国文化产业学派”还没达到这样的“国际标准”，因为国外研究的范式与国内有比较大的差别，所以该文的说法仅仅是一家之言。但是，和很多学科一样，中国文化产业是否以“国际标准”来定义“学派”也值得商榷，毕竟学术研究主要是兴趣导向和使命使然的，没有那么多的功利性，无论古代的桐城派，还是西方的法兰克福学派和伯明翰学派，都不是为建立学派而进行学术研究的。

文化产业研究由于具有较强的学科交叉性，跨越性很大，在国际学术界，文化产业相关研究人员和研究成果宽泛地分散在社会学科和人文学科的很多领域，包括管理、经济、文化、历史、艺术、政治、法律、国际关系等等，也形成了“国际文化经济学会”和各国分会等研究团体，但是以“文化产业”为特定的研究对象和学科，形成具有较大影响力的研究群体这一现象，却为中国所独有。所以从国际视角考察，将中国文化产业研究群体冠以“学派”是可以成立的。

二、“中国文化产业学派”的起源与概貌

政治思想史学家波考克用“马基雅维里时刻”这一令人印象深刻的短语表述欧洲各国纷纷从思想和制度上脱离神圣罗马帝国获得独立的历史进程，在《马基雅维里时刻》一书的序言中，波考克解释说“马基雅维里时刻”所概括的延续的历史构成了“西方思想从中世纪的基督教模式走向现代历史模式之旅程的一部分”①。通观文化产业学科在中国的整个建构历程和“中国文化产业学派”的初步成型，不由联想到：中国文化产业在发生学上是否也有这样一个从文化研究的思维模式和研究范式中分离而独立的时刻？中国文化产业学科

① ［英］J.G.A.波考克：《马基雅维里时刻》，冯克利、傅乾译，译林出版社2013年版，第2页。

和学派真正确立的“临界点”在哪里呢?

20世纪80年代开始,文化研究领域大致有四种理论先后进入中国:一是德国理论,即法兰克福学派的批判理论;二是美国理论,即后现代主义研究;三是英国理论,即伯明翰学派的文化研究;四是法国理论,即大众文化研究。“文化工业”由阿多诺和霍克海默等提出,是法兰克福学派社会文化批判理论的重要概念。改革开放初期,中国学术界面对蜂拥而来的西方理论产生了强烈的焦虑感和表达欲,渴望吸纳这些翻译过来的理论并且将其尽可能用来解释中国社会思想领域的种种现象。因为急于在风云变化的时代大潮中确立自己的位置和体系,中国的文化研究者难免为了理论自洽而不加审慎地查辩,陶东风总结的“语境误置”和“搬用法”在那样的时代环境下确是客观的存在[①]。由于对随着文化市场的出现而兴起的大众文化一时难以认同,所以文化研究者“直接将法兰克福学派大众文化批判理论的框架与结论运用到中国的大众文化研究中来,而没有对这个框架的适用性与结论的有效性进行认真的质疑与反省”[②]。

但是也有学者指出,文化产业其实是中国化的概念,“第三产业”这个术语本身也内在地包含着知识生产的意义,它的兴起和广泛使用逐步使“文化产业”一词被中国社会所认同和接受[③]。《中国文化产业学术年鉴(1979—2002年卷)》对收录的2001年前的论文篇名进行了统计,其中,篇名中含有“文化产业”的共计724篇,含有“文化经济”的共计69篇,含有“文化工业”的14篇,含有“文化创意”“内容产业”的只有零星数篇。王育济、齐勇峰提出,早期公开发表文献统计结果表明,在中国,“文化产业”这一概念一开始就具有压倒其他概念的绝对优势[④]。

20世纪80年代的中国,对于文化及其产品的认识才起步,文化产品的社会功能定位并没有发生根本性变化,“文化市场”和“文化商品”这样的概念不受重视。“大众文化”及其产业兴起的实质是冷战结束后国际关系重大变动引起的文化秩序变化和重建,而国内理论界对于“大众文化”及其产品所起到的重要作用还缺乏足够的认识,由此产生一种认识上的“迟滞”现象。当然也不乏学者敏锐地看到这种发展趋势并提出前瞻性的观点,对于“大众文化”和文化产业的关系,温迪·苏专门引用了胡惠林的观点:如果我们超越西方的“大

① [英]J.G.A.波考克:《马基雅维里时刻》,冯克利、傅乾译,译林出版社2013年版,第2页。

② 陶东风:《社会理论视野中的文学与文化》,暨南大学出版社2002年版,第124页。

③④ 王育济、齐勇峰等:《中国文化产业学术年鉴(1979—2002年卷)》,山东大学出版社2009年版,序言。

众文化”理论，从历史的角度分析1919年以来中国新文化运动——追求“大众文化”实现了五四新文化运动民主与文化平等的中心目标①。

中国文化产业学者意识到中国当时无论是历史沿革还是现实土壤都与法兰克福学派截然不同，没有直接将西方工业社会环境下出现的“文化工业”概念和文化批判理论拿来“以西格中”，而是将马克思主义政治经济学理论与文化产业在中国社会的实际发展状况进行结合，在意识形态上继承了中国新文化运动倡导的“民族的、科学的、大众的文化”。这些观点超越了当时中国文化研究对大众文化的批判态度，使中国文化产业摆脱法兰克福学派的影响，从而在学科基本概念上与当时风行的文化研究形成明显分野，逐步形成了面向中国现实国情、与政策研究关系密切的文化产业研究，也为独立学派的形成奠定了基础。

20世纪80年代后期，中国文化产业研究者更多来自党政机关比如文化部政策研究室等，他们站在政策规划和制定的角度对于文化产业进行的学术理论研究具有拓荒意义②。

1989年，国务院在文化部设立文化市场管理司。1998年，国务院在文化部设立文化产业司。这些文化管理职能部门的独立设置是标志着中国文化产业在国家战略中的地位逐步确立及发展的重要节点，释放出国家大力发展文化产业的重要政策信号，中国文化产业的研究也在迅速崛起，从改革开放初期至今，40多年的发展产生了一大批优秀的研究者，以颇具特色的理论和思考频频推出对中国社会具有影响力的成果，形成了令人瞩目的学术现象。需要指出的是，在中国，从事文化产业研究的学者群体异常庞大，学术背景和研究动机各异，成果也异常丰富。据周建新等发布的《中国文化产业研究年度学术报告》，2020年，出版文化产业学术专著64部，中国知网以“文化产业”为主题词的论文有1 587篇，这些还只是不完全统计的数据。学术界有意识地对文化产业研究成果进行统计分析的历史并不长，但是仅仅看数据也可推知研究者规模可观。

三、学科创制和专业建设是“中国文化产业学派”的基础

和文化研究、比较文学、国际关系学等学科一样，文化产业在中国属于改

①② 胡惠林：《文化产业发展与中国新文化变革》，上海人民出版社2009年版，第151页。

革开放后逐渐兴起的一门交叉学科。“中国文化产业学派”建立的基础——中国文化产业学科建设在40多年时间里实现了从0到1的突破，取得较大发展。

中国文化产业研究者主要集中在高校，20世纪90年代初，这些研究者敏锐地看到改革开放带来文化市场日益繁荣，文化产业迅速发展的客观形势带来社会对文化产业人才迫切需求，因此在推进理论研究的同时大力推进文化产业专业学科建设。

1993年5月，经中华人民共和国教育委员会批准，上海交通大学创立了我国第一个以文化产业高级专门人才培养为目标的“文化艺术事业管理”专业，胡惠林负责专业的筹建和创立并且主持该专业学科建设。继本科之后，经过多年建设发展成为一个由硕士、博士和博士后培养完整的文化产业管理人才培养体系。创建之初，上海交通大学将这个文化管理专业定位为“文化经济方向”，培养方向是“懂文化、会管理、善经营”的高级专门人才，以文化经济学、文化政策学、文化市场营销学、文化行政学、文化投资学、文化市场学和文化产业学等作为专业主干和必修课程，这是中国内地第一个文化产业专业，标志着文化产业的理论研究和学科建设在进入中国学术界视野的同时，也进入了中国高等教育领域。

在上海交通大学文化艺术事业管理专业成立并举办了10年之后，无论是国际环境还是中国社会的政治、经济、文化都发生了重大的变化，在上海交通大学持续10年文化艺术事业管理专业建设和人才培养的示范效应下，文化产业作为独立学科和专业的地位也得到中国教育界和社会的普遍认可。2004年，山东大学、中国海洋大学、中国传媒大学、云南大学4所高校正式开设文化产业管理专业，掀起中国文化产业专业建设的新高潮。这一波文化产业专业设置无论是所属院校性质还是地域分布，都将文化产业推进到更多领域和更大范围。云南在西部省份中率先举办了当时尚属“前沿”的文化产业专业，形成文化产业专业发展明显的灯塔效应。文化产业专业的顺势而起和广泛建立反映出学术研究和学科齐头并进对中国文化产业发展的巨大推进作用，也是中国文化产业倡导者和研究者放眼长远，坚持学科建设和专业发展“两条腿走路”的发展思路在实践中经受住考验而结出的累累硕果。据不完全统计，到2020年，全国开设文化产业管理类专业的高校和独立院校已有200多所，加上艺术类院校接近250所，专业建设从起步到全面繁荣，不但为学科的成长奠定了坚实基础，而且也持续培养了一大批高水平的专业研究者。

在专业建设蓬勃开展的形势下，搭建学科平台，增强专业联系，汇聚各方力量，将分散在各高校的专业点联合起来，进一步推动文化产业管理学科建设与理论研究，推进专业课程体系完善与人才培养质量提升，促进文化产业管理学科建设日益完善的客观需求呼之欲出。在这样的形势下，由胡惠林担任召集人，2003 年在上海交通大学召开了第一届“全国高校文化产业管理研究与学科建设联席会议”，后又联合艺术类院校在中国海洋大学发起召开了“全国高校文化管理类学科建设联席会议”。该联席机制一直持续至今，2020 年在山西财经大学举办了第十七届学科建设联席会议，主题是“新文科和新商科背景下文化产业管理学科建设与人才培养创新”。联席会议增进了不同高校文化管理类专业学科建设的交流和联系，扩大了文化产业管理专业学科的影响，加快了学科建设速度，培养出更多文化产业人才，成为“中国文化产业学派”发展壮大的力量来源。该机制的成功运行还推动了与台湾地区高校的交流和合作，随之产生了延续至今的“两岸高校文化产业管理本科专业学科建设联席会议”，增进了两岸高校文化产业学科之间的了解。丹增在《文化产业发展的中国道路——理论·政策·战略》序言中评价：“在国家推动文化产业发展的起步阶段，胡惠林教授与一批高校的学者发起成立中国全国高校文化管理与文化产业学科建设联席会议，推动了中国文化管理与文化产业的学科建设与研究。”①

专门的研究机构、学术平台、学科建设、专业设置以及高水平教材编写等“学术基础设施”支撑和延续着学术研究的生命、实践，验证着学术观点，展现着学术研究的成果并且为学术研究提供后备人才。教科书是对本学科知识的一种体系性的表达，它能够反映出学者对某一个学科知识的整体性、综合性把握能力，是学者综合素质的集中体现，因此是一种最为重要的学术成果。在主编制盛行的教材编撰体制下，独立编撰的教材无疑具有更高的学术水准，高水平学者编撰的高水平教材是一个学科的灵魂，也是一个学派整体实力的基底。无论学派中的学者个体从何角度、取何种方法、如何建构自己的观点体系，基础教材反映的始终是这个学术群体共同的理论起点和知识框架。文化产业领域最初的一批教材主要是学者独立编撰后成系列的，当时最具代表性的文化产业教材系列是“21 世纪文化管理系列教材”（胡惠林主编，上海文艺出版社 2003 年版），该系列包括 7 种教材：《文化经济学》《文化政策学》《文化市场营

① 胡惠林：《文化产业发展的中国道路——理论·政策·战略》，社会科学文献出版社 2018 年版，序言第 2 页。

销学》《文化行政学》《文化投资学》《文化市场学》和《文化产业学》，这套教材形成了我国文化产业专业核心教材体系的基础，同时也体现了文化产业研究的谱系和历史沿革，体现出鲜明的学科交叉性质。2014 年，这套教材被列为国家"十二五"普通高等院校文化产业管理系列规划教材，种类也增加到 15 种，由清华大学出版社出版。其中，《文化经济学》《文化政策学》和《文化产业学》等基本教材已经出了第二版，在全国范围文化产业专业教材体系中，一直是专业核心教材。至此，中国文化产业管理专业教材体系基本建立，中国台湾地区高校也采用了其中一些。

四、国家文化产业研究基地和中心设立是学派发展的重要依托

文化产业发展在中国政策层面和研究机构之间的互动与结合始于国家部委与高校联合设立专门的研究机构，研究者由于专门研究机构的成立确立自己的身份和研究方向，从而形成比较固定的群体，这点类似于法兰克福学派和伯明翰学派，这两个享誉世界的学术团体也是在法兰克福大学社会研究所和伯明翰大学当代文化研究中心(CCCS)的基础上逐渐发展壮大进而产生巨大影响的。

1999 年 12 月，文化部与上海交通大学决定共同创建"国家文化产业创新与发展研究基地"，由时任文化部副部长李源潮和上海交通大学校长谢绳武共同担任基地主任，开创了国家部委与高校共建"部校合作"的新模式，也决定了中国文化产业从创建伊始就面向解决中国社会政治经济发展的重大现实问题提供理论思想和战略设计的功能。国家文化产业创新与发展研究基地的成立受到新华社等国内各大媒体的关注。这是中国文化产业发展史上的重大事件，宣告了我国第一个国家级文化产业研究基地正式成立，揭开了中国文化产业研究的大幕。

2002 年，文化部与北京大学合作设立了国家文化产业创新与发展研究基地。2005 年，文化部又分别与中国传媒大学和深圳市文化产业研究所合作设立了国家对外文化贸易理论研究基地。2007 年初，文化部命名清华大学、南京大学、南京航空航天大学、中国海洋大学、华中师范大学、云南大学 6 家高等院校的文化产业研究机构为国家文化产业研究中心，形成一个国家级文化产业研究网络，标志着"中国文化产业学派"的正式形成。

国家文化产业研究中心的功能定位是：在各学校科研力量的基础上组织文化产业基础理论和相关课题研究；培养各类文化产业专门人才；进行政策咨询和信息服务；以承担国家和地方政府部门交给的文化产业课题研究项目等为主要任务，力争成为今后一个时期内文化产业研究的主导力量①。这些研究基地和中心的成立，在国家部委层面确立了中国文化产业研究的专门机构，在组织制度上为文化产业研究提供保障，极大地推动了高校参与文化产业理论研究的积极性，这几家研究中心也确实依托高校的科研基础和团队，有各自的研究领域和特色，例如中国传媒大学以对外文化贸易和国际文化产业为主要研究对象，云南大学国家文化产业发展研究中心主要以区域文化产业为主要研究对象，不一而足。这些共建的研究中心在生产学术成果的同时也涌现了很多现在活跃在中国文化产业学术圈的代表性人物，形成中国第一代文化产业研究的核心圈层。

省级的研究中心也纷纷成立。2003 年 11 月，经山东省社会科学规划领导小组和山东省委宣传部审批，将山东省文化产业研究基地设立在山东大学历史文化学院，基地首席专家为王育济教授，聘请齐勇峰、胡惠林等十余名知名学者担任兼职教授。山东大学文化产业管理学院隶属历史文化学院，在王育济教授主持下，充分发挥历史学科优势，会同本院的历史系、档案系、考古与博物馆系的研究力量，对改革开放以来中国文化产业研究的学术理论成果进行系统的搜集和整理②。《中国文化产业学术年鉴》就是他们数年积累的结晶，为学科发展史的研究做了扎实的工作。山西省文化产业研究中心经山西省委宣传部批准成立，依托山西财经大学，是山西省唯一专门从事文化产业研究和产业化运作的高层次研究机构。这些都是国内最早依托各省成立的文化产业科研机构。

2015 年，中办、国办印发了《关于加强中国特色新型智库建设的意见》，提出“重点围绕提高国家治理能力和经济社会发展中的重大现实问题开展国情调研和决策咨询研究”③。文化产业研究部校合作、省校合作研究基地和中心为新型智库奠定了基础，契合了新型智库以战略性研究服务于国家和地方社会发展的战略功能。

① 文化部：《6 家国家文化产业研究中心成立》，中国网，2007 年 2 月 20 日，http://www.china.com.cn/txt/2007-02/20/content_7849888.htm。

② 王育济：《1979—2008：近 30 年中国文化产业研究的学术考察与梳理》，“中国文化产业 30 人论坛”发言，2009 年 6 月。

③ 中华人民共和国中央人民政府门户网站，http://www.gov.cn。

五、学术平台搭建、标志性学术出版物促进学派的国际化进程

学术会议是研究思想碰撞和成果交流的主要平台，标志性的学术会议集中反映出某一领域的研究在一定阶段上主要关注的问题，展示重要成果并提出新的议题，而学术会议的连续召开展现出研究方法和研究对象得以确定的过程，说明该学科的研究命题不断深入，研究范围不断拓展，也意味着相关研究群体由产生到确立的稳定性和延续性。2000 年 12 月，文化部和上海交通大学共建的国家文化产业创新与发展研究基地主办了“21 世纪中国文化产业论坛首届年会”，这是中国首个以中国文化产业为主题的全国性大型学术会议，中国文化产业学术界代表性学者叶朗、胡惠林、张晓明、花建、金元浦、章建刚、齐勇锋等出席了首届年会。第一届、第二届年会聚焦于中国文化产业面对加入世界贸易组织的机遇与挑战、准备与不足，入世对中国文化产业发展的影响等现实问题，在理论和政策层面展开深入讨论，这几次年会无论对当时还是现在都产生了重大影响，开启了一系列高层级文化产业学术会议的序幕。

“21 世纪中国文化产业论坛年会”吸引了来自政策层、研究所、高校和研究中心等的研究人员，中国文化产业领域的第一批重要学者诞生于这个平台，以他们开创性的学术研究为中国文化产业奠定基础。张晓明（中国社会科学院文化研究中心）、章建刚（中国社会科学院哲学研究所“国家创新体系”研究小组）、尹鸿（清华大学新闻与传播学院）、张幼文（上海社会科学研究院世界经济研究所）、钱光培（首都文化发展中心）、胡惠林（国家文化产业创新与发展研究基地）、金元浦（中国人民大学）、陈少锋（北京大学文化产业研究所）、齐勇锋（国家发改委经济体制与管理研究所、文化产业研究中心）、施维达（云南大学）、李向民（南京艺术学院）等先后在年会做过重要发言。“21 世纪中国文化产业论坛年会”一共举办了 5 届，它的出现一方面意味着文化产业作为独立学科出现和兴起，另一方面为相对固定的研究群体的形成提供了交流平台，搭建了学术界和政策联系的纽带。此后，北京大学国家文化产业研究基地也发起主办了“中国文化产业新年论坛”，形成了中国在这一时期一南一北遥相呼应的学术讨论争鸣的全国性平台。

2002 年，中国文化产业第一本蓝皮书诞生，由社会科学文献出版社出版。这本蓝皮书的出版可以看作是 2000 年召开的第一次“21 世纪中国文化产业

论坛年会”的后续成果。时任中国社会科学院副院长江蓝生、上海交通大学校长谢绳武担任主编，并为其作序，编纂团队则主要由中国社会科学院张晓明、章建刚和上海交通大学胡惠林三人领衔，集全国文化产业学术研究之力，对中国文化产业发展宏观发展走向进行分析和预测。蓝皮书的基本内容分为中国文化发展总报告、“十五”期间和入世后文化发展面临的挑战和机遇的宏观视野、文化行业的报告、中国区域文化发展的现状报告、与国外文化产业的比较、文化产业发展的个案研究、中国大城市的文化产业综合指标统计研究，以及专家论坛等。这部蓝皮书反映了中国文化发展的现况、展示了我国文化发展的前景，是中国学术界第一次对文化产业进行全方位研究形成的报告。它既为之后学界大量涌现的文化产业相关领域皮书的编写理清了思路，搭建了基本框架，也为即将出台的第一部《文化及相关产业分类》(2004)做了先期准备。

蓝皮书在编撰文化产业分类标准数据时资料很缺乏，困难可想而知。然而编撰者却认为，依据某些最基本的规定，制定这样一个权威报告可以勾勒出“一个还处在转型过程中，总体图景相当破碎，发展前景却非常远大的产业”①。蓝皮书提出，“文化娱乐业、新闻出版、广播影视、音像、网络及计算机服务、旅游、教育可以看作文化产业的主体或核心，传统的文学、戏剧、音乐、美术、摄影、舞蹈、电影电视创作甚至工业与建筑设计、艺术博览场馆、图书馆等看作文化产业正在争夺的前沿；广告和咨询业等看作是它成功开拓的边疆”②，2004 年，国家统计局编制出文化产业统计指标体系，中国第一部《文化及相关产业分类》问世。2004 年第 1 版《文化及相关产业分类》将中国文化产业分为核心层、外围层和相关产业层，显然在一定程度上引入了蓝皮书对于中国文化产业的基本分类体系构架，并根据 2002 年的《国民经济行业分类》将其进一步细化，最终以政策法规的形式将文化产业相关类别确立下来，在一段时期内引导着中国文化产业在既定轨道上的快速健康发展。2018 年，国家审计局在 2004 年和 2012 年的基础上第三次修订《文化及相关产业分类》，2018 版继续使用原分类对文化及相关产业的定义③。

《2001—2002 年：中国文化产业发展报告》的出版，对于国家文化产业政策规制和划分标准具有引领作用，体现了学术界对于这一新兴领域的敏锐洞察能力，也为即将由国家层面推动的文化产业的全面发展率先构建了基本框

①② 江蓝生、谢绳武主编：《2001—2002 年：中国文化产业发展报告》，社会科学出版社 2002 年版，第 1 页。

③ 《文化及相关产业分类(2018)》，中华人民共和国中央人民政府门户网站，http://www.gov.cn/xinwen/2018-04/23/content_5285149.htm。

架。北京大学的叶朗团队从2003年开始发布《中国文化产业年度发展报告》，由湖南人民出版社于2003年9月出版，随之一批地方文化产业蓝皮书也相继出版，与《中国文化产业发展报告》一道形成蔚为壮观的“文化产业蓝皮书现象”，从宏观和微观、地方和行业的视角全方位反映中国文化产业发展的历史进程及整体面貌，这在世界文化产业研究领域亦属罕见。

2003年，以第一届、第二届年会发表的优秀论文为基础的《中国文化产业评论》创刊，中国文化产业学术界第一次有了属于自己的专业集刊，标志着“中国文化产业学派”横空出世。它“开文化之头，研文化政策”，成为文化产业研究成果和思想结晶发表和研讨的园地，是中国第一本汇集文化产业管理类文章的学术期刊。2007年入选中文社会科学引文索引来源集刊，跻身中国文科最具权威性的集刊行列，成为高水平的文化产业学者发表学术见解、交流学术观点的开放性平台。

2019年，第三届“中国—西班牙文化经济与政策国际学术研讨会”在西班牙巴亚多利德大学举行，《中国文化产业评论》在西班牙和中国同时推出英文和中国特刊，专门刊发国际和国内与会学者的优质论文，西班牙方面专门组织了《中国文化产业评论》英文版特刊发布仪式。如果说中国文化产业研究不断有学者“走出去”进行国际交流是中国文化产业学科走向国际学术界的第一步，那么2019年7月2日在西班牙举行的《中国文化产业评论》特刊新闻发布会开启了中国文化产业研究国际化的重要阶段，构建了“中国文化产业学派”以群体面貌走向国际平台，有利于国际学术界从整体上了解中国文化产业的研究和发展。

六、研究命题和成果进入政策话语是学派发展的动力之源

由于文化产业发生和发展与市场经济在中国的勃兴有密切联系，因此在研究开始出现并迅速发展的这一时期，上海、北京等经济发达的大都市自然“领风气之先”，温迪·苏提到的“中国文化产业学派”代表人物叶朗、熊澄宇、胡惠林、花建等学者都在北京和上海。1987年《中国文化报》开辟了“文化市场”专栏，每周一期，持续不断组织展开有关“文化市场”的讨论，温迪·苏文中提到的学者几乎都在该栏目发表过重要文章，而且这一讨论持续了10年，至1998年增设“文化产业”专栏。

2000年10月，党的十五届五中全会通过《中共中央关于制定国民经济和社会发展第十个五年计划的建议》，第一次以中央建议的名义明确提出了“文化产业”这一新概念。2002年，党的十六大政治报告提出发展中国文化产业的战略部署，“文化产业”这一概念之所以超越“创意产业”“文化经济”“内容产业”而被十六大报告使用，正得益于《中国文化报》在“文化产业”专栏中所组织的持续讨论，而这一讨论的源头，则肇始于1987年的“文化市场”专栏①。

在2002年中国第一部文化产业蓝皮书正式出版之后，2004年，国家统计局在中宣部及国务院有关文化部门共同研究的基础上制定了《文化及相关产业分类》指标体系，这是对党的十六大关于文化建设和文化体制改革要求的具体贯彻落实，也是中国开启文化产业统计工作的奠基之举。值得注意的是，《2001—2002年：中国文化产业发展报告》中已经关注到文化资源数字化问题，作者意识到文化遗产数字化可以将“民族文化资源转化为新兴产业基础”，前瞻性地提出文化资源数字化应该提到中国国家战略的高度。2020年5月，我国第一部此类规划出台，中宣部文改办下发《关于做好国家文化大数据体系建设工作通知》，明确提出推进文化和科技深度融合，具体措施有“分类采集梳理文化遗产数据，对全国公共文化机构、高等科研机构和文化生产机构各类藏品数据标注中华民族文化基因，把非物质文化遗产记录成果中蕴含的优秀传统文化的精神标识提炼出来，建设文化大数据服务及应用体系”等，目标是建成“面向全社会开放”的遗产数据库，大力提倡“将中华文化元素和标识融入内容创作生产、创意设计以及城乡规划建设、生态文明建设、制造强国、网络强国和数字中国建设”，以新技术推动中华优秀传统文化创造性转化，为发展社会主义先进文化做好基础建设②。这也从一个侧面反映了蓝皮书现象对于政策制定的先导性，因为文化产业的这类研究实际上起到智库作用，是植根于中国社会现实的有价值的学术命题和重要的实践成果。

中国文化产业本身多学科交叉和跨学科的属性决定了研究议题屡屡“破圈”，而这一现象展现的恰恰是学术研究不拘一格的蓬勃生命力和广阔的延展性。温迪·苏提出，胡惠林从国家文化安全的角度对文化产业必要性和重要性进行论述，这是“中国文化产业学派”研究者根据时代背景变迁和国际国内现实环境变化的新问题进行破解产生的重要研究成果。2005年，胡惠林出版

① 山东大学文化产业研究院：《〈中国文化产业学术年鉴〉1979—2002年卷编撰说明》（节选），http://ici.sdu.edu.cn/info/1063/1475.htm。

② 《重磅！国家文化大数据体系建设呼之欲出》，中国经济网，http://www.ce.cn/2012sy/szzh/wh/202005/26/t20200526_34976567.shtml。

了《中国国家文化安全论》，作为对非传统安全研究领域的重要著作，将安全问题由传统的领土、主权、军事、社会等扩大到文化领域，引起广泛关注，也引发了不同观点的争议，网络上出现大量转载。2011 年，该书第 2 版出版。国家文化安全研究作为起源于文化产业研究的一个重大命题很快从学术圈走进决策层，成为备受关注的政策议题：2014 年 4 月 15 日，习近平主席在中央国家安全委员会第一次会议上发表重要讲话，强调全面贯彻落实总体国家安全观，他指出："当前我国国家安全内涵和外延比历史上任何时候都要丰富，时空领域比历史上任何时候都要宽广，内外因素比历史上任何时候都要复杂，必须坚持总体国家安全观，以人民安全为宗旨，以政治安全为根本，以经济安全为基础，以军事、文化、社会安全为保障，以促进国际安全为依托，走出一条中国特色国家安全道路。"①。2016 年 1 月 18 日，习近平主席在省部级主要干部学习贯彻党的十八届五中全会精神专题研讨班上的讲话指出："做好应对任何形式的矛盾风险挑战的准备，做好经济上、政治上、文化上、社会上、外交上、军事上各种斗争的准备，层层负责、人人担当。"②2018 年 4 月，教育部印发《关于加强大中小学国家安全教育的实施意见》，设立国家安全学一级学科；依托普通高校和职业院校现有相关学科专业开展国家安全专业人才培养；教育部遴选一批有条件的高校建立国家安全教育研究专门机构，设立相关研究项目③。2021 年 1 月，国务院学位委员会、教育部印发新设置"交叉学科"门类的通知，我国第 14 个学科门类设立。在这个通知中，"国家安全学"与"集成电路科学与工程"并列，作为"交叉学科"下设一级学科，探索具有中国特色的交叉学科设置与目录管理制度也提上议事日程。"中国文化产业学派"对于解决国内和国际社会政治、经济、文化领域的重大问题显示出自身的独特价值和意义。

七、几点思考

建设有中国特色、中国风格、中国精神的哲学社会科学，需要立足中国实际，直面客观现实展开调查研究进而形成相应的理论体系和学科体系。"文化产业"这一概念源于 20 世纪 80 年代的政策研究，进入学术界后经由理论研究

① 《中央国家安全委员会第一次会议召开　习近平发表重要讲话》，中央政府门户网站，http://www.gov.cn/xinwen/2014-04/15/content_2659641.htm。

② 《在省部级主要领导干部学习贯彻党的十八届五中全会精神专题研讨班上的讲话》，《人民日报》，2016 年 1 月 18 日。

③ 《我国将设国家安全学一级学科》，《中国社会科学报》，2018 年 4 月 20 日，http://ex.cssn.cn/jyx/jyx_zxjy/jyx_zxxjy/201804/t20180420_4159063.shtml。

的创新开拓和与政策圈的积极互动而逐步上升为中国经济社会发展的重要议题，“中国文化产业学派”也随之而起并逐渐获得国内国际关注。从“中国文化产业学派”形成与发展的大致历程，可以获得一定启示和经验：

首先，“中国文化产业学派”的立足点在中国的现实国情，虽然学界很多人认为“文化产业”是法兰克福学派的“文化工业”在中国的转译，但是法兰克福学派对文化工业所持的态度是批判性的，“中国文化产业学派”则是建构性的，其基础并不是法兰克福学派和伯明翰学派等的理论，而是依据中国改革开放以后文化市场兴起和文化产业初步发展的实际状况不断拓展深化的产物。它的生成本质上是中国研究者主动选择的结果，而不是一般认为的“舶来品”。

其次，战后世界形势变化带来知识经济兴起和中国改革开放后的社会、政治、经济等现实状况在一定程度上形塑着中国文化产业研究的范围和趋势，决策层对于研究成果的积极采纳和各界文化产业实践产生的示范性作用，在不长的时间内迅速吸引和积聚了大批学者充实到文化产业研究队伍中来，使得中国文化产业在短时间内就产生了质量和数量上均属可观的研究成果，提出了针对性强的学术命题，拓展了研究的范围与边界，具有代表性的研究成果还引起国外研究者的重视并冠以“中国文化产业学派”之名，说明中国文化产业研究与西方是有区别的。

第三，“中国文化产业学派”对问题的研究不拘泥于某些特定范式，尤其不将西方学术标准奉为圭臬，这在早期的研究中非常突出，因为学者自身的学术背景和经历使得初创期的学者按照各自的认知和思考对中国文化产业进行表述，这种多样性展现出文化产业滥觞时期学科意识与边界概念的不确定性和阐释的多元性，虽然很多概念和理论未必有现在那么具有条理性和完备性，但是所呈现出的内容和语言上的丰富性却使人看到一种“花开未开”之相，体会到从无到有建立学科的学者面对中国现实创造新理论时的激情和活力，这是中国文化产业最重要的精神财富。

最后，学派成立的基础是有一批研究兴趣相近，学术理想和追求大致相同的中坚力量，但是初期阶段也需要有远见和实际经验的领军人物对学科进行规划和设计，推动建立基础的架构和平台，从上海交通大学开始，学科和专业建设为“中国文化产业学派”的学术研究提供了充足的人才，成为学科成长的“蓄水池”，推动着“中国文化产业学派”的发展壮大。此外，通过推进学术研究与命题，编撰蓝皮书，建立学科联席会议机制，开展部校合作，设立省校合作研究中心，举办高规格学术会议，创办学科刊物以及进行国际学术交流扩大影响力，中国研究者的学术自信得以确立，也在和西方研究的接触和比较中了解自身的优势和不足，这些都是“中国文化产业学派”的基本经验。

在近40年的时间里，文化产业已经成为最热门的文科专业之一，与此同时，“中国文化产业学派”也经历了从初创到迅速发展壮大的历史阶段。理论与实际结合紧密的学科特色，新文科和交叉学科的光环加持，是文化产业在当下成为“显学”的原因，同时也促使“中国文化产业学派”成为国内乃至国际上引人注目的学术派别。然而“中国文化产业学派”的发展成熟仍有很长的路要走，当下这种“鲜花着锦、烈火烹油”的热闹繁华反而更加需要学术研究的冷静与客观。构建“立足中国、借鉴国外、挖掘历史、把握当代、关怀人类、面向未来”的新学科，“中国文化产业学派”要在全球化和逆全球化、市场经济、数字技术、电子媒介、大众时代、消费文化相互交织而成的语境中不断审视自身和调整定位，以独具特色的思想建构和丰富的研究成果回应时代需求，引领学科发展，通过理论创新重塑人们的日常生活、意识形态和思维方式，促进社会进步。

“Chinese Cultural Industries School”: A Deserving Study Issue

Huang Ying

Abstract: Based on the proposition of “Chinese cultural industry school” coined by some western scholar, this paper briefly reviews the rapid development of theory and practice of cultural industry since China's reform and opening up. This paper focuses on representative scholars, academic viewpoints, scholastic achievements, landmark publications, academic research institutions and research platform construction in the initial stage of Chinese cultural industry research from a historic perspective, and points out that the experience of the origin and development of Chinese cultural industry school is crucial to will play an active role in the construction of the current Chinese academic school.

Key words: cultural industries research; “Chinese cultural industries school”; formation and development; features and reflections

时代激变下的融合之道与通变之途:“新文科”和“新商科”背景下文化产业管理学科建设与人才培养

——“第十七届全国高校文化管理类学科建设联席会议”综述*

山西财经大学　董开颜　谭　博

[内容提要]　2020 年 10 月 23 日至 26 日,第十七届全国高校文化管理类学科建设联席会议在山西财经大学召开,本届会议以“新文科”和“新商科”背景下文化产业管理学科建设与人才培养为主题,得到了来自全国 69 所高校的支持。来自全国高校和研究机构的 140 余名专家学者参加了本次会议并进行了 1 场主旨报告、7 场主题演讲。就“新文科”与“新商科”视域下的文化管理类学科建设、一流本科专业建设及人才培养、学科前沿动态举办了 3 场分论坛,共 51 人次进行研究汇报。体现了“新文科”与“新商科”背景下,文化管理类学科发展学科交叉、理论融合、内涵深刻以及外延包容的学科特点,并积极推进新时代文化管理类学科向着树立文化自信的方向发展。

[关键词]　“新文科”;“新商科”;学科建设;人才培养;一流本科专业

全国高校文化管理类学科建设联席会议汇集了来自全国各高校相关学院、学科专业的专家学者,是我国文化管理学科领域规模最庞大、影响力最为深远的全国性学术会议,为国内文化管理学科产、学、研交流合作搭建了重要阵地和平台,由上海交通大学、北京大学、清华大学、山东大学、云南大学等高

* 本文系山西教育科学“十三五”规划非物质文化遗产教育的活态传承与生态建设研究课题(GH-19034)、山西省高等学校教学改革创新项目(J2017057)、山西财经大学教学改革创新项目(2018240)、山西财经大学教学改革创新项目(2020224)的阶段性研究成果。

校轮流承办，迄今已历16届。由山西财经大学文化旅游学院承办的第十七届全国高校文化管理类学科建设联席会议于2020年10月23日至26日在山西省太原市召开。本届会议以“新文科”和“新商科”背景下文化产业管理学科建设与人才培养为主题，讨论构建新时代下文化产业学科理论体系和人才培养体系，探索文化产业管理学科建设与人才培养的新模式、新路径。来自全国69所高校和科研院所的140余名专家学者参加了本次会议。

在开幕式上，山西财经大学副校长杨俊青教授，国家文化产业创新与发展研究基地办公室主任、全国文化管理类学科建设联席会议召集人胡惠林教授，中华文化促进会副主席、文化产业协作体执行主席、原文化部首任文化产业司司长王永章教授分别致辞。

山西财经大学副校长杨俊青教授指出，此次大会的召开为文化产业管理类学科建设，为山西文化旅游转型发展，为高校人才培养和科学研究起到重大作用。联席会议总召集人、上海交通大学胡惠林教授在讲话中指出，文化产业是现代科学、现代工业文明发展与现代精神文明发展相结合的产物，是人类社会理论掌握世界体系和表现世界体系的一种新的文明手段和方法。文化产业作为一个概念的出现，是一种新的文化表达理论形态，一种新的社会发展和运动理论及一种经济理论形态，是这些理论形态综合成的独立的新的学科理论形态，是一种深刻的人类社会进程。文化产业不是一个单纯的文化现象，也不同于一般的经济产业，它是一个跨学科的研究领域，涉及文学、艺术学、政治学、经济学、传播学、管理学、法学、国际关系等学科领域。建立文化产业管理专业的必要性在于原来的学科体系内还没有任何一门学科从整体上涵盖文化产业的对象范围，这就为我们提供了一个能够充分发挥自己想象力进行科学建构的广阔空间。因此，基于新兴的、交叉的多学科综合性特质的文化产业管理专业的学科建设体系必然是一个开放性的系统，单一的学科建设研究方法无法满足它的学科建设需要，现有的各种成熟的学术研究方法和手段，都应当成为文化产业理论研究的方法论。在“新文科”和“新商科”背景下，这应该成为我们发展与提升科学的文化产业管理专业的学科认知基础，希望各位与会专家能为此次联席会议贡献自己的智慧。中华文化促进会副主席、文化产业协作体执行主席、原文化部首任文化产业司司长王永章教授在致辞中指出，随着中共中央、国务院近日《深化新时代教育评价改革总体方案》的印发，在这样一个重要的时间节点上共商高校文化产业管理学科建设大计，是一件十分有意义的事情。他表示，应充分调动学生的积极主动性，激发学生的创新意识，通过这次联席会议的研讨，希望能够在完善文化产业学科建设、创新人才培养体系、全面提高文化产业管理学科教育质量等方面拿出丰硕的成果，为国家培养和输送更多的人才。

在开幕式上，南方科技大学党委副书记、深圳大学文化产业研究院院长李凤亮教授为本届会议作题为《抢抓“新文科”发展机遇，加快文化产业交叉学科建设》的主旨报告。他从“新文科”的范围、导向、模式三个方面对“新文科”将来的发展进行了详细解读和阐释，指出“新文科”的建设其实是一个全球性的教学改革运动，应将新技术融入学科教育，为学生提供综合性的跨学科学习新平台。

为期两天的会议以“新文科”和“新商科”背景下文化产业管理学科建设与人才培养为主题。云南大学文化产业研究院院长、云南大学国家文化产业研究中心主任施惟达教授，兰州大学公共管理学院李少惠教授，对外经济贸易大学文化与休闲产业研究中心主任、文化产业管理专业学科带头人吴承忠教授，同济大学艺术与创意产业研究所所长、文化产业规划与研究中心副主任解学芳教授，中国传媒大学文化产业管理学院院长、文化发展研究院院长范周教授，西安建筑科技大学公共管理学院赵尔奎副教授，山西财经大学文化旅游学院文化产业管理教研室主任张黎敏副教授进行了7场主题演讲，从学科建设、人才培养以及学科前沿三方面对“新文科”和“新商科”背景下文化管理类学科发展进行深入思考和观点分享。会议闭幕式上，山东大学城市文化研究院副院长、山东大学文化产业研究院副院长王广振教授，北京青年政治学院杨晶教授，山西财经大学文化旅游学院李旭鹏博士分别对3场分论坛的研讨成果作了汇报。云南大学文化发展研究院院长李炎教授对大会作了总结，指出本次联席会议具有以下三大特点：一是论坛主题更加聚焦，重点关注“新文科”和“新商科”背景下学科发展的现实需要、一流学科、人才培养等议题，学科建设中的一些基础性话题不再成为联席会的内容；二是问题话题更加深入，有温度有高度，从理论和实践层面进行了高度凝练；三是论坛互动更加丰富，理论与实践问题交流更加充分。接下来，李炎教授分享了自己关于“新文科”和“新商科”背景下文化产业管理类学科建设的新思考，指出从学科建设的本质和规律看，“新文科”和“新商科”的建设与发展需要随着时代的发展进行系统反思。会后，与会专家学者前往山西省太原市青铜博物馆开展学术考察。

本届会议分别以“新文科”与“新商科”视域下的文化管理类学科建设、“新文科”背景下文化管理类一流本科专业建设及人才培养、“新文科”与“新商科”背景下文化管理学科前沿动态 3 个议题进行分论坛研讨，并有来自高校和科研院所的 40 余名学者作了精彩发言。围绕本届会议三大主题，以下为会议成果综述。

一、“新文科”与“新商科”视域下的文化管理类学科建设

“新文科”与“新商科”是在全球科技革命、新经济发展、中国特色社会主义进入新时代背景下，相对于传统文科与工商管理学科进行学科重组和文理交叉的学科。“新文科”与“新商科”的学科建设突破了传统文科的思维模式，以继承与创新、交叉与融合、协同与共享为主要途径，促进多学科交叉与深度融合，推动学科的更新升级，从学科导向转向以需求为导向，从专业分割转向交叉融合，从适应服务转向支撑引领。在“新文科”与“新商科”的视域下，文化管理类学科建设体现了社会需求导向下的理论融合性以及技术先导性。

李凤亮教授(南方科技大学)在会议开幕式上以《抢抓“新文科”发展机遇，加快文化产业交叉学科建设》为题，对文化管理类学科建设发表了主旨报告。从“新文科”的定义范围、定义指向、模式三个方面对“新文科”将来的发展进行了详细解读和阐释。“新文科”的建设理念将新技术应用于传统文科教育过程中，为学生提供了跨学科的学习平台，是文化产业作为交叉学科建设的重要窗口和新动能。范周教授(中国传媒大学)在主题演讲中也对“新文科”和“新商科”视域下的文化管理类学科建设提出了几点思考。针对后疫情时代依然低迷的文化消费现状，指出新业态的出现催生了新的消费领域。为此，他主张应以“新文科”建设为目标，将新技术纳入学习，在课程体系设置上利用互联网改变教学模式，重视本科教学，丰富师资力量与知识结构。

在分论坛中，来自全国各高校的 16 位专家学者对“新文科”和“新商科”视域下的文化管理类学科建设发表了各自的思考和见解。王慧(重庆师范大学)等以《“新文科”背景下文化产业学科课程体系的建设路径》为题，探讨了“新文科”战略下文化产业学科建设面临的问题与挑战，认为交叉融合的创新式发展是学科建设的有效路径，并要在承担社会责任与文化责任的基础上兼顾文化性与经济型、实践性与理论性、融合性与特色化之间的关系。刘汉波(仲恺农

业工程学院)针对文化管理类学科交叉的困局,认为成因在于其学科属性所面临的常与变、新与旧、广与精的矛盾关系,并提出应以寻找学科交叉点实现思维方法的融合而非机械叠加,肯定了"交叉学科"对于文化管理类学科归类与界定的作用。吴承忠等(对外经济贸易大学)以国家脱贫攻坚作为背景,对内蒙古自治区旅游经济的空间网络结构进行了研究。运用社会网络分析方法探索了内蒙古地区旅游经济的网络结构演化,并对其驱动机制进行阐述,提出相应对策,从而揭示内蒙古旅游经济空间网络演化规律,力求构建发达的旅游经济空间网络,提升内蒙古旅游业的整体水平。从地方旅游空间经济的视角给出了提升旅游产业竞争力、促进经济发展的具体路径。高俊峰(四川师范大学)结合"新文科"与"新商科"背景,以文化管理类课程的"项目型"特征为切入点,具体研究了文化项目管理实验课程的情境模拟式教学设计,即通过筹码推演和角色扮演模拟文化演艺公司或影视动漫制作公司的文化项目管理执行过程,以案例介绍的方式解决了文化管理类课程实践性与理论性的矛盾。章军杰(山东大学)从学科交叉与学科融合的角度探讨了文化产业与历史学的关系。作为对史学经典命题历史与现实关系一种积极的当代回应,提出了对"新文科"背景下文化产业与历史学关系的再认识。他认为,作为一个发展着的新兴交叉学科,文化产业引入历史学有其合理性与必要性,产业实践性与学术自主性之间有着不可忽视的内在关联。挖掘历史文化必须建立在扎实的史学分析基础上,文化产业史学研究是史学新的增长点,历史地理则为文化产业发展提供了参照坐标系。从史学传统出发,将历史分析放在真实又复杂的现实中,注重关照和表达文化民生,引入跨学科视角重塑当代中国历史文化传承,重构新时代中华文化谱系。曹晋彰(山东青年政治学院)以《中国文化产业研究的滥觞》为题,系统梳理1990—2010年文化产业学科与学术研究的发展历程。他认为,中国的文化产业研究在前10年完成了问题意识的觉醒,后10年则实现了学科边界的融合,从而为中国文化产业研究的发展奠定了基础。在这20年间,中国文化产业研究逐渐形成以美学—文艺学、历史学、经济学以及政策实践等四大领域为基础的发展态势。同时,提出了未来的学科发展与学术研究重点应当在于锚定方法视角、确立理论根基、建立自我意识,并需要在文化研究、文化经济学和文化产业史等方面突破。陈巧山(上海视觉艺术学院)以传统技艺类非物质文化遗产和地理标志工艺品为例,论述了"新文科"视域下文化产业化的合理性。以多学科交叉和深度融合作为"新文科"提出的目的与方向,传统文科的更新升级应更加注重学科导向和转向,即从学科建设转向为适应现实需求。新技术、新概念、新观念、新方法、新工具等一切创新的目的应在于以全新的视角认识文化传承与文化创意之间的逻辑关联,实现文化产业化工具理性和价值理性的统一。而仅仅注重工具理性,即只关心文化产业发展中的功利性目标及实施手段、关注科技进步带来的新工具新方法,而忽略价值理性的规范和引导、忽略文化产业发展最终目的和人性的本质要求,文化产业发展必将丧失努力方向。李睿(澳门城市大学)从产学合作的视角对文化管理类学科的建设与发展提出了新的观点,针对现存"偏理论、轻实践"的问题,提出应通过产学合作的方式实现学科发展与产业发展的良性互动,其主旨在于基于文化管理类学科多学科融合的本质特征寻求产业合作与发展变革的创新。张勇(临沂大学)以《文化创意策划》课程建设为例,提出传统价值观在文化管理类学科与课程建设中的重要作用与融合的实现路径。他认为在"文化创意策划"课程中传统价值观的融入整合具有不可忽视的重要学科价值和时代意义。其课程整合建设应在文化产业宏观视域下,首先对中国古代传统价值观思想进行理论梳理与内容选取,然后将其与课程教材中关联的内容进行融入整合,并在编写 PPT 课件时进一步辅以图片、视频、音乐等多种载体形式;同时要加强案例库建设,采取多种行之有效的课程讲授与专业实践方式,以实现价值观融入课程的教学目标。此观点不仅契合了文化管理类学科建设与发展过程中多学科交叉融合的主体特征,也符合新时代下弘扬中国传统文化、培养和发扬传统价值观的时代要求。李国东等(信阳师范学院)以信阳师范学院在产业类专业建设上的经验作为案例,具体分析和探讨了师范类院校在文化产业管理专业建设过程中的政策逻辑。研究表明,文化产业管理学科课程设置受到学生的认可和赞同。加强文化产业管理专业学科设置的自主性、标准化、体系化,是文化产业管理学科发展的趋势。从课程设置的角度出发,作者重点回答"如何建设文化产业管理学科体系""建设什么样的文化产业管理学科""文化产业管理专业学科的属性是什么"等问题,从师范类高等学校学科建设与发展的视角系统梳理改革开放以来文化管理类学科相关政策出台的历史,并针对性地提出课程设置的改进路径。甄烨等(太原科技大学)分析了区块链技术在数字出版领域的应用,将新技术融入文化产业管理的实践应用中,与"新文科"与"新商科"背景下的文化管理类学科发展要求十分契合。重点分析通过区块链技术的应用来有效遏制数字出版领域的盗版侵权现象,并从技术改进、平台构建、完善法律监管体系等方面提出区块链在数字出版领域应用的对策建议。张斌(山东艺术学院)对欧美"文化经济学"的相关研究发展进行综述，其中系统梳理的欧美“文化经济学”研究框架对于我国文化管理类学科发展与学术研究具有重要的借鉴意义。作者在对相关研究内容进行总结和梳理的基础上认为，应当关注技术进步对文化管理学科建设的影响，正确看待“文化经济学”理论在文化产业发展中的角色。以上结论都充分体现“新文科”与“新商科”背景下新技术的重要影响以及多学科融合发展的作用。宫文华（大同大学）以明代政府的宴飨演剧作为研究客体，通过分析当时情境下演剧制度的建立，提出其对当下文化产业发展的启示，以史学的视角分析当下文化产业发展与政策变革之间的关系，从演出制度、乐章、内容等方面展开以政府引导为方式的演剧市场发展路径，并将其统一于中国特色文化产业实践与文化市场主体关系之中。郑禾名稀（澳门城市大学）提出“学科品牌建设”的新思路，以澳门为例，从品牌生态学的视域下对文化管理类学科的品牌建设现状进行分析，并提出未来的发展路径。作者认为，已有的大多数学科建设方式体系零散，且相对孤立，将学科与学科、学科体系与当地社会环境、市场资源等外部系统要素相融合，无法满足现实需求。引入品牌生态学视角，将学科建设进行品牌化打造，综合运用动态、整体化、系统化的品牌生态学视角进行规划建设对于文化管理类学科建设与发展具有积极意义。史晨旭（云南财经大学）从活态保护的理念出发，分析活态保护与直过民族地区旅游开发的耦合机理，梳理出既兼顾资源保护又适合直过民族地区旅游开发的三种模式，即生态博物馆模式、民族生态旅游模式、郎德模式。提出合理且具体的活态保护与直过民族地区旅游开发耦合的实施路径，用“活态保护”的概念区别于传统的文化遗产保护，为文化管理类学科建设与发展提供民族学的研究视角。张梦莹（山东师范大学）基于霍尔的“接合”理论，将其应用于中国情境下的文化产业。从理论和方法上肯定该理论对理解和认识中国文化产业的逻辑合理性。认为中国文化产业应当在西方理论与中国实践的接合、文化与产业的接合以及文化生产与文化消费的接合中谋求发展，注重每一实践要素的决定性作用，在差异中寻求统一，从而推动中国文化产业的本土化论说与实践向前发展。

经过分论坛的意见交换，各位专家学者就“新文科”与“新商科”视域下文化管理类学科建设过程中的学科交叉性、理论融合性以及实践主导性达成一致，并从各自的研究专长出发，对不同领域、不同背景和不同条件下的学科建设提出建议。

二、"新文科"背景下文化管理类一流本科专业建设及人才培养

一流本科专业建设，是国家为了做强一流本科、建设一流专业、培养一流人才，全面振兴本科教育，计划2019—2021年，建设10 000个左右国家级一流本科专业点和10 000个左右省级一流本科专业点的重要举措。文化管理类学科作为新兴的交叉学科，在一流本科专业建设过程中具有自身的优势与不足。建设一流的本科专业应服务于培养一流人才的目的，一流本科建设与人才培养之间息息相关。

主题演讲中，解学芳教授（同济大学）以《"智能＋"时代现代文化产业创新与人才培养反思》为题，指出"从3G/4G到5G的移动互联网赋权""网络化＋数据化＋体验化""技术创新＋内容创新＋模式创新"使文化产业创新出现了很多新特点与新趋势。她认为应反思"智能＋"时代现代文化产业的人才培养，如文化产业智能化创新扩散与AI文化科技复合型人才培养，文化产业智能化创新伦理困境与AI人才文化科技伦理观养成，文化产业智能化创新的算法黑洞与AI人才创新边界观养成。体现了在"新文科"与"新商科"背景下人才培养的技术先导性，具有深刻的反思意义。赵尔奎副教授（西安建筑科技大学）就西安建筑科技大学在文化产业管理专业国家级一流本科专业建设过程中的经验发表以《文化产业管理专业探索与建设》为题的演讲。在对文化产业管理学科发展现状、属性、归属争议及未来发展四个方面进行梳理的基础上提出了从教学改革、师资队伍、文管实验室、教材建设、对外交流沟通等方面加强文化产业管理建设的经验与建议。张黎敏副教授（山西财经大学）以山西财经大学文化旅游学院文化产业管理专业的建设为例，从"文化＋"、交叉融合、人才培养方案等方面提出"新文科"和"新商科"发展趋势下文化产业管理专业建设的新思考。

来自全国高校的16位专家学者在分论坛中就"新文科"背景下文化管理类一流本科专业建设及人才培养发表了各自的见解并交换了意见。胡洪斌（云南大学）以《学科之城与文化产业——来自云大的实践》为题，介绍了云南大学在文化管理类一流本科建设与人才培养方面的经验。孙丽君（山东财经大学）介绍了虚拟仿真技术在高校人文学科教学中的应用。迎合"新文科"视域下的文化管理类学科发展对于技术创新与学科融合的要求，作为高校面向

人才培养的重要职能，教学应符合时代对于技术创新的要求。认为相对于传统文科，“新文科”的新，正是以中国特色社会主义进入新时代为背景，以全球的新科技革命为支撑，以新的经济发展模式为依托，改变传统文科的学科范式，促进各学科交叉与融合，使人文学科的教学与科学研究从学科自足的知识体系导向转向新技术引领下的社会需求导向。因此，人文学科教育也要改变传统的教育理念，利用新的教学技术形成学生的跨学科思维和应对社会问题的能力，顺应新文科的要求。而教学技术的创新是实现“新文科”和“新商科”背景下文化管理类学科人才培养，打造一流本科专业的新路径。为解决教学过程中存在的实践性不足的问题，王京传等（曲阜师范大学）研究实践性课程在高校文化产业管理人才培养中的融合路径。针对学生对自身专业技能的疑惑造成就业时的窘迫感，对职业规划产生迷茫和焦虑等问题，作者提出提高实践性教学的比重，增强校企合作，深化教学改革，转变教学思路，强化地方特色文化产业对高校文化产业教学的推动作用等方法，加快实现对文化产业管理人才的培养目标。曾秀兰（仲恺农业工程学院）以广东省仲恺农业工程学院文化产业管理专业的人才培养为例，提出关于地方农科高校人才培养的相关问题。提出立足于国家和地方文化产业快速发展的需求、立足于农科高校的学科特点和优势、立足于已有的办学基础和资源的“三立足”观点，以及在课程设置、实践平台、师资队伍方面提供保障的“三保障”实施方案，针对行业特色的高校文化产业人才培养提出具有实践性的行动框架。尚光一（福建师范大学）基于福建师范大学的区位特点，提出以闽台合作为方式的文化产业管理专业改革和创新，是“新文科”背景下以两岸合作为改革路径的创新观点，为“新文科”和“新商科”背景下文化管理类专业发展与人才培养合作创新提供新的交流途径，有助于在两岸文化融合的基础上实现学科的包容式创新。通过教学技术的共享与互通、教学活动的互补与借鉴，为两岸文化产业教师、学者、学生的融合交流提供了空间与平台，具有很强的实践价值。黄莺（云南中医药大学）以《“新文科”与文化产业人才培养的适应性》为题，分析在新一轮学科改革调整中，如何顺势而为发展壮大，如何培养适应当下社会环境的人才等问题；借鉴《斯坦福大学本科教育研究报告》针对本科人才培养的理念和具体做法，并将其应用于我国文化产业人才培养过程，以提升人才“适应性”为目标，更加契合“新文科”与“新商科”背景下对于文化管理类人才理论性与应用性的要求，为培养具有产业适应性人才提供了一定的思路。毛路璐（湖南财政经济学院）则以文化产业管理专业与文博合作培养人才为研究对象，提出通过对文化产业管理专业的文博合作人才培养协同机制的课程设置及实践，探索专业人才培养与文博发展需求的人才培养协同机制的可行性。以文博见习、文旅活动策划与实践、文创产品设计与开发、新媒体技术与设计、展览展示设计等共同构成的课程体系作为人才培养的基础，分阶段实现文博行业与文化产业管理专业的人才培养协同关系，将文化产业的人才培养与社会经济聚合，促进产学研真正实现一体化，实现社会效益和经济效益的双赢。张心悦等(淮南师范学院)提出基于产学研合作的育人双闭环系统，以淮南师范学院第七届大学生校园展会作为案例，分析了以“共建共享、共赢共生”为特征的文化产业人才培养机制。在人才培养方面，淮南师范学院通过“共建校企合作基地”和“助力校园展会活动”的双向驱动，建立起一种有效的校企互动、优势集成、人才共享、循环互通的“双向闭环”系统及其运行机制，实现校企深度融合的阶梯式、全覆盖。经过七届校园展会，以展会作为平台，实现学校、学生、企业之间的闭环交流模式，是“新文科”与“新商科”背景下合作交流的新模式。张相平等(华南师范大学)介绍了华南师范大学城市文化学院在文化产业管理专业与人才培养模式方面的实践经验。分析其在解决学校教育与社会需求存在不平衡、高级复合应用型人才严重不足等问题方面的思考与做法，提出在教育部启动的一流本科专业建设“双万计划”中，“新文科”专业备受瞩目。“旧文科”特别强调“分科治学”，而“新文科”格外追求“学科融合”。从教师培育、产学研合作、田野调查实践、特色课程等方面进行推进，培养既具有厚实传统文化知识素养又具有现代化理念和经营管理技能的应用型复合人才。周瓅等(南京艺术学院)认为，文化产业管理专业的价值主张应当随着文化产业新发展、“新文科”多元知识融合、“新商科”复合技能的人才需求而变化发展，作者分析了文化产业管理专业建设中价值观、知识、能力与素养等，提出从教学方法改进、教育网络创新、学生培育强化等方面切入的价值主张实现方法，并以南京艺术学院文化产业学院的专业探索为例，启发文化产业管理的专业建设与价值实现。刘军(上海应用技术大学)介绍了上海应用技术大学文化产业专业建设与发展的历程和经验。基于区位优势和学校作为理工院校的学科特点，提出探索具有特色的文创学科发展路径。蓝天等(广东开放大学)对国内高校在文化产业人才培养方面的相关研究进行总结与梳理。对高校文化产业人才培养的基本模式、路径策略、产学研合作等方面的研究成果作了综述。梳理了我国高校文化产业的专业发展与学科建设相关研究、高校产学研合作的人才培养方式以及区域性文化产业人才培养模式。作者认为对于文化产业人才培养的相关研究较为丰硕，专业和学科发展是高校文化产业人才培养的内驱动力，是人才培养之本。因此，找准专业定位、优化课程设置、强化师资力量、推进教材改革是发展文化产业、培养文化产业人才的重中之重。而进一步加强产学研一体化的联合培养方式也是“新文科”与“新商科”背景下文化管理类专业人才培养的重要方式。李建军等（上海对外经贸大学）针对文化产业管理人才培养过程中实践性较差的问题，提出以打造新型商科文创实践基地为方式的文化产业管理创新人才培养模式改革方案。将“新商科”下的文创实践基地归纳为“提升学生实践能力素质的有效平台”“文化创意精品的孵化基地”“实践师资培训的重要平台”和“学生实习实践就业的重要通道”。提出以搭建多元实践训练平台、加强校企合作育人、开发丰富实践项目、开展多样实训活动、优化“双师型”师资队伍、完善实践教学体系、衔接文创企业和学生、打通实习就业连接渠道实现新型商科文创实践基地的建设。并以S大学采用新型商科文创实践基地建设模式与国家对外文化贸易基地（上海）合作共建“文化贸易与经营管理”文创实践基地作为案例，佐证了文创实践基地对于人才培养的重要作用。焦敬华（山西财经大学）提出以“项目”为实践导向的研究性教学改革方案，将文化管理类学科的教学改革区别于传统的讲授式教学，以研究性教学作为对于当前教学模式进行改革的突破口。通过探索以“项目”为实践导向的研究性教学的两种模式，解读项目式研究性教学任务制与竞赛制的具体实践策略，进而有效推进研究性课堂教学改革。对于“新文科”和“新商科”背景下的文化管理类专业建设与人才培养具有创新意义，以学术研究作为方法，实现教学改革与人才培养的内涵式发展，实现学生的发展，培养学生的创造性。王嘉诚（山东师范大学）通过对2017—2019年中国科幻产业发展情况的研究，发现我国现阶段在科幻创意人才培养方面的问题与不足。从文化产业的细分领域入手，有极强的针对性与实践意义。严红彦（宁波工程学院）将文化产业管理类学科人才培养置于文旅融合的背景下，体现了“新文科”与“新商科”下的文化管理类学科多样性与融合性的特点。把旅游管理专业与文化产业管理专业的人才培养模式进行对比分析，从人才培养目标、课程建设、实践训练等方面入手，结合宁波工程学院近年来的教学经验，提出文管专业在新时代环境中人才培养方面的应对之策。刘建彬（山东女子学院）以山东省在文化产业人才队伍建设中存在的问题作为典型案例，对山东省部分文化企业进行调研，对山东省文化产业人才培养及队伍建设的现状、问题及原因进行分析，并提出相关对策建议。认为人才队伍结构不够合理、人才总量不足、结构性矛盾突出、人才外流严重、学校培养与市场需求不相适应、社会力量与政府合作不相适应是当下文化产业人才队伍建设存在的主要问题，其中既有学校层面的原因，也有政府层面的原因。提出以人才队伍建设来强化人才培养，进而实现产业发展与人才建设的良性互动。

一流本科专业的建设服务于一流人才的培养，向社会输出更多的一流文化管理类人才更能促进文化产业管理作为交叉学科的重要性。基于产业发展、专业建设、人才培养的互动关系，与会学者的报告与分享肯定了人才培养和专业建设在文化管理类学科发展中的重要性，体现了“新文科”背景下的学科交叉以及社会对于复合型文化管理人才的需求。

三、“新文科”与“新商科”背景下文化管理学科前沿动态

新技术、新理论、新业态、新模式催生了新的产业形态，促使文化管理类学科的学术研究向着多学科交叉、多理论融合的方向发展。不同的创新形式为文化管理类学科拓展了其作为交叉型社会科学的学科前沿。

主题演讲中，施惟达教授（云南大学）提出“超智能社会”与文化管理类学科交叉发展的新观点。将“新文科”与“新商科”背景下的社会形态归纳为自狩猎社会、农耕社会、工业社会、信息社会到当前的“超智能社会”即“社会 5.0”的时代。作为人文学科与社会科学的交叉学科，文化管理类学科迎来一种新的趋势，即一种以文理融合为特征的新文科，因此在学科设置和人才培养上要形成综合化、地域化和特色化的新模式。李少惠教授（兰州大学）以公共文化服务为对象，回顾和展望“新文科”视角下的公共文化服务发展、学科分布以及研究方法的变革，提出从学科内涵和学科体系上加强公共文化学科建设的倡议。吴承忠教授（对外经济贸易大学）以《“新商科”和“新文科”背景下的文化产业管理学科新趋势》为题作主题演讲，认为“新文科”与“新商科”背景下文化产业管理学科面临重大的变革。5G 时代的文化创新，既是机遇也是挑战，应加强技术创新、产品创新、产业结构与产业组织创新、商业模式创新、管理创新，并加强文化规划，使文化产业管理成为一个独立的学科，具有独立的研究内容和研究领域。这种变革体现了“新文科”和“新商科”在技术驱动、模式创新、学科融合、理论交叉方面对文化管理类学科建设和发展的新要求。

学科交叉、理论融合、模式创新、技术引领的学科特征在分论坛中得到更

好的体现。来自全国各院校的19位专家学者在各自的研究领域内发表观点。杨晶(北京青年政治学院)分析全球化与旅游文化在文化维度的联结复杂性，从旅游文化不断扩张的内质与外延入手，探究其在全球化过程中存在的“联结”关系，进而回答“文化全球化给旅游文化带来何种影响”以及“旅游文化对文化全球化有否反拨”两方面问题。其认为，旅游是文化认同的重要媒介，旅游文化的发生域或存在状态处于全球化的笼罩之下，并经由文化的全球化而表现出独特的个性。旅游文化不但是文化、旅游的交集，同时还与消费文化、审美文化有交集，全球化进程中的每个阶段每个因素都与旅游文化的表征息息相关。以理论融合的方法为“新文科”与“新商科”背景下的文化管理类学科研究提供新的视角。晏雄等(云南财经大学)将民族学、公共管理与文化产业管理进行融合，探索云南省澜沧县老达保村作为直过民族地区在公共文化服务模式上的创新。深入分析该村农民自主提供公共文化服务的模式及其将公共文化服务的公共性与自利性融合的机理，提出直过民族地区公共文化服务不能仅仅满足于政府单方面输送文化的形式，更要注重文化市场的培养和文化环境的培育，不断提升直过民族地区群众满足自身文化需求的内生动力。臧志彭等(华东政法大学)以城市形象提升作为研究对象，以上海长宁艺术节为例，运用实证检验方法验证公共艺术节在城市形象提升上的作用与影响。将公共艺术节对城市形象的影响维度划分为组织管理水平、知晓度以及满意度;将城市形象划分为城市人文形象、情感形象。研究表明，公共艺术节组织管理水平正向促进城市认知形象;公共艺术节知晓度正向影响城市情感形象;公共艺术节满意度通过城市认知形象的中介效应正向促进城市情感形象的提升。虽然由于样本选取的特征可能存在一定普适性的不足，但仍是将文化产业与城市形象和公共管理相结合的积极探索。李雪飞(对外经贸大学)探索文化创意经济与城市竞争力之间的关系，但其创新之处在于通过双向验证的方式使城市竞争力与文化创意经济之间的关系由单向变为互动，与城市发展以及文化经济的现实更加贴近。将城市竞争力具体化为城市经济绩效、城市发展能力和城市吸引力三个方面，实证检验文化创意经济与以上三方面的相关性，具有方法的创新性以及理论应用的前沿性。李辉等(山东师范大学)以新冠肺炎疫情的发生作为研究背景，提出新发展格局下我国文化消费的新趋势与新启示。认为以国内大循环为主体，国内国际双循环相互促进的新发展格局深刻影响文化消费，我国文化消费出现“绿色生态与多元包容的文化消费理念”“直观可见与安全便捷的文化消费方式”“虚拟与现实消费并举”“健康休养的消费新结构正在形成”的新趋势。作者提出“有的放矢”“数字转型”的发展方式，这是“新商科”背景下文化管理类学科与市场契合、与技术融合、与国家需求相符合的融合之道，也是应对危机、面向未来、追求创新的通变之途。裴永刚等（西南政法大学）对中国出版业“走出去”的模式进行了探索，介绍国际编辑部缺乏应对政策风险意识，存在内容产品单一、文化折扣影响、渠道瓶颈、项目制运营模式需要优化等问题，为出版业海外业务拓展并讲好中国故事提供经验支持。耿达等（云南大学）从民族学与社会学的理论视角分析国家公共文化服务体系与民族地区乡村文化自组织系统的双向嵌入机制，认为国家公共文化服务体系建设的任务是推进基本公共文化服务标准化、均等化，乡村文化自组织系统则从村民的实际需求出发提供文化活动。两者的双向嵌入能够实现国家公共文化建设与乡村地区的有效衔接，让民族地区村民能够享受到国家文化惠民工程的建设成果，同时也能满足村民多元化、个性化的文化需求。并以昆明市政府购买乡村文化自组织文化服务为例，分析政府部门和乡村文化自组织在公共文化服务体系建设中的重要作用。杨东篱（山东大学）以《受众民族志：批判与重构》为题，对受众民族志作为方法进行协调受众研究的科学性、解释性以及政治性进行了分析，为文化研究与传播学研究提供更加有效的方法。回顾受众民族志的发展历程，梳理和总结其作为方法所受到学术界的质疑和批判，并在此基础上提出基于重建民族志的“田野”性以及恢复受众的“媒介实践”与“日常生活”之间的有机关联的重构路径，为文化管理类学科的学术研究提供有效的方法。王玲（宁波工程学院）以台北 URS 计划为例，分析台湾地区都市再生实践对宁波的借鉴意义。以城市文化和创意作为城市更新导向，以创意激发城市创新活力，进而实现城市再生的过程。根据台湾地区城市更新的经验，宁波应抓住老旧社区更新、低效空间更新、交通轴线更新、文化遗存更新、生态系统更新五个方面，进而实现城市有机更新的过程，肯定了文创产业在城市更新过程中的重要驱动作用。文君等（上海视觉艺术学院）从民俗学与公共管理的融合视角分析公共文化视域下的武夷山茶百戏传承发展。认为从系统性、参与性、文化治理等角度对其进行传承保护，将激发其生产活力和传播力度，从公众参与到文化治理，都将体现其作为公共文化的社会价值，从而让茶百戏的传承发展更为有效。这是“新文科”背景下将中华传统文化融入文化管理类学科发展的创新实践，也是通过文化管理类学科研究进而保护和传承中华传统文化的现实路径。崔家田等（洛阳师范学院）以《西游记之大圣归来》为例，分析近年来国产动画电影复兴的原因，并提出通过深耕民族文化，学会用国际性的“语言”讲述故事，努力建立新的体制机制，与时俱进利用各种现代工具和技术，努力打造完整的动画产业链，切实提高原创能力，进而提升国产动画电影竞争力的有效方式。谭博（山西财经大学）以新冠肺炎疫情的发生与发展作为研究背景，对三四线城市影院的成本和收益结构进行分析，结合城市化进程中地产经济以及产业链博弈关系对影院行业的生存情况进行分析，在疫情防控常态化的当下具有很强的现实意义。三四线城市的影院行业在疫情前已经存在严峻的生存问题，成本和收益结构的不合理、影院建设的过度饱和、房地产对现金流的吸引、互联网平台的冲击、消费不足等既有问题在新冠疫情发生的条件下被加速和放大，加剧了三四线城市影院行业的生存困难，进而对后疫情时期的影院建设与发展提出更大挑战。孟梓良等（山西师范大学）从民俗学与历史学的角度出发，对清代华北民间赛社文化中的暴力冲突进行研究。以暴力文化的研究路径剖析了清代华北民间赛社文化中的暴力冲突与纠葛。在“新文科”背景下，将暴力文化视角作为一种新理论运用在清代民间文化治理的研究中，既是对“新文科”内容多元化和视野国际化的有益尝试，也对当代文化治理产生一定的参考价值。储玲林等（山西师范大学）采用熵值法对影视明星的综合价值进行评估，建构基于娱乐文化经济发展状况和社会大众文化价值取向的指标体系和评价模型，是“新商科”视域下文化管理学术研究的积极探索，也为影视产业中的要素价值评价提供新观点和新思路。黄虚峰等（华东政法大学）对中国的独立音乐版权开发进行讨论，是数字产业化背景下对音乐正版化要求的重要方向。作者运用商业模式理论，以独立音乐版权为研究对象，结合具体案例和数据，从价值主张、价值创造、价值传递、价值获取和价值保护五个要素分析我国独立音乐版权开发的现实困境，为独立音乐版权开发提供具有一定可行性的实践参考框架。穆琦琦（山东师范大学）对电视节目《上新了·故宫》进行分析，探讨我国博物馆文创产品的发展现状，分析相关博物馆代表性的文创产品，并针对博物馆文创产品行业发展存在的问题，提出文创产品创新发展的途径，对我国博物馆文创产品的创新设计与发展提供可借鉴的理论参考，是具有话题性的热点研究，对于文博产品开发、文创类综艺节目制作具有参考价值。王玉静（上海对外经贸大学）从文化 IP 赋能角度探究旅游文创产品开发，剖析旅游文创产品开发的机理、路径及形式。其认为，文化 IP 赋能与旅游文创产品开发之间存在特殊的作用机理，且耦合机理起着重要作用；结合文化 IP 赋能旅游文创产品开发的形式，从文化 IP 载体、文化 IP 内容及受众需求等方面提出开发举措，力求借助文化 IP 的力量，使之成为旅游文创产品开发的创新形式，满足受众消费需求，提升旅游文创产品的文化价值与商业价值。张瑞（成都师范学院）作关于《新兴文化青年营商发展情况调查分析》的研究报告，对青年创业者创业背景及创业企业经营发展情况进行详尽调研。其认为，支持青年营商发展，应从完善金融服务体系；构建创业培训教育体系；营造浓厚的社会文化氛围，提升文创环境；帮扶政策贴合实际，落到实处四点出发，进而解决新兴文化青年创业过程中的困难与问题。这是“新文科”与“新商科”背景下文化管理类学科对于产学研联合发展的现实依据。梁润平（晋中学院）从人类学视角考察和分析城隍文化在当代的生存样态，并以大量实例研究总结和梳理城隍文化在当下“相互关联又交叉重叠”的生存样态。通过梳理城隍文化的缘起、发展、转化、凋敝的历史过程，提出深度挖掘城隍文化中蕴含的丰富内涵。其对于优秀文化的传承、社会经济的发展、社会风气的净化等都有积极的促进意义。

分论坛学者基于各自专业与学科属性的不同，分别就各自研究领域作了深入研究。虽然学科归属各有不同，但在观点的交叉与碰撞中充分体现文化管理类学科在“新文科”与“新商科”背景下的融合之道，也为文化管理类学科未来发展提供更宽广的通变之途。

融合性、交叉性、包容性的学科特征在为期两天的联席会议上得到充分体现。为“新文科”和“新商科”背景下的文化管理类学科建设、专业建设和人才培养提供广阔的交流平台并取得丰硕的成果。与会的 140 余名专家学者共话学科建设，论人才培养，谋文产发展，树文化自信。在为期两天的会议研讨中，与会专家学者围绕“新文科”和“新商科”背景下文化产业管理学科建设与人才培养创新展开讨论，为文化产业管理学科建设与人才培养的新模式和新路径提供智力支持。

参考文献

1. 胡惠林:《文化产业学》(第 2 版)，清华大学出版社 2018 年版。

2. 胡惠林:《历史造就和决定了我们——新中国 70 年文化政策发展的历史逻辑与基本特征》，载胡惠林、李炎主编:《中国文化产业评论(第 28 卷)》，上海人民出版社 2020 年版。

3. 李凤亮:《新文科:定义・定位・定向》，《探索与争鸣》2020 年第 1 期。

4. 范周、李渊:《科技创新助推“十四五”文化发展新格局》，《中国国情国力》2020 年第 12 期。

5. 李恺、詹绍文:《新时代文化产业的文化责任及其实现路径》,《华南师范大学学报(社会科学版)》2020 年第 4 期。

6. 吴承忠:《5G 时代文化产业发展新趋势》,《中国社会科学报》,2020 年 10 月 13 日。

7. 施惟达:《从文化产业到创意产业》,《学术探索》2009 年第 5 期。

8. 李少惠、邢磊:《公共文化服务体系建设的驱动机制研究——基于 15 个案例的定性比较分析》,《图书馆学研究》2020 年第 21 期。

9. 解学芳、张佳琪:《技术赋能:新文创产业数字化与智能化变革》,《出版广角》2020 年第 12 期。

10. 徐嘉琳、王广振:《基于文化创意产业的城市空间再造模式探析》,《人文天下》2020 年第 15 期。

11. 李炎、王佳:《文化需求与特色文化产业发展》,《学习与探索》2012 年第 1 期。

12. 陈少峰:《新时代文化产业的十大趋势》,《出版广角》2019 年第 9 期。

13. 向勇:《阐释、批判与建构主义:中国文化产业研究范式的立场解释》,《探索与争鸣》2020 年第 6 期。

The Way of Integration and Transformation under the Drastic Changes of the Times: The Discipline Construction and Personnel Training of Cultural Industry Management under the Background of New Liberal Arts and New Business ——An Overview of the "17th National College Cultural Management Discipline Construction Joint Conference"

Dong Kaiyan　Tan Bo

Abstract: The 17th National College Cultural Management Discipline Construction Joint Conference was held in Shanxi University of Finance and Economics from October 23 to 26, 2020. The theme of the conference is the discipline construction and talents training of cultural industry management under the background of "new liberal arts" and "new business". It was supported by 69 colleges and universities all over the country and more than 140 experts and scholars attended and gave one keynote report and 7 topic speeches. In the context of "new liberal arts" and "new business", there are 3 sub forums which are "the Discipline Construction of Cultural Management" "the Construction of First-class Undergraduate Majors and Talent Training" and "the Development Trends and Frontier of the Discipline" and 51 experts shared their research in each sub forum. It shows the interdisciplinary, theoretical integration, profound connotation and inclusive extension of the development of cultural management disciplines under the background of "new liberal arts" and "new business". And it also promoted the development of cultural management disciplines in the new era actively towards building the cultural self-confidence.

Key words: "new liberal arts"; "new business"; subject construction; talent training; first-class undergraduate major

“一带一路”研究

第30卷

Commentary on Cultural Industry in China

丝绸之路沿线中亚国家的音乐产权制度*

绍兴文理学院　汪俊昌

［内容提要］　丝绸之路沿线中亚国家的音乐产权制度，经历中华文化的浸润、苏联制度的改造、现今国际环境的影响，最终在各国的历史、政治、经济、文化、法制因素作用下形成。中亚国家音乐产权制度规范体系由国内规范与国际条约构成，其中宗教教义和区域一体化条约是其重要内容。中亚音乐产权制度基本原则被规定在宪法、民法典、著作权及邻接权法等基本法中，而且各国具体内容不完全一致。中亚国家突出音乐团体的音乐产权主体地位，而客体确立标准存在差异；音乐产权类型被归为非物质财产权、物质产权、综合产权，具体权能丰富多元，体现各国音乐产权生态；音乐产权救济司法与行政并重，正在形成民间救济体系。丝绸之路沿线中亚国家音乐产权制度实践，对完善我国音乐产权制度的价值定位、规范体系、产权主体与客体、产权内容、产权救济等方面，具有现实的借鉴价值。

［关键词］　丝绸之路；音乐产权；中亚五国；制度内容

狭义上的"中亚"由苏联官方界定并被国际广泛认可，其地理范围仅指苏联5个加盟共和国即哈萨克斯坦、吉尔吉斯斯坦、塔吉克斯坦、乌兹别克斯坦、土库曼斯坦，是古代丝绸之路的重要通道。中亚文化艺术曾十分繁荣，社会历史、民族、语言、宗教环境等是中亚地区音乐产权产生的重要影响因子。中亚14世纪中期建有强大的帝国①，但到19世纪末大部分地区被沙皇俄国占领。

＊　本文系2016年度国家社科基金艺术学一般项目"'一带一路'主要国家音乐产权制度研究"(16BD061)的阶段性成果。

①　黄凤琳:《两极世界理论:在世界历史的进化结构中发现》，中央编译出版社2014年版，第45—70页。

苏联解体后，中亚五国独立为主权国家，但与俄罗斯保持密切联系，现今除土库曼斯坦外其他 4 个国家均为“独联体”(CIS)成员。中亚五国总人口约 7 400 万，居民多为突厥语民族，但分布不平衡。20 世纪初，中亚主要有哈萨克、土库曼、乌兹别克、吉尔吉斯、塔吉克、普什图等世居民族，苏联时期增加了如塔塔尔、德意志、高丽等民族。20 世纪 70 年代以前的欧洲移民带来该地区城市人口的增长，现在的居民多是游牧民族与农耕民族；苏联工业化、文化政策以及民族政策使中亚地区民族关系紧张。21 世纪后，中亚各国都成了多民族国家，主要民族是各国的主体民族和俄罗斯族，其中俄罗斯族约占总人口的 20%。中亚是以伊斯兰教为主的多宗教地区，各国主体民族都信仰伊斯兰教，其中俄罗斯族、斯拉夫语族居民中有相当数量的东正教、天主教、新教和犹太教的信仰者；其他民族也信仰伊斯兰教，且绝大多数属逊尼派。中亚各国坚持政教分离的社会治理原则。此外，中亚各国都确立了主体民族语言的国语地位，但俄语影响深刻全面，是族际间的交际语言。这些生态因素造就中亚地区富有特色的音乐产权制度。

2015 年，中国国家发改委、外交部、商务部联合发布《推动共建丝绸之路经济带和 21 世纪海上丝绸之路的愿景与行动》，提出“民心相通是‘一带一路’建设的社会根基”。在当前国际形势下，焕发古老丝绸之路的新时代光辉具有特殊意义，加速我国与中亚五国的“民心相通”尤为重要，音乐的作用不可或缺，而音乐产权制度得到认同是保证域内外民族长效沟通机制的关键。本文通过阐释丝绸之路沿线中亚国家音乐产权制度成因，比较分析中亚五国音乐产权的主要内容，并用他山之石，探讨我国音乐产权制度完善路径，以期为推进中亚国家与我国更有力融通提供新思考。

一、丝绸之路沿线中亚国家音乐产权制度变迁的主要成因

音乐产权制度的核心内容是音乐产权，音乐产权是指音乐权人对其音乐表达形式的使用，依据社会行为准则而享有的精神上和物质上的利益或者保有音乐表达形式寄寓权利的资格。音乐产权的权利主体是音乐权人，主要是“艺术家”[①]，也包括音乐传播者和公共领域音乐表达形式载体的管理责任者；

① 参见联合国教科文组织《关于艺术家地位的建议》第 1 条、第 2 条。

权利的直接对象是音乐表达形式[①]，即音乐载体和音乐表现形式；权利表现形式是音乐载体原始权利人拥有、利用、转让、消费、分配和处置音乐表达形式；音乐行为的社会活动规范包括政策法律、公序良俗、宗教教义等，是音乐产权产生的依据；音乐产权内容由物质权利、精神权利和综合权利构成。因此，音乐权人如歌词创作者、谱曲创作者、音乐演唱者、乐器演奏者，实现权利的路径受多重因素影响，“最主要是国家历史、政治、经济、文化、法制等五大因素”[②]。

中亚国家历史复杂，均是内陆国家，多山地和高原，历史上多个时期被外来力量殖民统治。政治、经济、文化等领域与中国关系密切，近代受俄罗斯影响深刻，是与丝绸之路最为密切的区域主体[③]。哈萨克斯坦是世界上最大的内陆国，吉尔吉斯斯坦自西汉就受中国影响，塔吉克斯坦有“高山国”之称，土库曼斯坦1995年后为永久中立国，乌兹别克斯坦是著名的“丝绸之路”古国。

由于音乐的产生、传播、消费均具有意识形态性，其产权属于国家制度，不同政治环境会形成有差异的音乐产权制度；因此，一个国家的政体、政党角力，决定音乐产权制度的内涵。中亚国家曾长期受外来殖民统治，19世纪以来受俄罗斯及苏联政治制度影响深刻，1991年以前实行社会主义制度，1992年后均实行总统制，但呈现出多种政治体制，如总统共和制、议会制等，因而中亚国家的音乐产权制度各具特色。

正如政治制度一样，长期的殖民统治削弱了中亚国家经济独立性，各国经济发展缓慢，对外依赖性强，特别是对原宗主国依赖程度高。完全独立以后，虽然推进市场经济改革，推动本国经济发展，但除哈萨克斯坦外，其他四国经济基础薄弱、结构单一，经济水平不高。由于经济因素是音乐产业发展的基础，经济因素是音乐产权制度发展的基本要素，中亚国家经济状况对各国音乐产权制度的具体内容和执行效力都有极为重要的影响。

在文化方面，音乐产权制度本身属于制度文化范畴，一个国家的文化影响音乐产权的寄寓媒介、音乐形式、内涵、载体，而传播发展状况又影响音乐载体流通、制约音乐创作者的利益。中亚各国民族众多、民族构成不同，所占人口比例不等。哈萨克斯坦约140个民族中哈萨克族与俄罗斯族约占90%；吉尔

---

① 世界知识产权组织：《著作权与邻接权法律术语汇编》，刘波林译，北京大学出版社2007年版，第160页。

② 汪俊昌：《21世纪海上丝绸之路东南亚沿线国家音乐产权略论》，载胡惠林、李炎主编：《中国文化产业评论（第29卷）》，上海人民出版社2020年版，第18页。

③ 作者不完全统计，数据来源：中华人民共和国外交部网站，https://www.fmprc.gov.cn/。

吉斯斯坦 80 多个民族中吉尔吉斯族、乌兹别克族、俄罗斯族共约占 84%；塔吉克斯坦 86 个民族中塔吉克族与乌兹别克族约占 95.3%；土库曼斯坦 120 多个民族中土库曼族占 94.7%；乌兹别克斯坦 130 多个民族中乌兹别克族占 80%①。同时，各国都有自己的民族语言，并且民族语言与俄语并存；伊斯兰教影响深远，虽有多种教派，但许多宗教节日是共同的；文化传播媒体不甚发达，教育水平也不高。在中亚国家中，哈萨克人能歌善舞，作曲家阿拜是其精神之父，新闻媒体 80%以上为私营；乌兹别克斯坦每年有歌咏节；在土库曼斯坦，俄罗斯文化与伊斯兰文化此消彼长。因此，中亚国家文化状况深层次全面影响各国音乐产权制度的建立、实施、发展。

法制状况直接反映一个国家的治理体系和治理能力，音乐产权制度亦然。音乐产权制度的终极目标是完善国家文化治理措施，促进文化治理体系与文化治理能力现代化；“音乐产权制度可以提高政府文化施政的内部效能、外部效能与整体效能，实现长效提升文化施政效能”，保障实现文化治理目标②。从狭义法律制度视角，立法是音乐产权的确认，执法是音乐产权的保障，守法是音乐产权的实现。中亚国家完全独立以后建立了音乐产权制度，但由于历史尤其是文化因素，各国的音乐产权制度有诸多相似之处：国内音乐产权制度移植于原宗主国产权制度，产权制度内容与国际公约、区域公约或者独联体一体化公约接轨快速且相对全面。同时，中亚国家音乐产权制度的具体内容又呈现不少差别，如 WTO 协定于 2019 年对中亚国家生效，但各国执行水平方面差异大。因此，作为法制的一项内容，音乐产权制度的效力与法制状况紧密相关，受法制因素最为直接的影响。

二、丝绸之路沿线中亚国家音乐产权制度主要规范

丝绸之路沿线中亚国家音乐产权制度的规范体系由各国的国内规范与国际条约构成，其中国内规范包括音乐产权基本法律规范、适应性法令、相关政策规范、具有约束力的宗教教义，而国际条约又分多边条约、双边条约、区域一体化条约。

① 作者不完全统计，数据来源：中华人民共和国外交部网站，国家和组织，https://www.fmprc.gov.cn/web/gjhdq_676201/gj_676203/。

② 汪俊昌：《论音乐产权在文化治理中的价值》，《绍兴文理学院学报（人文社会科学）》2020 年第 11 期。

中亚五国的音乐产权制度规范数量统计表① （单位:件）

国　家	国内规范数量	国际条约数量
哈萨克斯坦	45	75
乌兹别克斯坦	108	39
吉尔吉斯斯坦	105	39
塔吉克斯坦	48	38
土库曼斯坦	38	41

中亚各国国内音乐产权制度规范体系均有相似组成要素，但生态基因与法制传统不同，具体规范体系组成存在差异。哈萨克斯坦音乐产权法属于欧陆法系，深受伊斯兰法和罗马法的传统影响，涉及音乐产权的国内规范渊源主要包括宪法、法律、普通法和条例、规范性法令、其他法规，其中法律 27 件、具体实施细则 17 件。吉尔吉斯斯坦国内音乐产权规范中，立法机关颁行 30 件、相关实施细则 68 件。塔吉克斯坦是一个民法国家，自独立以来至建立自己的音乐产权制度之前，一直沿用苏联音乐产权制度，其音乐产权重要规范多数在外国法律专家的协助下制定。国内相关法律规范中，普通规范 20 多件、实施细则 13 件，文化部所属法律部颁行 18 项法律和 9 项决议以及数十条章程。土库曼斯坦是一个大陆法系国家，经历完全独立前后的变化，逐步建立了具有本国特色的音乐产权制度，国内音乐产权规范渊源有宪法、宪法性文件、法典和法律、总统颁布的法令、议会决议、内阁决议和命令、国家权力机关和政府机构的示范法、地方长官的决议和地方议会的决议；2019 年 10 月，有中立法性规范 19 件。乌兹别克斯坦音乐产权制度留有苏联的深刻印记，完全独立后正逐步形成本国音乐产权制度规范体系，其中基本规范 25 件、具体规范实施规则 73 件。

中亚各国签署并生效的国际公约，对构成国内音乐产权规范体系组成的影响程度不同。在众多的国际条约中，联合国下属的国际民用航空组织、联合国工业发展组织、国际农业发展基金、世界旅游组织、国际劳工组织、万国邮政联盟、国际货币基金组织、世界银行、国际海事组织、国际电信联盟、世界知识产权组织、联合国教科文组织等 15 个国际组织和世界贸易组织、世界海关组织等专门机构，它们管理的音乐产权相关国际公约具有相对普遍的强制效力。

① 作者不完全统计，数据来源：各国知识产权管理机关网站与世界知识产权组织网站，https://www.wipo.int/portal/en/index.html。

中亚国家已经加入大部分前述国际机构和组织，但土库曼斯坦、乌兹别克斯坦没有加入世界贸易组织，吉尔吉斯斯坦、塔吉克斯坦、土库曼斯坦、乌兹别克斯坦也没有加入国际海事组织，土库曼斯坦没有参加国际农业发展基金。中亚地区已经生效的区域经济一体化条约主要有7个，还有《阿塞拜疆、亚美尼亚、白俄罗斯、格鲁吉亚、摩尔多瓦、哈萨克斯坦、俄罗斯联邦、乌克兰、乌兹别克斯坦、塔吉克斯坦和吉尔吉斯共和国之间的自由贸易协定》。具体来看，哈萨克斯坦签署相关条约中，亚欧及独联体之间协定7个、1993—2006年签订双边条约7个。吉尔吉斯斯坦签订条约中，1991—2017年世界知识产权组织管理的条约9件，1993—2012年区域性条约5件，1991—2019年多边条约18件，1995—2018年区域经济一体化条约4件，还签订双边条约3件。塔吉克斯坦签署公约中，1991—2019年世界知识产权组织管理的条约10件，1993—2011年区域性条约5件，1991—2014年多边条约18件，1997—2008年区域经济一体化条约4件，1994年签订双边条约1件。土库曼斯坦签署公约中，1991—2016年世界知识产权组织管理条约10件，1991—2018年多边条约11件，还签订双边条约2件。乌兹别克斯坦签署公约中，1991—2019年世界知识产权组织管理的条约6件，1993—2012年区域性条约5件，1991—2008年多边条约11件，1994年区域经济一体化条约1件，还签订了相关的双边条约16件。

三、丝绸之路沿线中亚国家音乐产权制度基本内容

音乐产权制度本体内容繁杂，丝绸之路沿线中亚国家音乐产权制度亦然。但在总体上看，音乐产权制度的基本原则、产权内容及产权救济是中亚国家音乐产权制度本体的重要内容。

（一）丝绸之路沿线中亚国家音乐产权制度基本原则

丝绸之路沿线中亚国家音乐产权制度基本原则，主要体现在各国宪法、民法典、著作权及邻接权法等基本法中，同时各国具体规定也不完全一致。

哈萨克斯坦音乐产权法源是宪法，1999年至今7次修订宪法，基于与贸易有关的知识产权协定（TRIPs）要求规定了私有财产权、公民有权自由利用自己的文化、有权自由接收和传播信息①。依据法律，音乐产权对象是"创造性"音乐载体，"不论其名称、内容和特点及其表达方式和形式如何"，并将之扩大到已公

① 《哈萨克斯坦共和国宪法》，第6条、第19条、第20条、第26条。

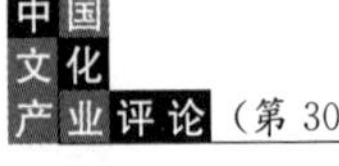

开和未出版的音乐作品，包括书面形式、口头形式、音频或视频记录、图像以及其他形式；音乐产权的制度终极目标是固定音乐载体所寄寓的文化价值，音乐创作结果具化为音乐有形物质载体，如歌词、曲谱、音乐制品，以及无形文化财产如声乐演唱、乐器演奏的载体[①]。此外，哈萨克斯坦的《版权和邻接权法》《民法典》《企业法典》《历史文化遗产的保护和使用法》《大众媒体法》《电子文件和电子数字签名法》《电视和广播法》等，也设定了音乐产权制度基本要求。

吉尔吉斯斯坦于 1993 年 5 月 5 日通过独立后第一部宪法，后几经修改为九章，其中第二章"人权与自由"保护音乐产权，规定国家保证公民都享有艺术创造自由，都"有权参与文化生活"和获取文化价值，国家保护历史古迹和其他文化遗产，"知识产权受法律保护"[②]。《版权及相关权法》规定了音乐产权确立的标准和原则。该法的配套法规还规定了具体音乐产权使用申请、许可使用、使用许可协议、税费收集分配和支付、最低使用费、音乐产权备案监管、终止使用、产权转让协议等基本内容。

塔吉克斯坦 2012 年发布指导性政策规划第 687 号命令，主要内容分为七章，包括音乐产权法律框架、打击侵犯音乐产权违法行为、音乐产权国际合作等[③]。塔吉克斯坦宪法规定了公民都有权自由参与艺术创造、"享受他们的成果""知识产权受法律保护"[④]；文化法规定"公民的文化活动"是"宪法权利"，"保护和规范文化活动主体的法律关系"，而且对"文化人员""文化活动""在文化领域的权利"等关键词进行界定；2011 年修正案分类确定了向音乐人支付工资的规模和条件[⑤]。为保护音乐产权人权利，塔吉克斯坦文化部已经通过《关于科学与国家的法律科技政策》《创新活动法》《关于批准塔吉克斯坦共和国创新发展计划 2011—2020》等政府法令；而且在 2002—2011 年 10 年间集中颁布相关规范，如《剧院和戏剧活动法》《文化财产出口和进口法》《鉴定活动法》《数据保护法》《新闻和其他大众媒体法》。

土库曼斯坦宪法包含音乐产权的相关规定，国家保护"知识价值的私有权"，个人权利不可侵犯和不可剥夺，特别指出某些权利的列举不能用来否认或减少他人的权利；公民在艺术活动领域的"所有权利（版权）和利益均受法律保护"[⑥]。《文化法》规定了音乐产权、音乐传统文化表现形式等，对本国艺术

① 哈萨克斯坦《文化法(2016)》，第 1 条、第 32 条。
② 《吉尔吉斯共和国宪法》，第 49 条。
③ 《塔吉克斯坦共和国关于知识产权能力建设计划 2020》，第 1—6 条。
④ 《塔吉克斯坦共和国宪法》，第 12 条、第 40 条。
⑤ 《塔吉克斯坦共和国文化法》，第 1 条、第 5 条、第 29—30 条。
⑥ 《土库曼斯坦宪法》，第 9 条、第 18 条、第 39 条。

及文化财产进行保护，涉及音乐产权主要内容：先界定音乐、作曲、音乐活动、音乐组织、音乐工作者等基本概念，然后专条确立国家政策 11 项原则，再规定国家保障国民音乐权的 8 项义务，最后规定音乐组织制度，如剧院、音乐剧院，音乐宫、民俗团体、专业乐队、音乐团体、音乐艺术中心、音乐资料馆①。土库曼斯坦的《国家历史和文化古迹保护法》《国家科学技术政策法》《保护国家非物质文化遗产法》《创新活动法》《戏剧和戏剧活动法》等对音乐产权制度基本原则均有相应规定。

乌兹别克坦斯宪法规定公民享有“创作自由”“利用文化成就的权利”，国家对“所有形式的所有权”进行法律保护②。税法总则将“使用费”定义为使用音乐作品的报酬，而分则规定对音乐领域智力活动所得收入征税：使用或授予使用音乐作品的人支付特许权使用费；对音乐产权收入的征税减免，但免税金额不超总收入的 30%③。乌兹别克斯坦的《创业活动保证法》《大众媒体传播法》《行政责任法典》《保障自由获取信息法》等也有相关规定。

（二）丝绸之路沿线中亚国家音乐产权内容

基于中亚国家音乐产权制度演变的生态环境、基本原则或价值取向的差异，中亚国家的音乐产权具体内容在同一性基础上显现出不同。

哈萨克斯坦规定音乐团体有开展音乐创造性活动的权利，“不论所有权如何”，剧院、马戏团自由选择音乐作品、公开表演曲目、进行舞台音乐作品创作，音乐会组织独立宣传古典音乐、民间音乐，国家因此给予相关补贴④。《关于批准集体权利组织认证的证书表格的决定》对音乐产权资质作出规制，《关于国家支持工业和创新活动的规定》规定了企业家精神、支持创新活动、中小企业和企业实体的投资活动等。音乐创作者对自己创作的音乐载体享有姓名权、被承认权、归因权、名称权等非物质性权利⑤。哈萨克斯坦根据与贸易有关的知识产权协定，颁行《版权和邻接权法》规定音乐载体共同创作者共同享有音乐创作产权。《保护和使用历史和文化遗产法》提供保护和使用音乐作品和合奏等的法律框架。《版权和邻接权领域的国家服务标准》《表演者、录音制品制作者最低酬金的规定》《关于批准表演者、录音制品制作者最低报酬率的决定》《未公开作品的送交、接受和存放规则》《关于通过作品分发、表演、公共

① 土库曼斯坦《文化法》，第 14 条。
② 《乌兹别克斯共和国宪法》，第 42 条、第 53 条。
③ 《乌兹别克斯坦共和国税法典》，第 22 条、第 190 条。
④ 哈萨克斯坦《文化法》（2016），第 22 条、第 23 条。
⑤ 哈萨克斯坦《著作权和相关权利法》（2015），第 35 条。

传播、复制和(或)使用作品的最低报酬标准的指令》《某些作品的最低报酬率的规章》等设定了音乐产权主体获得法定报酬的最低标准。哈萨克斯坦《企业法典》涉及音乐产权、竞争、未披露的信息、技术转让等内容,《电视和电台广播法》《大众传媒法》《电子文档和电子数字签名法》对互联网环境中的音乐产权建立了法律框架,《保护选拔成果法》包括音乐产权、遗产资源等内容。

吉尔吉斯斯坦立法机关颁行《吉尔吉斯共和国民法典》,关于音乐产权的规定主要在第53—56章以及第58章和第59章;《版权及相关权利法》对音乐产权主体的非财产性权利和财产性权利规定得更为具体,是音乐产权制度最为主要的规范;《计算机程序和数据库保护法》适应了网络环境下保护音乐产权需要;《吉尔吉斯共和国科技信息系统法》适用在吉境内活动的所有法人实体和个人,涉及未披露的信息、音乐版权与相关权利等事项,为信息系统的运作奠定组织、经济和法律基础,其主要内容是界定权利人、提出政策方向与内容、构建科技信息法律制度框架①。中央政府、国家知识产权和创新局等颁布的《版权和邻接权注册费及集成电路布图设计费用实施细则》《版权及相关权利和集成电路布图设计登记费用的条例》《关于版权及相关权利使用许可协议缔结和登记以及版税收集、分配和支付计算方面的记录保存活动的法令》《版权及相关权利最低使用费条例》《完善和审查版权和邻接权客体注册申请的规则》《吉尔吉斯共和国创新计划条例》《创新计划注册费用条例》《批准吉尔吉斯共和国国家知识产权登记簿实施细则》等,对应规定了音乐产权具体内容。知识产权和创新局还制定《规范使用版权及相关权使用费分配的规则》《版权和邻接权使用许可合同审查和登记条例》《版权和邻接权许可费分配实施细则》等系列具体实施细则,对音乐产权的转让、使用请求、产权许可、同意使用、使用终止、产权使用费的法定标准、不予登记情况、产权备案等进行了详细规定。此外,《保护传统知识法》涉及音乐产权、音乐遗产资源、传统音乐知识;《商业秘密法》《竞争法》对音乐产权领域的竞争、未披露的信息等领域进行规制。

塔吉克斯坦对音乐产权内容的具体规定主要体现在法典体系和实施细则中。首先,《民法典》架构了音乐产权内容体系。一是音乐产权的取得和类型。音乐产权属于"智力活动成果的权利",财产权自"注册之日起产生",并规定"行使财产权和其他有形权利"的取得及程序;音乐产权客体可以是财产、个人非财产利益与权利以及智力活动的结果和个性化手段,非财产性音乐产权客

① 《吉尔吉斯共和国科技信息系统法》,第1—7条。

体包括无形利益、死者无形利益[①];优先权表现于商业特许经营合同、参赛的音乐作品[②]。二是音乐产权相关内容集中在《民法典》第57章“知识产权总则”。规定的音乐产权内容主要包括四个方面:音乐产权是“智力活动成果的财产和个人权利”,其客体包括智力创造音乐载体活动的结果;音乐产权内容包括专有权、非财产权;音乐产权实现方式是产权人以任何方式和形式应用、禁止他人使用音乐产权;基于国家合同(命令)过程中创造的音乐产权客体,一般属于国家所有[③]。其次,专项法律设立的音乐产权内容。法律主要保护剧院产生的八大类音乐产权客体,如符合权利的录制、根据合同举办“音乐会”、受邀表演、据合同向组织提供音乐服务、制作音乐会的布景、向其他剧院提供演出和节目、保护作者和表演者的权利[④]。《塔吉克斯坦共和国著作权和相关权利法》对音乐版权与相关权利、传统音乐文化表现形式作出规制,如出版包含歌词及音乐物质媒介,要求在出版物上标注©符号、出版者的名称或标题以及出版年份[⑤]。作曲家被视为“电影的主要创作者”,要求电影寄存器中提供的寄存器信息包含“作曲家”信息[⑥];广播电视组织可以制作电视节目或使用其他组织合法的“视听产品”,依据实际许可证直接传输其节目或“出售唱片”,并有权要求他人承担侵权赔偿责任[⑦]。第三,其他相关法典对音乐产权内容的规定。《塔吉克斯坦共和国文化财产出口和进口法》规定,文化价值的所有权也是知识产权的对象,所有权主体包括国家、自然人和法人;音乐作品可以临时出口,所有者自己出口音乐产权或委托出口音乐产品。投资对象可以是“任何形式的产权”,包括取得而拥有的“产权中的智力活动的结果”;法律的保护音乐产权客体的“权利投资者”与有关音乐“产权客体的一切权利”[⑧]。最后,行政实施性细则对音乐产权内容进行规定。塔吉克斯坦政府颁行《关于科学与国家的法律科技政策》《创新活动法》《关于批准塔吉克斯坦共和国创新发展计划2011—2020》等政府法令,以及《贸易和服务标记注册申请的提交、补充和审查规则》等13件实施规则,对音乐产权内容进行设计。

土库曼斯坦关于音乐产权内容规定自成体系。首先,关于音乐产权客体。

① 《塔吉克斯坦共和国民法典》(第一部分),第1条、第8条、第140条、第152条、第170条。
② 《塔吉克斯坦共和国民法典》(第二部分),第958—959条、第1073—1074条。
③ 《塔吉克斯坦共和国民法典》(第三部分),第1126—1136条。
④ 《塔吉克斯坦共和国剧院和戏剧活动法》,第6条、第10条。
⑤ 《塔吉克斯坦共和国出版产业法》,第13条、第33条。
⑥ 《塔吉克斯坦共和国电影法》,第15条。
⑦ 《塔吉克斯坦共和国电视和广播法》,第28条。
⑧ 《塔吉克斯坦共和国投资法》,第1条。

将传统音乐纳入国家非物质文化遗产的表现形式和对象，其中“表演艺术”包括“音乐艺术的传统和表现形式”如声乐、器乐、舞蹈和其他音乐，“以口头音乐形式表达的创造成果”如摇篮曲、悲喜仪式及婚礼歌曲、仪式过程中的歌曲、带有乐器伴奏的歌曲、没有乐器伴奏的歌曲和其他歌曲，其他民族音乐等音乐物体①。音乐产权客体确立标准为创新活动，即确保创新并在其基础上“获得实际结果”的活动②；《版权及相关权利法》对音乐产权、音乐传统文化表现形式进行规定，《土库曼斯坦民法典》规定“财产”是“任何客体和无形的商品”；《剧院和戏剧活动法》通过戏剧概念限定音乐产权的客体。法律规定财产包括有形资产和“无形资产”，所有权的对象可以是音乐对象以及其他“智力成果”。此外，公共协会（组织）的所有权对象可能包括文化娱乐财产、智力活动的结果③，“有无文字的音乐作品”的印刷品④。其次，对于音乐产权主体及权利内容。音乐版权包括实质所有权、私有所有权、混合（联合）所有权等内容⑤；《大众媒体法》在第八章“媒体中个人和实体权利法律保护”中具体规定个人名誉和尊严权、免责和回复权⑥；《出版法》规定作者的精神和经济权利。《剧院和戏剧活动法》界定了导演和演员的权利、表演权利和表演者的权利，以及影院通过合同资金筹措制度；对音乐产权的规定具有一定特色：音乐机构纳入剧院体系，剧院类型包括歌剧、音乐喜剧、音乐剧和其他音乐类型的剧院，以及音乐艺术中心；专条规定了剧院组织的权利和义务；设有专章规制剧院演出的财产权和个人财产权；音乐家有署名权，其他权利由剧院制片人和音乐家协议确立⑦。《土库曼斯坦投资活动法》《外国投资》规范了投资者的权利，音乐产权投资得到使用和保护。最后，《土库曼斯坦民法典》搭建了较完整的产权内容体系。《土库曼斯坦民法典》第二部分“产权”规定，权利类型包括专有权、所有权、商业声誉、自由流动权、名称权、著作权和其他个人非财产权；第四部分“知识产权法”规定了产权拥有人的合法行使权、许可权以及法院的强制许可权。涉及音乐产权主要有三方面：一是权利法定原则，即法律保护的音乐产权包括音乐智力活动的结果和“同等的个性化手段”，音乐产权类型包括“专有权即财产权”“个人非财产权和其他权利（通过权、使用权和其他权利）”；二是音乐权

① 土库曼斯坦《国家非物质文化遗产保护法》，第 2 条。
② 土库曼斯坦《创新活动法》，第 1 条。
③ 土库曼斯坦《财产法》，第 4 条、第 15 条。
④ 土库曼斯坦《出版法》，第 11 条。
⑤ 土库曼斯坦《财产法》，第 1 条。
⑥ 土库曼斯坦《大众媒体法》，第 41 条、第 46 条。
⑦ 土库曼斯坦《剧院和戏剧活动法》，第 1 条、第 15—18 条、第 27 条。

人的专有权，即产权人对智力活动或个人化手段的结果的排他权利；三是设立了一般许可、复许可和强制许可权制度，如许可的应然原则、专有和简单许可类型、效力明示原则①。此外，涉及音乐产权交易的规范主要有土库曼斯坦《文化珍品输入、输出及保护法》《商业秘密法》《经营活动法》《特许权法》《电讯法》《贸易法》《企业法》《国家历史和文化古迹的保护法》等，不过相较中亚其他四个国家，土库曼斯坦对音乐产权制度很少颁布实施细则。

乌兹别克斯坦音乐产权具体内容，有自身特点。首先，《民法典》第二编涵盖了音乐产权的主要内容。音乐产权客体大体分两部分：一部分包括确认的智力活动结果如歌词曲谱作品、音乐表演、录音制品、广播音乐节目、音乐数据库，以及未公开的音乐产权信息、民间交易音乐作品和服务内容；另一部分包括智力活动和手段的其他结果，参与者的个性化民事流转音乐商品和服务②。而且，音乐产权主体行使相关权利，不需要注册或办理其他手续，共同创作产权可分割和不可分割确定权利；音乐创作者身份适用推定原则，雇佣音乐作品中的作品个人精神权利属于创作者，而雇佣作品专有使用权属于雇主。2007年修正案增加了音乐衍生作品的产权，衍生作品的创作者享有产权，但应遵守原音乐创作者的回收权，并不妨碍他人进行原音乐作品的处理。至于音乐产权的具体权能，可分三类：一是对音乐物质载体的个人非财产和财产权，其中音乐创作者的个人非财产权内涵是作者权、表明身份权、公开权、召回权、保护作者声誉的权利；二是专有权和所有权包括 13 项权能，即复制权、分配权、向公众公开信息权、出租权、进口权、传播权、处理权、公开展示权、公开表演权、广播权、翻译权、与公众重新交流权、获得报酬权；三是音乐表演者具有 10 项具体权利，同时法律也对音乐产权进行了限制，产权在创作者的整个生命期间以及其死亡 50 年后持续有效，除法律另有规定外③。其次，各项专门规范确立的音乐产权内容。一是综合性产权内容。《版权和相关权法》《关于电子计算机和数据库程序保护法》捍卫音乐产权持有人的产权，包括财产权、创造和使用表演的报酬数额等。关于复制活动类型许可的《销售、出租视听作品、录音制品和计算机程序、录音制品以及为视听作品、录音制品和计算机程序制作物质媒体的规定》《对视听作品的制作、复制和放映活动类型许可的实施细则》等，确定生产活动的权利许可证，企业实体将获许可证标识在录音材料载体

① 《土库曼斯坦民法典》，第 166 条、第 174—177 条、第 1052 条、第 1053 条、第 1056 条、第 1060 条、第 1062—1064 条。

② 《乌兹别克斯坦共和国民法典》，第 1031 条、第 1042 条、第 1046 条、第 1047 条、第 1048 条。

③ 同上，第 1033 条、第 1038 条、第 1051 条、第 1056 条、第 1062 条、第 1065 条、第 1077 条。

上，音乐产权拥有者对数据库中视听作品、录音制品具有专有产权[①]。《关于批准版税及其他类型的报酬的决定》《关于改善进一步发展活动额外条件的措施以及促进文化与艺术组织、创意联盟和媒体领域从业人员工作的措施》《厂商名称法》《保障自由获取信息法》等规定未经音乐产权人同意，大众传媒无权透露“艺名的来源和作者”，这些信息仅由法院裁决披露。《外国投资法》将音乐产权作为外国投资的对象和投资领域，如音乐财产、特许权使用费；《创业活动保证法》赋予企业实体对音乐活动成果享有专有权，第三方经产权所有者同意才能使用[②]。此外，媒体法建立取回权制度，即法人或个人有权要求编辑部拒绝在媒体上发布不正确信息，拒绝或回应的材料须附录在打印该页的同一标题下，如果大众媒体拒绝发表反驳、回应或不在规定时间发表，权利人有权提起诉讼[③]。二是具体财产性产权内容。财产法内容包括所有权客体、主体、形式，丧失财产，所有权的担保和保护，财产权的保障，产权保护，国家机关责任等，音乐财产权的主体有公民、社区、协会、公共组织和宗教组织、家庭、地方自治机构、各级人民代表大会和国家行政当局授权的机构；其他国家、国际组织、法人和其他国家的公民、无国籍人士[④]。所有权的对象包括精神文化项目、与音乐艺术和其他智力活动物体的创造和使用有关的关系、文化古迹的财产权，财产、产品和收入的使用经济结果归所有者所有[⑤]。三是报酬性权利内容。为进一步鼓励艺术家的工作，2017 年发布《关于进一步发展文化艺术组织、创意工会和大众传媒活动的措施，创造刺激分支机构工作的附加条件的措施的总统令》，按既定顺序编制一份报酬清单，列出作曲家和作曲家工会成员和工作人员艺术作品出版的最低版权费率、音乐和供公共表演的音乐作品的最低报酬率、为电视和广播频道提供音乐资料的最低费率、原创音乐和歌词作品的最低版权率、特许权使用费和其他类型的报酬、确保艺术组织支付版权和其他相关费用的国家预算的年度预算范围，如根据作品的重要性，一阶段的报酬占总数的 45％—75％，交响乐团的交响乐和乐器演奏最高为 50％、运用民歌的酬金为 50％[⑥]。四是音乐产权人的许可权。《销售、出租视听作品、录音制品和计算机程序、录音制品以及为视听作品、录音制品和计算机程序制作物

① 《关于对乌兹别克斯坦共和国有关改善知识产权立法的某些立法的修正和增补案》，第 1—3 条。
② 《乌兹别克斯坦共和国创业活动保证法》，第 36 条。
③ 《乌兹别克斯坦共和国大众媒体法》，第 34 条。
④ 《乌兹别克斯坦共和国财产法》，第 4 条。
⑤ 同上，第 3 条。
⑥ 《乌兹别克斯坦共和国法律汇编》（2017 年第 33 号），第 839 条。

质媒体的规定》《对视听作品的制作、复制和放映活动类型许可的实施细则》确定音乐产权人许可他人开发、生产、录制、复制、销售和出租音乐载体及其专有权①。根据 2012 年《许可实施生产、播放、租赁录音制品的以及用于视听作品、录音制品和计算机程序活动的规定》,许可证期限不超过 5 年;《许可生产、复制和在屏幕上演示视听作品活动的规定》对"在屏幕上演示视听作品""产权持有人"等术语进行界定②。最后,乌兹别克斯坦的《竞争法》《创业活动保证法》《大众媒体传播法》《广告法》《投资行为法》《保障自由获取信息法》以及《关于改善进一步开展活动额外条件的措施以及促进文化与艺术组织、创意联盟和媒体领域从业人员工作的措施的规定》等,均对音乐产权作出相应规制。

(三)丝绸之路沿线中亚国家音乐产权救济制度

丝绸之路沿线中亚国家音乐产权救济制度,主要体现在刑事制度保护、民事制度保护、行政制度保护三大官方救济途径,也有民事救济路径。

在哈萨克斯坦,关于侵犯音乐产权客体的行为,分为四种类型:消除产权客体的使用限制、破坏保护音乐产权的技术手段、擅自删除或变更产权管理信息、不正当公布音乐产权对象信息。在音乐产权救济方面,音乐产权人遵守法律规定、社会道德原则和"企业家商业伦理规则"③,自行决定处置拥有的财产权利;实际创造和传播民间音乐的个人和法人,以某种方式保护自己权利、音乐作品以及源于历史的乐器④。首先,在音乐产权司法救济方面,哈萨克斯坦对音乐产权的准据法有相应规定⑤,司法保护措施有承认权利、恢复原状、消除侵犯或威胁、执行实物、追偿损失或没收、交易无效、赔偿非金钱损失、终止或改变法律关系、认可权利等,产权所有人可以选择,法官也有权决定查封并收回、没收、予以销毁或转为国家财产⑥。《刑法典》涉及与音乐产权最为密切的内容是"侵犯版权与相关权利罪"的规定,即非法使用、强制共同作者出售或转让版权和相关权利的,以及购买、存储、转移或制造假冒的复制品,处以罚款、矫正劳动、拘留、限制自由、剥夺从业资质,如是集团犯罪的,处以监禁⑦。《民事诉讼法典》为防止"可能对权利持有人造成不可弥补的损害的",在个案

① 《关于对乌兹别克斯坦共和国有关改善知识产权立法的某些立法的修正和增补案》,第 1—3 条。

② 乌兹别克斯坦《许可生产、复制和在屏幕上演示视听作品活动条例》,第 2 条。

③ 哈萨克斯坦《民法典》,(2016),"总则",第 8 条。

④ 哈萨克斯坦《保护和利用历史文化遗产法》(2016),第 3 条、第 19 条。

⑤ 哈萨克斯坦《民法典》(2016),"分则",第 1103 条、第 1089 条、第 1107—1108 条、第 1111 条。

⑥ 哈萨克斯坦《著作权和相关权利法》(2015),第 49 条。

⑦ 哈萨克斯坦《刑法典》,第 198 条。

中不承认外国享有侵权程序的豁免权。其次,在音乐产权行政救济方面,音乐产权人可以进行产权的国家登记,共同创作的音乐作品可以单独注册或共同注册[①];《海关法》规定海关当局按照关税同盟的标准估价货物金额,采取措施保护音乐产权、暂停相关货物进出口。《哈萨克斯坦共和国预算支付税款和其他强制性付款法》分则部分包含有关音乐产权税收的特别规定。最后,音乐产权民间救济方面,集体管理产权的组织可以管理公共音乐作品以及音乐作品[②],七次修订法律赋予国家级授权机构文化艺术管理权,如支持"音乐艺术"活动、制定音乐会等补贴规则,还授权创建咨询机构——艺术行业委员会对音乐和音乐会活动提供艺术建议[③]。而且,依据法律,音乐产权人有权行使属于个人的自由裁量权,如申诉、自卫、要求赔偿、要求提供合法证明等。

吉尔吉斯斯坦音乐产权救济制度主要体现在刑事救济和行政救济两方面。于 2019 年生效的《刑法典》第 29 章、第 31 章规定"侵犯版权和相关权利的犯罪",即非法使用版权对象,获取、存储、转移或制造伪造的作品、录音制品,或用于营销目的的数据库,造成重大损害或获取巨大收入的,处以第五类罚款或第一类监禁,或剥夺行为人两年或永远从业资格;如是共谋或集团犯罪,或造成特别大损害的,或旨在大规模谋取利益的,处以第六类罚款或第二类监禁,剥夺行为人两年的从业资质[④];《刑事诉讼法典》《仲裁程序法》明确规定"有权审理与知识产权相关的案件"。《行政责任法典》分则部分第 25 章规定对行政罚款采取分对象区别对待的原则,还设专节对侵犯音乐产权行为规定行政处罚,如签订音乐会和娱乐表演合同不当责任,即在音乐会和娱乐场所的所有者与创意团队和音乐会组织者签订合同时,如果他们与授权机构签订的许可协议违反或未履行既定要求,对普通百姓处以行政罚款、对行政官员罚款加倍;如在行政处罚实施一年后重复违法,罚款加倍[⑤]。这种行政救济规定将音乐产权保护前置,非常有特色,其他国家未见这样的制度。此外,《海关法典》《海关条例》规定海关机构有义务保护音乐产权免受假冒损坏。

塔吉克斯坦司法救济方面,《刑法典》规定音乐产权侵权处罚相关内容:行为人以自己的名义出版他人的音乐作品,侵犯原作品作者以及对共同作者身份权的,处以罚款;行为人明知或过失非法使用音乐版权或数据库的程序造成

---

① 哈萨克斯坦《著作权和相关权利法》(2015),第 9-1 条。
② 同上,第 43 条。
③ 哈萨克斯坦《文化法》(2016),第 7—11 条、第 19 条、第 19-1 条。
④ 《吉尔吉斯斯坦共和国刑法典》,第 199 条。
⑤ 吉尔吉斯斯坦《行政责任法典》,第 344 条。

大额损害的，处以罚款或徒刑；群体串谋实施前述行动的，处以罚款或监禁①。《新闻和其他大媒体法》规定，如果“盗窃使用”其他作者的作品，“依法承担责任”②，在法理上，使用侵权材料的媒体和侵权者承担连带责任。《塔吉克斯坦共和国数据保护法》以防止泄漏、盗窃、丢失、破坏、修改、未经授权的复制和阻塞音乐产权信息，保护音乐产权信息。

土库曼斯坦对音乐产权救济的规定也是多方面的。一是《刑法典》对音乐产权救济途径。《刑法典》分则涉及具体的犯罪包括“侵犯版权和邻接权罪”，即非法使用版权或邻接权对象的违法行为在受到行政处罚后一年内再犯的，或者多人事先合谋的，处以罚款或劳动教养③。《民法典》也对音乐产权设计了救济制度：音乐产权主体有权建立管理音乐产权财产权的集体组织，以保护音乐产权；特别保护音乐产权人专有权，产权人可以请求法院确权、制止侵权行为、要求损害赔偿、扣押、判决明示侵权人；法律确立临时措施，如没收有形的媒体、设备和材料，禁止退市和销毁；建立法律协调保护机制④。二是音乐产权行政救济途径。行政法对侵犯音乐产权行为规定行政罚款或拘禁等刑罚，如侵犯音乐产权或者非法转让以及非法使用音乐产权对象，造成较大损失的，对行为人处以罚款或行政拘留⑤。《海关法》第二部分规定“海关措施”，即海关可以暂停放行货物。此外《土库曼斯坦互联网发展和互联网服务法》规定互联网用户合法通过互联网渠道分发、使用、发布与音乐产权有关的资料。

乌兹别克坦斯音乐产权救济，主要是官方途径。一是音乐产权刑事救济，《刑法典》规定侵犯音乐产权犯罪，即在音乐产权正式注册或出版之前，未经权利人同意而获得音乐产权的信息、披露信息犯罪的，处以罚款，或剥夺权利，或拘役，或监禁⑥。二是音乐产权民事救济。《厂商名称法》保护公司权利的方法有在媒体上发表声明、删除非法使用的公司名称、删除侵权人的名称、载体转移给拥有公司名称的法人实体、其他合法保护方式⑦。《广告法》特别规定电视和广播广告的“开头和结尾应通过音频、视频、混合媒体或评论员与其他节目分开”，除专门广告频道外，音乐会、电影和电视节目的播放时间长于 45

① 《塔吉克斯坦共和国刑法典》，第 156 条。
② 《塔吉克斯坦共和国新闻和其他大媒体法》，第 19 条。
③ 土库曼斯坦《刑法典》，第 153 条。
④ 《土库曼斯坦民法典》，第 1065 条、第 1068—1069 条。
⑤ 《土库曼斯坦行政违法法典》，第 342 条。
⑥ 《乌兹别克斯坦共和国刑法典》，第 149 条。
⑦ 乌兹别克斯坦《厂商名称法》，第 11—12 条。

分钟，最多可以中断 45 分钟[①]，以保持音乐作品完整性和音乐消费者权益。此外，《乌兹别克斯坦共和国行政责任法典》对音乐产权进行保护，规定了违反信息使用规则、转售规则，以及侵犯所有者权利时，侵权人承担的行政责任。

四、丝绸之路沿线中亚国家音乐产权制度对我国的借鉴

中亚国家音乐产权制度生态与我国历史文化有诸多联系，各国实践对完善我国音乐产权制度具有现实的借鉴意义。

第一，强化我国音乐产权制度价值定位。任何音乐产权制度的确立不能离开本国生态要素，否则会失去本国音乐文化的禀赋，无法发挥音乐产权制度效力，最终导致民族文化的衰落。我国是单一制多民族国家，中国特色社会主义制度更加巩固，中国共产党领导的多党合作和政治协商制度优势突出，人民代表大会制度优越性不断显现，文化强国建设大力推进，文化现代治理体系已经形成，音乐产权制度逐步建立并不断完善。因此，考量中亚国家音乐产权制度变迁，并基于音乐产权制度生态要素，强化权利价值取向，更好面对国内外形势，应不断健全有中国气派的音乐产权制度，夯实音乐产权制度应然效力变为实然效力的根基。

第二，丰富我国音乐产权规范体系。梳理、清理我国现有国内规范，厘清国际条约，完善国内政策法律化机制，适当提升法律阶位。根据音乐产业链或音乐价值链，建立完善国内具体音乐产权规范，如《文化法》《艺术家权利法》《音乐组织和活动法》《艺术鉴定活动法》；在不同地区试行地方规范，如《音乐领域的服务标准》《音乐创作者、表演者最低酬金的规定》。按照现行立法法和行政程序法，形成中国特色的音乐产权制度规范体系，如立法规范、政策性规范、村规民约、司法判例与施政案例、公认权威学说国内渊源，多边协约、区域一体化条约、双边协议、国际建议案等涉外渊源。

第三，延伸音乐产权客体与主体范围。切实突破传统著作权栅栏，将民族音乐表达形式、虚拟世界的音乐纳入客体范畴，并确立复杂音乐客体类型，形成财产、个人非财产利益与权利以及智力活动的结果和个性化手段三大类。为此，需要扩大音乐产权主体范围，承认音乐组织、音乐产权集体管理组织相

① 《乌兹别克斯坦共和国广告法》，第 11 条。

应的主体地位。音乐产权主体包括国家、自然人和法人,如剧院、音乐会、音乐社团、音乐厅、民俗团体、音乐团体、录音室、音乐艺术中心、专业乐队和音乐资料馆等,以及社区、协会、公共组织、家庭、地方自治机构、各级人民代表大会和国家行政当局授权的机构、外国组织与人士等。

第四,完善音乐产权权能体系。音乐产权是一种复杂的综合性权利,称作复杂体权利,并非单一性质的物质权或精神权,也非传统著作权法上的邻接权、民商法意义中的私权,还非纯公法权利,而是综合性权利。因此,需要对之进行跨学科界定。考量权利内容的复杂程度,在权利类型上增设综合权利,形成非物质财产权、物质产权、综合产权三大类型。具体而言,音乐产权可包含:创作者权、表明身份权、姓名权、署名权、被承认权、归因权、公开权、创作声誉权、回复权、取回权、召回权、可回收权、名称权等非物质性权利;音乐产权的转让权、使用请求权、产权许可权、强制许可权、通过权、使用权、行使权、同意权、终止权等的物质性权利;专有权权能,如复制权、分配权、向公众公开信息权、出租权、进口权、有线传播权、处理权、公开展示权、公开表演权、广播权、翻译权、与公众重新交流权、报酬权等。

第五,完善我国音乐产权救济制度。明确音乐产权的侵权行为类型:消除产权客体的使用限制、改变保护音乐产权的技术手段、擅自删除或变更产权管理信息、不正当公布音乐产权对象信息。在司法保护措施上,增设交易无效、终止或改变法律关系、认可权利、转移至国家,设计音乐产权相关法庭和专事法官参与诉讼程序,将企业家商业伦理规则作为处置音乐产权的一项依据。在国内需要充分发挥民间救济机制的突出作用,增设政府部门国际救济的管道和路径;创建音乐行业委员会,享有管理权;同时赋予产权人自由裁量权,如自卫、要求提供合法证明等。

五、结语

中亚地区是"一带一路"重要组成部分,也是我国古丝绸之路重要组成部分,在我国加强与中亚、西亚、欧洲的文化交流史上曾经发挥了重要作用。在世界百年未有之大变局的新形势下,开展与中亚五国的文化交流具有十分重大的现实意义。作为制度文化本体内容的音乐产权制度,既承载着中国与中亚五国文化密切互动的历史记忆,也蕴含六国各族人民共创美好未来的现实愿景。如何真切理解中亚国家音乐产权制度,并加以借鉴,提升我国音乐产权制度的地域张力，进而显示我国在国际文化交流规则制定中的话语权，是当前和今后可以期许的未来文化产权制度建设的一个重要课题。

System of Music Property Right in Central Asia Countries along the Silk Road

Wang Junchang

Abstract: System of music property right in central asia countries along the silk road experienced influence of chinese culture infiltration, Soviet Union system's transformation, present international environment, finally forms own system under influence about each country's history, politics, economy, culture, legal system. Normative system of music property right in central asia countries is composed of domestic norms and international treaties, in which religious doctrines and regional integration treaties are important contents. Basic principles of the system are stipulated in constitution, civil code, copyright and adjacent right act and other basic laws. Moreover, specific content of different countries is not entirely consistent. Types of music property right are classified as non-material property right, material property right and comprehensive property right. Specific rights are rich in diversity and embody ecology of music property right in various countries. Music property right relief about judicial and administration is paid equally attention, folk relief system is being formed. Practice of the system can be used for reference in perfecting value orientation, norm system, subject and object of property right, content of property right and relief of property right.

Key words: The Silk Road; music property right; five central asian states; institutional content

哈萨克斯坦音乐产权内容体系述论*

浙江艺术职业学院　郑智武

［内容提要］　音乐产权不同于一般的经济权，目前虽无统一的理论定义，但有立法实践的界定，其本质内涵是指音乐权人对音乐表达形式的利益或者保有利益的资格。音乐权人、直接对象、确权依据、权利内容是音乐产权概念包含的要素。丝绸之路上，哈萨克斯坦是中亚区域大国，其音乐产权内容体系由非财产权、财产权、综合权构成。音乐产权主体非财产权中的身份权与放弃权，音乐产权人财产权中的专有权、使用权、许可权与转让权，以及音乐产权人综合权中的报酬权和其他综合性权利，充分显示出本国历史文化特色。深入解析哈萨克斯坦音乐产权内容体系，对促进中哈音乐交流与民心相通有重要价值。

［关键词］　音乐产权；哈萨克斯坦；权能

哈萨克斯坦共和国是中亚国别中国土面积最大的国家，也是世界最大内陆国，与我国北部接壤，是古丝绸之路区域国家，还是“一带一路”倡议发祥地之一。在“一带一路”倡议落实方面，中哈两国于 2015 年就开始了商讨“一带一路”倡议的对接工作，而且成效显著。我国《推动共建丝绸之路经济带和 21 世纪海上丝绸之路的愿景与行动》提出“民心相通”工程，以保障丝绸之路的畅达。“民心相通”依赖文化认同，作为文化重要组成的音乐自然成为民心相通的重要载体，促进中国与丝绸之路沿线国家的友好合作关系，并使民族音乐在区域国际合作中发扬光大。历史上，音乐在丝绸之路各民族沟通中一直发挥

* 本文系浙江艺术职业学院 2019 年重点科研课题“‘丝绸之路经济带’语境下的中亚五国音乐产权研究”(ZD201901001)的成果。

着不可或缺的作用，而相互认同的音乐产权制度是各国音乐畅通的保障，为民心相通保驾护航。因此，了解哈萨克斯坦音乐产权内容体系，熟悉在哈萨克斯坦开展音乐活动的“游戏规则”，是实现中哈民心相通的十分高效途径。本文尝试探索哈萨克斯坦音乐产权内容体系，为更好地发挥我国音乐在“一带一路”沿线国家民心相通建设中的作用，提供产权制度方面的理论与现实思考。

一、音乐产权的含义

音乐产权是基于产权而产生的一项下位权利，理论界对产权的理解是百家争鸣。经济学者认为产权是一种物上经济权，是“一种通过社会强制实现的对某种经济物品的多种用途进行选择的权利”①，是人们使用资源的适当规则确立的一种物上选择权。而法学界将产权等同于财产所有权，是“存在于任何客体之中或之上的完全权利，它包括占有权、使用权、出借权、转让权、用尽权、消费权和其他与财产相关的权利”②。对于音乐产权的性质，多数国家的做法是将音乐人权利归属知识产权，甚至是著作权更下位的邻接权。在国际音乐产权制度实践中，音乐产权被视为“艺术家”权③、艺术“智力活动成果”权④、艺术“作品所有者”权⑤、艺术“作品利益享受”权⑥、“作者和艺术家”权⑦、艺术“机械作品”权⑧等，而且音乐产权外延不限于音乐“物质性”的权利，还包括精神权。在我国，产权经历了仅保护有形财产权利到兼保护无形知识产权的转变。我国早期保护“有形财产权”⑨，20 世纪 90 年代以后逐步加强对无形产权的保护，如我国著作权法及其实施条例明确保护“音乐作品”⑩。2016 年中共中央、国务院发布《关于完善产权保护制度依法保护产权的意见》，明确保护知识产权及“其他各种无形财产权”。2020 年我国《民法典》明确规定权利客体

---

① ［英］约翰·伊特韦尔等：《新帕尔格雷夫经济学大辞典》第 3 卷，陈岱孙泽，经济科学出版社 1992 年版，第 1101 页。

② ［英］戴维·M.沃克：《牛津法律大词典》，李双元等译，法律出版社 2004 年版，第 75—76 页。

③ 参见《联合国教科文组织关于艺术家地位的建议》，第 1 条、第 2 条。

④ 参见《建立世界知识产权组织公约》，第 2 条。

⑤ 参见《世界版权公约(1971)》，第 1 条。

⑥ 参见《经济、社会、文化权利国际公约》，第 15 条第 1 款。

⑦ 参见《世界文化多样性宣言》，第 8 条。

⑧ 参见《保护和促进文化表现形式多样性公约》，第 4 条第 1 款。

⑨ 参见我国国家国有资产管理局 1993 年《国有资产产权界定和产权纠纷处理暂行办法》，第 2 条第 2 款。

⑩ 参见 2013 年《中华人民共和国著作权法实施条例》，第 4 条。

包括“作品”“法律规定的其他客体”以及“法律规定权利作为物权客体”[①]，显然包括未来发展的音乐产权作为法律规定的权利。

基于国内外产权理论与音乐产权保护实践，音乐产权概念可以定义为：音乐产权是音乐权人通过对自己拥有的音乐表达形式的使用，依据社会行为准则而享有的精神上和物质上的利益或者保有音乐表达形式所寄寓权利的资格[②]。音乐产权主体是音乐表达的原始创作者，主要是词曲作者和音乐作品表演者，也包括音乐表达形式转让的承受者，还包括对进入公共领域的音乐表达形式载体的管理责任者。音乐产权的直接对象是声乐类和器乐类的音乐表达形式，包括有形音乐载体和无形音乐表现形式[③]，音乐产权对象的类型主要有歌词、曲谱、音乐剧、脚本作品、有或没有文字的音乐作品、视听作品、音乐衍生作品、音乐表演、广播组织节目和其他衍生音乐作品，而不论这些对象目的、内容和方式以及它们表达的方法和形式。音乐产权的表现形式是音乐权利主体拥有、转让、消费、分配和处置音乐表达形式的方式，也就是音乐产权具体权能的表现形式。音乐产权是依据是国家正式规范及特定国家的宗教教义确认，在成文法国家表现为制定法，在普通法系国家主要是判例，在宗教影响深刻的国家还包括正式的宗教教义，当然作为国际法渊源及习惯法，通过一定程序成为音乐产权的确权依据。音乐产权内容因为音乐载体的复杂性、发展性以及音乐产权的新型发展性，而显现动态性，包括音乐产权人的物质权、精神权或者兼而有之等方面的具体权利。

在哈萨克斯坦，音乐产权是由于创作、使用音乐作品，舞台表演，录音制品传播而产生的相关权利。音乐产权产生的根据之一是权利人创造音乐活动的结果，这种创造是根据“创作事实”，而不要求对音乐创造结果进行注册或对作品进行特殊合法化方式或办理手续。音乐产权法源是宪法，哈萨克斯坦 1999 年至今的 7 次宪法修正案基于《与贸易有关的知识产权协定》(TRIPs)要求，规定了私有财产权、公民“有权自由”利用自己的文化、“有权自由接收和传播”信息[④]。一般地，音乐产权对象外延以“创造性”音乐载体——创造性活动的结果为标准，“不论其名称、内容和特点及其表达方式和形式如何”，并且扩大到已出版、发行、公开表演、公开展示和以某种“客观形式”存在的未出版音乐

---

① 《中华人民共和国民法典》，第 115 条、第 132 条。

② 郑智武：《音乐产权概念及其特征探析》，《绍兴文理学院学报(人文社科版)》2020 年第 6 期。

③ 世界知识产权组织：《著作权与邻接权法律术语汇编》，刘波林译，北京大学出版社 2007 年版，第 160 页。

④ 《哈萨克斯坦共和国宪法》，第 6 条、第 19 条、第 20 条、第 26 条。

作品，音乐产权也延伸至舞台、表演、录音制品、广播电视组织的传输。“客观形式”是以事实存在的任何介质，包括书面形式、口头形式、音频或视频记录、图像、其他形式；也可以是具有“规定性质并可单独使用”的作品的一部分，如音乐作品的标题和字符名称。音乐产权制度的终极目标是固定音乐载体所寄寓的文化价值，音乐创作结果具化为音乐有形物质载体，如歌词、曲谱、音乐作品，以及无形文化财产如声乐演唱、乐器演奏①。哈萨克斯坦法定的个体音乐产权有创作者的财产权利和非财产权利，实践上音乐产权则被分为财产权利、非财产权利和综合性权利三大类。

二、哈萨克斯坦音乐产权的非财产权

非财产权是与权利主体的人身不可分离而又无直接的经济内容的权利，我国学术界将非财产权与财产权分离②。哈萨克斯坦音乐产权也采用分离做法，音乐产权主体的非财产权利有一般人身权、著作权、作品的不可侵犯性以及其他无形的利益和权利、相关权利等③。音乐产权人的非财产权归音乐创作者所专有，与财产权无关，不可剥夺；即使音乐作品进入了公共领域或者音乐创作者去世后，音乐创作者身份权、音乐创作者姓名权亦受保护。因此，无论财产权利如何，音乐创作者的非财产权只属于创造音乐成果的人，如音乐表演者、音乐录音制品制作者。在哈萨克斯坦，音乐产权主体非财产权被分为身份权和放弃权两类④。

（一）音乐产权主体身份权

音乐产权主体身份权是与音乐产权主体的身份密切相关的权利，区别于署名权、表明创作者身份权等具体权能。音乐产权主体身份可以理解为“特定作品的创造者的地位”“作者因创造者与创作之间的永久联系”，因为这种身份而获得的特殊利益，可以通过专门的精神权反映出来⑤。哈萨克斯坦规定了音乐产权主体身份的推定原则，即除非另有证明，在音乐原始作品或副本上“注明的人”视为该作品的创作者，但是该推定原则仅对音乐“创作者本人”有

① 哈萨克斯坦《文化法》(2016)，第 1 条、第 32 条。
② 李琛：《质疑知识产权之“人格财产一体性”》，《中国社会科学》2004 年第 2 期。
③ 哈萨克斯坦《民法典》(2016)，“总则”，第 115 条。
④ 哈萨克斯坦《著作权和相关权利法》(2015)，第 15 条。
⑤ 世界知识产权组织：《著作权与邻接权法律术语汇编》，刘波林译，北京大学出版社 2007 年版，第 21 页。

效[①]。可见,音乐产权主体身份的推定原则采用形式初步证据方式,即在音乐作品注明真实姓名,而且只适用音乐成果原始创作人,不适用衍生音乐作品。哈萨克斯坦规定了音乐产权主体身份权的四个具体权能。

首先,音乐创作者权,即音乐创作者享有被承认或要求获得承认音乐作品的创作者的权利。音乐创作者权常见形态有二:在音乐原始载体表达形式上注明自己姓名权;被承认权,即音乐创作者在作品副本上以及在任何使用作品的公共场合,以适当方式注明创作者姓名。音乐创作者权利有两个子权能:归因权,即音乐创作者有"自己被承认"为音乐作品的作者的权利,但不包括承认同一作品中其他人的作者身份;名称权,即以自己的名义、化名或匿名使用作品的权利[②]。归因权的设定是哈萨克斯坦的一个特色制度,在网络时代,多次修订的《哈萨克斯坦共和国电子文档和电子数字签名法》(2015)对电子文件、电子签名和某些认证服务建立了法律框架。哈萨克斯坦还规定了音乐创作者权利的证明形式要件,即音乐产权持有人通过在每份副本上使用产权标识来主张其权利,该标识包括符号©(录音制品符号ⓟ)、产权所有人姓名(名称)、作品首次出版年份三个要素;无相反证据,在标识中标明的个人或组织就是该音乐载体的专有权人[③]。如果音乐载体是由两个或更多人联合创作的,这些创作者是共同产权主体,共同享有音乐创作者权利;而在雇佣音乐作品中,作品非财产权属于实际音乐创作者,如果雇佣音乐作品的产权属于雇主,雇佣组织也在作品上表明创作者姓名。

其次,音乐创作者匿名权,即音乐创作者有权表明和要求表明创作者的虚构名称或假名或拒绝表明自己姓名的权利。明确区别音乐创作者匿名权与名称权或者署名权,也是哈萨克斯坦音乐产权制度的一个亮点,更具科学性。因为"署名权是表明作者身份权的下位概念,表明作者身份权又是保护作者身份权的下位概念"[④],三者不是同一概念。在音乐创作者的化名会引起不确定的情况下,"匿名或以化名出版"音乐作品时,除非另有证明,在"作品上注明姓名或名称"的人作为法定的产权人,产权人获得保护并确保其享有权利;而且在音乐作品的创作者没有透露自己的身份并且不主张其产权之前,该类权利人"一直适用"音乐创作者地位法律[⑤]。同时,音乐表演者对表演或演出享有署

① 哈萨克斯坦《著作权和相关权利法》(2015),第 92 条。
② 哈萨克斯坦《民法典》(2016),"分则",第 977 条。
③ 哈萨克斯坦《著作权和相关权利法》(2015),第 35 条。
④ 陶鑫良:《论"署名权"应改为"保护作者身份权"》,《知识产权》2020 年第 5 期。
⑤ 哈萨克斯坦《著作权和相关权利法》(2015),第 9 条。

名权，内在地包含表演者的匿名权，而且音乐创造成果的作者身份、作者姓名和作品完整性，不影响表演者的名誉和尊严，更不妨碍音乐产权人匿名权的行使，它们具有独立性。

第三，保护音乐作品的同一权，即音乐创作者保护自己作品不受侵犯的权利，包括禁止对音乐作品的任何歪曲、曲解或其他变更的权利，以及禁止可能损害作者名誉和声誉、其他任何侵害音乐作品行为的权利。依据哈萨克斯坦法律，国家向艺术家提供支持，依规定给予他们国家荣誉称号。音乐作品同一权体现为保护作品完整权、保护声誉权、保护荣誉与尊严和商业名声权三大具体权能。保护音乐作品完整权，即音乐创作者对其作品进行修改和补充以及保护的权利，未经创作者同意，禁止对音乐作品在编辑、公开演出或其他用途期间变更和补充，禁止在出版时增加他人的作品、插图、评论或其他解释。保护声誉权，是音乐产权人保护自己音乐创作成果免遭任何歪曲或其他侵权而可能损害自己的名誉和尊严。针对网络环境，哈萨克斯坦设计有荣誉、尊严和商业名声权，即音乐产权人有权要求驳斥损害荣誉、尊严或商业声誉以及诽谤的信息，并列举了具体保护措施：如果媒体散布“抹黑”产权人的荣誉、尊严或商业声誉的信息，要求媒体发布“强制性消息替换或撤销”原有文档，以说明信息的“有效性差异”；发布侵权信息的大众媒体，被要求在同一媒体上“免费发布结果”；被侵权人有权驳斥，请求赔偿物质损失和非金钱损失①。此外，在音乐产权人去世后，遗嘱可以指定人行使保护音乐作品的同一权，如没有明确指定的，由依法继承音乐产权的人或组织行使该权利。

最后，音乐创作者披露权，即音乐创作者向社会大众要求，无限期开放对其所持有的、自己创作的音乐作品的访问权利。这是哈萨克斯坦颇具特色的非财产权，其具体内容规定在著作权法与民法典中。披露权的主体是音乐原始创作者，但不包括职务作品创作者；权利的直接对象是权利人自己原始创作的音乐作品，但不包括为履行公务或雇主职责而创作的音乐作品，或正式进行连续性依次转让所创作的音乐作品。权利相对人是不特定大众，产权人不能设定特殊范围，具有无差别性。权利实现方式是访问相对人所持有的权利人创作的音乐作品，即音乐作品的原始创作者有权要求作品拥有人给予创作者机会以“复制”自己作品的权利，但无权要求音乐物质载体所有者将该载体“交付”原始创作者②。

---

① 哈萨克斯坦《民法典》(2016)，“总则”，第 143 条。

② 哈萨克斯坦《著作权和相关权利法》(2015)，第 15 条、第 17 条。哈萨克斯坦《民法典》(2016)，“分则”，第 977 条。

（二）音乐产权主体放弃权

音乐产权主体放弃权，即权利人在音乐产权有效期内，声明放弃先前作出的出版音乐作品决定的权利。放弃是权利人行使权利的一种方式，原则上产权都可以放弃，但是有些权利不能够放弃，所以放弃权多数设定在专利权领域，权利人以书面形式提出，放弃的程序由法律确定。在音乐产权领域单独设定放弃权的国家不多，而哈萨克斯坦的民法与著作权法都设定了这一权利[①]，具有一定特色。

在哈萨克斯坦，音乐产权主体放弃权是一项非财产权。放弃权主体是音乐作品的原始作者，职务音乐作品原始创作者、官方音乐作品的原始创作者、演绎音乐作品的作者或组织不属于本权利主体。放弃的直接对象是拟出版的音乐载体，即书面歌词、曲谱、录音录像制品的母盘等音乐作品载体，但职务作品和官方作品不属于放弃权对象。放弃权的标的是“早先在出版物上作出的决定”，即出版音乐载体的决定权。因为放弃权是一种非完全法律上的民事处分权，可能涉及第三者利益，因此放弃权成立的前提是权利人要负担因为行使该权利而承担的不利后果或者是权利负担，即“赔偿”因放弃早先决定对相对人造成的损害（包括利润损失）；如果音乐作品已经出版，权利人有义务“公开其召回通知”，并“自负费用”撤回已制作发行的音乐作品副本[②]。因此，音乐产权主体行使放弃权，可能带来违约风险，并需要承担由此产生的法律责任。

三、哈萨克斯坦音乐产权的财产权

哈萨克斯坦保障公民参与文化生活获得文化财产的权利，音乐产权的财产权是一种文化财产权利，而“所谓财产权，就是一切具有财产价值的权利”[③]。音乐产权的财产权对象类型包括一般财物、对象化创造性智力活动的结果、其他财产的个性化标志和其他方式创作的成果。音乐产权人为了更好地保护专有财产权，可以使用保护有权产权的强制性标志，该标志由©、专有权拥有者名称（标题）、首次发表年份三个要素组成；并在音乐作品的每份副本上粘贴强制性标志，以证明权利人拥有该音乐作品的专有财产权。而且，音乐

① 哈萨克斯坦《民法典》(2016)，“分则”，第 977 条。
② 哈萨克斯坦《著作权和相关权利法》(2015)，第 15 条。
③ 韩大元、林来梵、郑贤君：《宪法学专题研究》，中国人民大学出版社 2004 年版，第 345 页。

产权人享有音乐作品的所有权与转让权，即“拥有处置其作品、利用和使用作品的权利，或者授予第三方以全部或部分利用其作品的权利”①；而音乐表演者财产权是表演者以任何方式使用该表演的权利，包括获得对使用该表演的各种类型特许权使用费的权利。其实，音乐产权中的财产权内容十分复杂，并具有不断发展特性。

（一）音乐产权人专有权

音乐产权人专有权是指音乐产权人拥有以任何形式和任何方式使用音乐载体的财产权利，在权利保护期内以任何方式允许或禁止他人使用音乐载体的财产权，音乐产权人是唯一拥有音乐创造活动结果的专有权的人。哈萨克斯坦承认音乐创作者个体或法人对“智力创造活动结果等效的结果”的专有权，而且音乐创造活动的结果和个性化手段是专有权人财产权的对象，除法律另有规定外，只有在产权所有者同意的情况下，才能由第三方使用②。音乐产权人专有权最为重要的表现就是所有权，所有权人有权自行决定对拥有的音乐财产作出处理，包括将该音乐财产权全部转让、保留所有权转移财产、抵押、与他人共同处理等方式。不论音乐权人是否通过出租分发作品原件或副本，音乐文字作品、音乐录音制品、音乐影视作品、音乐数据库等承载的所有权都属于所有者。所有者有权“要求承认”所有权、从他人的非法占有中“收回”自己音乐作品，以法定理由终止权利并获得因此蒙受损失的“全额赔偿”③。

音乐产权人专有权有两方面内容。一是音乐产权专有权内容，包括对音乐“创造活动结果”或“个人化手段”的专有权，被认可为其所有者“使用”的财产权，音乐产权人自行对之以任何方式决定；经同意或法律规定，权利人被“允许使用”其他人的专有权对象；拥有音乐产权专有权的人，以法律不禁止的方式“处置”权利，也可以将此权利全部或部分“转让”给另一个人，并允许受让者使用音乐产权的对象。二是音乐产权专有权权能的法定性，即依据法律程序，“承认、限制、允许、终止、取消”专有权的效力及其具体权能④。音乐创作者使用专有权是权利人对音乐作品采取、允许或禁止他人采取行动的权利，具象化为 10 种权能，即复制权、公开展示权、公开表演权、翻译权、处理权、广播权、分发权、进口权、公共传播权、有线传输权⑤。这些权能都由法律创设，其他人不

① 管育鹰：《“一带一路”沿线国家知识产权法律制度研究：中亚、中东欧、中东篇》，法律出版社 2017 年版，第 23 页。

② 哈萨克斯坦《民法典》(2016)，“总则”，第 125 条。

③ 同上，第 188 条、第 260 条、第 266 条。

④ 哈萨克斯坦《民法典》(2016)，“分则”，第 964 条、第 968 条。

⑤ 哈萨克斯坦《著作权和相关权利法》(2015)，第 16 条。

能自由设定。

音乐表演者使用专有权方式包括允许或禁止他人:录制音乐表演、以任何方式直接或间接复制表演录音、有线传输音乐表演。同时,在音乐创作者许可下,除非法律另有规定,专有权也是具有一定非排他性的权利,即他人与音乐产权拥有者可以"使用"该音乐作品。由此,音乐表演者可以根据合同转让权利给第三方,音乐表演者与视听作品制作者之间签订合同,规定由表演者享有权利而限制音像作品的使用,但不包括单独使用音像作品中固定的声音或图像的权利。哈萨克斯坦也规定了音乐表演者专有权排除情况:经表演者同意的"舞台表演"的初始录音,或者基于表演者"事先许可的目的"相同①而复制该表演。

(二)音乐权人使用权

音乐权人使用权是音乐权人使用音乐载体的权利,是在不损害权利环境的情况下,权利人自行决定处置拥有的财产权利,包括不行使权利、保护音乐合奏权。在哈萨克斯坦,音乐权人使用权利的具体方式主要有复制、公开展示、公开表演、向公众公开、广播、租赁②,因此而形成8个使用权权能③,即复制权、公开展示权、公开表演权、公共传播权、播放权、发行权、回收权、翻译权及其他不违反法律的行为产生的其他权利。除此之外,哈萨克斯坦还特别规定了一些使用权权能。

首先,组织性主体音乐产权。在哈萨克斯坦,剧院、马戏团、音乐组织享有独立经营权和获得国家损失补助权;只要与法律"不矛盾","不论所有权如何",剧院自由选择音乐作品、公开表演曲目、开展舞台音乐作品创作;马戏团可以自由进行曲目公开表演、创作舞台音乐作品,以及开展有效音乐创作所必需的其他活动,并因此获得国家给予特别待遇;音乐组织独立创意音乐节目和选择曲目、开展音乐会活动,宣传古典音乐、民间音乐,提供无障碍音乐服务,获得国家相关补贴;国家博物馆和保护区博物馆通过协议确定与其核心业务无关的音乐服务,"有权出售"音乐作品,并有权根据预算法取得收入④。此外,对于雇佣音乐作品形成的产权,如果所有权属于雇主,雇主单位无论是小企业、微型企业,还是中型业务实体、大型企业实体⑤,音乐创作者享有该音乐

① 哈萨克斯坦《著作权和相关权利法》(2015),第2条、第37条。
② 同上,第2条。
③ 哈萨克斯坦《民法典》(2016),"分则",第978条。
④ 哈萨克斯坦《文化法》(2016),第22条、第23条、第25条。
⑤ 哈萨克斯坦《企业法典》,第24条。

作品的相对使用权。

其次，衍生音乐作品产权，即衍生音乐作品的创作者在遵循原作品作者权利的前提下，可以更改、安排或以其他方式处理自己的权利，但不妨碍他人对同一作品的处置。衍生音乐作品产权有多种表现形式，如基于歌词、曲谱、演唱等而产生的衍生作品，其中，哈萨克斯坦对视听作品产权有详细规定，且有一定特色。依据规定，视听作品产权，即视听作品创作者如“作曲家”，是专为该视听作品创作“有或没有文字的音乐作品”的作者；如果先前创作音乐作品的作为“不可分割”的一部分包含在视听作品中，该音乐作品被纳入视听作品的组成部分，音乐作品创作者被“视为该视听作品的合作者”，享有音乐产权①。可见，音乐衍生创作者被视为“作者”，并与原始创作者处于“合作者”同等地位。

最后，音乐权人共同使用权。音乐权人共同使用权是基于共同音乐作品而产生的一项权能。依据哈萨克斯坦法律，共同音乐作品产权的确立，采用自治优先原则，即如无协议或者协议有不同规定，音乐作品的整体使用权利属于共同创作者，其他合作者如无“充分理由”不得禁止使用该作品，而每位合作者均有权自行决定使用由自己创作的“具有其独立意义”的那部分作品；同时，未经其他合作者许可，每个合作者均有权代表合作者依法采取有关保护措施。此外，哈萨克斯坦还设计了颇具特色的复合音乐作品产权，即复合音乐作品如合编、汇编音乐作品等作者对由于“创造性活动而完成”的成果拥有产权。复合音乐作品产权特别强调了创作者权的独立性质，除非创作者的协议另有规定，包含在复合音乐作品中的音乐作品的创作者，使用自己创作的作品的权利与该复合音乐作品“无关”；而且在将这些作品作为一个整体而享有专有使用权时，使用者有权表明或要求表明各创作者的姓名②。

（三）音乐产权主体的许可权与转让权

音乐产权主体的许可权，即音乐产权主体（许可人）有权将音乐创作成果或个性化手段结果，授予另一方（被许可人）临时使用，被许可人依据许可协议以特定方式取得相应的音乐产权。哈萨克斯坦规定了许可协议提供的四类许可方式：简单许可，即许可人许可其他任何人使用音乐产权；独家许可，即许可人只许可一个另外主体使用音乐产权，自己仍然可以使用，但无权再许可其他人；排斥性许可，即被许可人是唯一被许可的音乐产权使用人；再许可，即被许

① 哈萨克斯坦《著作权和相关权利法》(2015)，第13条。
② 同上，第10条、第11条。

可人在原许可协议范围内，许可第三人（次级被许可人）使用音乐产权，被许可人对次级被许可人行为承担责任，除非许可人与被许可人另有协定。许可权常常与转让权共存，甚至一并使用。

在哈萨克斯坦，除非约定另有规定，音乐产权所有者可根据合同向另一个人转让全部或部分产权和他继承的产权。音乐产权转让可以是全部或部分让与，也可以是音乐产权专有权转让和音乐产权使用权转让，并且转让期限“不得长于”专有权效力剩余期①。音乐产权专有权也可以全部转让，使受让人唯一拥有音乐产权，但是音乐专有权的转让不应限制权利人行使财产性产权和非财产权利，否则，有关转让或限制此类权利的协议条款无效。

对于音乐表演许可权或者转让权，由音乐表演者行使；在群体表演的情况下，由该“群体表演者的管理者”行使，但许可、转让合同必须是书面的，而且不适用于广播电视组织的分期录制和传播的表演，或者表演者与广播电视组织合同规定提供的表演②。

三、哈萨克斯坦音乐产权的综合性权

音乐产权的综合性权是同时具备精神权与物质权性质的混合权利，是专属于主体本身而且一般不具有继承性的、基于特定时间的财产利益。音乐产权主体综合权是一种新兴的权利，哈萨克斯坦规定的五种综合性权利，可以归结为两大类报酬权及其他综合性权利。

（一）音乐产权主体报酬权

音乐产权主体报酬权是音乐产权主体对他人利用音乐产权客体，基于产权人地位而应该获得的回报，更多表现为物质利益。这里报酬可以分为强制性报酬和自愿性报酬，前者是政府行为带来的利益，后者是产权自主流通产生的收益。

强制性报酬方面，2003 年颁布的《哈萨克斯坦吸引外国直接投资的优先经济领域清单》及 2005 年通过的《哈萨克斯坦政府第 633 号决议》明确规定文体活动等领域列入享受优惠政策的优先发展领域，从事该领域的企业可以享受 10 年内免缴财产税、土地税、企业所得税及增值税等税收优惠政策。还特别规定，在每周的国内电视和广播节目中播放哈萨克斯坦作者的“音乐作品”

① 哈萨克斯坦《民法典》(2016)，“分则”，第 965 条、第 966 条。

② 哈萨克斯坦《著作权和相关权利法》(2015)，第 37 条。

比例从2014年不低于30%提高到2018年不低于50%[①]。为适应2010年《关税同盟海关法典》要求，哈萨克斯坦4次修订海关法，对使用知识产权的许可和其他类似有偿财产(包括版权)进行货物金额估价。此外，政府设定了最低特许权使用费率，即创作者的最低报酬率，以防由于作品的性质或用途的特殊性而无法实现个人专有财产权，包括未经作者同意和其他情况的私人目的复制、公共表演、广播、电视音乐作品；2010—2015年历经7次修订之后，法律确立国家级授权机构制定并批准有关国家剧院以及音乐会和娱乐活动组织的补贴规则与预算；同时规定，国有“音乐团体组织”因为面向公众开展音乐活动、宣传古典音乐、创作演出民间音乐而“获得国家预算补贴以弥补损失”[②]。

自愿性报酬是音乐产权主体报酬权的主要形态，即音乐产权主体使用音乐产权可能产生的报酬权。哈萨克斯坦2004年《关于批准公共表演、公共传播、复制和(或)作品分发使用最低工资的指示》、2013年《关于批准表演者、录音制品制作者最低报酬率的决议》，规定音乐表演者和录音制品制作者的最低报酬率，具体报酬金额、程序和付款条件，由当事人包括个体企业家、组织、产权继承人或管理集体财产权组织的许可协议确定。根据规定，在餐饮设施、文化娱乐场所、综合体、展览会、时装秀场所、专业技能赛区、寄宿公寓、贸易场所、自动播放系统、广播电视组织等使用音乐和录音制品，按照获得利润、使用复制品数量、使用次数、每月租金、销售金额等要素按比例分类计算报酬[③]。对于通过有线或无线向公众传输音乐作品或录音制品，音乐集体管理产权组织可以管理公共音乐作品以及音乐作品在公共表演方面的专有权，行使视听作品中的音乐作品作曲者、音乐创作者、录音制品创作者、表演者等产权人的权利，以获得报酬。此外，对于雇佣音乐作品的报酬，如果雇佣作品的产权属于雇主，创作者自提交作品之日起10年内，经过“雇主同意”，音乐创作者完全有权使用音乐作品并获得报酬，而“不论”合同规定[④]。至于对权利竭尽后的音乐作品，原音乐创作者无权禁止副本再流通，音乐创作者再无权获得报酬。

(二) 音乐产权人的其他综合性权利

哈萨克斯坦在设置音乐产权人的综合性权利制度方面，相较中亚其他国家是比较全面的，而且具有特色。

首先，音乐产权人追索权，即音乐作品原创者在出售音乐词曲等原件后，

① 哈萨克斯坦《电视和电台广播法》(2015)，第28条。
② 哈萨克斯坦《文化法》(2016)，第7条、第23条。
③ 参见2013年哈萨克斯坦共和国《关于批准表演者和录音制品制作者的最低报酬率的决定》。
④ 哈萨克斯坦《著作权和相关权利法》(2015)，第14条、第43条。

受让人转售该原件的价格大于首次销售价格，原始创作者有权就每次转售增加的价值部分分享一定比例的收益。在哈萨克斯坦，音乐产权人追索权被称作“保留权”，即音乐创作者或其继承人，将所有权首次转让后，音乐作品原件持有者通过拍卖、商店等形式转售该作品原件，作者或其继承人有权从“卖方”那里获得“转售价”5%的报酬；创作者追索权在作者一生中是“不可剥夺”的，但可以根据法律在产权有效期内自愿完全“转让”给“作者的继承人”。可见，音乐产权人追索权主体不限于原创者，还包括继承人；首次转让包括音乐作品的所有权有偿转让与无偿转让；收益比例按照增值的5%提取，是国际多数国家通行做法。特别是，哈萨克斯坦还规定了互联网追索权，即在国际互联网上以文本、图形、视听或其他形式显示销售，并将电子信息资源放置在具有唯一网络地址或域名的软硬件复合体上，以便行使追索权；此外，法律还规定了视觉艺术转售权①。显然，这里的追索权有别于转售权和不可以转让权，具有时代特征和地域特征。

其次，文旅演出中音乐产权是哈萨克斯坦《文化法》专门条款设定的权利。文旅演出中音乐产权，即在哈萨克斯坦境内旅游团体开展音乐表演活动时，创意团体和表演者以“合同形式”约定，在旅行音乐演出时，创意团队和个人表演者要“确保遵守版权”及相关协议内容是“正确的”②。文旅演出中音乐产权的特点体现在：该权利主体是创意旅游活动中团体和表演者，权利是发生在文化旅游过程中，观看演出需要以合同为依据；旅游团和表演者双方确认合同内容是“正确的”，即符合演出地法律规定和观众的认知要求，如宗教信仰等；此外还要求确保音乐产权不因演出而遭受损害。这些规定在其他国家很少见，颇具特色。

第三，音乐产权人租赁权，指音乐权人提供音乐作品或录音制品的副本，给他人临时使用，以获取直接或间接的商业利润。租赁权具有经济性、临时性、主动性，可以有多种存在形态，如出租音乐文字作品、音乐录音制品、音乐影视作品、音乐数据库等承载的使用权，但不论出租的对象是音乐作品原件或复制件，这些音乐作品的所有权都属于创作者。对于音乐表演者，为“商业目的”而出租表演录音制品，因订立录制音乐合同而将该权利转让给录音制作者的，表演者可以“保留为出租”这种录音制品而获得报酬的权利；专为视听作品

① 哈萨克斯坦《著作权和相关权利法》(2015)，第2条、第17条、第43条。

② 哈萨克斯坦《文化法》(2016)，第29条。

创作音乐作品的作者，可以出租该视听作品①。可见，音乐创作者拥有自己作品的完全出租权，而不论该作品的衍生品状态。

最后，音乐企业家权利，是哈萨克斯坦1996—2015年5次修订法律过程中逐步确立的。音乐企业家权是基于私有音乐企业的服务或国有音乐企业的经济管理或经营管理权，它本质上是对企业家奉献精神的尊重，具有主动性。一方面，规定音乐企业家权是音乐企业家进行有风险和财产责任的创业过程中，通过音乐财产生产与使用、音乐产品销售、音乐作品表演等方式以获得净收入的一项独立的主动性权利。另一方面，哈萨克斯坦法律也列举了排除音乐企业家权的情形：无资格或权限而开展音乐活动；在音乐的所有领域简单在线注册各类企业；由政府机构依法管制的音乐企业家行为；音乐企业家非法妨碍国家机构及其工作人员音乐活动；控制监督机构以合同关系执行职责等②。哈萨克斯坦这一制度在世界上具有独特性、前瞻性。

四、结语

我国与哈萨克斯坦有悠久的文化交流史，两国人民音乐融入深刻，如我国音乐家冼星海"在哈萨克斯坦历史上的作用是显而易见的"，他为哈萨克斯坦创作了很多体现当地历史的音乐作品，这些音乐作品成为哈萨克斯坦"民族文化光辉灿烂的一页"③。哈萨克斯坦历史上是古丝绸之路的重要通道，现在是东西方文明的交汇之地，自独立以后，其文化因素包括音乐直接影响着哈萨克斯坦对外政策。因此，熟悉甚至理解哈萨克斯坦音乐产权内容，对增进中哈音乐交流与合作，强化民心相通，实现中哈文化融合，促进丝绸之路的畅达非常关键；同时，对完善我国文化治理，特别是音乐领域的治理能力现代化具有现实价值。

On Content System of Kazakhstan Music Property Right

Zheng Zhiwu

Abstract: Music property right is different from general economic right,

① 哈萨克斯坦《著作权和相关权利法》(2015)，第13条、第16条、第37条。
② 哈萨克斯坦《民法典》(2016)，"总则"，第10条。
③ 巴德尔甘·拜卡达莫娃、粟周熊：《冼星海在哈萨克斯坦音乐文化生活中的地位与作用(上)——纪念冼星海》，《人民音乐》2000年第11期。

although there is no unified theory definition at present, but it has legislative practice definition. Its essential connotation refers to music right holder's owning interests of musical expression forms or retaining qualification of the interests. Music right holder, direct object, right basis and right content are elements included in concept of music property right. On the Silk Road, Kazakhstan is a big country in Central Asia, and its music property right content system is composed of non-property right, property right and comprehensive right. Right of identity and renunciation in non-property right of music property right subject, exclusive right, use right, licence right and transfer right in property right of music property owners, as well as payment right and other comprehensive right in music property owner's comprehensive right, shows fully characteristics of its own history and culture. Deep analysis of content system of music property right in Kazakhstan is of great value in promoting music exchange and people-to-people communication between China and Kazakhstan.

Key words: music property right; Kazakhstan; power

文化安全与文化政策

第30卷

Commentary on Cultural Industry in China

新冠肺炎疫情背景下我国文化产业政策的维度识别与模式建构*

深圳大学文化产业研究院　周建新　谭富强

[内容提要]　新冠肺炎疫情对我国社会经济运行造成强烈冲击,致使文化产业特别是以线下为主要经营模式的产业类型遭受重创。蔓延数月的疫情极大考验了我国文化产业的抗风险能力,正因如此,各地政府出台相关政策意在支持文化产业发展。本研究以近期各省级行政单位出台的文化产业政策为研究内容,采用机器学习中的 TextRank 自然语言处理技术为研究工具,力图识别出相关政策的要素与维度,通过与既往政策的对比,尝试建构起特殊时期文化产业发展模式的概念模型,为我国今后探索文化产业发展模式提供参考。

[关键词]　新冠疫情;文化产业政策;政策维度;概念模型;机器学习

一、问题缘起

新冠肺炎疫情对我国乃至世界的经济发展、社会稳定带来严峻挑战。①党和国家采取相关措施,有效地遏制了新冠肺炎病毒在我国的扩散。然而,新冠肺炎疫情波及我国文化产业的良序发展,其影响可大致分为两类:对于线下经营模式的景区、公园等文化产业类别,出现景区无人问津、创意公园杳无人烟的现象;对于线上经营模式的游戏娱乐、音乐视频等文化产业类别,则影响有限。总体而言,在此次疫情防控期间,文化产业的直接损失可达 12 592 亿

*　本文系国家社科重大项目"文化产业数字化战略的实施路径与协同机制研究"(21ZDA082)的阶段性成果。

①　李月琳、王姗姗:《面向突发公共卫生事件的相关信息发布特征分析》,《图书与情报》2020 年第 1 期。

元—19 322 亿元，新冠肺炎疫情对 2020 年文化产业造成的直接损失约为 8 959亿元，潜在损失约为 2 890 亿元。[①]此次突然事件对我国文化产业发展的影响，引发社会各界的思考。首先，在习近平总书记的亲自指挥、亲自部署下，疫情防控取得阶段性成效，经济恢复与振兴的各项工作逐步开展。2020 年 2 月 12 日，在中共中央政治局常务委员会召开的会议上，习近平总书记明确要求“积极扩大内需”，同时“推动服务消费提质扩容”。2 月 19 日，习近平总书记再次主持召开中共中央政治局常委会会议，提出“要帮扶住宿餐饮、文体娱乐、交通运输、旅游等受疫情影响严重的行业”，并提出“要积极扩大有效需求，促进消费回补和潜力释放”。[②]2 月 23 日，统筹推进新冠肺炎疫情防控和经济社会发展工作部署会议在北京召开。习近平总书记在会上指出，“经济社会是一个动态循环系统，不能长时间停摆”。同时要求，“加大政策调节力度，把我国发展的巨大潜力和强大动能充分释放出来”，并强调“全面强化稳就业举措”。[③]其次，就文化产业学界而言，向勇等人探讨了新冠肺炎疫情对文化产业的影响，分析认为，我国文化产业在短期内将遭受较大冲击，其中文化旅游与休闲服务类企业可能遭遇较为严重的危机，尽管政府出台了相关举措，但短时间内，一些企业可能无法走出困境。研究建议部分优质企业可通过兼并重组来扩大自身竞争优势以及市场份额。[④]范周认为，出台的相关文件将有效引领文化企业正视困难、坚定信心，实现高质量发展。最后，就文化政策制定方面，曾博伟认为，在疫情之下，制定文化旅游发展政策需要注重把握好以下几个方面：一是守住风险底线；二是兼顾效率公平；三是操作切实可行；四是把握政策重点；五是着眼长远发展。此次疫情对文化旅游的发展造成短期冲击，但也暴露了长期困扰我国文化旅游发展的深层次问题。[⑤]

综上所述，新冠肺炎疫情对我国文化产业产生较大影响，政府出台相关政策予以应对，需要明确的是：第一，上述文化产业政策的具体内容可分为哪些维度？第二，这些政策是否能建构起一套今后我国文化产业良性发展的模式？

---

① 向勇、唐璐璐：《新冠肺炎疫情对我国文化产业的影响及政策建议》，https://whcy.gmw.cn/2020-02/21/content_33577046.htm。

② 《国务院联防联控机制就加大力度帮扶住宿餐饮、文体旅游等受疫情影响严重行业工作情况举行发布会》，http://www.china.com.cn/zhibo/content_75743908.htm。

③ 《习近平出席统筹推进新冠肺炎疫情防控和经济社会发展工作部署会议并发表重要讲话》，http://www.gov.cn/xinwen/2020-02/23/content_5482453.htm。

④ 向勇：《新冠肺炎疫情下艺术品的行业危机与艺术责任》，《美术观察》2020 年第 5 期。

⑤ 《三人谈：北京文化企业“28 条”的新与特在哪里？》，http://news.ifeng.com/c/7uDvRh3Mkf8。

二、研究方法与数据来源

新冠肺炎疫情期间的文化产业政策具备内容丰富、条目众多等特征，若从单一视角出发难以实现有效考察。以解决文化产业面临的问题，从文化产业自身发展目标和政策工具综合运用等角度考察，有利于研判新冠肺炎疫情期间的文化产业政策意图，从而揭示各项政策之间的内在关联以及相互协调程度，为更加全面建设我国文化产业政策体系提供智力支持。

（一）研究方法

本研究对特殊时期文化产业政策的分析着眼于政策关键词，抽取政策的内容短语，进行政策维度要素识别以及维度划分。面对海量的文本内容，采用政策计量与内容分析法则有较大弊端：一是人工抽取关键词和关键短语，存在遗漏相关信息的潜在风险，损失相关文本信息，影响最终研究结果；二是主观性较强，研究人员对文本内容的主观建构同样也会影响到本次研究的结果。鉴于此，拟采用自然语言处理中的 Word2vec 和 TextRank 技术进行文本摘要式抽取，以达到克服传统研究弊端，为政策文本分析引入大数据研究技术的目的。相关工具简介如下。

Word2vec 自然语言处理工具：自然语言处理工具之一是词向量 Word2vec（Word to Vector）。首先，词向量最早由辛顿[①]提出，而本吉奥等人[②]则建立了最早的词向量原模型。该方法主要可分为 One-hot Representation[③] 与 Distributed Representation[④] 两种，前者表示方法简单，但语义表达能力有限，后者是基于前者的推进模型，在一定程度上弥补了前者语义表达能力有限以及矩阵存在稀疏冗长等问题。[⑤]其次，Word2vec 工具是谷歌于 2013 年推出的自然语言处理工具，内部算法则借鉴了神经网络语言模型（Neural Network

① Hinton G. E., "Learning Distributed Representations of Concepts", *Eighth Conference of the Cognitive Science Society*, 1989.

② Bengio Y., Schwenk H., Senecal J. S., et al., "Neural Probabilistic Language Models", *Studies in Fuzziness and Soft Computing*, 2006, pp.137—186.

③ Mathew J., Radhakrishnan D., "An FIR Digital Filter Using One-Hot Coded Residue Representation", *IEEE*, 2008, pp.1—4.

④ Mikolov T., Chen K., Corrado G., et al., "Efficient Estimation of Word Representations in Vector Space", *ICLR*, 2013.

⑤ 龚丽娟、王昊、张紫玄、朱立平：《Word2vec 对海关报关商品文本特征降维效果分析》，《数据分析与知识发现》2020 年第 4 期。

Language Model，NNLM)的基本理念。其优点在于通过给定的语料库可将文本中的词映射至实数向量空间，而该实数向量空间由多个维度组成，每一维度都能够代表相应的浅层语义特征。[①]最后，成熟的 Word2vec 工具主要分为 CBOW 以及 Skip-Gram 两种模型，本次研究的训练集数量较大，因而采用通过输入一个词便有望测量出上下相关词的 Skip-Gram 模型，该模型具有语义精确且在大型训练集中表现优异的特征。[②]

TextRank 自然语言处理工具：TextRank 自然语言算法是基于图关系的一种语义分析方法，其前身为谷歌公司的网页排序 PageRank 算法。原理是将需要分析的自然语言文本转化至网络图中，进而通过分析网络图中各个节点的权重来排序[③]，从而获取重点节点权重排序。该思想是基于某个节点的重要性依赖其附近的节点相邻指向的数量，TextRank 中节点重要性会依据算法的迭代而不断改变，因而需要确定节点主题分析，使得节点停止迭代而得以确定。[④]

（二）数据来源

本文研究对象为 2020 年 2 月 9 日到 3 月 11 日我国 20 多个省级行政单位所发表的关于扶持文化产业的政策。通过检索共获得相关文件 28 份，共 7 万余字。

三、研究结果

（一）发文关键词分析

本研究以自然语言处理工具 Word2vec 以及 TextRank 为分析工具，针对新冠肺炎疫情期间的文化产业政策进行分析，挖掘出以下近 1 400 条关键短语，通过对这些短语进行划分，得出以下内容(见表 1)。

---

① Zheng X., Chen H., Xu T., "Deep Learning for Chinese Word Segmentation and POS Tagging", Conference on Empirical Methods in Natural Language Processing, 2013, pp.647—657.

② 范并思：《推动社科情报的学科建设》，《情报资料工作》2006 年第 5 期；张聿忠：《走进新世纪的社科信息理论与实践研究：历史的回眸与展望》，《情报资料工作》2000 年第 1 期。

③ 刘奇飞、沈炜域：《基于 Word2vec 和 TextRank 的时政类新闻关键词抽取方法研究》，《情报探索》2018 年第 1 期。

④ 顾益军、夏天：《融合 LDA 与 TextRank 的关键词抽取研究》，《现代图书情报技术》2014 年第 7 期。

表 1　新冠肺炎疫情期间政策文本主题词挖掘(部分)

词条合计 1 367 个										
词条类目	政务服务	金融财税	旅游业	疫情防控	资金支持	宣传推广	生产经营	市场消费	文化创新	影　视
数量统计	443	203	110	76	69	51	43	40	36	30
关键词	出台相关新政策	金融机构开展	推动旅游服务	防疫文化	专项资金使用	加大宣传力度	生产经营	推出消费	创新开展	影视项目进行
	出台促进文化企业	文化企业贷款	支持景区	疫情防控宣传	旅游专项资金重点支持年度	宣传营销	分类经营	文化消费	发展创新	影视文化产业
	出台相关政策措施	予以减免	旅游行业协会做好	疫情防控支持政策推动	旅游产业专项资金使用范围	宣传营销支持政策	经营发展	网络消费	创作扶持力度	支持影视项目创作生产
	组织企业	全省文化旅游企业信贷	旅游项目	疫情防控调整	旅游专项资金	宣传全省文旅行业	发挥文化产业	旅游消费	创新发展	影院不公映
	鼓励支持企业	融资企业	支持旅行社使用旅行社	防控疫情支持服务旅游企业	加大资金扶持力度	做好宣传	产业建设	加强消费	文化发展	影院恢复
	推动文旅产业	企业加大担保贷款力度	旅游精品	开展疫情防控宣传	加快旅游专项资金工作	营销推广活动	经营工作	旅游消费相关	培育支持	减免电影
	有序开放	融资产品	文旅经济	疫情防控	予以扶持	宣传平台	生产经营活动	旅游市场	恢复文化	加大影院
	发展政策措施	职工缴纳社保	精品旅游	疫情防控支持政策	发展基金	鼓励文旅企业开展市场宣传推广活动	文化企业	文旅消费主题	加快推进文化	影视行业
	时间予以延长	政策给予补贴	旅游产业培育	完善防控措施	发挥专项资金	组织企业开展市场宣传营销	发挥文旅企业	扩大国际市场	实现创新	影视行业应对

（续表）

词条合计 1 367 个										
词条类目	文化企业	文化设施	文创产品	疫情影响	互联网	地　区	人员与培训	特色主体	演　艺	夜间经济
数量统计	30	23	19	19	16	14	14	13	13	13
关键词	文创企业	全市文化	产品新计划	受疫情影响经营困难	线上消费	鼓励自治区	开展免费培训	山东文化旅游主题	促进演出市场	开展夜间经济
	北京文化企业	全省文化	进行产品生产	生产经营困难	加强网络	提高北京文化产业发展	给予人员支持	地区特色	演艺单位	开发夜间消费产品
	文旅企业人员给予	开展全省文化	旅游产品	受疫情影响生产经营困难	智慧景区建设	北京企业	相关专项资金补贴企业职工培训范围	开展主题	省文化演艺	夜间文旅经济
	重点企业	国家文化	文化消费产品	疫情影响促进中小	促进网络消费	市区文化	开展职工培训	文创特色	旅游演艺	夜间旅游经济产业
	上年度企业	推动省博物馆	开展文旅产品	困难企业	开展线上消费	山东文化	文化企业组织职工	主题文化	开展旅游演艺	推动夜间消费
	创作单位	建立国家文化	新产品新政策	项目受疫情影响	开展全省文化企业网络	辽宁文化	人员申请	文化企业特色	演出时间	夜间经济
	相关企业做好	开展文化产业	产品予以支持	疫情促进	智慧旅游平台	实施辽宁	加强线上培训	特色精品	演出补贴	推出夜间服务
	中小文化企业	支持文化	旅游企业加大产品项目	疫情影响	信息平台	北京文化	线上培训	辽宁特色文化	文化演出	夜间旅游
	引导文旅企业完善企业	举办文旅产业	创作生产	生产经营困难	智慧文旅	自治区文化	培训补贴	文化特色	线上演出	发挥夜间经济

（续表）

词条合计 1 367 个											
词条类目	乡村文化	项目	房租	数字产业	品牌	文化资源	文化科技	行业及组织	出版	经营时间	未明确
数量统计	11	10	8	8	8	8	7	7	6	4	15
关键词	推动乡村	文创项目	房租政策	数字出版企业	政府品牌	组织开展全省文旅资源	科技企业	行业组织	主题出版	延长开放时间	中心作用
	支持乡村	促进重点项目	业务费用	数字文化	文化企业品牌	加快文化旅游资源	全新科技	相关产业	提高出版质量	延后举办	发展作用
	乡村文化	推动重点项目加快建设	减免房租	利用管理数字平台	文化品牌建设	资源开发	文化科技	社会组织	自治区重点出版	延期举办	上年度实际营收
	乡村旅游产品	文旅项目	政策给予房租补贴	发展数字文化	引导品牌	资源产品	推进文化科技	社会组织作用	出版资金	开放时间	全省上年度实际营收
	建设乡村旅游	重点文化产业项目	房租减免	数字出版	文化品牌	文化旅游资源	文化企业加大科技创新	中心合作	支持主题出版		上年度产业情况
	对接做好乡村旅游产业建设	自治区重点项目	给予文化企业房租	数字文旅	旅游品牌	组织制定全省文旅资源	信息科技	产业信息	全省主题出版		后续开发
	乡村旅游重点	支持重点文化产业项目建设	文化企业房租	数字文化服务	旅游牌	推进旅游资源	文化科技创新	重点行业			全新发展
	乡村旅游	支持文旅企业加大项目	企业房租	数字经济	演出品牌	文化资源					各个行业
	加强乡村旅游	活动项目									予以多线发展

如表1所示，新冠肺炎疫情期间所发布的文化产业政策要素主要集中于金融支持、营销、文化资源、创意产品、营业时间等维度，且存在部分维度重合等问题。这需要对发文主题词维度及数量进一步细探。

（二）发文主题词维度及数量

新冠肺炎疫情期间发布的各项文化产业政策，主要集中在“政务服务”“金融财税”“旅游业”“疫情防控”“资金支持”“宣传推广”“生产经营”“市场消费”“文化创新”“影视”“文化企业”“文化设施”“文创产品”“疫情影响”“互联网”“人员培训”“特色主体”“演艺”“夜间经济”“乡村文化”“项目发展”“房租”“数字产业”“品牌”“文化资源”“文化科技”“行业组织”“出版”“经营时间”29个维度。其中，“政务服务”维度主题词汇达443个，“金融财税”维度主题词汇达203个，“旅游业”维度主题词汇达110个，“疫情防控”维度主题词汇达76个，“资金支持”维度主题词汇达69个，“宣传推广”维度主题词汇达51个，“生产经营”维度主题词汇达43个，“市场消费”维度主题词汇达40个。具体内容见图1。

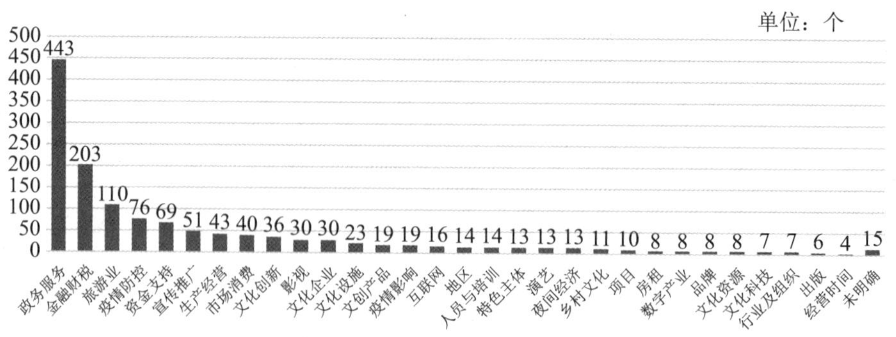

图1　新冠肺炎疫情期间政策文本主题词分类及数量

如图1所示，新冠肺炎疫情期间政策文本的主题分类主要在“政府”“财税”等维度，两者的出现频次占据较大比重，然而仅据此依旧未能明确政策文本中主题词之间的关系，需要进一步明确发文网络结构及其强度分析。

（三）发文网络结构及其强度分析

通过对上述28份文件内容的网络结构分析，得出关于新冠肺炎疫情期间政策文本网络结构图，从图2可以看出“文化”“企业”“疫情”位于结构中心，“政策”“措施”“发展”等词汇也成为结构图的重要节点。从“文化”“企业”结构中心的路径分析看：“企业”“文化”皆指向“宣传”“开展”“资金”，而“资金”则与“力度”相关联。这说明上述文件内容遵循了文化产业的发展逻辑，明确了文化产业发展需要的政策支持。

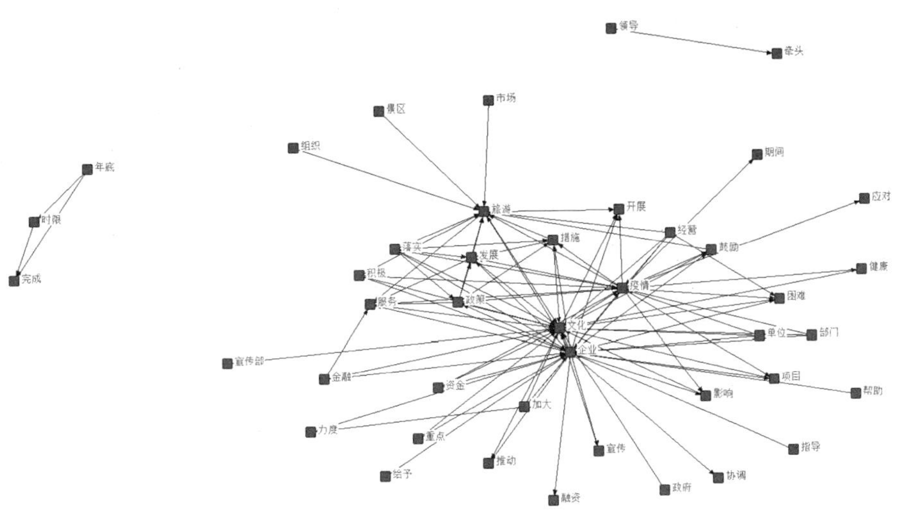

图 2　新冠肺炎疫情期间政策文本网络结构

仅从文化产业政策网络结构图并不能明确各节点之间的数量关系，其导向路径也不甚明确，因而在此需要引入文化产业政策节点关系表，以明确相关节点的指向关系及其强度。

表 2　新冠肺炎疫情期间政策文本网络结构强度

基点	终点	强度
企业	文化	221
企业	疫情	189
旅游	文化	167
企业	旅游	149
疫情	文化	147
企业	政策	126
发展	文化	115
疫情	旅游	112
企业	服务	106
政策	文化	106
疫情	影响	99
企业	措施	97
服务	文化	94

（续表）

基点	终点	强度
企业	发展	93
疫情	发展	92
疫情	措施	91
疫情	政策	86
企业	影响	82
企业	鼓励	81
单位	文化	79
措施	文化	78
落实	企业	78
政策	措施	77
单位	企业	73
政策	旅游	72
落实	文化	72
落实	疫情	71
鼓励	文化	71
旅游	服务	69
经营	企业	69
积极	企业	68
企业	困难	66
疫情	服务	65
加大	力度	64
措施	旅游	63
落实	政策	62
影响	文化	62
帮助	企业	60
加大	企业	59
发展	旅游	58
金融	企业	57

从表 2 可以明确看到新冠肺炎疫情期间政策文本的网络结构强度，从“企业”到“文化”的强度为 221，居于本次政策文本网络结构强度榜首，从“企业”

到“疫情”的结构强度为189,从“旅游”到“文化”的结构强度为167。上述节点的强度指向及数量在一定程度上表明新冠肺炎疫情期间的文化产业政策文本的重点在于“企业”“文化”“疫情”“旅游”“发展”等节点,而这些节点正是这些文化产业政策的核心所指,亦即表明:新冠肺炎疫情期间的文化产业政策主要帮助“疫情”期间的“文化”“企业”进行“发展”,其路径则是以“措施”“落实”到“企业”,最终达到“鼓励”“文化”“企业”发展。

综上所述,新冠肺炎疫情期间我国各省级行政单位颁发的文化产业政策主要有以下特征:首先,就政策维度而言,主要有“政务服务”“金融财税”“旅游业”“疫情防控”等29个维度,相关要素主要集中于“文化”“政策”“疫情”“企业”等方面。其次,就政策内部网络结构而言,已然构成明确的逻辑路线,以及具备相当力道的结构强度。这表明相关单位签发的文化产业政策具有针对性、措施性以及长远发展性。最后,政策文本的网络结构强度分析表明,从“企业”到“文化”,“企业”到“疫情”以及“旅游”到“文化”的向度是相关政策的主要出发点,政策文本的相关核心节点既是政策实施的目标亦是政策关照的重心。

四、基于政策文本分析的概念模型建构

基于上述内容的编码与分析,本研究建构起新冠肺炎疫情期间我国省级行政单位的文化产业政策模型。首先,文化产业政策目标的子系统是特殊时期我国文化产业扶持的出发点与起始点,其扶持目标既是文化发展、企业发展、文化产品自身创新、金融服务、财税支持等诸多目标的合集,同时相关政策的扶持目标又是动态化的。一方面,依据产业类属、市场需求、文化特色的不同而进行动态调整;另一方面,依据产业的发展程度而设计相关目的。其次,文化产业政策服务是培养文化产业发展的主要渠道,是文化产业经由市场需求型外部环境进入到企业自身发展最终以挖掘文化产品自身特色而走向新型市场需求的过程,这一过程主要有领导牵头、金融支持、组织研究等关键因素。第三,有效扶持子系统为我国文化产业的产品研发、市场经营、行业组织生态、目标协调等内容提供相关条件,并在制度上保证文化产业发展。最后,新冠肺炎疫情期间的文化产业政策确保扶持文化产业发展的逻辑性、制度性。政策扶持的逻辑性是正确理解政策与产业两者关系的有效要素,而制度规范文化产业发展子系统则能够确保扶持文化产业发展各个环节的有序展开,且将贯穿于整个扶持过程。

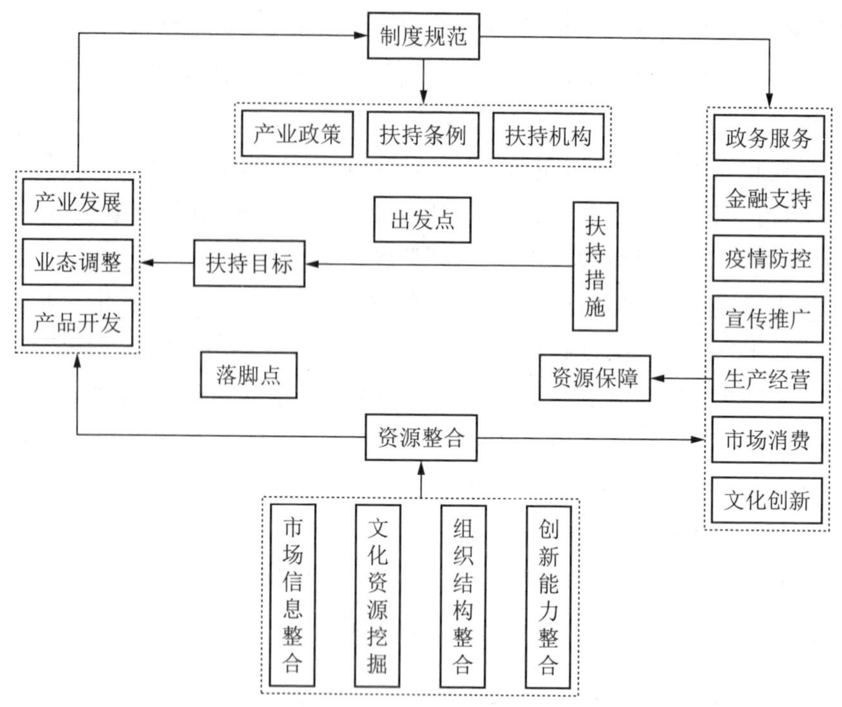

图3　新冠肺炎疫情期间文化产业政策模式

如图3所示，首先，新冠肺炎疫情期间的文化产业政策通过“市场信息整合”“文化资源挖掘”“组织结构整合”“创新能力整合”，一方面对扶持措施提供相关的资源保障，另一方面又走向新冠肺炎疫情期间文化产业的扶持目标：产品开发、业态调整以及产业发展。其次，以“政务服务”“金融支持”“疫情防控”“宣传推广”“生产经营”“市场消费”“文化创新”等措施为出发点，作用于扶持目标。最后，文化产业的良性发展还以“产业政策”“扶持条例”“扶持机构”等制度性规范效果作用于扶持措施，进而贯穿于整个文化产业政策实施效果。

综上所述，多地签发的文化产业政策在根本上是一种基于政策与企业、政策与市场、企业与市场、文化与企业等多边逻辑关系的制度文件，其以制度性规范对整个文化产业扶持过程进行规训，而如何依据市场目标、疫情情况进行产业组织生态阶段性调整是本次新冠肺炎疫情期间政策文本所阐发的核心内容。

五、结语

本研究以新冠肺炎疫情期间我国28个省级行政单位签发的文化产业政

策为研究对象，以自然语言处理工具 Word2vec 以及 TextRank 为分析工具，通过对相关文本的大数据处理后，得出本次疫情期间文化产业政策要素集中的维度，并依据相关研究成果建构起新冠肺炎疫情期间的文化产业政策模型，意在厘清我国文化产业政策的具体概念模型。研究发现，首先，各项文化产业政策集中在“政务服务”“金融财税”“旅游业”“疫情防控”“资金支持”“宣传推广”“生产经营”“市场消费”“文化创新”“影视”“文化企业”“文化设施”“文创产品”“疫情影响”等主题维度。其次，政策文本有着十分明确的逻辑路线，且这些文化产业政策具有针对性、措施性以及长远发展性等特征。第三，政策文本的网络结构强度分析表明，从“企业”到“文化”，“企业”到“疫情”以及“旅游”到“文化”的向度是相关政策的主要出发点，政策文本的相关核心节点既是政策实施的目标亦是政策关照的重心。最后，通过对众多文件的仔细分析，研究建构起关于新冠肺炎疫情期间的文化产业概念模型，这将为今后我国文化产业的良性发展提供一定的参考价值。

Dimensional Identification and Model Construction of China's Cultural Industry Policy in the Context of the COVID-19

Zhou Jianxin　Tan Fuqiang

Abstract: The arrival of the COVID-19 has caused a substantial impact on China's socio-economic operation, resulting in the cultural industry, whose primary mode of operation is offline, being walloped. The epidemic that has spread for months has extensively tested the risk resistance of China's cultural industry. Because of this, local governments have introduced relevant policies intended to support the development of the cultural sector. This study adopts TextRank natural language processing technology in machine learning as a research tool to identify the elements and dimensions of the relevant policies. By comparing them with the previous approaches, this study attempts to construct a conceptual model of the cultural industry development model in the particular period and provide a reference for China to explore the cultural industry development model in the future.

Key words: COVID-19; cultural industry policy; policy dimensions; conceptual model; machine learning

我国文化安全研究的热点主题与前沿

——基于CiteSpace软件的可视化分析*

云南大学　于良楠　柯尊清

［内容提要］ 全面分析文化安全研究的热点主题与前沿，对于我国文化安全治理实践与研究具有重要的意义。选取2020年以前CSSCI、北大核心期刊中文化安全研究的学术论文，利用CiteSpace文献计量软件绘制知识图谱，并进行可视化分析，研究结果显示：我国文化安全研究热点主题有国家安全与国家文化安全问题、文化自信与文化安全战略、文化产业安全和网络文化安全等，研究热点大致沿着全球化背景、文化安全问题、文化霸权、文化、文化软实力、全球化、国家文化安全、国家安全、文化自信9个主题转移，最新的热点体现在总体国家安全观视域下的文化安全以及文化自信与文化安全研究。

［关键词］ 文化安全研究；热点主题；研究前沿

2014年4月15日，习近平总书记在中央国家安全委员会第一次会议上指出："保证国家安全是头等大事"，"必须坚持总体国家安全观，以人民安全为宗旨，以政治安全为根本，以经济安全为基础，以军事、文化、社会安全为保障，以促进国际安全为依托，走出一条中国特色国家安全道路"。①国家文化安全是国家安全体系的重要组成部分，是文化自信的基础。当前，我国文化安全面临的内外形势繁杂多变，国家文化安全治理面临全球化背景下的西方强势文

---

* 本文系2020年云南省社科规划社会智库委托项目"云南省'十四五'时期公共文化服务高质量发展的对策研究"（HSZK2020416）、2020年云南省教育厅项目"文化和旅游融合发展的内在逻辑、机理和路径研究——以丽江为例"（2021Y060）、云南大学国家级项目培育课题"西南边疆民族地区文化事务治理研究"的阶段性成果。

① 《中央国家安全委员会第一次会议召开　习近平发表重要讲话》，http://www.gov.cn/xinwen/2014-04/15/content_2659641.htm。

化和“文化霸权主义”，尤其是伴随互联网、数字化、大数据、人工智能等新技术变革，以及在文化领域的广泛应用，推动文化创作、生产、传播、消费、交流产生深刻变革，对维护国家文化安全提出新的挑战，国家文化安全治理任重道远。本文采用 CiteSpace 文献计量软件回顾 2020 年以前“文化安全”相关研究文献，建构我国“文化安全”研究的知识图谱，对我国“文化安全”研究进行积极反思，并对未来文化安全研究提出对策建议，同时也为新时期维护我国文化安全提供有益的理论参考。

一、文献来源与研究方法

（一）文献来源

2020 年 11 月 9 日，在中国知网检索“主题＝文化安全”，文献来源限定为 CSSCI、北大核心，文献来源类型包括期刊，时间不设下限，上限为 2020 年，初步获取文献 1 815 篇，通过逐篇进行摘要阅读，剔除会议论坛公告、会议综述、重复文献、作者未署名文献以及其他不相关文献，最终筛选出文献 586 篇，供研究分析。选择中国知网为文献来源数据库，确保较高的文献查准率和查全率；文献来源限定为 CSSCI、北大核心，体现文献来源的主流性和影响力。

（二）分析工具

CiteSpace 软件由美国德雷赛尔大学计算机与情报学教授陈超美博士于 2004 年开发，以托马斯·库恩的科学发展模式理论、普赖斯的科学前沿理论、结构洞和克莱因伯格突发探测技术、科学传播的最佳信息觅食理论、知识单元离散与重组理论为基础，广泛应用于科学和技术领域，软件通过绘制可视化知识图谱，探测相关研究领域的热点、前沿和趋势。①采用 CiteSpace 文献计量软件对中国知网数据库检索到的文化安全领域的文献进行可视化图谱分析，主要包括发文量、核心作者、主要研究机构等，展示研究的宏观结构和发展演进，探测文化安全研究的热点与前沿。

二、文化安全研究的知识图谱

（一）时间分布图谱

年度发文数量是衡量文化安全研究热度与发展趋势的重要指标。根据

① 李杰、陈超美：《CiteSpace：科技文本挖掘及可视化》（第 2 版），首都经济贸易大学出版社 2017 年版，第 2—9 页。

图 1，2000—2020 年，论文发表量逐年增加，但是，总体发文量比较少。2004 年发文 23 篇，是一个爆发点；此后发文量有所波动，每年保持在 14 篇以上，2004—2019 年年均发文 16 篇，2012 年发文 50 篇达到近 21 年来的峰值。

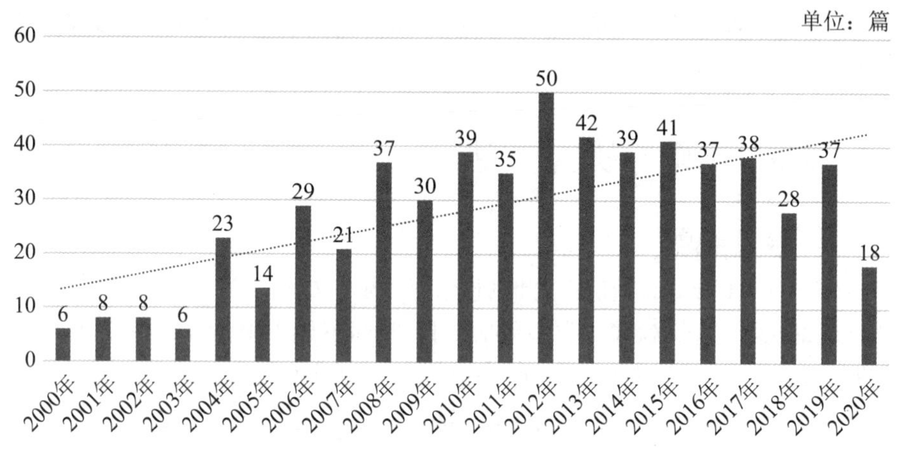

图 1　文化安全研究文献发文年份分布

（二）空间分布图谱

1. 核心作者分布

将时间跨度设定为 2000—2020 年（检索到的最早文献的年份为 2000 年），时间切片为 1 年，运行 CiteSpace，得到节点数为 445，连线数为 126，密度为 0.001 3 的文化安全研究作者共现知识图谱，如图 2 所示。图 2 显示图谱网络较为零散，仅有少数作者之间有几条连线，说明文化安全领域的作者合作较少，经统计分析，586 篇文献中署名唯一作者的文献有 396 篇，占 67.58%，作者多为独立研究，研究力量的团队建设特点并不明显。根据美国科学史学家普赖斯的理论，计算核心作者应满足的最低论文发表数的公式为：$N=0.747(N_{max})^{1/2}$，其中，N 为核心作者至少应发表的论文篇数，Nmax 为统计年段内最高产作者的论文篇数①。文献 586 篇中最高产作者发文量为 15 篇，根据普赖斯的理论公式计算，得到 N=2.893，取整数为 3，即发文量 3 篇及 3 篇以上的作者为文化研究领域的核心作者。经过统计，发现核心作者有 17 位，平均

① 汪德根、陈田、王金莲等：《1980—2009 年国内外旅游研究比较》，《地理学报》2011 年第 4 期。

发文量为 3.82 篇,核心作者发文量占总文献的 11.09%。

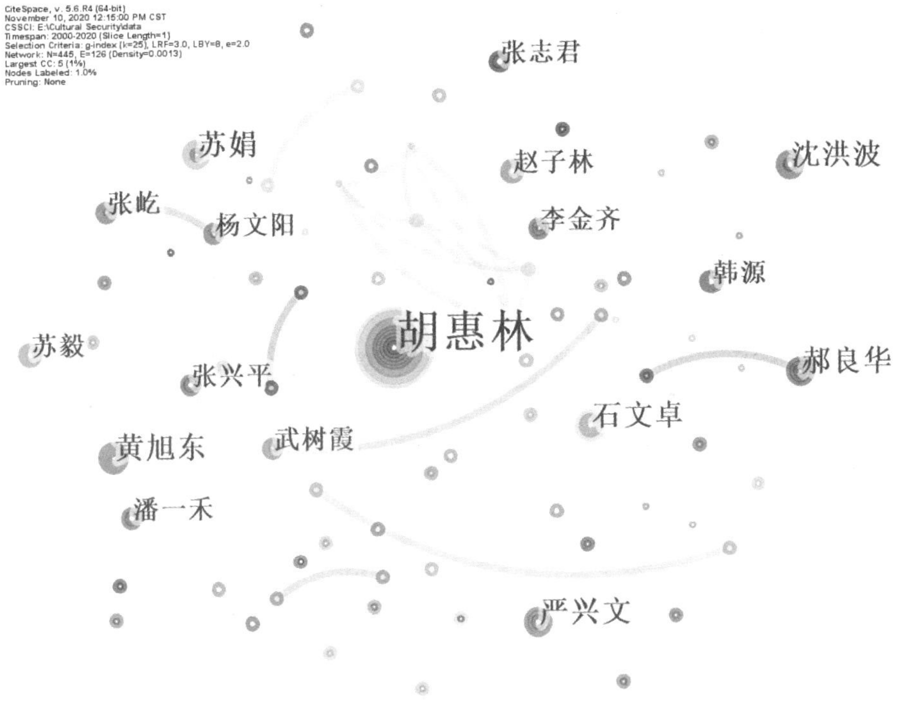

图 2　发文作者共现图谱

表 1　国内文化安全研究领域核心作者及其发文量　　单位:篇

核　心　作　者	发文量
胡惠林	15
石文卓、苏娟、黄旭东、沈洪波、严兴文、韩源、郝良华	4
赵子林、潘一禾、张屹、武树霞、苏毅、李金齐、张志君、杨文阳、张兴平	3

2. 发文机构分布

从发文机构看(见表 2),上海交通大学是发文量最高的研究机构,发文 9 篇;中国人民大学次之,发文 8 篇;湖南师范大学、武汉大学、贵州省社会科学院并列第三,发文 4 篇。如图 3 所示,在文化安全跨机构合作方面,连线数量只有 103,基本形成机构之间合作网络,但是,发文机构表现零散,表明文化安全研究已经得到研究团体的关注,研究人员和机构之间的合作并不密切,研究成果的共享与流动性有进一步提升的空间。

表 2　研究机构发文量前 4 位①　　单位:篇

序号	发文机构	发文量
1	上海交通大学	9
2	中国人民大学	8
3	湖南师范大学公共管理学院、武汉大学政治与公共管理学院、贵州省社会科学院	4
4	西安工程大学思政部、北京交通大学经济管理学院、河北师范大学法政学院、华中师范大学政法学院、东北师范大学马克思主义学部、天津社会科学院马克思主义研究所、吉林大学马克思主义学院、中国社会科学院马克思主义研究院、哈尔滨工程大学马克思主义学院、南京晓庄学院、广州大学广州发展研究院、暨南大学国际关系学院	3

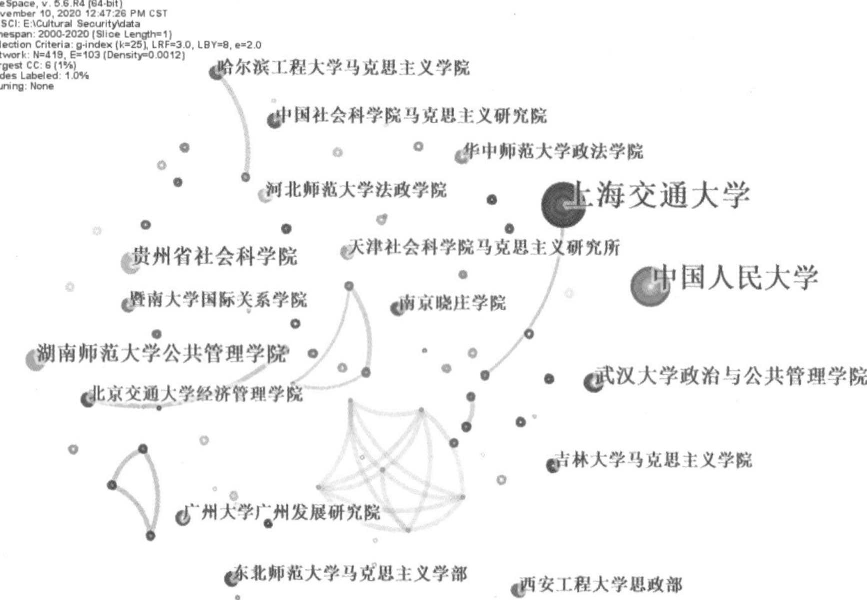

图 3　文化安全研究机构共现图谱

（三）知识基础

“在进行文献计量分析时,某研究领域高被引文献通常被视为该领域的知识基础来源。”②就这个意义上而言,中国文化安全研究领域被引频次排名前

① 由于部分作者供职单位变化或是兼职受聘于其他机构,所发表的论文以不同单位署名,故表 2 中数据与单位作者发文量并不存在一致性。

② 陈世香、吴世坤:《新时代中国公共文化服务研究:既有格局与未来方向》,《图书馆》2020 年第 8 期。

20的高被引文献，构成该领域研究的知识基础。通过对这些高被引文献分析，可以发现，高被引文献发表时间跨度为2000—2014年，其中，2004年是一个重要节点，发文量达到5篇（见图4），占总发文量的四分之一。这表明：一方面我国文化安全研究的先行者为该领域研究奠定了扎实基础；另一方面，2015年以来没有出现具有较大影响力的研究成果，值得警醒和反思。这些文献主要从文化安全与全球化、文化产业、意识形态、文化主权、网络文化等关系着手，聚焦文化安全基本内容、地位与重要性以及面临的挑战等问题。

表3　文化安全研究前20位高被引文献

序号	作者/年份	文献题目	文献来源刊物	被引频数
1	石中英/2014	论国家文化安全	北京师范大学学报（社会科学版）	239
2	胡惠林/2000	文化产业发展与国家文化安全——全球化背景下中国文化产业发展问题思考	上海社会科学院学术季刊	212
3	骆郁廷、史姗姗/2014	论意识形态安全视域下的文化话语权	思想理论教育导刊	145
4	周伟良/2007	文化安全视野下中华武术的继承与发展——试论当代武术的文化迷失与重构	学术界	141
5	田改伟/2005	试论我国意识形态安全	政治学研究	141
6	胡惠林/2000	国家文化安全：经济全球化背景下中国文化产业发展策论	学术月刊	134
7	石中英/2000	学校教育与国家文化安全	教育理论与实践	133
8	韩源/2004	全球化背景下维护我国文化安全的战略思考	毛泽东邓小平理论研究	132
9	高地/2014	“慕课”：核心理念、实践反思与文化安全	东北师大学报（哲学社会科学版）	130
10	于广涛、王二平/2004	安全文化的内容、影响因素及作用机制	心理科学进展	128
11	潘一禾/2005	当前国家体系中的文化安全问题	浙江大学学报（人文社会科学版）	96
12	刘跃进/2004	解析国家文化安全的基本内容	北方论丛	96
13	马维野/2001	国家安全·国家利益·新国家安全观	当代世界与社会主义	87

（续表）

序号	作者/年份	文献题目	文献来源刊物	被引频数
14	张骥、齐长安/2001	网络时代中国文化安全面临的冲击与对策	社会主义研究	76
15	石云霞/2012	当代中国文化发展中的意识形态安全问题	中国特色社会主义研究	72
16	王公龙/2001	文化主权与文化安全	探索与争鸣	68
17	洪浩、胡继云/2010	文化安全：传统武术传承人保护的新视阈	武汉体育学院学报	59
18	韩源/2008	国家文化安全引论	当代世界与社会主义	57
19	于炳贵、郝良华/2002	全球化进程中的国家文化安全问题	哲学研究	57
20	沈洪波/2004	文化全球化与中国国家文化安全	山东大学学报（哲学社会科学版）	55

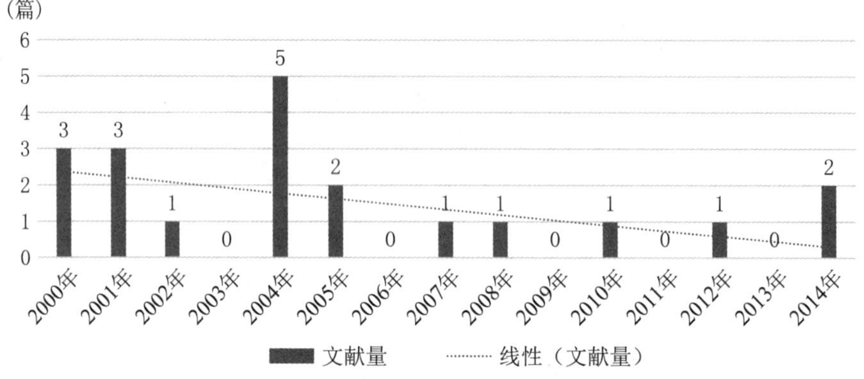

图 4　前 20 位高被引论文发文年份分布

三、文化安全研究的热点主题

“词频分析方法就是在文献信息中提取能够表达文献核心内容的关键词或主题词频次的高低分布，来研究该领域发展动向和研究热点的方法。”①运

① 李杰、陈超美：《CiteSpace：科技文本挖掘及可视化》（第 2 版），首都经济贸易大学出版社 2017 年版，第 200 页。

用 CiteSpace 软件，进行关键词聚类分析，得到共词图谱共有 566 个网络节点，1 049 条连线，网络密度为 0.006 6，Modularity Q 的值为 0.698 7，大于临界值 0.3①，说明共词网络聚类结构显著、效果较好。Mean Silhouette 值为 0.611 9，大于临界值 0.5②，表明聚类结果合理。采用对数似然 LSI 算法，共导出 12 个主要聚类，考虑到 ♯3 ♯7 由于离散、节点数量少，为了更为清晰地让知识图谱显示重要信息，在图 5 中对这两个聚类作了隐藏处理。通过对 10 个主要聚类知识图谱分析以及对相关研究文献的深入研读，将国内文化安全研究的热点主题归纳为以下四大研究主题。

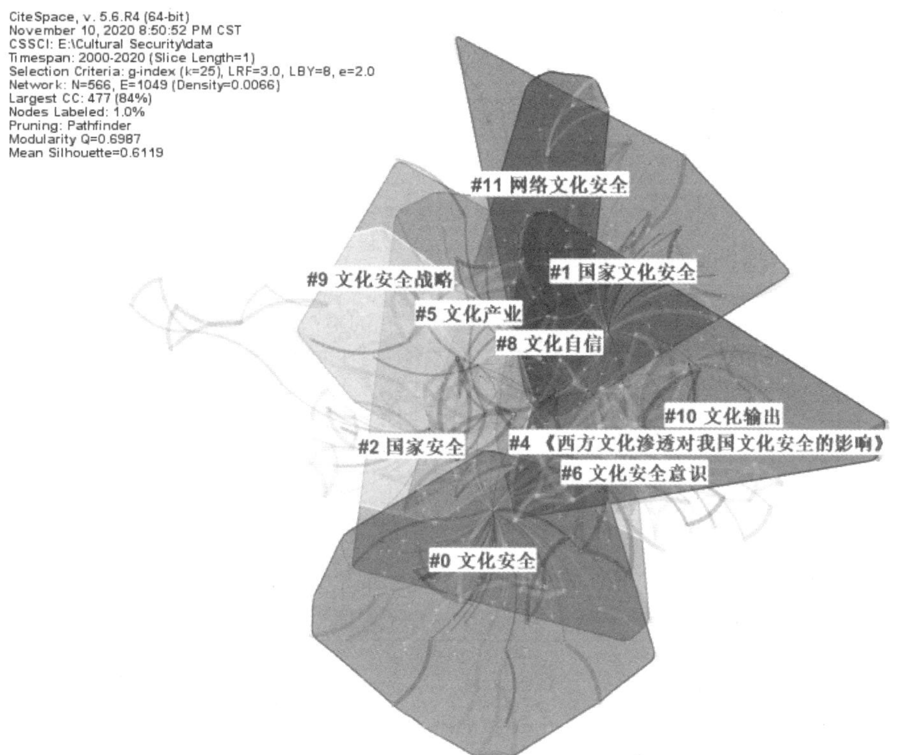

图 5　文化安全研究关键词聚类图谱

① Modularity Q，即聚类模块值（Q 值），一般认为大于 0.3 意味着聚类结构显著。

② Mean Silhouette 值，即聚类平均轮廓值，一般认为大于 0.5 就是合理的，大于 0.7 意味着聚类是令人信服的。

表 4　文化安全研究关键词共现网络聚类

序号	聚　类	子聚类	聚类大小	标识词(选取前 5 个)
1	国家安全与国家文化安全问题	#0 文化安全	82	文化安全、文化认知、综合国力、文化创新、历史借鉴
		#1 国家文化安全	54	国家文化安全、广播电视业、广播电视集团、长征精神、红色基因
		#2 国家安全	50	国家安全、乡村治理、生态文明、乡村建设、乡土文化
		#4《西方文化渗透对我国文化安全的影响》	37	《西方文化渗透对我国文化安全的影响》、文化安全、文化渗透、策略探索、安全教育
2	文化自信与文化安全战略	#8 文化自信	24	文化自信、文化安全、价值文化、马克思主义、文化竞争
		#9 文化安全战略	23	文化安全战略、全球化挑战、社会意识形态、世纪之交、文化霸权
3	文化产业安全	#5 文化产业	37	文化产业、意识形态安全、文化产品、文化市场、内向国际化
		#6 文化安全意识	32	文化安全意识、国际服务贸易、文化产业体系、全球化背景、国家文化安全问题
		#10 文化输出	22	文化输出、文化产业、出版产业、中华文化"走出去"、版权贸易
4	网络文化安全	#11 网络文化安全	20	网络文化安全、安全威胁、安全保障、网络文化、信息技术、《网络文化安全与大学生网络行为》

(一) 国家安全与国家文化安全问题

包括#0“文化安全”、#1“国家文化安全”、#2“国家安全”和#4“《西方文化渗透对我国文化安全的影响》”。聚类#0“文化安全”关键词有文化安全、文化认知、综合国力、文化创新、历史借鉴等。聚类#1“国家文化安全”关键词有国家文化安全、广播电视业、广播电视集团、长征精神、红色基因等。聚类#2“国家安全”关键词有国家安全、乡村治理、生态文明、乡村建设、乡土文化等。聚类#4“《西方文化渗透对我国文化安全的影响》”关键词有《西方文化渗透对我国文化安全的影响》、文化安全、文化渗透、策略探索、安全教育等。

“全球化削弱了民族国家的主权,其实质是文化和价值观念的冲突和融合,即国家软实力的竞争。"[①]借助全球化,美国为其他国家设置了"文化帝国主义"的"陷阱",抵制文化帝国主义和维护国家文化安全成为中国需要十分警惕和认真对待的重大问题。[②]赵波和高德良合著的《西方文化渗透对我国文化安全的影响》对西方文化渗透的历史发展阶段、主要内容、渠道、方法、所依托的组织机构、内外因素等进行全面深入研究,认为西方文化渗透对我国文化安全存在一定威胁,并提出了以和平发展为战略目标的国家文化战略观。[③]

国家文化安全研究中,意识形态安全是重要的领域,从发文机构看,419个发文机构中的41个发文机构的发文是由其二级级单位"马克思主义研究学院(研究所、学部)""思政部"所贡献,占9.79%。在意识形态安全视角下的文化安全研究,主要聚焦在相对于"文化渗透""文化控制"的"反渗透""反控制""反同化"上。

(二)文化自信与文化安全战略

包括#8"文化自信"和#9"文化安全战略"。聚类#8"文化自信"关键词有文化自信、文化安全、价值文化、马克思主义、文化竞争等。聚类#9"文化安全战略"关键词有文化安全战略、全球化挑战、社会意识形态、世纪之交、文化霸权等。在经济全球化和文化全球化背景下,如何应对文化安全问题,建构文化自信,学者提出了见解。文化自信因其保持中国文化发展独立性、强化国家意识形态自觉、塑造国家核心价值观以及契合人民美好生活需要,在国家文化治理体系中成为"一种更基本、更深沉、更持久的力量",提供了"维护国家文化安全的中国逻辑与中国智慧"[④]。维护我国文化安全,要以"中华民族和中国人对于中国文化的坚定自信"为最根本措施[⑤];制定全面的主动对外文化战略,在吸收西方文明精华的同时,减轻西方文化霸权的压力,充分开发和利用民族文化资源,积极发展文化产业,发扬我国优秀文化传统,增强中华文化凝聚力,建立与其他国家间文化的平等交流、互动与合作的机制[⑥];建立国家文化安全预警系统[⑦];大力发展社会主义先进文化,充分发挥学校教育在培养青

① 王永明、张建友:《论全球化背景下我国软实力与文化安全体系的构建》,《学术交流》2010年第9期。

② 于炳贵、郝良华:《文化帝国主义与国家文化安全》,《中共中央党校学报》2003年第3期。

③ 赵波、高德良:《西方文化渗透对我国文化安全的影响》,中国传媒大学出版社2012年版。

④ 徐龙建:《文化自信:维护国家文化安全的中国逻辑与中国智慧》,《湖湘论坛》2019年第3期。

⑤ 彭定光、肖勇:《论文化自信对于保护中国文化安全的作用》,《湖南师范大学社会科学学报》2017年第6期。

⑥ 沈洪波:《文化全球化与中国国家文化安全》,《山东大学学报(哲学社会科学版)》2004年第6期。

⑦ 石中英:《论国家文化安全》,《北京师范大学学报(社会科学版)》2004年第3期;沈洪波:《文化全球化与中国国家文化安全》,《山东大学学报(哲学社会科学版)》2004年第6期。

少年学生国家文化认同方面的主导作用①。

（三）文化产业安全

包括＃5“文化产业”、＃6“文化安全意识”和＃10“文化输出”。聚类＃5“文化产业”关键词有文化产业、意识形态安全、文化产品、文化市场、内向国际化等。聚类＃6“文化安全意识”关键词有文化安全意识、国际服务贸易、文化产业体系、全球化背景、国家文化安全问题等。聚类＃10“文化输出”关键词有文化输出、文化产业、出版产业、中华文化“走出去”、版权贸易等。文化产业安全方面的研究，从核心作者看和高被引用论文看，发文量最多(15 篇)的胡惠林教授是我国文化产业研究的先行者和奠基人，在文化安全和文化产业安全研究领域发挥了引领作用，在本文分析文献的高被引文献中，胡惠林教授发文2 篇，即《文化产业发展与国家文化安全——全球化背景下中国文化产业发展问题思考》(被引用 212 次，高被引排序第 2)、《国家文化安全：经济全球化背景下中国文化产业发展策论》(被引用 134 次，高被引排序第 6)，两篇论文发表年份均在 2000 年，为中国知网数据库核心期刊和 CSSCI 检索到最早年份的论文之一)。胡惠林教授早在 2000 年便提出，“面对全球化背景下的西方强势文化和‘文化霸权主义’对中国文化产业发展构成的威胁和挑战，必须构筑国家文化安全体系”②；经济全球化背景下“国家和民族文化边界正在被消解，国家文化主权受到严重的威胁和挑战，这就使得全球化最终将不仅是经济战略问题，而且也是文化战略问题，尤其是文化产业发展战略问题”，“民族国家文化及其产业(主要是东方国家和广大第三世界国家)如何在全球化的背景下生存和选择符合本民族根本文化利益的发展道路，便成为民族国家文化和文化产业发展的一个突出问题”③。后进学人在文化产业安全方面的研究也有灼见，从文化产业安全的评估、理论与保障措施、法律思考，以及边疆民族地区文化产业安全、网络文化产业安全影响因素、电视文化产业安全等方面进行了研究。

（四）网络文化安全

包括＃11“网络文化安全”，关键词有网络文化安全、安全威胁、安全保障、网络文化、信息技术、《网络文化安全与大学生网络行为》等。在网络文

---

① 石中英：《论国家文化安全》，《北京师范大学学报(社会科学版)》2004 年第 3 期。

② 胡惠林：《文化产业发展与国家文化安全——全球化背景下中国文化产业发展问题思考》，《上海社会科学院学术季刊》2000 年第 2 期。

③ 胡惠林：《国家文化安全：经济全球化背景下中国文化产业发展策论》，《学术月刊》2000 年第 2 期。

化安全方面学者的研究主要体现在三个方面。一是从不同的研究领域出发，提出网络文化安全研究的网络信息安全范式、网络政治文化安全范式、网络空间主权安全范式和网络安全制度范式和生态系统理论范式。①二是网络文化安全面临的问题表现。消极网络文化对社会主义道德体系的冲击是最严重的社会危害②，我国网络文化安全问题主要表现在渗透性、变异性、侵害性、腐蚀性及破坏性等。③三是网络文化安全治理体系建构。“网络文化安全的实现，不是仅依靠技术可以解决的，而是需要一套完善的治理体系来降低网络文化安全危机事件的发生概率和影响”④，为此，提出建构“党委领导、政府管理、企业履责、社会监督、网民自律等多元主体参与的网络文化安全综合治理体系”⑤，“网络文化安全的治理体系、治理能力、治理手段‘三位一体’的治理方式体系”⑥，“政府、非政府组织、公民等多元主体共同参与的网络文化安全无缝隙治理体系”⑦，以及从提高安全意识、创新监管方式、完善法律制度、掌握核心技术和建设文化阵地等方面形成“多管齐下的综合治理局面”⑧。

四、文化安全研究的前沿演进

图 6 展示了我国文化安全研究的发展脉络和深化趋势，基于对样本文献 2000—2020 年我国文化安全研究关键词凸显的时间图谱分析，可以发现：我国文化安全研究大致沿着全球化背景、文化安全问题、文化霸权、文化、文化软实力、全球化、国家文化安全、国家安全、文化自信 9 个主题转移，这几个主题的演进和转移大致可以分为研究的初始阶段、深入阶段和国家文化安全治理体系建构阶段。研究主题的演进和转移也表明，我国文化安全研究一方面体现研究的问题导向和对时代需求的回应性，另一方面也体现出与国家的大政方针密切相连。

---

① 陈浩然、管媛媛：《网络文化安全研究的主体范式及其超越》，《云南行政学院学报》2017 年第 6 期。

② 李超民：《近五年来网络文化安全研究述评》，《湖南社会科学》2014 年第 1 期。

③⑤ 李超民：《建设网络文化安全综合治理体系》，《晋阳学刊》2019 年第 1 期。

④ 解学芳：《网络文化产业公共治理全球化语境下的我国网络文化安全研究》，《毛泽东邓小平理论研究》2013 年第 7 期。

⑥ 汪伟、韩璞庚：《网络文化安全治理理论建构》，《南京社会科学》2015 年第 12 期。

⑦ 吴璟、王义保：《网络文化安全的无缝隙治理》，《探索与争鸣》2016 年第 11 期。

⑧ 徐龙福、邓永发：《社会信息化发展的网络文化安全》，《江汉论坛》2010 年第 11 期。

关键词	年份	强度	起始年份	结束年份	2000—2020年
全球化背景	2000	3.509 8	2000	2003	
文化安全问题	2000	3.520 7	2001	2007	
文化霸权	2000	3.283 1	2001	2006	
文化	2000	3.570 7	2006	2008	
文化软实力	2000	6.014 7	2008	2013	
全球化	2000	3.974	2009	2011	
国家文化安全	2000	3.85	2013	2014	
国家安全	2000	4.183 5	2016	2017	
文化自信	2000	5.326 6	2017	2020	

图 6　近 21 年我国文化安全研究关键词凸显图谱

(一) 研究的初始阶段(2000—2006 年)

基于中国知网的期刊文献检索以及深入阅读,文化安全研究发轫于我国融入全球化背景引发文化安全问题的思考和警惕。以 2001 年我国加入世界贸易组织为重要节点,“全球化背景”及其带来的文化安全问题与挑战成为文化安全研究的现实起点。基于图 6 关键词凸显图谱,2001—2007 年凸显关键词“文化安全问题”以及基本处于同期的 2001—2006 年的凸显关键词“文化霸权”,而这在同期的相关研究文献也都有印证。全球化带来文化安全问题,西方强势文化和“文化霸权主义”对中国文化产业发展构成威胁和挑战①;西方强势国家借助全球化设置“文化帝国主义”的“陷阱”②;“全球化加剧了国家间对文化利益的诉求与争夺”③。

(二) 研究的深入阶段(2006—2011 年)

文化安全研究的深入阶段,研究的主题由初始阶段的“文化安全问题”转移到“文化”“软实力”和“全球化”,向文化安全的基本构成领域进行深化,研究主要聚焦于文化以及文化软实力对于综合国力和文化安全的地位和作用,从国家文化安全的视域来审视“软实力”,通过提升文化软实力来维护国家文化安全的路径成为重要共识。软实力具有超强的扩张性和传导性,甚

① 胡惠林:《文化产业发展与国家文化安全——全球化背景下中国文化产业发展问题思考》,《上海社会科学院学术季刊》2000 年第 2 期。

② 于炳贵、郝良华:《文化帝国主义与国家文化安全》,《中共中央党校学报》2003 年第 3 期。

③ 韩源:《全球化背景下维护我国文化安全的战略思考》,《毛泽东邓小平理论研究》2004 年第 4 期。

至可以施加影响，在国际竞争中"不战而屈人之兵"，达到扩充硬实力的目的，因而它越来越成为国家权力的重要来源。①"我们必须从文化安全的视角对待当今国际政治中的'软实力'渗透与竞争，以确保我国在信息网络时代的文化安全。"②"国家文化安全是国家之间文化软实力的比较优势"，应该将主流意识形态融入民族文化之中，充分挖掘中华民族传统文化的精华，发展文化的产业化，提高文化和文化产品在国内外文化市场上的影响力和竞争力。③

（三）国家文化安全治理体系建构阶段(2013 年至今)

国家文化安全治理体系建构阶段的文化安全研究主要聚焦国家治理体系和治理能力现代化和总体国家安全观框架下的文化安全建构和文化自信。2014 年 4 月 15 日，习近平总书记在中央国家安全委员会第一次会议上提出，"要准确把握国家安全形势变化新特点新趋势，坚持总体国家安全观，走出一条中国特色国家安全道路"④。这是首次提出总体国家安全观，"文化安全"被纳入国家安全体系"11 种安全"中。基于研究文献，结合图 6 关键词凸显图谱中 2013—2014 年凸显的关键词"国家文化安全"以及 2016—2017 年凸显的"国家安全"来看，"总体国家安全观的提出标志着中国国家文化安全与发展进入了新时代"⑤，也是引领文化安全理论研究的一个热点主题。

文化自信的热点主题主要体现为：文化自信对于维护国家文化安全的作用，文化安全研究中体现出的主动性战略和学术自信，以及学术研究对于"四个自信"中"文化自信"的紧密联系。2016 年 7 月 1 日，习近平总书记在庆祝中国共产党成立 95 周年大会上明确提出：中国共产党人"坚持不忘初心、继续前进"，就要坚持"四个自信"即"中国特色社会主义道路自信、理论自信、制度自信、文化自信"，创新性地拓展了党的十八大提出的中国特色社会主义"三个自信"。⑥胡惠林教授提出的"中国国家文化安全研究要提出并建构一个世界

① 谢雪屏：《文化软实力竞争：关注中国国家文化安全》，《福建师范大学学报(哲学社会科学版)》2008 年第 5 期。

② 郭明飞：《软实力竞争与网络时代的文化安全》，《马克思主义与现实》2011 年第 3 期。

③ 陈宇宙：《文化软实力与当代中国的国家文化安全》，《天府新论》2008 年第 6 期。

④ 《中央国家安全委员会第一次会议召开 习近平发表重要讲话》，2014 年 4 月 15 日，中央政府门户网站，http://www.gov.cn/xinwen/2014-04/15/content_2659641.htm。

⑤ 胡惠林：《一个更加开放的中国如何定义国家文化安全？——国家文化安全研究的中国进路与未来思考》，《学习与实践》2020 年第 8 期。

⑥ 冯鹏志：《从"三个自信"到"四个自信"——论习近平总书记对中国特色社会主义的文化建构》，2016 年 7 月 7 日，http://theory.people.com.cn/n1/2016/0707/c49150-28532466.html。

性话题和理论研究的议程来探讨当今世界的国家文化安全治理问题，在解构‘文明冲突论’和‘新冷战陷阱’的同时，为全球安全治理提供一种中国理论与中国思想”，正是“文化自信”在文化安全研究中的鲜明体现。

五、结论与建议

（一）结论

基于2000—2020年的CNKI数据中中文核心和CSSCI论文数据，采用CiteSpace研究工具，分析我国文化安全研究的进展与现状，得到以下结论：

第一，就文化安全研究总体状况来看，发文量总体上维持增长的态势，表明文化安全研究逐渐成为我国社会科学研究的重要领域；就发文的核心作者分布来看，文化安全研究的合作关系较为松散，合作网络尚未建立，研究者以及研究机构的学术联系、学术共同体、研究团队建设有待加强；从发文机构看，上海交通大学、中国人民大学、湖南师范大学、武汉大学、贵州省社会科学院等是我国文化安全研究的重要力量。

第二，就研究热点来看，国内文化安全研究的热点为国家安全与国家文化安全问题、文化自信与文化安全战略、文化产业安全、网络文化安全四大主题。文化安全作为国家安全的重要组成部分，越来越受到重视，将逐步成为国家安全研究的一个重要领域。《中华人民共和国国民经济和社会发展第十四个五年规划和2035年远景目标纲要》明确到2035年建成“文化强国”的目标，提升文化自信、文化软实力是文化强国的重要内容，也必然是文化安全研究的热点。互联网推动文化生产、传播、消费产生了前所未有的重大变革，互联网已经成为意识形态斗争的主要战场，成为文化创作、生产、传播、消费、交流的重要“载体”和“空间”，也成为文化安全重要的研究热点。

第三，2000年以来国内文化安全研究的前沿趋势向文化安全问题、文化霸权、文化、文化软实力、全球化、国家文化安全、国家安全、文化自信九个方面转变，体现了文化安全研究的问题导向和对时代需求的回应，以及与社会发展和国家政策的紧密关系，具有鲜明的时代性。

（二）建议

我国文化安全研究是全球化时代的产物，加入世贸组织、推进国家治理体系和治理能力现代化、国家总体安全观实践等具有鲜明时代特征的重大事件深深印入了研究主题演进和前沿趋势中，也将随着我国全面深化改革的推进而持续发展。未来可以考虑从以下几个方面来推进我国文化安全研究：

第一，在研究视角上体现学科建设型研究。以 2021 年国务院学位委员会批准设立"国家安全学"一级学科（学科代码为"1402"）为契机，立足国情、顺应发展，致力于在研究视角上体现学科的交叉与融合，推动文化安全研究回应和对接新兴学科建设。

第二，就研究主题而言，在"百年未有之大变局"中持续挖掘文化安全治理的中国故事。文化安全研究与社会发展和国家政策关系甚为密切，研究主题转变的速度较快，紧跟时代热点的研究可能导致研究成果的碎片化。为此，持续深耕研究主题，形成系统化的理论思考，显得尤为重要。随着全面深化改革、"一带一路"建设等深入推进，"百年未有之大变局"带来的新机遇和挑战，为文化安全研究提供了更为丰富的土壤，同时也提出更高的要求。为此，文化安全研究需要以更宽广的胸怀和视野，扎根中国实际，讲好文化软实力、文化自信和文化安全的中国故事，构建文化安全研究的中国学术话语体系。

第三，加强研究人员、研究团队、研究机构建设。进一步发挥核心研究者的引领和带动作用，逐步扩大研究团队的规模，密切研究人员、研究团队和研究机构之间的学术联系，建构文化安全研究学术共同体。

On Hot Topics and Frontiers of Cultural Security Research in China
—Visual Analysis Based on CiteSpace Software

Yu Liangnan　Ke Zunqing

Abstact: A comprehensive analysis of the hot topics and frontiers of cultural security research is of great significance to the practice and research of cultural security governance in China. This paper selects the academic papers on cultural security in CSSCI and Core Journals of Peking University before 2020, and uses CiteSpace software to draw the knowledge map and conduct visual analysis. The results show that: the hot topics of cultural security research in China include national security and national cultural security, cultural confidence and cultural security strategy, cultural industries security and network cultural security, and the hot topics of research are generally transferred along the nine themes of globalization background, cultural security issues, cultural hegemony, culture, cultural soft power, globalization, national cultural security, national security and cultural confidence. The latest hot topics are reflected in the research on cultural security, cultural confidence and cultural security under the overall national security concept.

Key words: cultural security research; hot topics; research frontiers

清代华北民间赛社文化中的暴力冲突探析*

山西师范大学　孟梓良　赵振锋

[内容提要]　民间赛社文化是近年来学术界关注的焦点，但以往的论著却很少将赛社活动中的矛盾与冲突统归在暴力文化视阈下进行探讨。作为一种新的研究路径，暴力文化视角有助于我们更加深入剖析和了解清代华北民间赛社文化中的暴力冲突与纠葛。民间赛社文化带来的暴力冲突首先体现在家族村社对地方话语的争夺方面，其次是民间自治与政府管理的博弈，此外还有社费摊派导致社民与教民的对抗。动用暴力手段也是为了解决争端，暴力的消解最终要靠村社内部与地方政府的相互配合。在"新文科"背景下，将暴力文化视角作为一种新理论运用在清代民间文化治理的研究中，既是对"新文科"内容多元化和视野国际化的有益尝试，同时也对当代文化治理产生了一定的参考价值。

[关键词]　民间赛社；暴力文化；清代华北；文化治理；矛盾冲突

一直以来，民间赛社都是学术界关注的焦点，究其原因，与其文化内涵丰富，且与诸多元素牵连在一起有关。所谓赛社，旧时称酬神曰赛，也用以代指节日的娱乐活动。民间赛社源于古代先民对土地的崇拜，其源头在商周时代，秦汉以下则历代均举行"社稷"祭祀大典，到宋代时正式称为"赛社"。随着历史的推移，赛社活动渐由仿唐宋帝王"圣节"寿诞演变为庙神"圣诞"。元代以后，赛社渐衰，但明清以来直至民国年间，山西上党地区民间的迎神赛社

* 本文系国家社科项目"明清华北女性碑刻搜集、整理与研究"(19BZS009)、山西省重点基地项目"明清山西赛社碑刻研究"(20190111)、山西师范大学2019年研究生科技创新项目"明清时期晋西北赛社资料搜集、整理与研究"(2019XBY004)的阶段性成果。

却颇为兴盛。[①]迎神赛社作为传统社会最大的一项文化活动，举办时无疑也是城乡民众最为热闹的狂欢时刻，“作为清代至民国时期村落空间内最大的文化活动，赛社承载着整个村社的娱乐与乡民的心灵慰藉”[②]。民间碑刻中有大量关于赛社活动的记载，例如：“越十有余年，南建乐楼，岁为享赛，则神得所依，人蒙其泽，覆群生而保黎庶者，行将常表炳于耳目之间焉。”[③]“俾神明浩大之德灿若日星，小民报赛之忱历久不懈。朔望拜献，崇尚祀典。”[④]“是以我山自晋兴来，每年四月十八日迎神赛社，恭逢演戏五天，乐以和神。”[⑤]这些内容都是对赛社文化的见证与诠释。

以往关于民间赛社的论著大多集中在赛社仪式、赛社演剧、赛社用乐、赛社文本或某一具体地域的赛社活动方面，相关成果颇为丰富，此处不再赘述。[⑥]近年来随着非物质文化遗产传承与保护的进行，民间赛社再一次进入学者的视线。然而，笔者在阅读大量赛社文化相关资料后发现，包罗万象的民间赛社文化不仅有其欢腾愉快的一面，还有较少受到关注的另一面。热烈喧闹的赛社活动中时常出现冲突、争斗以及一些亚文化的内容，这些都是与民间赛社文化相伴而行的。如果将这些冲突与纠葛统归在暴力文化视阈下进行分析，将有助于我们更加深入完整认识民间赛社文化。以往的研究对这方面关注较少，本文将主要围绕清代华北这一民间赛社活动较为丰富的地区就此问题展开具体论述。这有助于我们加深对古代民间文化治理方式的认识，对当代文化治理也具有参考价值。此外，在“新文科”背景下，将暴力文化视角作为一种新理论运用于清代民间赛社文化的研究，涉及历史学、民俗学、艺术学、管理学等多个学科的交叉互融，这种探索与尝试正是对“新文科”融合理念的有益实践。

---

① 张振南、暴海燕：《上党民间的“迎神赛社”再探》，载《中华戏曲》第18辑，山西古籍出版社1996年版。

② 姚春敏、杨康：《清代至民国迎神赛社经济问题研究》，《南京社会科学》2020年第5期。

③ 《修立黑龙王庙碑记》，清乾隆三十一年（1766年），此碑现存于吕梁市柳林县成家庄镇大井沟村黑龙庙。

④ 《承尊扶梁募化碑记》，清嘉庆四年（1799年），此碑现存于吕梁市孝义市中阳楼街道办事处桥南学校。

⑤ 《玉灵山重修碑记》，清光绪十五年（1889年），此碑现存于吕梁市方山县玉灵山诸神庙遗址。

⑥ 例如周华斌：《祭礼与戏剧——上党祭赛的文化启示》，载《中华戏曲》第35辑，文化艺术出版社2007年版；白秀芹：《迎神赛社与民间演剧》，中国艺术研究院2004年博士学位论文；李佳宸：《赛社音乐文化初探——以贾村“四月四”赛社为例》，西北师范大学2012年硕士学位论文；柳亚飞：《沁河流域迎神赛社祭祀仪式音乐个案调查》，《北方音乐》2018年第18期；廖奔：《晋东南祭神仪式抄本的戏曲史料价值》，载《中华戏曲》第13辑，山西古籍出版社1993年版；王学锋：《贾村赛社及其戏剧活动研究》，中国艺术研究院2007年博士学位论文；杜同海主编：《上党赛社》，湖南地图出版社2011年版。

一、暴力文化视阈下的民间赛社

所谓“暴力”，通常用来形容剧烈且无理性的力量或用强制手段达到自己目的的行为等。一般情况下，暴力行为往往会对道德规范或法律法规造成破坏。暴力文化视角则是近年来学界颇为新颖的一种研究路径，特别是在欧美学界，对于中国社会历史和文化中的暴力因素已经有了不少的关注。①运用暴力文化视角展开研究并不是要肯定暴力，而是想要从一种全新的研究路径来剖析传统的民间赛社文化，以期对其有更加深入完整的认识。同时，希望将暴力文化视阈这一研究方法通过民间赛社更好地呈现出来。正如有些研究者认为的，暴力文化是中国文化的组成部分，并不会因为避之不谈而消失，且暴力文化是人类发展历程中必须经历的文化形态，所以重视暴力文化可以让中国文化以一种更加完善的形象呈现出来。②

暴力作为一个概念范畴，已经成为西方思想传统中许多作者的关注对象。而在国内，虽有不少学者也对暴力文化有所涉及，但多集中于明清以来华南地区的械斗、乡村宗族问题、土客矛盾、会党土匪之间的复杂关系③，而对于赛社文化中的暴力则缺少足够的关注。姚春敏教授多年来一直持续关注华北民间赛社文化的相关问题，她在一系列有关赛社文化的论述中多次谈到赛社文化中的矛盾冲突。《区域社会史视野下的迎神赛社》专门讲到了“赛社的矛盾与冲突”，具体包括村社内部家族矛盾、官府与赛社矛盾、社与社矛盾等等。④《民间社祭中的“马裨”初探》呈现了乡村赛社中“马裨”暴力血腥的表演方式。⑤《控制与反控制：清代乡村社会的夜戏》谈到了夜戏引起的偷盗、赌博、抢劫、强奸以及家族械斗等案件，这些也属于暴力冲突的范畴。⑥《摆拍与日常：非物质文化遗产视域下的民间赛社仪式探微》则在记述十转赛场景时描述了人们争

---

① 在此领域，已经出现一批暴力文化研究视阈下的经典之作，例如［德］狄德满：《华北的暴力和恐慌：义和团运动前夕基督教传播和社会冲突》，崔华杰译，江苏人民出版社2011年版；［美］罗威廉：《红雨：一个中国县域七个世纪的暴力史》，李里峰等译，中国人民大学出版社2013年版；王笛：《袍哥：1940年代川西乡村的暴力与秩序》，北京大学出版社2018年版。

② 张婵婵：《“集体记忆”下的暴力文化——分析罗威廉的〈红雨：一个中国县城七个世纪的暴力史〉》，《长春教育学院学报》2015年第16期。

③ 刘振华、刘平：《民国时期豫西的社会暴力习俗探究》，《郑州大学学报（哲学社会科学版）》2016年第5期。

④ 姚春敏：《区域社会史视野下的迎神赛社——以清代上党碑刻与民间文本为中心》，载《中华戏曲》第46辑，文化艺术出版社2013年版。

⑤ 姚春敏：《民间社祭中的“马裨”初探》，《聊城大学学报（社会科学版）》2015年第2期。

⑥ 姚春敏：《控制与反控制：清代乡村社会的夜戏》，《文艺研究》2017年第7期。

夺吵闹的情形。[①]《清代至民国迎神赛社经济问题研究》谈到了赛社活动中的经济纠纷,其中不乏暴力冲突的内容。[②]此外,《〈清嘉庆朝刑科题本社会史料辑刊〉中的戏曲史料探微》也为我们"认识乡村演剧面貌和细节提供了全景式视野",对"还原村社酬神演剧的全貌大有裨益",其中的戏事案件无疑是暴力的体现。[③]此外,段友文、卫才华在谈到社内民俗活动"闹社火"时,认为由于各社在出场先后顺序上争高低,所以社与社之间经常出现矛盾,而"闹社火"之后的唱戏环节,各社也争先想把最好的节目表演出来,从而压倒其他的社,因此纠葛不断,时常引发暴力冲突。[④]再者,迎神赛会引起的民教冲突也属于与赛社文化相关的暴力行为[⑤],关于此点下文会具体展开论述。就总体而言,上述成果大多只是呈现了赛社活动中的冲突与纠葛,却并没有从暴力文化的视角去深入分析民间赛社。因而本文将运用暴力文化理论去分析和讨论清代华北民间赛社文化中的暴力冲突与纠葛,不足之处,敬请方家指教。

二、暴力的层次:赛社文化冲突的分类与缘由

诚然,有些民间赛社仪式本身就存在暴力的场景。例如,在乡村赛社与祈雨仪式中驱魔禳灾的马裨,他们的表演方式充满了暴力和迷信色彩。伴随着马裨的鲜血和狂舞,暴力、血腥、混乱贯穿了整个仪式。[⑥]不过本文要探讨的并非赛社仪式本身的暴力场景,而是民间赛社文化所带来的暴力冲突,具体而言,可以包括家族村社对地方话语的争夺、民间自治与政府管理的博弈以及社费摊派导致社民教民之间的对抗等。将这些冲突与矛盾在暴力文化视阈下展开并剖析,是深入了解民间赛社文化的全新路径。

(一) 家族村社对地方话语的争夺

民间赛社活动时常会引起家族村社中的矛盾冲突,其中既有个人之间的偶发性冲突,也有家族、村社之间的大型冲突,这些矛盾纠葛在很大程度

---

① 姚春敏:《摆拍与日常:非物质文化遗产视域下的民间赛社仪式探微——以山西上党潞城贾村赛社与唐王岭十转赛为例》,载《中国文化产业评论(第 27 卷)》,上海人民出版社 2019 年版。

② 姚春敏、杨康:《清代至民国迎神赛社经济问题研究》,《南京社会科学》2020 年第 5 期。

③ 王姝、姚春敏:《〈清嘉庆朝刑科题本社会史料辑刊〉中的戏曲史料探微》,载《中华戏曲》第 57 辑,文化艺术出版社 2018 年版。

④ 段友文、卫才华:《乡村权力文化网络中的"社"组织研究》,《民俗研究》2005 年第 4 期。

⑤ 例如赵英霞:《乡土信仰与异域文化之纠葛——从迎神赛社看近代山西民教冲突》,《清史研究》2002 年第 5 期;王紫薇、李永胜:《浅析晚清山西民教争端的起因和处理——以迎神赛会引起的民教冲突为中心》,《山西大同大学学报(社会科学版)》2014 年第 5 期。

⑥ 姚春敏:《民间社祭中的"马裨"初探》,《聊城大学学报(社会科学版)》2015 年第 2 期。

上源于对地方话语的争夺。无论是个人之间,还是家族村社之间,在一个有限空间内进行赛社表演,难免引起双方或多方的争执,面对这些问题与矛盾,暴力时常会成为民众解决问题的常用方式。罗威廉认为,在中国的某些地区"采用暴力方式解决问题"似乎是一种习以为常的选择。[①]在他看来,暴力在这种生态中普遍、持续、常规地存在着。笔者以为,在清代华北民间赛社活动中,暴力确实是以一种常规的形式存在着,包括个人之间、家族之间以及村社之间。

1. 个人之间

首先是个人之间的暴力冲突。通常人们会有这样的印象:"人们永远不会为这么一些小事和无谓之举而相亲相爱,但他们却会为此而不共戴天,嫉恨如仇。"[②]在中国传统社会中亦是如此,冲突往往会呈现出不同的形式,而引发冲突的场合也随处存在,很多暴力冲突其实是由日常生活中鸡毛蒜皮的小事引起的。[③]《清嘉庆朝刑科题本社会史料辑刊》中便记有不少因为赛社活动中的小事而导致的暴力冲突案件。例如嘉庆十一年(1806年),山西阳曲县民王世喜向高清明借用村内公置的扮社戏所用彩衣顶出换钱,到期没有赎还,高清明屡讨无果,之后村人扮社戏却没有彩衣,对高大为抱怨,愧怒的高清明再次向失信的王世喜讨要彩衣,二人相互詈骂中,王被高扎死。[④]再如嘉庆十二年(1807年),河南陕州某村演戏酬神,该村社首姚喜先欲派姚学汤管戏班的饭食,但姚学汤不肯,姚喜先便扬言说如果姚学汤去看戏,"定要把腿打折"。之后愤怒的姚学汤伙同姚进宝等人携铁锏、刀具对姚喜先斥骂揪打,混乱中姚进宝用刀将姚喜先砍伤致死。[⑤]上述两起暴力事件分别因为借彩衣未归还、不肯管戏班饭食而引发,全部都是日常生活中的小事,但却一步步演化为暴力流血事件。此外,很多因赛社演剧引起的暴力冲突都是偶发事件,例如《讲求共济录》中记载:"迎神赛会,破耗钱财,本非神人共愿之事,因相沿日久是以姑随风俗……日昨府城隍庙会,据天津县举人华长震赴府喊禀,有扮演渔樵耕读之会

① [美]罗威廉:《红雨:一个中国县域七个世纪的暴力史》,李里峰等译,中国人民大学出版社2013年版,第2页。

② [德]西美尔:《社会学——关于社会化形式的研究》,林荣远译,华夏出版社2002年版,第188页。

③ 王笛:《街头的日常纠纷和生存竞争——清末民初城市的族群、阶层与性别冲突》,载王笛主编:《时间·空间·书写》,浙江人民出版社2006年版,第69页。

④ 南开大学中国社会史研究中心暨历史学院、中国第一历史档案馆编,杜家骥主编:《清嘉庆朝刑科题本社会史料辑刊》第2册,天津古籍出版社2008年版,第594页。

⑤ 南开大学中国社会史研究中心暨历史学院、中国第一历史档案馆编,杜家骥主编:《清嘉庆朝刑科题本社会史料辑刊》第1册,天津古籍出版社2008年版,第127—128页。

首孙二等，因旁人截会留唱，迁怒伊首饬（饰）铺，伙率众进铺，打破什物，本府当即差拿究问，据孙际和即孙二、唐起连供称，伊等俱住（往）沿河二铺迎神，到估衣街首饰铺门口，华长震截唱，因天时已晚，不允，华长震就骂说，'给脸不知好'，小的们一时气忿，将他铺内茶碗摔砸……"[①]再如《说帖》（山东司，道光二十二年上）记载，任帼淋因孟毓义在庄内演戏酬神，任帼淋前往听戏，将神灯撞灭，孟毓义吵骂，经众劝散后，孟毓义找来侄子去和任帼淋理论，双方使用木棍、鸟枪进行殴斗，任帼淋鸟枪走火，误杀了孟毓义。[②]类似于这样的案例还有很多，因此，说暴力在民间赛社中普遍、常规地存在，也是有一定道理的。还有一些学者认为，暴力是中国男性特质的一个特定组成部分。[③]这种说法类似于古代对男性能文且能武的期许与认可，在传统社会，使用暴力有时会成为男性孔武有力的表现。

当然，民间赛社中更多个人之间的暴力冲突往往还是因为筹集戏资而引发的纠纷，正所谓"挨户敛钱，情同强索"，如果处理不当，就会导致暴力事件的发生。例如嘉庆九年（1804 年），山西灵石县某地欲在庙内演戏酬神，乡民温均诰与赵建业同为香首，照理应该一同前往有地之家收敛戏钱，但温均诰推诿未往，赵建业便斥詈其非，进而扭打在一起，村民赵明惠在拉劝时将温均诰之侄温振谋殴伤身死。[④]此外，赛社首领借机敛财也是引起暴力冲突的一个重要原因。"一迎神赛会，民间春祈秋报祭祀神祇，原所不禁，今各属有种无籍棍徒充当会首，挨门派敛，如不足数，即行凶作践，或重利盘放，稍逾期限，即鸡犬不宁。"[⑤]类似的例子很多，此处不再赘列。

2. 家族之间

其次是家族之间的暴力冲突。虽然民众在社区生活中普遍有着较为紧密的联系，但他们时常也会因为公共空间、谋生机会或其他经济利益而发生争斗，"当人们竭力追逐权力，或为生计而挣扎，以及维护日常生活中的权利时，对公共空间的使用总是冲突的主题之一。下层民众形成并运用一些独特的策

① [日]田仲一成编：《清代地方剧资料集・华北篇》，东京大学东洋文化研究所附属东洋学文献中心 1968 年版，第 5 页。

② 同上，第 17 页。

③ [美]罗威廉：《红雨：一个中国县域七个世纪的暴力史》，李里峰等译，中国人民大学出版社 2013 年版，第 6 页。

④ 南开大学中国社会史研究中心暨历史学院、中国第一历史档案馆编，杜家骥主编：《清嘉庆朝刑科题本社会史料辑刊》第 2 册，天津古籍出版社 2008 年版，第 567 页。

⑤ 《雅尔图告示》，清乾隆六年（1741 年）刊《雅公心政录》本，杨一凡、王旭编：《古代榜文告示汇存》第 7 册，社会科学文献出版社 2006 年版，第 352 页。

略，来保持他们在不平等社会里对公共空间的使用权”①。在古代由宗族统治的地方社会中，家族群体间的冲突是一个无可争辩的事实，通常来说，“强姓家族利用村社在乡村生活中展示其实力，通过赛社仪式重新制定村落秩序是其主要手段”。有学者在田野调查中发现，对于本村的历史，村民记忆中最深刻的部分往往与本家族在地方赛社中的活动有着密切的关联，各家族都争先想把最好的节目表演出来压倒别的家族，他们津津乐道的正是某家族的社火镇住了全县。正因如此，赛社活动中经常出现因为家族争胜而导致的纠葛与冲突，当矛盾升级时，暴力便成为人们解决问题最直接的办法。②例如，山西万荣县通化村的武姓、苏姓之间就曾因赛社演剧而发生纠葛。因为苏姓是该村的大姓，所以压制武姓，拒绝武姓在村内大戏台唱戏，而武姓为争取其在村社的地位，只能用扛大刀的暴力方式镇住苏姓，才得以在大戏台演戏。③这是典型的同村异姓家族通过暴力手段解决因演剧而产生冲突与纠纷的案例。

3. 村社之间

最后是村社之间的暴力冲突。民间赛社时常会以村社为单位，将所有村民聚集起来，以神的名义对外行动，这样很容易造成各社之间出现攀比争胜的心态。作为集体活动的赛社成为村社之间彼此斗争的焦点，各村社经常在出场顺序上相互争斗，各社都想第一个出场以显示该社的权威。《葛万村志》记有一起清末赛社中村社之间暴力殴斗的事件。当时葛万村社神銮驾与西黄头社神銮驾因为赛社抢占第一的问题而发生纠纷，互不相让。葛万的社首郭福太刚好是西黄头社首的表弟，但两人却各代表一社的利益。在交涉无果的情况下郭福太提出，“到家是亲戚，在这不认识”，之后双方的銮驾队伍发生殴斗，几乎酿成一场村社之间的血案。④由此可见，在民间的迎神赛社中，村社利益有时甚至高于家族利益。

除了出场顺序，赛社节目的精彩程度也是各社比拼的关键，“每个社都想拿自己最好的节目压倒别的社，以示本社的地位”。在竞赛的过程中，激烈程度如果控制不当，就会引起暴力冲突甚至命案。例如，《王君神郊殉难》碑刻就讲了陵川县小召村在一次赛社活动中因为故事会首领王保玉故事扮

① 王笛：《街头的日常纠纷和生存竞争——清末民初城市的族群、阶层与性别冲突》，载王笛主编：《时间·空间·书写》，浙江人民出版社2006年版，第108页。

② 姚春敏：《区域社会史视野下的迎神赛社——以清代上党碑刻与民间文本为中心》，载《中华戏曲》第46辑，文化艺术出版社2013年版。

③ 段友文、卫才华：《乡村权力文化网络中的“社”组织研究》，《民俗研究》2005年第4期。

④ 详见葛万村委会编：《葛万村志》。

得好而遭到邻社妒忌，被邻村故事会众执械殴死，同时击伤数人的事故。原本是娱神娱民的赛社，却因为村社之间的争斗而引发暴力流血事件，甚至出现命案。①

从暴力文化视角来看，“暴力有其表达性的一面”，与此同时，“暴力又是一种表演”，在此过程中不仅只有实施者和受害者在场，还得有一个或者多个目击者在场，即便是最普通的暴力行为，通常也要依赖它的“可见性”，依赖“所有卷入者都能从相关的行为和形象中至少获得某种基本共识的可能性”。②将上述论断放到民间赛社引发的暴力冲突中就会发现，正如罗威廉所言，暴力有其表达性的一面，或者说是一种表演，表演的对象不仅仅有施暴者和受害者，更多的是在场的目击者。两个村社因为赛社活动发生冲突，他们之间的暴力与争执是为了在有限的空间通过暴力行为掌握地方话语权，而所有的社员既是参与者，也是观众，最后的结果将是决定这一区域内究竟由谁来掌握权力话语和公共空间使用权的关键。

（二）民间自治与政府管理的博弈

赛社文化冲突的第二个层次体现在民间自治与政府管理的博弈方面。“严厉的行政性命令难以遏制赛社的狂热与奢靡，究其原因，主要是赛社是村社独立话语权的一种体现，各村社都不放过这个可以展示村社权威的宝贵时机，仪式中那些奢华的銮驾、队旗、锣鼓，庞大的队伍以及夹杂其中的神圣与暴力本身就是村社力量的一种体现。这种在仪式中体现的至高宗教特权使村社渴望通过此种方式挑战世俗的国家基层行政权。”③在暴力文化视阈下，暴力不仅长期延续，事实上还全面嵌入了当地社会经济和国家行政机构。因此，我们很难将暴力行为和地方的社会经济秩序彻底剥离。赛社活动中产生的亚文化如聚赌问题、夜戏问题等便诠释了这一观点。

首先是聚众赌博的问题。赛社期间的聚赌可谓屡禁不止，这些在碑刻、文集中多有体现。赛社作为民众的大型集会活动，具有强大的感召力，因此借着赛社的机会，趁着乡民聚集，一些不法之徒趁机设场赌博，使聚赌成为民间赛社难以祛除的亚文化。聚赌问题十分普遍，以致赛社与赌博似乎成了合体，个别地方聚赌的热闹程度甚至盖过赛社活动。

---

① 《王君神郊殉难》，民国二十四年(1935 年)，该碑现存于山西省晋城市陵川县崇文镇小召村。

② [美]罗威廉：《红雨：一个中国县域七个世纪的暴力史》，李里峰等译，中国人民大学出版社 2013 年版，第 3 页。

③ 姚春敏：《区域社会史视野下的迎神赛社——以清代上党碑刻与民间文本为中心》，载《中华戏曲》第 46 辑，文化艺术出版社 2013 年版。

而夜戏引发的暴力冲突则更加明显。民间赛社中的夜戏汇集民众,不仅会产生男女杂沓、狂欢过度有伤风俗之事和聚赌行为,而且还会引发奸淫、偷盗、抢劫、械斗等暴力事件。关于夜戏引发的具体问题,《控制与反控制:清代乡村社会的夜戏》一文已有详细论述。概而言之,夜戏演出时有些女性独自在家,让偷盗、奸淫之徒有了可乘之机。再者,看夜戏常至深夜才返,一些不法之徒借机抢劫、强奸,造成严重后果。此外,夜戏演出时人员混杂,稍有不慎便会引起家族械斗。《定例汇编》便记有嘉庆年间由于村众秋报演戏敬神,傍晚戏毕后两乡民因故争骂,导致家族间发生暴力殴斗的事件。①其实,无论是朝廷还是地方政府,都看到了夜戏带来的暴力事件和引起的不良后果,也都曾对夜戏有所禁限。面对赛社演剧带来的一系列问题和隐患,当地政府既不能完全废止,又要维护治安,便只能出台各种规定对赛社演剧进行限制。禁令十分多见,但民间赛社引发的聚赌、夜戏仍屡禁不止,这便体现了民间自治与政府管理之间的博弈。因为赛社活动是各村社体现独立话语权的一种独特方式,在这样少有的狂欢场合,各社都希望借此机会展示自己的权威并努力占有话语权。借助迎神赛社仪式中的神圣与暴力,村社的力量骤然上升,并隐隐有挑战世俗的国家基层行政权的渴望。正是因为这样的时刻殊为难得,所以即便赛社活动中存在赌博或夜戏带来的种种弊端,但依然不会削减村社对于赛社活动的浓厚热情。

夜戏禁而不止,一些暴力剧目更会加深人们内心的狂欢性与反抗意识。有学者指出,"旧式戏剧对社会风气的影响极大",多数剧种上演的是历史题材的争斗戏,看过之后使人"做事只求合乎人情,蔑视道德法律"。②再者,人们的成长环境对于暴力文化的生成也有着不小的作用。儿童从小目睹杀羊宰鱼等血腥行为,斗鸡斗蟋蟀等娱乐行为,年轻人之间斗殴打架的流血行为,还能看到鞭笞罪犯或公开处决的场景,再加上成长过程中听到的民间传说和时常看到的戏剧打斗,会让暴力行为得到美化。③

(三)社费摊派导致社民教民对抗

民间赛社在清末民初时还出现了新的矛盾,即赛社费用的摊派导致村中社民与教民之间的冲突对抗,在此过程中暴力事件常有发生。清末基督教、天

---

① [日]田仲一成编:《清代地方剧资料集·华中篇》,东京大学东洋文化研究所附属东洋学文献中心1968年印,第25页。

② 刘振华、刘平:《民国时期豫西的社会暴力习俗探究》,《郑州大学学报(哲学社会科学版)》2016年第5期。

③ [美]罗威廉:《红雨:一个中国县域七个世纪的暴力史》,李里峰等译,中国人民大学出版社2013年版,第6页。

主教逐渐进入乡村社会，部分村民皈依入教后拒绝缴纳社费，这对传统的神庙组织带来了严重的冲击，也引发了本土信仰与外来文化的对抗。例如，咸丰十一年（1861 年）山西阳曲县窑儿上村教民白耀、张纯破坏村社规矩，抗交摊派费用，社首张际宗将二人控诉至县衙，教民怀恨在心挟私报复，将社首张际宗打伤。同治九年（1870 年）乡民贺选因拒摊村中神戏钱，与其姐夫王玉发生纠纷，教民因王玉不信天主教而将其殴成重伤。上述案例既是社民与教民的文化对抗，也属于赛社经济引发的问题，关于这两点，学术界均有涉及。①传统的观点认为，文化与信仰的冲突是引发民教矛盾的主要原因，但也有学者认为赛社经济问题的根源性驱使或许更为重要。社费是维持赛社活动的先行条件，为了保证赛社日常工作的进行，就需要赛社征收费用制度化。“村社以制度化和标准化的方式保障了赛社文化的长期有序与持续进行。”不过村社毕竟是民间和自发的组织，“虽有约定俗成的社分征收办法，但又没有明确的惩罚措施，加之村社人员时有流动”，以及各社互相攀比、铺张浪费、社首贪污等影响，时常让赛社经济面临挑战。②特别是民户费用征收不齐的问题，尤为严重。清末，一些社民因为入了教而拒绝缴纳社费，这样的行为对赛社征费制度破坏很大。加之大部分教民就在村社中生活，每遇赛社演剧，虽是敬神，也是娱人，虽然教民未曾交费，但有些人还是忍不住想要去免费观剧，正所谓“吝于出钱，勇于观剧”③，这种行为更为村社所不容，发生暴力冲突也就在所难免。

而且，教民不纳戏份始终无法获得乡绅的谅解，教民的行为被看作是“对社首权威的严重挑战与蔑视”。此外，民间的迎神赛会在乡民眼中既有娱乐功能，也有祈神消灾的作用。在乡民眼中，教民不交社费破坏了当地的民俗信仰和村社团结，同时让普通的不信教社民承担了更多的社费。更严重的是，一旦遇到灾荒，乡民还会将原因归咎于教民，认为是他们拒绝缴纳社费导致酬神演剧不畅，而让大家遭到了报复。④这样一来，双方的矛盾就更加激化。周琳在研究脚夫组织的时候发现“暴力既不是人们最初的选择也并不是最优的选择”，暴力殴斗是为了维护利益、提出诉求，是一种不得已之下才使用的“适应

① 赵英霞：《乡土信仰与异域文化之纠葛——从迎神赛社看近代山西民教冲突》，《清史研究》2002 年第 2 期；王紫薇、李永胜：《浅析晚清山西民教争端的起因和处理——以迎神赛会引起的民教冲突为中心》，《山西大同大学学报（社会科学版）》2014 年第 5 期；姚春敏、杨康：《清代至民国迎神赛社经济问题研究》，《南京社会科学》2020 年第 5 期。

② 姚春敏、杨康：《清代至民国迎神赛社经济问题研究》，《南京社会科学》2020 年第 5 期。

③ 参见《东方杂志》1904 年第 11 期，转引自赵英霞：《乡土信仰与异域文化之纠葛——从迎神赛社看近代山西民教冲突》，《清史研究》2002 年第 2 期。

④ 赵英霞：《乡土信仰与异域文化之纠葛——从迎神赛社看近代山西民教冲突》，《清史研究》2002 年第 2 期。

性策略”。[①]同样的，社民与教民在社费摊派问题上采取暴力手段也是一种无奈之下的策略。

其实，暴力文化不仅有层次上的不同，也有程度上的区别。同样是赛社文化中的暴力冲突，有些只是争吵殴斗，有些则上升到人命案件，有些只是村社矛盾，有些则上升到国家与社会。清代华北民间赛社中的暴力还有着阶段性的变化，道光之后，由于受到外来政治经济文化的多方面影响，暴力的实质也在逐步转变，从一元到多元，从简单到复杂。

三、暴力的消散：赛社冲突的化解之道

中国古代传统社会向来主张以和为贵，奉行“化干戈为玉帛”之道。既如此，民间赛社中的暴力冲突又该如何消解？欲了解这点，首先要明白赛社活动中使用暴力的目的。其实，归结起来，动用暴力手段，最终还是为了解决矛盾纠葛。如果是个人之间，通常要看具体事件的处理情况；家族和村社之间则要看如何尽可能让各方都相对满意；如果是个人与村社之间出现矛盾，则村社要达到惩罚目的以儆效尤才行。对于地方政府而言，其实最重要的就是息事宁人。因此，如果村社自身解决不了的问题就会向上推给政府，谋求与地方政府的对话，又或者会将发生暴力冲突者开除出社，以达到所谓的村社认同。所以，“王朝制度与民间社会之间并非是一种单向度的实施与支配的关系，实际处于一种交融与互动的状态[②]。”村社想以官方的名义增加其制度的权威性，同时推进赛社的标准化建设。在赛社问题上，村社组织与地方政府的目标其实是一致的，“村社需要国家力量介入来增加祭祀制度的权威性和保障村社在仪式的运行中维持自治”，“地方政府同时也得依赖村社对土地与人口的翔实掌握来实现治安与辖区统治”。所以，清代华北民间赛社所处的村社环境其实是“国家与地方政府行政干预与村社内部自我约束相互结合和互补的有机体系”[③]。因此，暴力的消解最终还是要依靠村社内部与地方政府的相互配合。

而且，在赛社活动中“无论是抢銮驾，还是拦銮驾”，民众内心都是虔诚的，有时乡民争执十分激烈，几乎要开始殴斗，但不知为何，争吵突然变成诙谐的笑语，接着继续抬轿。“这种无序也是一种规则”，而且这种规则在民众的日常

① 周琳：《殴斗的逻辑——乾隆至同治时期重庆的脚夫组织》，《清史研究》2018 年第 3 期。

② 杨国安：《控制与自治之间：国家与社会互动视野下的明清乡村秩序》，《光明日报》，2012 年 11 月 29 日，第 11 版。

③ 姚春敏、杨康：《清代至民国迎神赛社经济问题研究》，《南京社会科学》2020 年第 5 期。

行为中已经内化为一种理解与适应，“看似没有规则的背后，其实更多的是民众自己的理解，是民众自己熟悉的规则”①。所以，如果只是普通的矛盾冲突，其实可以先让民众自行化解。

总之，随着社会的进步和文化治理的逐步细化，暴力也在尽可能被逐步消解。人们会有更多的途径和渠道去解决面临的问题，用暴力解决问题的方式也在逐渐被取代，使用暴力的成本日渐升高，而暴力的需求度则会日渐下降。所以，我们既不能忽视、否定暴力文化的存在，也不必过分担忧和惧怕，因为暴力并非永恒，暴力终会化解。②

四、余论

上述内容主要是从暴力文化的视角，对清代华北民间赛社活动中的冲突与矛盾进行研究，无论是赛社文化与暴力冲突的关联，还是暴力的层次，再或是暴力的消解，都是在新文化史的研究层面通过暴力视阈对民间赛社进行的较为新颖的解读。但是囿于民间社会文化传统的多样性，本文提出的暴力文化视阈也只是众多的研究路径之一。

对民间赛社和暴力文化的探讨，有助于我们深入了解清代华北民间文化的治理方式。与此同时，人们对于暴力文化应该具有正确的认知。解析暴力文化也是文化治理的关键之一，这一点以往很容易被忽略。鉴古知今，面对社会复杂多元的文化环境，不忽视暴力文化的存在，进而深入剖析、解构暴力文化产生的环境和原因，找到消解暴力的方法，对于当代社会的文化治理也颇具参考价值。当前社会存在着家庭暴力、校园暴力、网络暴力等多种复杂现象，很多与人们的日常生活息息相关，正确解读暴力文化，融入现实关怀，有助于我们明确文化环境，掌握文化资源，同时形成多元的文化治理思路。近几年来国家十分重视文化产业的发展，加入暴力文化的相关内容，也有助于对文化产业发展史的补充和梳理。

此外，在学术研究层面，“新文科”建设的核心理念之一便是“融合”，打破壁垒，开展跨学科研究是“新文科”建设的必然方向。③在“新文科”背景下，文

---

① 姚春敏：《摆拍与日常：非物质文化遗产视域下的民间赛社仪式探微——以山西上党潞城贾村赛社与唐王岭十转赛为例》，载《中国文化产业评论（第27卷）》，上海人民出版社2019年版。

② 李里峰：《暴力是恒久的吗？——解读〈红雨：一个中国县域七个世纪的暴力史〉》，《福建论坛（人文社会科学版）》2014年第10期。

③ 马骁、李雪：《创新与融合：学科视野中的“新文科”建设》，《中国大学教学》2020年第6期。

化管理学科也需要融入多学科的交叉内容。以问题意识为导向，将暴力文化视角作为一种新理论，运用在清代华北民间赛社文化的研究中，并延伸到清代的文化治理方式，其中涉及历史学、民俗学、艺术学、管理学等多个学科的研究方法。这种探索与尝试不仅是一种融合创新或者说是范式转移，更是对“新文科”内容多元化和视野国际化的有益实践。

The Analysis of the Violent Conflicts in the Culture of the Folk Sai-she in North China in the Qing Dynasty

Meng Ziliang　Zhao Zhenfeng

Abstract: The culture of folk Sai-she has been the focus of academic attention in recent years. However, the previous study seldom discuss the contradictions and conflicts in the Sai-she activities from the perspective of the violent culture. As a new research approach, the perspective of violent culture is helpful for us to further analyze and understand the violent conflicts and entanglements in the culture of folk Saishe in North China in the Qing Dynasty. Firstly, The violent conflicts are reflected in the competition of bigger say among the family village communities. Secondly, the violence conflicts are the competition between the folk autonomy and the government management. Besides, there are confrontations between Shemin and Jiaomin caused by the apportion of financial expenses. The use of violence is also to resolve contradictions, and the solution of violence ultimately depends on the mutual cooperation between the village community and the local government. Under the background of "new liberal arts", applying the perspective of violent culture as a new theory in the study of folk culture governance in the Qing Dynasty not only is a beneficial attempt for the diversified content and international vision of "new liberal arts", but also has certain value for contemporary cultural governance.

Key words: folk Sai-she; violence culture; North China in the Qing dynasty; cultural governance; contradictions and conflicts

边境治理中的戍边文化资源发掘与运用

云南大学　范　俊

［内容提要］　作为国家疆域最边缘的区域，边境有着不同于中心的特殊性问题，这些复杂且事关国家总体安全的问题解决有赖于资金、设施、制度等物质性资源投入，也需要文化等精神性资源的运用。以戍边为主要内容的戍边文化作为精神性资源的一种，广泛存在于历史和现实之中，是激励党、政、军、警主导性治边力量克服一切困难履职尽责的精神动力，也是驱动边民自觉主动参与边境治理的心理机制。同时，戍边文化中还蕴藏了可以借鉴、吸收或运用的治边机制要素。基于这一背景，广泛深入挖掘边境区域的戍边文化，创造性运用于边境安全治理中，具有重要的意义。当前，亟需遵循为边境治理服务的导向，将分散在社会中没有得到重视的各种有利于边境稳定、发展、繁荣的传统文化进行收集、整理、提炼、宣传，注入时代精神，赋予治边价值，凸显社会影响，构建起符合新形势、能够解决新问题的新型戍边文化。

［关键词］　边境；边境安全；戍边文化；挖掘运用

中国周边接壤国家众多，形成漫长的陆地边境线。边境线两侧的边境区域，地形地貌复杂、跨境民族众多、宗教文化多样、经济社会往来频繁、周边局势多变，形成一个独特地理社会环境空间。环境的独特性给边境管控和治理带来极大挑战，生成一些特殊性的边境问题，一是边界、国门、口岸管理问题；二是非法经济、社会跨境治理问题；三是疫情疫病防治问题，等等。这些问题往往表现出易发性和多发性，在特性上又表现出隐蔽性，个别问题还具有突发性，从而使得边境治理相对国家地理空间的其他区域治理更为复杂。围绕这些问题的解决所形成的系列复杂的边境治理具体事务，需要投入巨大人力、物力、财力，制定科学的制度和政策，才能有效处置与解决。戍边文化作为区别

于其他硬性治理资源的特殊软性治理资源，广泛存在于国家边境沿线区域社会之中，发挥着“以文化人”的特殊功能，对于调动边民等边境治理主要力量形成强大爱国意识、守边固边自觉意识具有特殊价值。正确认识这一文化的发生作用机理，进而提出其作用有效发挥的路径成为一个重要的命题。

一、问题的提出

中国毗邻的周边国家相对较多，进而产生不同于国家中心区域的边境治理问题。复杂的边境问题治理需要依赖各种治理资源的投入。从现实的人力资源投入看，当前边境治理中，党委、政府、军警无疑发挥着主导性作用。现代治理理念更加强调社会参与，边境治理需要针对不同问题进一步调动更多社会力量发挥特殊性作用，并由此形成合力治边体系。对此，国家已有充分认识，联防联控、群防群治已成为边境安全治理的主导性治理机制，得到普遍性重视。边民群体作为长期居住于边境区域的特殊主体，是参与联防联控、合力治边体系不可或缺的力量。在动员“边民”参与或支持边境治理问题上，国家制定了一系列政策和措施。其中，最具重要意义的是，2017 年中办出台的《关于加大边民支持力度促进守边固边的指导意见》以及国办印发的《兴边富民行动“十三五”规划》，要求各地大幅提高边民补助，加快或全面解决边民饮水安全和住房安全，提升边境通信条件，加强边境村镇道路建设，大力改善边境地区农村居住环境等。在此指导之下，辖有陆地边境的省区和地方也纷纷出台了地方性实施办法，比如云南省政府印发《深入实施兴边富民工程改善沿边群众生产生活条件三年行动计划(2018—2020 年)》，辽宁省委、省政府印发《关于加大边民支持力度促进守边固边的实施意见》等。除边民群体以外，全国其他社会力量同样也可以发挥治边作用。对此，国家主要通过具有中国特色的对口支援政策来实现。当前中国已经建立一个多领域、多层次、多形式、多内容的跨区域对口支援模式与体系，虽然这一体系并不直接针对边境治理而设置，但不能忽视的一点是，中央政府第一次明确提出对口支援是在 1979 年北京召开的全国边防工作会议上，由此体现出这一政策对于边境治理的重要性。①

另外，从物质、财力等资源投入来看，基础设施建设、优势产业发展、基层组织建设、口岸与安全设施建设等内容则是主要方面。需要注意的是，“边民

① 覃乃昌：《关于我区对口支援工作的几点认识》，《广西民族研究》1988 年第 2 期。

参与边境治理不是个别行为，而是一种普遍性行为，遵循了一定的集体行为逻辑”①。可见，形成全体边民自觉守边固边局面，单靠政策性资源激励是不够的。同样，要让全国民众积极自愿支边援边，依靠任务型驱动的对口支援制度同样动力不足。

因此，在复杂的边境治理问题和繁重的边境治理事务面前，实现包括边民在内的各方力量形成主动、自发、尽心参与边境治理的心理和观念，构建更深层次、更为紧密的“五位一体”党政军警民治边体系，不仅需要发挥物质性、政策性资源作用，更需要调动和整合其他潜在的资源。“文化是一种社会黏合剂，它通过为组织成员提供言行举止的标准，而把整个组织聚合起来……文化作为一种意义形成和控制机制，能够引导和塑造员工的态度和行为。”②习近平总书记也强调，一项没有文化支撑的事业难以持续长久。③边境安全维护，必须发挥文化资源的特殊作用。“广大边疆地区蕴含着可资利用的丰富文化资源，在陆地边境安全的治理中从整体上去挖掘整合这些资源，有利于发挥文化的治理功能。”④如此看来，在边境治理中充分挖掘利用好文化资源确实必要与可行。戍边文化作为边疆和边境治理的一种独特文化，自然也具有引导和塑造广大民众形成爱边、治边、援边自觉心理的重要作用。一些地方也进行了运用戍边文化治边的有益实践尝试，比较典型的是新疆部分地方建立“小白杨”戍边文化纪念馆，打造“小白杨”戍边文化品牌。部分学者也进行了理论探索，主要围绕以下方面展开：一是总结戍边精神，主要是基于新疆建设兵团的特殊实践，提炼出军垦文化⑤、红色屯垦戍边文化⑥、扎根与奉献边疆的胡杨文化⑦，以及边境哨所的“小白杨”文化⑧。二是提出“文化戍边”机制，认为社会主义先进文化对边疆社会全体成员思想与行为的引导⑨，具有“内化于心、

---

① 孙保全：《边民意识：一种重要的边境治理资源》，《广西民族研究》2019 年第 2 期。

② ［美］斯蒂芬·P.罗宾斯：《组织行为学》（第 7 版），孙健敏、李原译，中国人民大学出版社 1997 年版，第 526 页。

③ 闻言：《坚持文化自信，建设社会主义文化强国——学习〈习近平关于社会主义文化建设论述摘编〉》，《人民日报》，2017 年 10 月 16 日，第 7 版。

④ 白利友：《陆地边境安全治理的多维向度》，《社会科学战线》2020 年第 12 期。

⑤ 雍会、孙璐璐、张静：《军垦文化发展内涵与文化戍边研究》，《新疆社科论坛》2015 年第 6 期。

⑥ 赵建基：《兵团屯垦戍边文化的红色主旋律》，《兵团党校学报》2020 年第 2 期。

⑦ 白关烽、王玉林：《胡杨精神：形成过程，历史作用与新时代传承弘扬》，《兵团党校学报》2020 年第 6 期。

⑧ 刘冰：《让“小白杨”精神浸润时代人心》，《伊犁日报》，2020 年 10 月 26 日，第 7 版。

⑨ 吕朝辉：《新时代文化戍边的理论意蕴及实践》，《湖北民族大学学报（哲学社会科学版）》2020 年第 6 期。

固化于制、外化于行”的独特特征[①]。概言之，文化戍边机制就是以文化保卫边疆安全、发挥文化的非传统功能[②]。但总体看来，有关研究仍显不足，缺乏对其内涵的准确界定和把握，尤其在与文化戍边的区分上未作进一步讨论。对戍边文化的特殊功能和价值始终未能给出强有力的阐释。面对这样一种情况，本文专门提出了“戍边文化”概念，就此来描述和分析其边境场域中的特定治边功能，以期形成新的学理性认知。

二、戍边文化的内涵

关于边疆或者边境文化相关的研究众多，涉及边疆文化治理、边疆文化型治理、文化戍边等不同的概念，各种用法相互混杂，少有人对其进行区分。事实上，这些概念之间有着明显差别。边疆或者边境文化是指在边境特殊地理空间产生，经过长期积淀而形成的一种特殊的稳定性文化，相较于其他类型文化，它更加强调地理的特殊性。边疆文化治理可以从两个层面加以理解：一是对边疆或边境文化进行治理，即从国家文化安全考虑出发，针对边疆或边境文化中一些威胁着国家统一、民族团结、社会稳定的消极文化进行治理，例如关涉宗教文化安全、意识形态安全、文化认同安全的宗教极端文化等。二是以文化进行治理，即将文化作为一种重要的资源或是工具，运用到边疆或边境问题的治理中去，例如历史上“因俗而治”治边文化资源的运用。边疆或边境文化型治理、文化戍边与第二种含义更加接近，强调的是各种文化资源的使用，其所针对的特定问题多样，既关涉文化安全问题，也涵盖经济发展等其他方面。

戍边文化显然是边疆或边境文化的一种，是与边境治理关联的地方政府、驻军系统、沿边居民群体在工作、生产、生活中所“积累起来的经验、智慧的象征符号以及所代表的价值、理想和信念”[③]，具有不同于其他文化的明显特征。

一是悠久的历史传统。戍边文化不是一个年轻的新事物，秦朝北击匈奴，汉武帝反击匈奴之战，戚继光抗倭，郑成功收复台湾等，不一而足，都是典型事件型戍边文化。李白《从军行》中“愿斩单于首，长驱静铁关”，体现出关防将士守卫家园、驱敌出境的豪迈气魄。边塞诗歌一度成为一种特殊的古代文学现象，描绘边关将士杀敌建功，思念故乡之情。玉门关作为戍边之所成为诗歌中

① 方盛举：《边疆治理现代化视域下的文化戍边方略》，《思想战线》2019年第6期。
②③ 徐黎丽、杨朝晖：《论文化戍边》，《新疆社会科学》2013年第3期。

最为常见的意象，也反映出古人对于内地与边关、家国与异乡有着朴素的认识，这些构成了文学艺术中的戍边文化。需要注意的是，古代所戍之“边”并非当代主权国家意义上的边境或是边界。王朝国家时期，“有边陲而无边界”①，因此古代的戍边文化大多体现的是边关兵士忠君爱国的传统文化，古人的边关意识是由不同文化共同体或是地域共同体入侵激发而形成，完全不同于当代主权意义上的边界意识。这种现象一直持续到清末，随着1648年威斯特伐利亚体系确立了国家主权领土体制，在西方国家虎视眈眈侵犯或蚕食中国沿边领土之际，清王朝在内忧外患之中逐步形成主权意义上的边界或是边境观念意识，严格来说，自此之后的戍边文化也才具有了当代意义上的守边固边内涵。

二是特殊的空间场域。不同的时空伴生不同的文化，戍边文化形成且存在于一个特殊的地理空间之中，古代边塞要地是传统戍边文化存续的空间，将士、边关、落日、战马等要素成为文化外显的标志性要素。苦寒的地理环境孕育了传统戍边文化思亲、豪迈、忠义的特点。在近代以来的国家主权体制下，随着确定性边界的形成，戍边文化的存在场域更加清晰，包括由边界构成的“线”以及边界内外两侧生成的“面”。随之带来的是戍边文化内涵的丰富，除了豪迈英雄的边关将士、荒凉冷漠的环境、惨烈的杀敌战斗等之外，界碑、口岸、贸易互市点、边境通道、治边标语、边境村庄等许多彰显主权的现代政治要素也进入戍边文化内涵之列，进而延展到国家守土固边的责任和保护主权完整以及强边固防的义务和决心等文化要素。更为重要的是，边民作为边境区域安全守护者的意涵也逐步融入，边民的身份认知、国家认同、国界意识、护边责任、国防义务等概念充盈了戍边文化。

三是特定的目标指向。简单地说，戍边文化的目标是指为何而戍边，戍边文化因何而生。总体而言，国家安全是其主要目标指向。传统的戍边文化主要追求的是边关安宁，保障王朝国家免受其他割据势力、文化异族等侵犯，更多体现的是战争与军事等传统安全的维护。由于主权时代边境意涵的转换及丰富，决定了在此背景下的戍边文化，不仅指向国防等传统安全，还包括文化安全、社会稳定、生态安全、疫病防治、灾害防范等非传统安全，相较而言，当下的戍边文化更加侧重于非传统安全的维护，而且安全目标追求所必需的发展支撑，越来越受到重视。

---

① [英]安东尼·吉登斯：《民族—国家与暴力》，胡宗泽、赵力涛译，生活·读书·新知三联书店1998年版，第4页。

四是明确的价值取向。任何的文化都蕴含着特定精神价值和追求，传统与当代戍边文化的价值取向明确：一是忠诚使命，服从大局。边疆与边境远离中心区域，自然环境恶劣，生活条件艰苦，少有人愿意长期扎根。无论是历史中的军屯文化，还是新中国成立后的兵团文化，“小白杨”哨所文化，无不反映出为了国家边疆安全稳定，毅然服从使命和大局，远离家乡，扎根边疆，默默履行任务，体现了舍己为人、无私为国的崇高思想。二是忠于国家，保家卫国。戍边文化背后透露出强烈的爱国主义精神，忠于党和国家，对敌同仇敌忾，牺牲奉献。三是责任自觉，自愿守边固边兴边。戍边文化期待形成强烈边界意识和敏锐边境安全心理，寻求守边固边兴边的自愿自觉。通过这些具体的价值追求，最终达到“安全立边、富裕强边、文明睦边、和谐融边、美丽筑边”的目标追求。①

三、戍边文化的时代价值

“文化是人们价值观的思想基础，个体的思想方式、行为习惯深受其文化的底蕴和根基的影响。”②可见，文化具备“以文化人”，教育、凝聚不同群体自觉而积极参与边境治理的力量。对于特殊空间场域下形成、目的指向明确的戍边文化而言，理应对戍边工作者、边民乃至与“边”关系相对疏远的其他群体具有熏陶、教化、激励的价值，从而在复杂艰苦的边境治理中，发挥出“内化于心、固化于制、外化于行”的功效。③

（一）激发戍边精神动力

精神在文化的土壤中生长，文化孕育着精神。戍边文化蕴含着艰苦奋斗的精神，能够激发边民战胜一切困难的意识，从而成为兴边富边的精神动力。边境大多数地区生存环境恶劣，经济发展落后，世代居于此地的边民群体受传统因素影响，自我发展意愿不强，发展能力不足。哨所文化、屯垦等传统的戍边文化体现着不同群体不怕艰难困苦，战胜恶劣条件，谋取胜利的精神。通过大力挖掘与弘扬，可以进一步激发边民敢于战天斗地，奋斗向上的意识。

---

① 吕朝辉：《新时代文化戍边的理论意蕴及实践》，《湖北民族大学学报（哲学社会科学版）》2020年第6期。

② 袁明旭、邹荣：《中华民族共同体意识培育与边民国家认同意识再造》，《云南师范大学学报》2020年第5期。

③ 方盛举：《边疆治理现代化视域下的文化戍边方略》，《思想战线》2019年第6期。

戍边文化蕴含着强烈的爱国、爱岗、奉献精神。一代代的守边人在强大的爱国主义精神感召之下，驻扎艰苦环境中履职戍边，生产戍边，体现了为国奉献精神。党政军警民是构成当前边境治理的新型治理体系，各方主体扎根边疆、履职奉献的强烈责任感、使命感，是这一体系优势极大发挥的动力源泉。“对政治行为的影响正是政治文化的一种基础性的功能”①，通过戍边文化散发出来的爱国精神，能够为当前“五位一体”治边体系中的所有集体和个人提供强大的精神动力，进而转化为他们履行自身职责、默默奉献岗位的具体治边行为。

（二）涵育自觉边民意识

只有文化才能把各种知识与思想内化于心，外化于行，形成自觉的情感支持和自愿的个体行动。作为指向明确的一种特殊文化，戍边文化对沿边居民而言，同样是一种培育、强化并最终形成自觉爱国意识、边界意识、守边意识、兴边意识的重要化人心理机制。

领土意识。“普天之下莫非王土”的文化思想下不能形成现代国家意识。因此，“尽管早有‘边民’一词，但此时的边民并不具有现代性的国民内涵，也自然无法形成与国家认同、公民义务相结合的边民意识”②。清末，边地居民“既缺乏国家观念，又无民族意识。散处边地，易受外人诱惑，今日为中国人，明日亦可为外国人。朝秦暮楚，不知国家民族为何物。对于国防上及安定后方生活危险殊甚”③。在领土主权体制下，戍边文化中包含着许多体现领土主权的边界文化，对于边民领土意识和国家认同的强化具有重要作用。例如，“界河在，家就在”的西北边境第一民兵哨所的主人公马军武夫妇戍边文化，以及这一带传唱的“我家住在路尽头，界碑就在房后头；界河边上种庄稼，边境线上牧羊牛”的民间歌谣④，都体现出以界河、界碑为中心内容的戍边文化在激发边民领土意识中的重要价值。

国家意识。国家意识与领土意识相伴而生，“就公民群体而言，相同的领土认同是相同的国家认同的标志性内容”⑤。通过戍边文化的加工运用，对于领土守护的强烈意识可以进而转化为对国家的强烈认同。西藏隆子县玉麦

---

① 周平：《中国少数民族政治分析》，云南大学出版社2007年版，第157页。

② 孙保全：《边民意识：一种重要的边境治理资源》，《广西民族研究》2019年第2期。

③ 凌民复：《建设西南边疆的重要》，《西南边疆》1938年第2期。

④ 石铝莹、吴启刚、王传峰：《27载，执着坚守桑德克》，《解放军报》，2015年5月11日，第9版。

⑤ 周光辉、李虎：《领土认同：国家认同的基础——构建一种更完备的国家认同理论》，《中国社会科学》2016年第7期。

乡，桑杰曲巴和女儿卓嘎、央宗两代人几十年来扎根于此放牧守边，形成了“作为玉麦人，我们的职责就是放牧和守土固边”的深刻认识。[①]习近平总书记高度肯定了这一事迹所蕴含的“家是玉麦，国是中国，放牧守边是职责”的爱国信念与精神，构建了“国”与“边”、“家”与“国”、“小家”与“大家”的紧密关系，使这一事件形成具有时代精神的更高层次的政治文化资源。这一过程充分反映了戍边文化资源所蕴含的对家国意识、爱国情怀的涵育价值。

安全意识。国家意识与领土意识的增强不足以促使自觉主动地维护边境安全意识和行为，对此一些学者早有洞见，边民虽然有着“国家情”，但他们却并不太关心“国家大事”[②]。现实中，长期和平发展的环境也让边民丧失了国家安全和边境安全的警惕意识，尤其是信息安全、文化安全、经济安全等非传统安全意识相对淡薄，在面对一些利益诱惑时，部分人甚至违背国家法律规定，做出有损国家安全的违法行为。边境安全是国家安全的重要内容，必须让边民形成强烈的警惕意识，认知各种安全隐患，认识到与自身利益攸关，才能增强更高层次的国家安全意识。戍边文化具有一定的警示教育功能，通过对戍边事迹、戍边英雄等文化资源的宣传利用，有利于增强边民忧患意识，也能形成公众了解边境安全知识，引发更大社会范围对边境安全的重视和关注，推动边民护边能力和社会护边氛围的增强。

守边意识。边境安全的巩固离不开边民自觉参与守边，而这种自觉又取决于强烈责任意识的树立。责任意识是指群体或个人对从事某项事业或属于某个角色所应承担的责任和履行的义务，持支持或肯定态度。没有众多边民有序参与边境治理事务，自觉履行边境管控规范，主动发展边疆经济，边境安全与稳定便会失去大众根基。在戍边文化的引导之下，边民可以强烈感受到边界所带来的国家身份的“我者”与“他者”的区分，正是在这种深刻的领土认知、浓厚的国家情感、全面的安全认识基础上，延伸产生出强烈的守边固边意识，推动日常性的守边固边参与行为的生成。

（三）创新治边体制机制

戍边文化总是通过最具有代表性的戍边人物、戍边事迹、戍边事件等凸显出来，这些事件或是事迹在歌颂为国戍边的伟大精神之外，许多还包含了符合边境环境实际、体现不同群体守边固边智慧的机制因素，可以结合新的边境治

① 王茜、嘉措：《两代人，两万多个日日夜夜的守护》，http://china.chinadaily.com.cn/a/201803/23/WS5bea94e1a3101a87ca92e004.html。

② 陈怡：《社会中的国家与国家认同悖论——当代壮族边民的国家意识及行为逻辑研究》，《黑龙江民族丛刊》2015 年第 6 期。

理需求加以创新性运用，为新形势下的边境稳固发展作出贡献。例如，云南充分发挥中缅边境拉祜西在原始社会时期的青年组织协同治理的传统戍边文化，创造性转化为各户值班制度与民兵巡逻制度。①云南普洱孟连县发挥各民族中长期存在分班做事、群众互帮互助的体现“信”的边境社会生产生活文化基础上，创建“班户联建”管理运用于脱贫攻坚和外防疫情输入，并进一步制度化、机制化，构建了“村村是堡垒、家家是哨所、人人是哨兵、处处有防范”的联防联控、群策群力边境治理新格局。还有，军队传统戍边文化中一直具有鲜明的“军地鱼水情”“军民鱼水情”内容。云南边防警察充分发挥这一戍边文化传统，实施爱民固边战略，将为民服务作为增强边民政治认同的重要手段，具有较好效果。

事实上，类似通过戍边文化相关有益要素的挖掘，形成创新型治边机制的案例还有许多。但整体上看，也还存在许多戍边文化的此类价值未受到学术界充分重视的情况。例如对兵团文化，学术界大多将其作为国家正式政治治理制度之外的一种特殊性制度来进行研究，对其内涵始终坚持尊重少数民族生活习惯和宗教信仰，为少数民族群众服务的关注运用还不够②。同样如此的还有对云南普洱民族团结誓词碑的研究，大多关注其背后所蕴含的各族群众团结一致建设边疆的文化价值，但对边境民族团结工作中政治仪式的功能、政治仪式中吸收少数民族文化的手段、中国共产党群众工作的运用却有所忽略。这些文化要素只要运用得当，同样对边境治理机制创新具有重要意义。例如，部分边境少数民族基层在宣传贯彻国家政策过程中，利用少数民族传统文化仪式，因地制宜地嵌入军民融合等政治符号。新疆农村基层在开展“访惠聚”活动中，充分利用少数民族节日，开展惠民政策和中华民族文化宣讲等活动，很好地实现了国家与社会在文化层面的有效连接。

四、戍边文化的当代挖掘与运用

戍边文化广泛分布于沿边历史与现实社会中，经过创造性转化之后，能够构成激发各种边境治理力量兴边固边热情，强化边民意识进而自觉参与边境治理，创新边境治理新机制，从而成为边境安全治理的一种基础性力量。

① 廖林燕：《经久不衰的“拉祜理”：南段拉祜西边境安全治理的传统文化机制研究》，《西北民族大学学报（哲学社会科学版）》2019 年第 5 期。

② 杨梅华：《兵团文化在维稳戍边中的引领作用探析》，《农场经济管理》2017 年第 9 期。

党的十九大提出“确保边疆巩固、边境安全”，凸显了边境安全在总体国家安全中的重要意义，维护边境安全，必须“统筹国土安全和国民安全、传统安全和非传统安全”，必须“增强全党全国人民国家安全意识”。①在此要求下，必须以邻近边界的边境为空间范围，解决边疆发展、边境安全的突出问题。

“对一个社会起决定作用的是文化，而不是政治。”②在国家新的边境安全治理要求以及边境安全的新情况下，必须发挥戍边文化的重要作用，深入挖掘其中蕴含的各种有利因素，“推动全社会形成维护国家安全的强大合力”③。对戍边文化的挖掘是一个文化再加工的过程，边境安全治理导向下的文化挖掘需要遵循为边境治理服务的目标，将分散在社会中不易引起重视的各种有利于边境稳定、发展、繁荣的传统或当下文化进行收集、整理、提炼、宣传，注入时代精神，赋予治边价值，凸显社会影响，发挥稳边、固边、兴边功能，构建起符合新形势，能够解决新问题的新型戍边文化。

（一）重视戍边文化挖掘中的针对性

目前对于戍边文化挖掘的重点还集中于军队抗战戍边文化，对战士英勇抗敌文化精神的弘扬固然对激发全社会爱国精神、形成对军人的尊重具有重要作用。但是，由于它与边民生活关联相对不够直接，导致它对边民的文化亲和力不够强烈，影响边民守边固边意识培育的作用力。仅有抗战戍边文化是不够的，需要在此基础上挖掘出更多能够反映边民护边的典型文化，更加直接地形成激发边民爱国护边意识的戍边文化。

（二）加强发展型导向的戍边文化挖掘

现有研究大多针对兵团文化、屯垦文化、哨所文化、抗击侵略文化展开，历史文化的来源和传统安全的指向较为明显。当前，中华民族面临伟大复兴，边境不仅承担着拱卫中心安全的重任，还是承载中国对外开放的前沿，由此带来的文化安全、生态安全等非传统安全成为威胁边境安全的主要问题，必须从历史现实文化、党政军民文化、地方民族文化、民间社会文化等多领域中，充分挖掘丰富的戍边文化，进行创新性转化，成为凝聚各方力量合力治边的重要资源。当下既要重视“戍”所包含的军事防御、文化防御、生态防御等多个角度，更要重视建设、发展的多维指向，积极构建全方位、多内容的戍边文化体系。在此过程中，国家和地方各级政府要发挥主导性作用，形成戍边文化挖掘的主

①③ 习近平：《决胜全面建成小康社会夺取新时代中国特色社会主义伟大胜利——在中国共产党第十九次全国代表大会上的报告》。

② ［美］塞缪尔·亨廷顿、［美］劳伦斯·哈里森：《文化的重要作用——价值观如何影响人类进步》，程克雄译，新华出版社2010年版，第8页。

动意识和自觉，增强文化发掘能力、提炼能力和宣传传播能力。

（三）极力拓展多维戍边文化内涵

长期以来，学术界对于边境文化的关注大多聚焦于少数民族文化，视角大多基于文化产业发展、民族文化传承、民族记忆与民族认同。为数不多的戍边文化研究也是针对兵团文化、屯垦文化、哨所文化进行精神内涵挖掘。边境安全治理下的戍边文化挖掘，必须指向边民意识激发、治边动力迸发、治边力量凝聚，充分挖掘戍边文化中的制度文化、机制文化、精神文化、思想文化等，构建多维面向的戍边文化体系，充分发挥戍边文化的时代价值。

（四）注重挖掘同一戍边文化的多种价值

戍边文化首要功能毫无疑问是守边、固边、兴边、富边意识激发，但却又不仅限于此。有些戍边文化中还蕴含着激发民族团结、铸牢中华民族共同体意识的价值，例如新疆喀什塔吉克族拉齐尼·巴依卡一家三代担任护边员，足迹遍布帕米尔高原边防线上的每一块界碑、每一条河流、每一道山沟的事件性戍边文化，对各民族增强国家认同，筑牢中华民族共同体意识，团结一致守边固边精神的形成具有重要意义。对于戍边文化的挖掘，尤其需要重点关注这类具有多重价值的文化的挖掘和运用。

在广度与深度上充分挖掘戍边文化的基础上，还要进一步运用好戍边文化，真正融入边境安全治理的实践中，实现文化戍边功能。

广泛营造戍边文化氛围。宣传教育是政治社会化的重要手段，是铸牢边民领土意识，形成国家认同和守边自觉，激发建设发展边境热情的重要工具，戍边文化氛围的营造离不开广泛深入的宣传教育。在具体的宣传实践中，一要坚持正面宣传导向。面对党政军警民的不同主体，针对性选取戍边英雄个体和先进事迹，进行加工提炼形成能够揭示符合时代要求的精神实质、利于传播的政治话语，从而弘扬戍边文化的正能量，形成守边共识，引起爱边共鸣。典型个案的选取应当面向基层、贴近身边，小处中见精神，平凡中见伟大。二要创新宣传教育手段。充分考虑边境居民文化不高的现实，以群众喜闻乐见、通俗易懂方式进行戍边文化的宣传。例如，可以充分利用边地群众民族节日较多、爱好歌舞活动的特点，将宣传教育融入活动，增强宣传教育的吸引力。可以充分发挥传统的军（警）民共建、联谊等方式，加强驻军守边文化的宣传。在此过程中，要注意利用边民主体进行宣传，用身边的人讲身边的事。也可以运用情景教育宣传模式，将戍边文化教育宣传置于边境场景中，通过国门宣誓、国门诵读、边防巡逻体验、边境战争遗址参观等，增强国门文化、戍边文化宣传教育的现实感、真实感和立体感，从而增强化人效果。三要扩大宣传教育的范围。新时代的戍边之“戍”必须有建设边疆的内涵，边疆的建设不仅是边民的责任，更是全国各族人民的责任，建设美好边疆必须形成各地支援边疆建设的局面，需要将戍边文化传递到边民和具体戍边人员以外的更广范围，凝聚戍边的广泛力量，继承“到祖国需要的地方去”的传统支边文化，形成新时代的边疆支援氛围。在此过程中将戍边文化形成可以广泛传播的电影等文化产品，或是利于现代网络传播技术，促进戍边文化更广范围传播。可以针对青少年等重点人群，开展戍边文化进课堂，以多种形式发挥戍边文化的社会影响力。

充分发挥戍边文化的功能。戍边文化具有多维功能，除了边民意识的塑造之外，还蕴藏着更加符合边境特色，体现边民智慧的各种边境治理思想、方式和手段，给人启示和借鉴。现有研究更加侧重于边民意识的塑造和治边精神的弘扬，而对戍边文化中蕴含的戍边机制运用关注不够。事实上，牧民卓嘎、央宗姐妹全家两代人扎根玉麦，为国守边的守边文化，除了蕴含边民“家国情怀、自觉守边”立意之外，也凸显了“放牧守边”“神圣国土的守护者、幸福家园的建设者”①这一生产治边、以家固边的新型治边思维，从而对边境小康村建设等国家政策的出台起到指引性作用。除此之外，现实还有许多戍边文化可以深入挖掘，形成可以推广的治边机制，例如，云南省麻栗坡县的一些沿边村寨与相互毗邻的越南村寨之间以结义形式共同承诺保护界碑、边界线不受损坏，不参加各种犯罪活动等，很好地维护了边境的繁荣稳定。这一戍边文化体现的正是结义机制在边境安全治理中的功能。与此类似的还有，云南普洱民族团结誓词碑在承载各民族消除隔阂团结一致建设家乡的戍边文化的同时，也蕴含了边境少数民族盟誓文化在边境治理中的功能，同时也反映出中国共产党耐心细致的思想工作也是保证边境安全的重要保障。

有效发挥戍边文化的价值。运用戍边文化的最终目的是发挥其蕴含的价值功能，不仅是作用范围的问题，也是作用效果的问题。要最大化发挥好戍边文化的戍边功能，在戍边文化的运用过程中需要注意：一是增强戍边文化的敏感性。戍边文化对于自觉戍边意识和动力的激发、科学戍边实践活动的形成，离不开边境安全知识的普及。受传统习俗、市场经济等诸多因素的影响，边境沿线存在跨境走亲戚、过耕过牧等现象，这些习以为常的行为与认识不利于边

① 《习近平总书记给西藏隆子县玉麦乡牧民卓嘎、央宗姐妹的回信》，《人民日报》，2017年10月30日，第1版。

境安全的巩固，因此需要增强边民的国家安全意识，形成更为全面的边境安全知识，推动边民对戍边文化的重视。二是增强戍边文化与国家政策的结合性。边民中存在不关心国家，只关心切身利益，只对与自身利益攸关的国家惠民政策比较敏感①的情况，要将戍边文化宣传教育与边民补助政策的实施、边境小康村的建设结合起来运用，相互嵌套，综合发挥戍边文化功能。三是注重戍边文化的时代性创新。戍边文化必须与国家政治导向和时代精神相互契合，坚持为国家发展、社会稳定和人民幸福服务。当代的戍边文化必须坚持新时代中国特色社会主义思想的引领性地位，综合发挥戍边文化，涵养边民自觉意识，培养国家认同，增进中华民族认同的复合性功能。

五、结语

复杂的边境问题治理需要文化戍边。边境是国家疆域范围内的一个特殊性地理单元，具有异质于国家其他地理空间的情况。一是人文之异。边境地区少数民族众多，宗教信仰复杂，社会相对封闭，经济发展水平不高。存在着跨境民族、跨国婚姻、跨界交往等特有现象。二是地理之异。边境处于国土最外沿，疆域最低端，是拱卫中心的第一道防线，同时也是对外开放的前沿地带。边境地理环境大多山高谷深、丛林密布，或是地广人稀。三是地缘之异。边境与邻国直接相连，是防范他国不利政治社会局势变动、有害文化思想和疾病疫情输入的首要屏障。特殊的区域情状造成边境治理特有的“三非”问题、边界国界守护、边防安全保卫、文化安全治理、跨境毒品与走私、疫病防治、脱贫与经济发展等各种难题，呈现出传统安全与非传统安全共存交织的边境安全状态。这些问题解决不好，影响的不仅仅是边境区域，溢出效应还有可能波及全国。其中的个别问题解决不好，还会牵涉或诱发其他问题。

治国必治边，稳固边疆的核心要求就是要确保边境安全，如此复杂的边境安全治理不仅有赖于物质、财力、规制、管控等硬性治理，而且更加需要文化所具备的熏陶、激励、教育、引导和凝聚等功能的发挥。戍边文化正是具有了精神动力激发、自觉意识涵育、机制制度创新方面的功能，从而构成边境安全治理中不可或缺的软性政治资源。也正是基于此，需要在历史文化资源、民族文化资源、社会生活资源、军队文化资源中深入挖掘具有时代意义，符合当前边

① 陈怡：《社会中的国家与国家认同悖论——当代壮族边民的国家意识及行为逻辑研究》，《黑龙江民族丛刊》2015年第6期。

境安全形势需要，利于合力治边功能发挥的守边、固边、兴边、富边的戍边文化，并广泛运用于社会教育、学校教育过程，采用现代化、接地气的宣教方式，扩大传播范围，从而发挥其最大功能。

Exploration and Application of Garrison Cultural Resources in Border Governing

Fan Jun

Abstract: Being the most marginal area, border areas, different from the central areas exists unique issues which are complicated and concerned with the whole nation's security, requiring physical resources, such as capital, facilities and policies, and spiritual resources like culture. The garrison culture, meaning garrison the frontiers or border region and being a type of spiritual resources, has been ubiquitous in history and the current society, which is a spiritual impetus for the Party, government, military and police to overcome all difficulties in executing duties and responsibilities as well as a mental mechanism of driving the inhabitants of a border area to get involved into border governing voluntarily. Meanwhile, the garrison culture contains institutional factors of border governing mechanism which can be learned, assimilated and applied. Given this background, it is of great significance to dig extensively and deeply the garrison culture in border areas, to use it creatively in border governing. At present, for serving border governing, it is desperately needed to collect, organize, refine and disseminate the unnoticeable traditional cultures that are favorable to stabilization, development and prosperity of bordering areas.

Key words: border areas; border security; garrison culture; explore and apply

边疆民族地区农村电影放映的文化效能研究

——以中老缅交界的M州为例

云南大学　汪　榕

[内容提要]　我国农村电影放映工作在目标功能上经历了以意识形态宣传、动员、传播为主到以公共文化服务提供为主的特征演化过程，在体制机制上经历了文化事业计划供给、市场经济自发配置、政府公益服务与市场参与结合的变迁和转折，在资金投入上经历了无偿免费、“收、减、免”部分收费、政府补贴等方法尝试，在放映单位上实现了以乡为单位到以村为单位的转变，农村电影放映工作的政策迭代体现了我们国家发展进步的历史过程。国家电影展播系统是国家意志嵌入基层社会的一种方式，在全面建设社会主义现代化国家的新征程中，又是国家文化福利的一种提供方式。本文在考察中老缅交界地区农村电影放映工程现实情况的基础上，提出应当联动政府、市场和社会组织的力量，协同国家主流文化和民族地区多元文化，整合各方资源，全面提升新时期农村电影放映的文化效能。

[关键词]　农村电影放映；文化福利；文化效能

一、问题提出

我国全面建成小康社会，实现第一个百年奋斗目标，开启了全面建设社会主义现代化国家的新征程。党中央提出，在“十四五”时期，要坚持目标导向和问题导向相结合，建立更加健全的公共文化服务体系和文化产业体系，推进城乡公共文化服务体系一体建设，创新实施文化惠民工程，广泛开展群众性文化活动，推动公共文化数字化建设，加强文化市场体系建设，扩大优质文化产品供给，使人民的精神文化生活日益丰富。由于长期形成的城乡二元结构，农村

地区的公共文化服务还有很多短板，城乡文化福利和文化消费水平差距明显，在边疆民族地区尤为突出。

国家实施的农村电影放映系列工程，在促进边疆民族地区国家认同、发展乡村文化振兴内生动力、实现公共文化服务均等化等方面起到重要作用，但也存在地区发展不均衡、部分地区放映难度和观影难度大、观影率不高、放映资金配套不足等问题，影响了农村电影放映工程文化效能的发挥。我国还有很多居住在交通不便边远地区的农村人口，包括很多留守农村中不能熟练掌握汉语的少数民族，他们有没有看电影的需求？他们可以通过什么方式看电影？他们能看到自己喜欢的高品质电影吗？他们能看到边疆农村题材、少数民族语言的电影吗？这些问题是考验国家和地方治理体系、治理能力现代化的重要方面，也是国家全面小康社会标准化、均等化目标的需要，是乡村振兴和文化繁荣的体现。

本文在调查云南中老缅交界的 M 州农村电影放映工程面临问题的基础上，借鉴现有的一些研究成果，就如何进一步提高农村公共文化服务的文化效能提出一些思考。

二、文献回顾

我国农村电影放映工作肇始于新中国成立之初，欧阳予倩、蔡楚生等上海电影界人士建议党中央设立国营电影院，在省会、城市、村镇逐步推行电影放映。在当时的技术条件下，看电影还是一件非常奢侈的享受，露天电影只在城市播放。国家成立文化部电影局，开始新时期电影事业建设，周恩来总理亲自关心我国的电影事业发展。这一时期涌现出了很多大众喜爱的电影艺术精品。1950 年，电影局在南京开展电影放映员培训工作，掀开农村电影放映的序幕。此后，我国陆续根据行政隶属建立归属省文化局管理的电影放映总队、放映大队和放映中队，结合各个乡镇的文化站建设，实施推进到县乡和厂矿的电影放映系统。

1950—1978 年，我国农村电影放映工作作为国家文化事业的重要组成部分，承担着文化启蒙、政治动员、政策宣传等工作，政治色彩较为浓厚，推广了许多融合文艺、政治、科教、娱乐因素的影片，“20 世纪 70 年代中后期，实现全国的流动放映队共有 12 万多支，覆盖全国 97％的生产大队”①。可以说，这一

① 张启忠：《“露天电影”与农村的文化启蒙——十七年农村电影放映网的历史分析》，《艺术评论》2010 年第 8 期。

时期的流动电影放映，不仅实现了国家意识形态宣传的目的，促进了国家认同，也满足了广大人民群众的文化生活需求，电影这一颠覆时空观念的新技术深入村落田间，为老百姓平等享受文化权利提供了保障，也正是这一时期的电影普及，激发了人们对电影的喜爱和情怀，为之后改革开放40年电影产业发展和文化体制改革后的文化产业培育了基础的消费人群和消费市场。

1979年到1998年是改革开放的前20年，也是农村电影放映工作转型发展的时期。一方面是中国的社会经济和社会结构发生了深刻变化，尤其是在农村，实行了家庭联产承包责任制，调动了农民的生产积极性，解放了生产力，随之也改变了农村社会的生产关系。随着经济活力增强，农民的收入增加，人们对文化娱乐的需求也多样化起来，一些新兴的文化娱乐活动进入农村，市场经济浪潮也影响到农村电影放映，经济发展带来文化消费需求提升，商品生产进步使得娱乐方式多元化，个体经济带来社群连结从紧密变得疏离，意识形态宣传形式逐渐宽松，县城和乡镇录像放映厅兴起，经营性农村放映队出现，农村电影放映进入文化消费时期。尤其是1992年以后，农村电影放映经历了文化体制改革从提出到尝试的过程，原来作为文化事业的农村电影放映工作在改制中面临市场经营压力和人员编制变动等体制机制转型，也给农村电影放映工作带来冲击，农村文化站和农村电影放映队的国家扶持和补贴减少，萎缩严重，很多电影放映队改行，一些市场反应热烈、文化格调不高的民间民营猎奇表演在农村兴起。

1998年，国家关注到农民富裕之后农村文化生活相对贫乏的情况，开始对农村实施公共文化的扶持和服务政策。当年在郑州召开全国农村电影工作会议，提出农村电影发展的“2131工程”，内容是通过政府扶持，企业参与，实现到21世纪初，全国每个行政村每个月能够放映一部电影的“三个一”。随后，国家计委、国家广电总局、文化部联合发文推动这项工作，并明确了“企业经营、市场运作、政府买服务”的工作方针。“2131工程”通过在浙江、广东、河南、江西、陕西、湖南、吉林、宁夏等地农村试点之后，逐渐向全国推广，目的是弥合城乡差异，推动农村电影放映队伍建设，技术上逐渐替代传统胶片放映，转为数字放映。2011年，“2131工程”升级为“农村电影放映工程”，作为国家公共文化服务体系的组成部分，与“农家书屋”等一起成为延续至今的农村公益文化供给内容。据《中国电影报》统计，截至2019年6月30日，全国农村电影市场已建立数字电影院线331条，数字电影版权方超300家，地面卫星接收中心站219个，实际运营的放映队40 000余个，数字电影交易服务平台上有近 4 000 部可供订购影片，其中城市票房过亿元影片 160 余部。农村数字电影订购突破 1 亿场，观影超 200 亿人次，6.2 亿农民享受到了农村电影发展这一文化成果。①从统计数字上看，我国农村电影放映工作取得可喜的发展与进步，通过政府购买配置电影放映设备和放映服务网络，企业组织和购买电影版权形成影片库，地方各级政府采用多种模式支持、引导社会资金投资，不断改善农村观影电影条件等措施，从制度上保障了农村地区观众看电影的需求。

自 21 世纪初提出建设公共文化服务体系以来，我国农村公共文化服务建设取得很大成绩，全国在建立县级图书馆、农家书屋，乡村综合文化站、广播电视村村通工程、农村电影放映工程等方面都有显著推进，但是也面临公共文化服务效能不足的问题。李锋认为，农村公共文化产品供给失衡导致供给总量的增加并未有效提升村民的文化生活体验，反而形成农村公共文化产品“相对过剩”的局面②。王雪丽、王瑞文认为，基层服务项目偏离公众需求，管理和服务能力偏弱，中间层和政府“选择性应付”，加之社会力量嵌入不足是制约基层公共文化服务效能提升的关键③。祁述裕认为，提升农村公共文化服务效能，应该善用农村文化资源，尊重农民意愿，拓展农村公共文化服务内涵，整合资源，落实“放管服”精神五个着力点来实践④。就农村电影反映来说，黎光容指出，国家耗费巨大的社会资源运行电影放映工程，但是无效观众“被观看”，放映主体陷入窘境，基于保护农村居民的文化权益和电影产业生态环境，出现了被救之困和割舍之难。⑤任和以送电影下乡为例，认为应当从供给机制、经费保障、需求表达和监督评价几个维度来提升农村电影放映的供给服务。与国家层面对农村电影放映工作的扶持、改制、试点等一系列工作相对应，基层文化服务机构和人员承担了国家意志和国家公共文化服务的具体实施和操作工作。通过 2020 年 3 月对云南中老缅交界的少数民族自治州 M 州的调研，发现在传统计划体制下形成的政府电影管理格式化模式并不能满足当地农村电影放映的实际需求，电影放映员依靠政府补贴捉襟见肘完成任务、少数民族语言电影译制困难、观影人数不足等一系列电影放映难题使得农村电影放映工作难以应对日益复杂的农村文化消费需求，形成农村公共文化服务供给与社

① 林莉丽:《不断提高公益放映影片的供给质量　让农民充分享受到电影改革发展成果——新中国 70 年农村电影放映发展回眸》,《中国电影报》,2019 年 9 月 11 日。

② 李锋:《农村公共文化产品供给侧改革与效能提升》,《农村经济》2018 年第 9 期。

③ 王雪丽、王瑞文:《基层公共文化服务效能困境:成因与破局——基于“三圈理论”的阐释》,《学术论坛》2020 年第 2 期。

④ 祁述裕:《提升农村公共文化服务效能的五个着力点》,《行政管理改革》2019 年第 5 期。

⑤ 黎光容:《中国农村电影市场的被救之困与割舍之难》,《当代电影》2015 年第 10 期。

会文化消费之间的结构性“断裂”。

三、研究发现

M 州地处祖国西南边陲，位于云南省南部，与老挝、缅甸山水相连，与泰国直线距离仅 200 多千米，边境线长达 966.3 千米，约占云南边境线总长的四分之一，很多少数民族跨境而居，与东南亚国家一衣带水。M 州下辖 1 个县级市，2 个县，2018 年末总人口 118.80 万人，州府驻地城市人口 28.12 万人。有 61.75 万农村人口，分散在 222 个行政村。有 22.32 万汉族人口，78.53 万少数民族人口，包括傣族、哈尼族、拉祜族、彝族、布朗族、基诺族、瑶族、苗族、回族、白族、佤族、壮族等 19 个少数民族，其中 8 个民族跨境而居。2020 年 3 月 23—25 日，调查人员赴 M 州三市县，与市(县)农村电影管理站、相关农村电影放映队队长、放映员进行座谈，对电影放映工作进行摸底调研，实地查看放映机(包括数字电影播放器、投影机、监控模块)、功放、音箱、银幕等放映设施以及放映车的现况。3 月 26—27 日，约谈个别农村电影放映员，了解农村放映工作的现存困难。调研情况如下：

三市县的农村数字电影放映工作基本情况：J 市的目标放映点为 10 个乡镇的 81 个行政村，往年执行情况是在各行政村放映(其城区 2 个行政村 T、F 不放映，农场加映约 6 个)，年放映共 1 020 场；H 县的目标放映点为 11 个乡镇 85 个行政村，年放映共 1 020 场；L 县的目标放映点为 10 个乡镇 52 个行政村，年放映共 624 场。全州年放映共 2 664 场。一般情况下，边境行政村，尤其是傣族、哈尼族、布朗族、拉祜族聚居的行政村，因为放映效果较好，会在其下辖的所有自然村轮映；城区周边的行政村，因为放映效果欠佳，放映场次会少一些。放映员一般是一次去到一个行政村，把该行政村每个自然村轮映一次，也就完成了该行政村全年的放映任务。全州放映电影的语种涉及汉语、傣语、哈尼语，其中 H 县还有拉祜语的几个场次。三市县分管该项工作的市(县)委宣传部副部长非常重视，都亲临参加调研座谈；三市县的农村电影管理站站长都熟悉业务、熟悉工作情况。

放映设备现况：经现场问询与实地查看，国家配发至三市县的所有放映机(包括数字电影播放器、投影机、监控模块)、功放、音箱、银幕等放映设施均存在，所有机器设备目前都能放映使用，灯泡、幕布等易损件各市县均日常做了保养和更换。放映设备的管护上，L 县最好，在县农村电影管理站有统一存放的房间，有稳定的外聘专业修理工程师，还添置了新放映机；H 县稍弱，主要设备由放映队长保管在家中，所有设备都能放映，但有设备已产生放映不清晰的情况，没有修理维护的技术和人员。

放映车现况：三市县的电影放映车均落户于原广电局，保险及年检手续完善，日常均停放于市(县)农村电影管理站。其中，L 县的车况最好，无大修记录；J 市、H 县两车均有过数万元大修，但仍有很多小毛病，J 市车辆已丧失空调功能，放映车的日常维护及运行面临不小开支。

放映员现况：三市县均设农村放映队队长 1 名，队长也是主要的放映员和放映车驾驶员。J 市放映队长杨某能力较突出，兼有爱岗情怀，手下 2 名放映员是其徒弟，3 人的最大忧虑是 1 020 场的放映费对于 3 人的收入而言显得略少(人均月收入 3 967 元)；H 县放映队长李某手下 1 名放映员是其亲戚，2 人满意放映收入(1 020 场/人均月收入 5 950 元)，仍有强烈意愿希望增加收入；L 县放映队长白某，原手下 1 名放映员现已离岗，因 L 县全年放映任务是 52 个行政村 624 场，1 名放映员忙不过来，2 名放映员分配收入又太低(人均月收入 3 640 元)，L 县的放映员至少缺岗 1 名。

通过调查，可以得出结论：所有国有资产没有流失、均可使用，三市县的农村电影管理站对设备和资产的统一管理与调配可行，有基本的放映员队伍。但是，M 州农村电影放映工作也存在问题。资金不足的问题：一是放映员的稳定需要加薪，放映员因为是临时聘用的工作人员，其唯一收入就是放映费，还要开支下乡的食宿费用以及各种生活保障，所有放映员都迫切希望增加收入。一旦有其他工作的收入略有可能增加，其就有可能立即脱离放映岗位。二是为完成放映任务，增加放映员几乎已是必须选项，这就意味着要增加放映费投入，否则原放映员将更加不稳定。三是放映设备的保养维护、易损件的日常更换、放映车的修理维护，需要投入经费。急需扩大业务与经营，解决经费不足的问题：一是可以开展合法合规的映前广告业务。二是可以展开“带货下乡”等联合经营活动，或者“共用员工”(某农村产品业务员兼职放映员)的人力资源管理尝试，但需要建设专门团队、制定专门政策与工作规范。为此，M 州成立了国资委控股的农村数字电影院线有限公司，以国营企业法人制公司介入农村电影市场放映工作。该公司面临团队建设与规范业务流程、资产归属与法人治理结构完善等问题，三辆放映车的产权还不属于公司，公司的账户也无法开支汽车修理、保险、燃油费等费用；三市县的放映设备等相关资产由三市县农村电影管理站主持管理，无法完善法人管理和财富管理。

在M州农村放映电影的片源选择方面，放映队根据国家规定，由电影管理站专人负责从国家广电总局下设的电影数字节目管理中心的网站上选购，虽然电影数字节目中心每年都会更新片源库，包括多部票房过亿元的商业影片，并设置了专门民族语言译制中心，提供少数民族题材和少数民族语言影片题材，但总的来说，M州的农村电影放映在片源选择上依然觉得单一，"数据中心有什么片子，就只能放什么片子"，放映队员对此也比较无奈。国家也强调要加强农村题材电影的拍摄，但电影产业投资比较大，着重短期回报，市场和投资人对此都十分谨慎，而国家投资这类电影也有时间性和地区性的制约，少数民族题材的电影受众面相对狭窄，就更受制约。即便是已有电影的民族语翻译也很成问题，一些相对人数较多的少数民族如藏族、维吾尔族、蒙古族，翻译力量较强，可以承担一定的电影翻译工作，国家还针对西藏和新疆开展了电影公益放映的"西新工程"，对于像云南这样少数民族种类众多、人口相对较少的地区，就很难兼顾，主要依靠当地的民族语译制中心完成影片翻译工作。M州有12个人口6 000人以上的世居民族，本地的民族语翻译中心只能完成傣语、哈尼语阿卡支系的电影翻译，相邻地州会翻译佤族语和拉祜族语的电影，他们之间可以互相交流，但总的民族语翻译电影数量仍十分有限。

电影片源的局限极大影响了当地群众的观影积极性，毕竟放映队员也很难挨家挨户叫人们出来观看影片，为了完成政府考核的硬指标，完成放映任务，放映员又必须程序化完成这项工作。从2015年起，政府主管部门对放映场次的考核趋于严格，放映队员必须获得村委会的放映场次回执单，还要有现场照片上传到网络，同时放映设备上也会有放映影片、放映时长的记录，在放映场次和放映时间上做了尽可能的控制。总体来说，是完成了国家规定的放映任务的。但就实际效果而言，不乏无人观看的空场，疲于应付的"表演场"，人们即使前来观看电影，也仅将其作为村落聚集和交流的场所，并没有真正实现电影艺术的视听享受和消费，这种现象既制约了农村电影消费市场的培育，不能满足村民的文化生活需求，也打击了政府相关管理机构和放映人员的工作积极性。从经济发展程度来看，M州除了极少数边境山区村落比较贫穷外，大部分农村由于有橡胶、茶叶、水果等经济产业支撑，村民收入都较为可观，是云南农村较为富裕的地州之一。村民对文化生活也有比较高的诉求，该地区普遍信仰佛教，每年每户人家都会给寺院捐赠大量财物作为布施，村民闲暇时间喜欢唱歌跳舞，各种节庆活动层出不穷，是有一定经济能力和文化意愿从事电影等文化产业消费的，但是由于供给失衡，农村电影放映工作在M州并未能形成“热点”和“亮点”，殊为遗憾。

四、研究讨论

党中央提出要深化文化体制改革、建立健全国家公共文化服务体系，明确要“大力发展公益性文化事业，保障人民基本文化权益”，“完善覆盖城乡、结构合理、功能健全、实用高效的公共文化服务体系”。国家农村电影放映工程关注到了农村电影市场，给处于行将消逝的农村电影放映队注入了生机。毫无疑问，国家实施农村电影放映工程利民惠民，是保障农村地区，尤其是边疆、贫困、民族地区人们文化需求和文化权益的重要举措，也为此投入了大量的人力物力财力，从管理体制机制上层层落实，确保基层工作能落实到位、监督有力、反馈有效，是国家公共文化服务体系建设的重要内容和实践。从农村电影放映工作来看，上述政府功能其实并没有达到预期的理想效果，虽然全国各地农村电影放映工作各有特点，采用不同的放映机制和模式，在东部一些经济发达的农村地区，取得较好的效果，形成农村电影放映的浙江宁波的“鄞州模式”、湖北的“点播影院”模式等，但是即使是这些农村电影放映工作完成较好的地区，也存在放映人员老化、片源单一、群众参与性差、社会效益不明显等问题。对于像M州这样的地区，问题更为凸显，电影的放映实效无法评估。众所周知，随着城市化进程加快，农村人口流失严重，很多村落成为老人、妇女和儿童留守的村落，农村电影的有效观众数量有限。但在统计数字层面，每年都有订购片源、场次、人数的增加，有学者提出，“‘2131’究竟是货真价实的惠民工程还是名大于实的‘面子’工程，在缺少实证研究材料的情况下，仅从口径完全一致的省市级官方媒体报道和工作报告中很难找到答案”①。就M州农村电影放映调研的实际来说，并没有形成农村观影的“热点”和“亮点”，违背了政府购买服务的良好初衷。

电影下乡是国家力量在基层社会发生影响力的一种方式，实现了现代文明与传统文化的融合，发挥了国家参与社会互动的纽带作用。改革开放后，国家的文化体制改革从单一的计划体制和文化事业体系向市场经济转变，向百花齐放的文化消费、文化服务、文化产业发展。在这个转变过程当中，经由“市

① 王逊、王鲁婧：《发展史 理论源 认识论——我国露天电影展映研究》，《中国报业》2019年第4期。

场"这双看不见的手，在M州这样边疆民族贫困地区，一些缺乏市场经济效益的产业门类和地区受到冲击，农村电影放映效果不如预期，农民无法经由市场获得相应的文化消费产品，文化产业发展艰难，出现了"市场失灵"。一般而言，在市场失灵的地方，应当由政府提供基本服务，以弥补市场不足，事实上，国家公共文化服务体系的提出，就是为了应对市场失灵的情况。在市场失灵的地方，国家给予扶持帮助，提供文化服务，但是同样出现了政府失灵，一些地方政府为了完成任务，往往虚报观影人数、放映场次。如某些学者所追问的那样，"政府在电影下乡上的庞大财政支出与有限的政策效果之间相互抵牾足以引起我们反思，庞大的财政支出为何只能取得有限的政策效果？有限的政策效果是否仍然有必要以庞大的财政支出维系？"①是否就此放弃资助农村电影放映呢？问题并不如此简单。

法国社会学家皮埃尔·布迪厄在《文化资本与社会资本》中，超越简单的经济资本范畴，将资本视为一种结构世界的客观力量，当资本在私人性即排他的基础上被占有时，社会资源就会以持久的方式控制其产生作用并决定实践成功的可能。②他认为资本表现为三种形态：经济资本、文化资本和社会资本，社会资本是实际的或者潜在的社会资源的积累，并在一定程度上与是否拥有某种群体的身份相关。③简而言之，资本是一种社会结构的形式，它具有塑造整个社会的结构性作用，经济资本、文化资本和社会资本形成大大小小不同的社会"场域"，场域构成了社会领域的生产与再生产。因此，很多深层的社会结构被以经济资本的形式简单化了，特定的团体和群体有意无意忽略文化资本和社会资本对形成社会结构的根本性作用。当某些资本的因素被遮蔽，某些权利被控制，某些利益被放弃之后，整个社会将按照特定团体和群体希望的形式结构运行，经济资本往往就会以这些形式结构表层的代言形象出现，从而隐蔽了深层的社会结构原因。边疆民族地区的群体社会处于文化和经济的双重弱势，造成长期以来社会结构边缘地位，从经济、文化、社会各个方面的主流国家向心力趋向动态变化和发展，当社会结构有效，则边疆民族繁荣稳定，向心力强，反之，则向心力趋弱。因此，我们不能简单从经济效益的角度来取舍边疆民族地区的公共文化服务体系，或者简单通过推向市场来完成农村地区的

① 何阳、汤志伟：《电影下乡的特征演化、功能变迁与实践反思》，《内蒙古社会科学（汉文版）》2019年第3期。

② ［法］皮埃尔·布迪厄：《文化资本与社会资本》，包亚明译，上海人民出版社1997年版，第189页。

③ 同上，第202页。

文化服务，这样必然会造成边境民族乡村文化阵地丢失。在全国标准化、均等化农村数字电影放映工程的基础上，必须加大国家服务和购买体系对边疆民族地区的扶持，在资金、人才、技术上给予倾斜，从文化市场培育和文化消费引领的角度促进乡村振兴和乡村文化产业的发展，才能使边疆民族农村在社会结构中处于“均等”地位。

从 M 州农村电影放映工作调查的现状来看，边疆农村地区的公共文化服务存在的问题受多种因素影响，需要以综融的视角和方法来协调解决。基于多方治理理论，在政社企联动的基础上，通过全资源整合，实现多文化协同，切实发挥农村地区公共文化服务的效能。政府作为公共文化服务提供的主导力量，企业是多元供给主体的攻坚力量，社会组织能够弥合政府、市场与基层群众需求之间的缝隙。三者联动的基础就是由政府主导并提供部分资金支持，进行效能考核和评估。在坚持以政府供给为主的前提下，完善社会组织参与的法律法规和政策，通过规范可控的制度保证，发挥社会组织的活力和积极性，通过补贴和动员鼓励企业参与公益性的文化服务，发挥企业运转灵活、效率高的优势，弥补政府具体功能实施的困难。

五、结语

2020 年是全面建成小康社会和“十三五”规划收官之年，受到席卷全球的新冠肺炎疫情影响，农村电影放映工作也陷于停滞，基层放映单位在担忧年度放映任务能否顺利完成。从边疆少数民族农村社会发展的角度来说，电影放映是诸多工作中容易被忽视和边缘化的一项，但是不能就此忽视电影放映在全面建成小康社会中体现的公平、正义、安全等重要文化权利和意义。乡村振兴是全面建成小康社会的行动计划，乡村振兴离不开文化振兴和文化繁荣。从国家的宏观目标和宏观政策，具体落实到人们的获得感、幸福感，加大对边疆民族地区公共文化服务体系的建设和投入，做好农村电影放映工作，使傣族老人、哈尼族妇女、苗族孩子都可以同步看到最新翻译成民族语的商业大片，可以和城里人一样在视听效果一流的高端电影院里自由选择看不看电影、看哪部电影，看起来是美好的文化蓝图，实际是解决边疆基层少数民族文化权益和文化消费发展不平衡与不充分矛盾的重要方面。

A Study on the Cultural Efficacy of Rural Film Projection in Ethnic Frontier Regions: Taking M State on the Border of China, Laos and Myanmar as An Example

Wang Rong

Abstract: In terms of objective function, China's rural film projection work has undergone an character evolutionary process from ideological propaganda, mobilization and dissemination to providing public cultural service; in terms of system and mechanism, it has undergone changes and transitions from planned supply of cultural undertakings, spontaneous allocation of market economy, combination of government public service and market participation; in terms of financial investment, it has experienced free of charge, tolling portion of "charge, reduction, exemption" and government subsidy; in terms of projection units, it has transformed from township-based to village-based, and the policy iteration of rural film projection reflects the historical process of our country's development and progress. The national film exhibition system is a way of embedding the state's will into grassroots society and a way of providing national cultural welfare in the new journey of building a comprehensive socialist modern state. On the basis of examining the reality of the rural film project in the border areas of China, Laos and Myanmar, this paper proposes that the power of the government, the market and social organizations should be linked, the mainstream national culture and the multi-culture of ethnic regions should be coordinated, and the resources of all parties should be integrated to comprehensively enhance the cultural effectiveness of rural film projection in the new era.

Key words: rural film projection; cultural welfare; cultural efficiency

文化重建的中西语境与当代理路

——以节日文化为例探索一种可能性*

华东政法大学　刘广伟

［内容提要］“文化重建”涉及文化现代性困境的一系列建构性探索。本文通过回顾近代以来中西方思想文化领域的一般历程，呈现、归纳并比较了当代中西方文化重建任务的时代性、艰巨性、复杂性和特殊性，认为应使复杂的重建对象彻底回归生活世界，并为其寻找一种当代的、合理的、生动的存在方式。在这个意义上，节日作为人类文明的基础之一，不仅是文化的重要关切，亦可作为探索重建路径的突破口。以节日为例，针对当代节日文化全面复兴的同时，又受“文化经济化”思路影响呈现为空心化、同质化之矛盾，提出应鼓励大众在日常生活的创造性实践中丰富审美经验，同时强调理论研究的战略性和指导性，从而推动文化产业向“经济文化化”发展模式转型。

［关键词］文化重建；现代文化语境；节日文化；文化产业

文化重建已然是一个世界性议题，它源于人们对现代性的反思。不可否认，现代化进程本就包含对于传统文化的系统性重建。维新时期，康有为面对西方“先进”文化率先提出了“全面”“速变”的观念，实际上也从侧面反映出这一点。但是，随着现代化探索的进一步推进(尤其是20世纪90年代以来)，人们逐渐意识到精确量化的物质“效用”始终无法取代精神“效用”，必须依靠文化重建人的精神世界。正是在这个出发点上，沉溺于虚无显然并非文化重建的题中之义——文化重建不是要终结历史，而是要促成历史的有机延续。

* 本文系中国博士后科学基金面上资助项目“加强当代中国集体认同与促进肯定叙事创造性建构研究”(2019M661449)的阶段性成果。

一、历史语境下的文化重建

作为一个社会命题的“重建”实际上就是指文化的重建，这是由其历史性所决定的。具体而言，重建的对象只能存在于过去，即“传统”；其目的在于现在，即“现代”。而历史归根结底只能是人文主义的，这已经在黑格尔和克罗齐那里得到了证明。在前者看来，自然界根本就没有历史；而后者则认为，“历史就是现代史”。在此二人的基础上，柯林伍德为历史作出了著名的界定：“一切历史都是思想的历史。”因此，“重建”亦可理解为文化传统的现代化转型，它表现为一种有关信仰、价值和秩序的社会思潮。如果将其进一步置于具体的历史语境下进行理解，则大致存在两种分析思路。

其一，将重建对象（文化传统）拆分。这是一种常见的现象学研究方法，并以舍勒最具代表性。他认为，在西方传统中存在三个观念范围：犹太—基督教神学传统；希腊—古典文化的“理性”传统；在现代化过程中，通过自然科学、发生心理学而被确定下来的科学理性传统。由于这三个观念范围之间缺少任何一种统一性，因而彼此完全不可调和，甚至相互冲突。[①]此即导致中世纪以来的西方文化传统集中表现为各观念范围的不平衡，具体即经历了以下四个过程：中世纪，神学传统盛行，理性传统受到压抑；近代，神学传统受到批判，理性传统复兴，科学理性出现；现代，神学传统被解构，理性传统由启蒙转向与科学理性会师；反思阶段，以浪漫主义、文化主义为代表的文化思潮反思精神失序，即现代理性的后果。

其二，将重建对象作为一个统一的整体。这种思路主要见于以马克思为代表的政治经济学，和以韦伯、吉登斯、贝克等为代表的现当代哲学、文化社会学领域。他们倡导将文化作为一个有机的整体，并强调其与政治、经济和复杂社会现实的联系。虽大大增加了分析难度，但也在一定程度上避免了最终结论沦为具有局限性和妥协性的浪漫主义。在此基础上，文化重建的主要特征可大致归纳为以下三点。

第一，重建的历史性和文化性决定了它必须具备一定的连续性，因而重建并不意味着抛弃某种文化传统，而是内生于既有传统的文化变革。进而，被重建的文化也应符合三个条件：一是该文化在一定的区域内曾产生深远的影响，并发展为一种文化传统；二是该文化随社会的发展变得腐朽，或因某些原因被

① ［德］马克斯·舍勒：《人在宇宙中的地位》，李伯杰译，贵州人民出版社2000年版，第3—4页。

废止；三是该文化在当下依旧影响着人的品格和行为方式，且其中的某些内容尚有积极意义。

第二，重建的连续性并不意味着它是某种文化回归活动，即它并非复辟（回到传统）也不是复兴（更新传统）。在哈贝马斯看来，“重建意味着把一个理论分解开，然后在某种形式中，再将其整合在一起，以便更充分地实现它为自己确立的目标”①。也就是说，文化重建并非一种感性的怀旧主义；它立足现实并着眼未来，在社会转型中扮演极为重要的角色。

第三，文化重建并非一蹴而就的，它必然经历一个长期且复杂的过程。在这一过程中，被重建的文化传统若受制于社会内部的其他因素或因外来干扰而被切断，也是难以避免的，进而，重建往往具有反复性和复合性。一方面，被切断的传统并未完全消失而是蛰伏在了生活中，比如语言、观念、规范、价值观等。正如齐美尔所言，“即使是最普通、不起眼的生活形态”②，也是对更为普遍的社会与文化秩序的表达。因此，被切断的传统仍需重建。另一方面，在切断传统的基础上所形成的新文化事实上已经发展为新的传统，而其因自身的局限性又演变为新的重建对象。受现代化和全球化影响，当代中西方文化重建存在一定程度的重合性，即同样面临重建传统和现代性的双重任务；但根据各自探索路径和经验的不同，重建的对象又有所差别。

二、简单现代化阶段：由“重建”到“决裂”

人类真正意义上的文化重建活动大约是伴随现代化而展开的，因此，探索一种文化重建的方案就不能忽视西方这个参照对象。近代以来，西方的文化重建几经波折，贝克将其归纳为由简单现代化向自反性现代化的跨越：“如果说简单（或正统）现代化归根到底意味着由工业社会形态对传统社会形态首先进行抽离、接着进行重新嵌合，那么自反性现代化意味着由另一种现代性对工业社会形态首先进行抽离、接着进行重新嵌合。”③然而，简单现代化并非一个一以贯之的重建成果，它实际上经历了由宗教改革—启蒙运动到现代理性确立的复杂过程。在这一转变中，现代性之于理性传统由重组走向了决裂，也正

① ［德］尤尔根·哈贝马斯：《交往与社会进化》，张博树译，重庆出版社1989年版，第98—99页。

② Simmel G., Wolff K. H., *The Sociology of Georg Simmel*, Simon and Schuster, 1950, p.413.

③ ［德］乌尔里希·贝克：《再造政治：自反性现代化理论初探》，载［德］乌尔里希·贝克、［英］安东尼·吉登斯、［英］斯科特·拉什：《自反性现代化：现代社会秩序中的政治、传统与美学》，赵文书译，商务印书馆2014年版，第5页。

因如此，西方文化重建任务并没能在简单现代化中完成，而是演变为了现代化的冲突，即步入自反性现代化或晚期资本主义阶段。

具体而言，黑格尔是第一个正式阐释“现代”(moderne Zeit)概念的哲学家，在他那里，现代时期主要是指1500年前后至1900年。在这一阶段，西方世界的文化变革虽然没有真正意义上完成重建的任务，但总体还是以“重建”为主要特征。一方面，此时的西方已具备深刻的重建基础。西方理性的重建已箭在弦上，其中，变异的中世纪宗教神学理性观为重建提供了充分的理由；而根植于古希腊的西方理性主义传统则为重建提供了坚实的基础。另一方面，形成于这一时期的启蒙理性，既不是针对中世纪宗教神学理性去复兴或复辟某种传统，也无意将西方理性传统连根拔起。简言之，启蒙所针对的并非古希腊所建立的形而上学体系，而是其中被中世纪神学所绑架的那一部分。形成于宗教改革和近代哲学的启蒙理性，客观上为西方资本主义提供了丰沃的发展土壤，并促使人类社会由传统步入现代。但是，宗教改革和近代哲学其实并未否定传统形而上学所塑造的统一性真谛——上帝/偶像——它们实际上只是用论证和解释代替神话故事的叙述性说明，其反对的仅限于神秘思维而非理性传统本身。

进一步讲，宗教改革之于资本主义发展的积极作用，正是由于其宣扬绝对的宗教虔诚。根据韦伯在《新教伦理与资本主义精神》中的论述，清教教派，特别是加尔文主义的教义与资本主义文化和经济理性主义极为吻合。在近代哲学向现代哲学过渡的时期，康德作为德国古典哲学代表人物之一，亦未全然否定上帝的价值。究其所以，是因为他始终坚持认识的本体论原则。根据《纯粹理性批判》的认识，“自在之物”(“本体”)并不依赖于人的意识而存在，“现实的表象来自一个感官印象，而这个印象不可能来自被表象的东西，即是说不可能来自那个已经与纯粹感官性形式和知性形式相结合的客体，而是只能来自那位于一切表象之外和之上的物”①。通过强调先验性，康德便在“自在之物”和“现象”之间划下一道不可逾越的“鸿沟”。虽然康德并不想将这一未知的东西规定为上帝(其哲学即因此被诟病为不可知论)，但正如谢林所言：“这个未知的东西如果不是上帝，还能是什么呢?”②

宗教改革与启蒙运动的本意实乃一场文化重建运动。伴随着英国产业革命、法国大革命和德国古典哲学的进一步发展，传统社会的秩序逐渐在经济、

① [德]弗里德里希·谢林：《近代哲学史》，先刚译，北京大学出版社2016年版，第100页。
② 同上，第97页。

政治和文化的全面夹击下分崩离析。其中,黑格尔哲学在思想文化领域起到了釜底抽薪的作用。作为德国古典唯心主义的集大成者,黑格尔反对康德将“自在之物”作为本体,而是代之以“绝对精神”或“绝对理念”。他认为,正是因为绝对精神才是第一性的、永恒的本原,所以人的认识便可在现象和本质间相互转化。这就使彻底消除康德二元论的认识“鸿沟”成为可能。在黑格尔的精神现象学和逻辑学声名大噪的同时,工具理性主义不断发酵,资本主义呈现出一派欣欣向荣的景象。于是,尼采高呼“上帝死了!”在新的资本主义秩序下,神圣的上帝已经失去了意义。

在韦伯看来,这样的结果有其深刻的必然性:启蒙理性所继承的那一套传统价值观体系终将在资本主义的发展中被消耗殆尽,直至被一种机械式的“资本主义精神”所取代。“当禁欲主义从修道院的斗室被带入日常生活,并开始支配世俗道德观时,它在庞大的现代经济秩序体系的构造过程中就会发挥应有的作用……大获全胜的资本主义已不再需要这种精神的支持了,因为资本主义有了机器这个基础……天职义务的观念则像死寂的宗教信仰的幽灵一样在我们的生活中徘徊。”[①]但由“新教伦理”到“资本主义精神”的结果是,“清教徒是为了履行天职而劳动;我们的劳动却是迫不得已”[②]。上帝没有“死”,而是被资本的“上帝”取代了。然而,这个新的“上帝”却远远没有达到现代化的预期。现代理性的确立事实上使社会陷入了另外一种难以收拾的境地,正如马克思在《共产党宣言》中所言:

> 资产阶级除非对生产工具,从而对生产关系,从而对全部社会关系不断地进行革命,否则就不能生存下去。反之,原封不动地保持旧的生产方式,却是过去的一切工业阶级生存的首要条件。生产的不断变革,一切社会关系不停的动荡,永远的不安定和变动,这就是资产阶级时代不同于过去一切时代的地方。一切固定的僵化的关系以及与之相适应的素被尊崇的观念和见解都被消除了,一切新形成的关系等不到固定下来就陈旧了。一切等级的和固定的东西都烟消云散了,一切神圣的东西都被亵渎了。人们终于不得不用冷静的眼光来看他们的生活地位、他们的相互关系。[③]

① [德]马克斯·韦伯:《新教伦理与资本主义精神》,阎克文译,上海人民出版社 2010 年版,第 274—275 页。

② 同上,第 274 页。

③ 《马克思恩格斯选集》第 1 卷,人民出版社 2012 年版,第 403—404 页。

三、自反性现代化阶段:由中西之别到共同境遇

针对现代理性的弊病,马克思提出了一种基于历史进化论的解决方案。首先,他通过论证上层建筑理论和生产力生产关系的辩证法这两个基本假说,提出了历史唯物主义理论。随即他在此基础上预言,资本主义必然在反思中走向自我毁灭:“资产阶级的灭亡和无产阶级的胜利是同样不可避免的。”①随着社会矛盾的不断激化,以马克思、恩格斯为代表的历史唯物主义传统理论,作为一种反抗简单现代化的指导纲领,在全世界范围内鼓动着无产阶级革命的旗帜。

在马克思之后,哈贝马斯曾结合西方社会的新境遇提出“重建历史唯物主义”的观点。其一方面肯定了历史唯物主义的价值,另一方面也反思了前人的部分观点。他认为,“历史唯物主义理论传统中存在三方面问题:第一,不加反思的历史客观主义;第二,从存在和仪式的关系上批判资产阶级的规范内容时,也同时否定了资产阶级的规范和价值中的内在的有用的因素;第三,忽视了道德规范结构在社会进化中的重要意义”②。为了修正这些问题,并通过论证在复合的社会重建集体同一性的可能性,他提出了著名的交往行为理论。

具体来说,“社会最重要的功能就是规范化”③,而社会的规范化是通过既有社会系统作用下的认同机制来完成的。当社会系统发生改变时,人的认同便会变得模糊。哈贝马斯认为,重建认同的关键在于将系统和生活世界这两个整合范式联系起来。从系统的角度看,晚期资本主义的基本叙述模式是将经济系统与政治系统重新组合,其结果是“在某种程度上使生产关系重新政治化了,因此也就更加需要加以合法化”④。但已然参与到再生产中的国家机器,并不愿通过实践实质民主解决其合法化问题,而只是提供形式民主。进而,在形式民主或失去政治结构的公共领域中,国家只能在经济上证明自身的合理性,却无法在生活世界中获得人民的拥护。因此,哈贝马斯认为,必须将生活世界纳入认同重建的范畴,即通过平等、和平的交往达成共识。在这一过程中,民主国家建设作为交往场所的公共领域具有非同寻常的意义。

---

① 《马克思恩格斯选集》第1卷,人民出版社2012年版,第413页。

② [德]尤尔根·哈贝马斯:《重建历史唯物主义》,郭官义译,社会科学文献出版社2013年版,第104—105页。

③ Berger P. L., “The Sacred Canopy: Elements of a Sociological Theory of Religion”, *Sociological Analysis*, 1968(1), pp.40—42.

④ [德]尤尔根·哈贝马斯:《合法化危机》,刘北成等译,上海人民出版社2009年版,第40页。

哈贝马斯的交往行为理论，特别是“公共领域”的提出，可以看作葛兰西“文化领导权”理论的进一步拓展。它不仅丰富了有关政治民主的讨论，也作为一种“善”的现代性研究成果产生了广泛且积极的影响。但由于过分关注认同的整体性而忽视了个体性，也使哈贝马斯的理论难免陷入某种程序主义的泥沼。泰勒认为，“对现代认同进行的一个研究不应满足于所有这些见解……有其他一些重要的生活问题……这些是我们只能靠探讨人类困境，探讨作为道德根源的地点的、我们置身于自然和他人之间的方式才能阐明的问题。当我们的家庭、生态、甚至城邦的公共传统被暗中破坏或摧毁的时候，我们需要新的个人共鸣的语言，以便让至关重要的人类的善再次为我们充满生机”①。换句话说，探索重建现代理性只是一个方面，如果新的社会系统不能使那些在漫长的历史中沉淀下来并已内化于心的文化传统产生共鸣，终究算不上真正的重建。

西方历史唯物主义的探索对中国具有一定的参考价值。西方现代化的曲折进程是人类社会重要的经验财富。但“全盘西化”“中体西用”，或片面强调“本位文化”都难以提供具有实际参考价值的意见。因而，探索中国文化重建的道路，一方面应以辩证的视角看待近代以来西方的探索成果，并以为参照；另一方面，还要回到自己文化的内部，并将其置于历史的进程中分析其特点。

纵观中国文化史，虽不乏变迁性，却并不存在真正意义上的内生性的重建阶段。以儒家思想为例，由先秦孔、孟、荀以礼乐、教化为核心；至汉代，董仲舒“罢黜百家，独尊儒术”，强调“尊君卑臣”、订立“三纲”，使儒家法家化；再到宋明理学将“尊德性而道问学”逐渐分解，由宋代的两者并重，发展到明代的强调“尊德性”；至清代又以“道问学”为主……儒家思想虽在历代被几经修注且各有侧重，却从未被废止或否定；甚至在清代中叶之前，六经仍被奉为圣谕。因此，无论如何都难以将其划归为一种需要重建的腐朽文化。不可否认的是，清代中后期，中国启蒙思想已经开始苏醒。具体来说，清代中叶章学诚在继承儒家“经世”传统的同时将其理论化，并提出“六经皆史”：既然六经只是“史”（“先王之政典”）而非圣人之箴言，那么它就应该根据具体的社会条件而有所调整，以为政治服务。受其影响，晚清（19 世纪初叶）“经世致用”全面复活，至 1825 年魏源辑《皇朝经世文编》时，经世思想已由“政”扩展至“物”。经世思想的发

① [加]查尔斯·泰勒：《自我的根源：现代认同的形成》，韩震等译，译林出版社 2012 年版，第 746—747 页。

展，实际上为中国的资本主义萌芽作了重要的理论铺垫。然而，从 1825 年至鸦片战争爆发只有短短十余年，历史并未给中国内生的文化重建思潮继续下去的机会。

本土文化的探索并未使中国走向现代化，接替这一重任的文化思潮是五四新文化运动。一批著名的文化学者为重建中国文化提供了一系列中肯的建议。其中，费孝通先生便倡导通过“文化自觉”的方式重建中国文化。具体来说，“文化自觉只是指生活在一定文化中的人对其文化有‘自知之明’，明白它的来历、形成过程、所具的特色和它发展的趋向，不带任何‘文化回归’的意思，不是要‘复旧’，同时也不主张‘全盘西化’或‘全盘他化’”①。

因而，探索当代中国的文化重建路径，应通过一种合理的方式逐步消除摆在我们面前的三个矛盾：其一，传统与现代的矛盾，即一度与现代化脱节的中国传统文化，如何在重建过程中不但与现代化相适应，而且能切实推动现代化进程的问题；其二，中外文化或中西文化的矛盾，即全球化背景下中国文化如何在避免与外来文化冲突的基础上，实现“各美其美”的问题；其三，当代文化重建如何与历史唯物主义的进一步探索相协调之间的矛盾。

通过以上讨论可知，由于历史背景和社会属性的差异，中西方的文化重建应在政策制定和具体实践中充分考虑到本民族的特点。但这并不意味着分道扬镳，因为存在这样一个无法回避的事实，即全球化时代，任何国家和社会都难以置身于普遍的现代化问题之外。无疑，20 世纪以来是一个极其复杂的时代，其中，传统在精神秩序中呈现为断裂性，而在生活和器物中又呈现出持久性。不同种族和地域间的文化一方面表现出冲突性，另一方面又体现为多样性；传统与现代在经济的作用下开始打破僵局，并相互转化……面对如此复杂的境况，除了包罗万象的生活实践，恐怕任何“系统”都无法将其囊括。因而，留给当代中西方文化重建最好的选择，就是使各自的文化——传统的、现代的、社会主义的、资本主义的——彻底回到生活世界中，并为其寻找一种当代的、合理的、生动的存在方式。然而，文化的范围毕竟太大了，在文化重建的探索阶段，先选取一种文化类型作为突破口是较为明智的选择。

四、以重建节日文化探索一种可能性

倘若存在一种可堪作为“突破口”的既有文化形态，那么它最好能既包罗

① 费孝通：《中国文化的重建》，华东师范大学出版社 2013 年版，第 143 页。

万象，又涵盖各类重建对象的基本特征。具体来说，它应同时满足以下条件：首先，它应是传统与现代共同的产物，并能突破时间的限制将文化连接起来；其次，它应兼具文化的独立性与包容性，使本土文化和外来文化既保持独立，又避免冲突、自在交流；第三，它应是一种复合型的社会容器，使政治、经济和文化在其中和谐共处、相互促进；第四，它应该作为一个重建文化的场所，将系统和生活世界这两种整合范式有机联系起来；第五，它能够既有利于促成集体的认同，又能充分激发个体的认同；此外，它还应该是一个相对具象的文化形态，以便充分降低实践重建的难度。

面对如此苛刻的条件，如果将所有文化形态列举出来，逐一对照，恐怕是一个难以完成的浩繁工程。幸运的是，节日恰好就是这样一种文化形态。赫伊津哈在《游戏的人》中就曾将节日与游戏等同起来，并将其视作“人类文明的基础之一”①。此即是说，人类社会现存的大部分文化形态都可以在节日中找到根据。也许正因如此，巴赫金才认为“庆节(任何庆节)是人类文化极其重要的第一性形式”②。并且需要承认的是，节日在当代依然不可被取代，“在我们这个时代，要公然废除节庆，仍是不可思议的事”③。若如此，甚至可以将重建节日文化视作当代文化重建的一个缩影。当然，这同时也昭示着这一任务的艰巨性。

根据奥祖夫在《革命节日》中的论述，西方节日早在18世纪就已经出现了问题。而究其所以，却并不是因为节日太少或形式单调，而是恰恰相反。对此，或许可以在歌德那里找到答案。1787年，歌德游历至罗马并参加了当年的狂欢节。众所周知，罗马狂欢节作为西方狂欢节的起源久负盛名，但歌德却在《意大利游记》中将那一年的节庆活动形容为“蠢事”：“最近几天热闹非凡，但是没有发自内心的快乐。其实，碧空如洗，日暖风和，天公作美，内心不快，怪不得老天爷。”④之所以出现这样的情况，归根结底与近代社会的现代化进程脱不了干系。一方面，自18世纪始，西方传统节日已然失去了作为文化的独立性：资本主义生产方式的确立，使节日逐渐沦为工作的附庸；社会关系的变革又使节日被政治目的绑架——在法国大革命时期，传统节日甚至成为当局者打压的对象。另一方面，伴随近代理性的发展，片面的主体性原则逐渐被

① ［荷］约翰·赫伊津哈：《游戏的人：文化中游戏成分的研究》，何道宽译，花城出版社2007年版，第7页。

② ［苏］巴赫金：《巴赫金全集》第6卷，李兆林、夏忠宪等译，河北教育出版社1998年版，第10页。

③ ［德］约瑟夫·皮柏：《节庆、休闲与文化》，黄藿译，生活·读书·新知三联书店1991年版，第14页。

④ ［德］歌德：《意大利游记》，赵乾龙译，花山文艺出版社1995年版，第164页。

确立，宗教信仰也日趋世俗化；继而，传统基督教节日失去了庆祝的意义；人的形而上学需求进而无法得到满足。所以在此后很长一段时间里，节日庆祝被形式化了——它已经难以满足人们的精神需求。

新中国成立后，将五一劳动节、六一国际儿童节等国际节日引入，也新建了一批国家、政党性节日，如七一建党节、八一建军节、十一国庆节等。这些节日作为一种国家性和现代性的文化标志有其积极的意义，但也在一定程度上压缩了传统节日的生存空间。传统节日的重要性逐渐弱化。在经济上，中国社会经历了由传统农耕文明向现代工业文明的过渡。生产方式的变化和城市化进程的加速，使依赖于农耕文明的传统节日（特别在城市中）失去了现实的庆祝意义；经济理性和消费主义，大大削弱了节日的文化意义；受全球化影响，与经济、消费捆绑在一起的西方节日也正大肆掠夺着传统节日的生存土壤。在文化上，传统秩序被解构，致使节日的精神内涵被消解；传统民间文化艺术的衰落，不仅破坏了传统节庆艺术表达方式的完整性，也使参与庆祝的人与之日渐疏离。

在社会的巨大变革中，传统节日似乎已经身处水深火热之中。对此，德国学者艾斯纳认为："或许那作为一种强化人生意义之群体表现的节庆，将只被当成在人种学博物馆中保存的古老图画和手工艺品等有待研究的珍奇古董，这个时日的到来已经不远了。"①艾斯纳陈述了一个难以回避的事实，但其结论还是显得过于悲观了——传统节日虽面临着行将就木的危险，但也非无药可救。

事实证明，节日古老的传统无时无刻不在展示着它强大的吸引力。维系这种吸引力的，除了人们根深蒂固的传统观念和行为习惯，还有社会既有的时空体系。在法国大革命时期，当局者为了推行新节日出尽百宝，但民众却对此毫无感觉。"他们依然用七天一周做单位，用宗教和民俗的重要日子来规定一年的节奏，似乎不在乎平凡的一年从一个不重要的日子开始，也不在乎月的划分'不平等'……人们按照共和历的时间去市场或赶集，但在讲话时却不由自主地回到旧的时间体系。"②

传统节日的生命力由此可见一斑，即便已经进入21世纪，根据当代民俗学的研究，传统节日的古老庆祝方式也依然在各地流传着。然而时过境迁，当

① Eisner K., *Feste der Festlosen*, *Hausbuch weltlicher Predigtschwänke*, Dresden, 1906, p.10.

② [法]奥祖夫：《革命节日》，刘北成译，商务印书馆2012年版，第327—328页。

代节日已经难以回避现代化的难题。所以，正如前文所述，对待传统节日，复辟与复兴都不可取。真正有效的方式是重建，关键在于找到一个能够充分容纳传统与现代、本土与外来文化的场所，其中，政治、经济、文化的相互关系也可以得到有机调和。以此为依据，当代日趋繁荣的文化产业便不失为一个值得考虑的对象。

具体来说，文化产业提供了一个文化与经济互动的场所，也就为节日在经济理性社会的回归提供了充足的理由。通过现代的文化生产方式，传统节日以文化产品的形式回归大众视野，这不仅改变了长期以来节日死气沉沉的状况，也催生出了一大批新的节日形态。不可否认，这是大众文化的功劳，早在《机械复制时代的艺术作品》中，本雅明就肯定了这一点。文化产业无疑具有将文化还之于民的积极作用，然而也必须注意到这样做的结果，即文化极有可能沦为经济或其他事物的附庸。在文化产业发展的现阶段，尤其在中国，“文化经济化”的运作模式仍是主流。此外，当代文化产业工业化的生产模式，在造成传统节日同质化的同时，也粗放地制造着品类繁多的新节日。最终，节日虽然回到了生活世界中，但却也陷入了经济或消费主义的漩涡；当人们参与庆祝这种类型的节日时，它依然是被物化的。对此，列斐伏尔将马克思的异化理论拓展至日常生活领域并提出：“马克思主义应当是日常生活的批判的认识。”[①]受他启发，使日常生活艺术化、文化化以解决人的异化问题，已经成为当代思想文化领域的重要观点。同理，文化产业在参与当代节日文化重建的过程中，最为紧要的就是实现由“文化经济化”到“经济文化化”的跨越。

在实践领域之外，理论研究也非常重要。虽然许多伟大的文化著述都不曾忽视节日，但事实情况是，节日研究始终没能发展为一门独立的学科，甚至鲜有系统的理论成果。传统的文化人类学和民俗学研究虽有所助益，但它们在面对节日问题时却往往重呈现轻思考，只讲“是什么”或盲目谈“怎么办”，却不谈“为什么”。特别是文化产业的介入赋予了当代节日意义以极强的碎片化和流动性特点，这就导致旧的研究范式难以捕捉变化着的节日事实——要完整地呈现个别节日已然不可能，指导实践就更无从谈起了。因此，中国节日研究已经到了必须回答“为什么”的关键阶段，而以文化产业为背景讨论节日文化重建的途径，亦可为文化产业的健康发展提供理论参考。

① Lefebvre H., *Critique de la vie quotidienne*, l'Arche, 1961, p.151.

The Chinese and Western Contexts of Cultural Reconstruction and Contemporary Theory
——Exploring a Possibility with Festival Culture as an Example

Liu Guangwei

Abstract: "Cultural Reconstruction" involves a series of constructive explorations on the dilemma of cultural modernity. By reviewing the general history of Chinese and Western ideological and cultural fields since modern times, this paper presents, summarizes and compares the contemporary, arduous, complex and specific aspects of contemporary Chinese and Western cultural reconstruction tasks, and believes that the complex reconstruction objects should be completely returned to the living world, and find a contemporary, reasonable and vivid way of existence for it. In this sense, festival, as one of the foundations of human civilization, is not only an important cultural concern, but also a breakthrough in exploring the path of reconstruction. Taking festival as an example, in view of the comprehensive rejuvenation of contemporary festival culture, it also appears hollow and homogenous under the influence of the idea of "cultural economics". It is proposed that the public should be encouraged to enrich their aesthetic experience in the creative practice of daily life, while emphasizing the strategic and guiding nature of theoretical research, so as to promote the transformation of cultural industry to "economic culturalization" mode.

Key words: cultural reconstruction; modern cultural context; festival culture; cultural industry

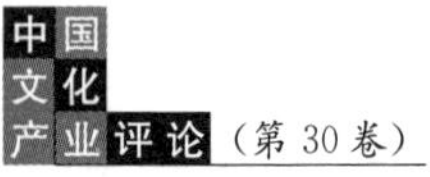

国际文化政策研究学理观察

——基于《文化政策国际期刊》

上海交通大学　王　婧

［内容提要］《文化政策国际期刊》(*International Journal of Cultural Policy*, *IJCP*)过去三十余年发表的文化政策成果中,反复出现了四个主题:文化是道德改善的源泉,文化是促进国家认同和威望的工具,文化是经济引擎,文化是可持续发展的第四力量。《文化政策国际期刊》发表以"文化政策"为核心概念的学术文章是本文的观察样本,首先,从学理角度归纳《文化政策国际期刊》的研究主题、相关概念及研究方法;其次,依据文化政策的文化价值、政治价值、经济价值和社会价值的内在逻辑,分析国际文化政策研究特征;最后,指明未来国际文化政策研究的七种挑战。

［关键词］　文化政策;《文化政策国际期刊》;学理观察

文化在二战后世界秩序重建的国际事务中发挥着普遍且积极的作用①,20 世纪 60 年代以来,联合国教科文组织召开了多次文化政策国际性会议,引发各国政府文化主管部门和知识界对文化政策问题的关注和兴趣②。20 世纪 70 年代,"文化政策研究"是在阿克伦大学设立文化经济协会和城市研究中心的过程中被提出来和使用的。此后定期举行关于经济学、社会学理论和艺术的会议,进行文化政策研究和规划评估③。值得一提的是,1994 年,奥立

① 1945 年议定的《联合国宪章》中提到了文化因素,联合国教科文组织成立后,文化事务在国际层面有了正式的制度保障,1948 年的《世界人权宣言》包括文化参与权。

② 1966 年,联合国教科文组织通过《国际文化合作原则宣言》,为在联合国教科文组织框架范围内制定文化政策奠定了基础。1967 年,联合国教科文组织在墨西哥城召开了一次国际会议讨论文化政策,产出一系列专题论文。参见方彦富:《文化政策研究的兴起》,《福建论坛(人文社会科学版)》2010 年第 6 期;陈辛仁:《加强国际文化交流与合作　增进了解和友谊　维护世界和平!》,《新文化史料》1994 年第 2 期。

③ ［澳］托比·米勒、［美］乔治:《文化政策》,刘永孜等译,南京大学出版社 2017 年版,第 36 页。

弗·贝内特(Oliver Bennett)创立英国华威大学的文化政策中心,同时创办学术期刊《文化政策国际期刊》(*International Journal of Cultural Policy*, *IJCP*),其为聚焦"文化政策研究"的最早、影响最大期刊之一①。

《文化政策国际期刊》刊发包括美学、经济学、政治学、社会学、人类学等多种学科的成果,讨论话题随着社会变革不断丰富。本文以该刊发表题名涵盖"文化政策"(cultural policy)的论文为观察样本,主要回答国际文化政策研究的核心主题是什么,作为研究对象的"文化政策"又被如何理解,对其采用哪些研究方法,文化政策研究呈现哪些特征,未来的国际文化政策面临哪些挑战等问题。

一、"文化"与"政治"是双重核心要素,"文化政治"是核心主题

文化政策是文化的政治表现形态②,它不仅需要被理解为行政事务,而且是世界观的反映③。自1998年起,《文化政策国际期刊》不定期开设特刊,特刊专题主要源自当年国际重要文化政策事件或文化政策研究国际会议(International Conference on Cultural Policy Research, ICCPR)的重要议题。通过与文化、经济、政治和社会等方面的融合,共设置了24个特刊主题,国际"文化政治"研究一直贯穿其中,尤其自2017年起,每年均有一期专刊"文化外交与国际文化关系",再次凸显文化政策的"政治"要素(见表1)。

表1 《文化政策国际期刊》自创刊至今的专刊主题归纳

年份	卷(期)	主　题
1998	4(2)	文化分析与文化政策 Cultural Analysis and Cultural Policy
2003	9(2)	法国与德国文化政策 French and German Cultural Policies
2005	11(1)	文化产业与文化政策 The Cultural Industries and Cultural Policy

① [英]戴夫·奥布莱恩:《文化政策:创意产业中的管理、价值和现代性》,东北大学出版社2016年版,第2页。

② 胡惠林:《文化政策学》,清华大学出版社2015年版,第3页。

③ [美]凯文·马尔卡希:《公共文化、文化认同与文化政策:比较的视角》,何道宽译,商务印书馆2017年版,第2页。

(续表)

年份	卷(期)	主　　题
2008	14(4)	重塑城市的体育文化政策 Sport and Cultural Policy in the Re-imaged City
2009	15(4)	创意产业之后 After the Creative Industries
	15(2)	隐性文化政策 Implicit Cultural Policies
2010	16(3)	创意与文化政策 Creativity and Cultural Policy
	16(1)	文化政策图书述评 Cultural Policy Review of Books
2011	17(4)	政策与流行 Policy and the Popular
	17(2)	宗教与文化政策 Religion and Cultural Policy
2012	18(5)	文化政策与民主 Cultural Policy and Democracy
	18(3)	亚洲的文化政策 Cultural Policy in Asia
2013	19(3)	流行音乐与文化政策 Popular Music and Cultural Policy
2015	21(4)	文化外交——超越国家利益 Cultural Diplomacy-Beyond the National Interest
2016	22(5)	全球文化经济中的电影政策 Film Policy in a Globalised Cultural Economy
	22(1)	校园之外:高等教育、文化政策与创意经济 Beyond the Campus: Higher Education, Cultural Policy and the Creative Economy
2017	23(6)	文化外交与国际文化关系(Ⅰ) Cultural Diplomacy and International Cultural Relations(Ⅰ)
	23(2)	可持续发展的文化政策 Cultural Policies for Sustainable Development

（续表）

年份	卷(期)	主　　题
2018	24(6)	文化外交与国际文化关系(Ⅱ) Cultural Diplomacy and International Cultural Relations(Ⅱ)
	24(5)	伊利比亚—美洲地区的文化政策 Cultural Policy in Ibero-America
2019	25(7)	文化外交与国际文化关系(Ⅲ) Cultural Diplomacy and International Cultural Relations(Ⅲ)
	25(5)	贸易与文化:持续的辩论 Trade and Culture: The Ongoing Debate
	25(1)	韩国的文化与政治:国家主义文化政策的后果 Culture and Politics in Korea: The Consequences of Statist Cultural Policy
2020	26(6)	"全球南方"城市的文化政策:一种多层次的方法 Cultural Policies in Cities of the "Global South": A Multi-Scalar Approach
	26(7)	文化外交与国际文化关系(Ⅳ) Cultural Diplomacy and International Cultural Relations (Ⅳ)

"文化"也是文化政策的核心要素,它界定国民的身份认同和个人价值[①]。《文化政策国际期刊》刊发学术论文关键词的词频分析结果表明:体现文化政策"文化价值"的关键词为第四类最高词频[②],如"文化"(culture)、"文化多样性"(cultural diversity)、"文化遗产"(cultural heritage)和"遗产"(heritage)。世界各国一直都从事以展现自身政策、推进自身力量的各类活动,传统上集中于战争、外交和经济三个维度,而文化一直是国际政策的"第四维"。文化政策代表着广义社会政治观点的微观世界[③],"文化"成为理解文化政策的核心,也标志着文化政策成为干预文化领域的实际手段。通过认识和运用话语和制

① [美]凯文·马尔卡希:《公共文化、文化认同与文化政策:比较的视角》,何道宽译,商务印书馆2017年版,第1页。

② 《文化政策国际期刊》自第1卷(1994年)至第7卷(2001年)刊发的学术论文无文章摘要与关键词,故从2002年第8卷开始进行关键词的词频统计(见图1)。词频最高的关键词为"文化政策"(cultural policy);其次为文化政策的经济价值关键词"创意产业"(creative industries)、"文化产业"(cultural industries)和"创意经济"(creative economy)及"新自由主义";第三类频次较多的为体现文化政策的政治意义关键词"文化外交"(cultural diplomacy)、"软实力"(soft power)、"政策"(policy)。此外,文化政策主体和客体的频次较高关键词分别为"联合国教科文组织"(UNESCO)、"中国"(China)和"欧盟"(European Union)、"电影政策"(film policy)、"博物馆"(museum)及"文化规划"(Cultural planning)。

③ [美]凯文·马尔卡希:《公共文化、文化认同与文化政策:比较的视角》,何道宽译,商务印书馆2017年版,第9页。

度，文化政策可以通过行政管理力量来实现对社会采取文化治理的手段。

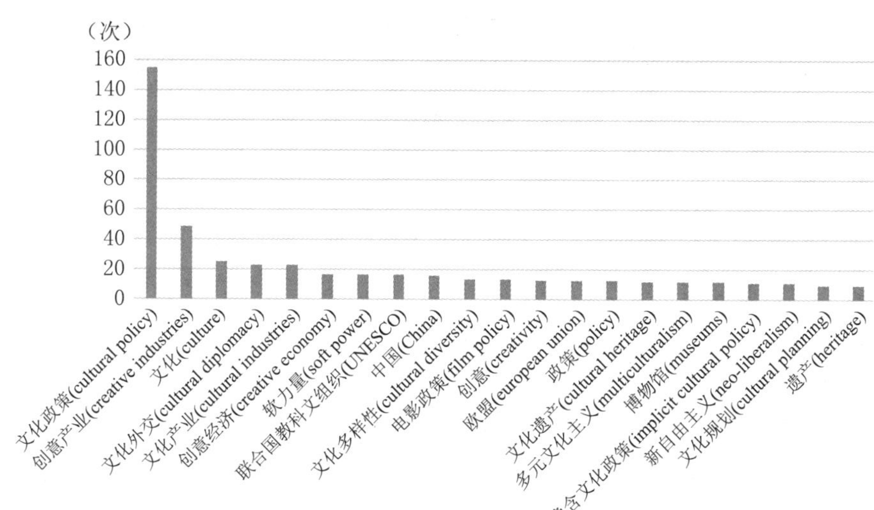

图 1 《文化政策国际期刊》2002 年第 1 期至 2020 年第 5 期刊发学术论文关键词词频(≥10)

二、研究主题日益丰富，从艺术焦点跨越到城市发展、国际关系、生活方式等各方面

20 世纪 90 年代，文化政策研究还是较新的工作领域，对于什么是文化政策研究，如何形成统一的文化政策研究范式尚处学者的讨论之中。但自《文化政策国际期刊》创刊、ICCPR 的定期召开，促使文化政策研究范畴大大扩展。①

文化政策的最初关注点在于艺术创作——艺术家如何对社会文明作出贡献，如何让更多的人从艺术品消费中受益，如何提高教育和媒体的艺术内涵等方面，将对文化艺术的公共支持置于公共政策的棱镜之下。由于文化概念泛化到高雅艺术之外，文化政策涵盖范围相应从只关注艺术、文化遗产延伸到电影、广播和媒体政策、城市和区域发展、国际贸易、外交等诸多解释生活方式的领域。

经济环境的急剧转变是促使文化政策拓展的第二个因素，文化产品的制造、分配和消费深受“全球化”带动，从本质上说，“全球化”可以被定义为三种现象：第一，资源尤其是资本和劳动力在国家和地区间流动的障碍被打破；第二，本国和跨国公司的商业机会不断增加，许多商品的全球化市场已经出现；

① 2004 年 8 月在蒙特利尔召开的 ICCPR 完全致力于探讨文化政策的概念和作用。

第三通信的国际化导致文化符号和信息在全世界自由传递。全球化所带来的文化共享在国际文化关系、对外文化政策、文化外交、文化与贸易等诸多方面受到关注。全球化对地方文化影响是综合性的,也是不断演变的动态过程。但是,并没有迹象表明:国家内部或国家之间的文化差异正在逐渐消失,反而国家文化政策已经成为研究主题。特定国家(区域)的文化特性通过艺术、音乐、文学、礼仪及许多其他庆祝活动在世界各地显现。此外,地方的文化表现形式也体现出更鲜明的民族性或区域性文化认同。

技术进步是推动文化政策扩展的第三个因素。数字化革命、网络成长以及新通信技术等技术力量共同推进各国及国际的文化政策制定受新自由主义经济原理影响的趋势,其对艺术家、创业者、商业和非商业电影制作、文化产品分配、文化机构和文化消费者的影响十分深刻。首先,在文化生产领域,新的通信技术培育出新的文化表述形式,开辟了新的文化交换途径。在一些前沿领域,使用新媒体的艺术家正在试验用新的方法创作艺术并与受众交流。曼纽尔·卡斯特尔曾经指出,这一新技术环境可以描述为是文化的,只要其发展动力是取决于“创新的文化、风险的文化以及最终未来希望的文化”。而且,新技术使文化生产者通过新途径改善信息和市场服务,以更有效的管理体系来实践业务运营。当前,全球博物馆和公共画廊对馆藏品进行数字化处理,演出团体采用电子化售票,报纸提供网上阅读就是明确例证。数字化技术亦带来文化消费性质的改变,使文化消费者从文化信息的被动接受者转变为积极合作的文化内容创作者。技术重新定义的文化特性所带来的权力感,将不断对文化政策内容产生显著影响。

三、“文化”范畴拓展带动“新文化政策”“工具性文化政策”“对外文化政策”“显性文化政策”与“隐性文化政策”等概念的出现

在社会科学领域,文化常被认为与人类一切活动有关。但是,如果我们要谈论文化政策,这并不是一个非常切实的起点,它意味着文化政策将涵盖所有领域的决策①。

出于实际和行政目的,文化政策是针对一个部门内汇集的若干活动,而这

① Geir Vestheim, “Instrumental Cultural Policy in Scandinavian Countries: A Critical Historical Perspective”, *International Journal of Cultural Policy*, 1994, 1(1).

个部门又是一个随机界定的类别，某些活动被归入文化范畴，而其他活动（产品或服务）则被排除在外。文化的概念可以是有限的，也可以是全面的，这取决于历史条件和传统。文化部门这一概念的内容取自人文学科，对什么应该被视为文化，什么不应该被视为文化，有一种隐含的价值评估。狭义文化部门概念的出发点是：把文化作为艺术（音乐、绘画艺术、手工艺、文学、戏剧、电影等）来处理，而文化政策则涉及这类艺术的传播。第二次世界大战后，西方世界第一阶段的文化政策就是建立在这样一个有限的部门概念之上。

与之相比，始于20世纪70年代的"新文化政策"可以找到更全面或更具包容性的文化部门概念：各种形式的休闲活动被纳入定义，志愿组织或理想主义组织的工作也被纳入其中，专业活动和业余活动之间的界限越来越模糊，甚至有些国家也将体育纳入文化的概念中（如挪威、英国等）①。在政策制定和管理中，将更多类型的活动和创造性工作赋予"文化"标签，文化管理领域不断扩大，专业化程度逐步提高②。"新文化政策"隐含的部分思想是：应该动员人们更多参与该地区和当地社区的文化生活。事实上，这种情况已经发生，可以看到文化活动的增加和文化影响的扩大，文化政治领域的新行动者开始采取权力下放原则。

20世纪最后10年，西方政府捍卫文化政策的方式发生了转变③。"工具性文化政策"（instrumental cultural policy）一词在20世纪80年代业已出现④，它并不是像20世纪70年代"新文化政策"那样的转折点，而是应该被视为20世纪80年代经济状况变化的文化政治变体。经济状况变化导致对市场经济条件下公共行政和公共服务的强烈批评——西方世界的普遍现象⑤。盖尔·韦斯特海姆将其定义为：将文化投资或文化企业作为实现文化之外目标的手段或工具。而文化之外目标会涉及创造就业和财富、城市复兴，或者按照目前趋势所呈现的——社会包容、社区发展和社会凝聚力。事实上，将文化政策定义为"工具性"的，并不是宣称艺术所追求的目标性质；相反，"工具性在于强调文化是一种手段，而不是目的本身"。

---

① David Looseley, "Facing the Music: French Cultural Policy from a British Perspective", *International Journal of Cultural Policy*, 7(1).

②⑤ Geir Vestheim, "Instrumental Cultural Policy in Scandinavian Countries: A Critical Historical Perspective", *International Journal of Cultural Policy*, 1994, 1(1).

③ Kees Vuyk, "The Arts as an Instrument? Notes on the Controversy Surrounding the Value of Art", *International Journal of Cultural Policy*, 2010, 16(2).

④ Eleonora Belfiore, "Auditing Culture", *International Journal of Cultural Policy*, 2004, 10(2), pp.183—202.

“对外文化政策”(external cultural policy)是文化政策工具化的一种体现。此前文化政策研究几乎完全集中在国内文化政策上:关注国家边界内文化管理的机构、原则和战略。然而,随着快速全球化,对外文化政策变得越来越重要,形成了新的社会交往和互动实践的制度背景。国际关系和国际政治的学者也迅速增加对于对外文化政策问题的兴趣。正如前所述,《文化政策国际期刊》近年来连续推出了“文化外交与超越国家利益”“文化政策与国际文化关系”特刊专题。更具体地说,该政策领域的多维性是由于国内和国际错综复杂的文化政治相互作用。文化政治和文化经济的紧密交织,文化概念间的复杂辩证关系,民族认同定义和文化民族主义规范均要求文化政策专家具有跨学科的技能①。

此外,根据文化政策的有效性或者文化政策的表达方式,杰里米·阿亨提出显性文化政策(explicated cultural policy)和隐性文化政策(implicated cultural policy)②,它们可以概括如下:显性文化政策是直接涉及文化的政策,无论是从功能上(作为艺术)还是从构成意义上(作为传统、价值观和共同生活方式)来界定文化。因此,支持公共美术馆的政策是一项显性文化政策,而趋向多元文化主义(multiculturalism)/多元化(pluralism)/民族多样性(ethnic diversity)的政策从广义文化方面看也是显性的。正如阿亨指出的,显性文化政策不仅通过文化部门或其同等机构来执行,而且延伸到政府的许多领域。例如,文化外交也是一项明确的文化政策,在大多数国家很可能通过外交部进行管理③。显性文化政策往往将“文化”简单等同于某些神圣的艺术表现形式,从而转移对其他政策行为的关注。

在隐性文化政策的范畴内,人们还可以区分各种政策的非预期文化副作用和那些有意塑造文化但没有明确主题化的刻意行动。诚然,政策通常被认为是经过深思熟虑的战略行动方针,但可以根据它们所暗示的模式来分析这些方针④。戴维·思罗斯比从经济学的角度分析了显性文化政策与隐性文化政策的区别,认为有些经济政策具有隐性的文化目的,因此可以称之为隐性文化政策。公共政策领域的例子来自宏观经济政策、移民、税收、劳动力市场政

---

① Gregory Paschalidis, “Exporting National Culture: Histories of Cultural Institutes Abroad”, *International Journal of Cultural Policy*, 2009, 15(3).

② “显性”文化政策也被译为“象征的”文化政策,即明确标注为“文化”的政策;“隐性”文化政策也被翻译为“有效的”文化政策,即未明确标注为“文化”的政策。

③ David Throsby, “Explicit and Implicit Cultural Policy: Some Economic Aspects”, *International Journal of Cultural Policy*, 2009, 15(2).

④ Jeremy Ahearne, “Cultural Policy Explicit and Implicit: A Distinction and Some Uses”, *International Journal of Cultural Policy*, 2009, 15(2).

策、媒体监管和国际贸易。其中一些可能涉及蓄意的文化变革,在一些情况下,对文化的影响可能是无意的,而在另一些情况下,政策只是反映了文化现状。所有这些类型的隐性政策也可能有由非政府机构执行的可能性①。菲尔·麦格雷戈认为,新闻编辑部的做法和价值观本身就是一种隐性的文化政策②。

如果隐性文化政策被定义为战略家在其领土或其对手的领土上塑造文化态度和实践的努力,那么它将我们带入约瑟夫·奈所称的"软实力"领域。奈认为一个国家的软实力——其形象和对他人的吸引力——取决于它对三大因素的分析:"一部分取决于文化,一部分取决于国内政策和价值观,另一部分取决于外交政策的实质、策略和风格。"用奈的话说,"政策"及其表述最容易受到政府控制,而"文化"则最难直接控制。正如奈所指出的那样,在各种力量来源(军事、经济、软实力)中,"软实力"在混合力量中的影响可能会增加③。政府的显性文化政策在跨国文化空间的效力可能有限,但放弃在这个空间施加影响的愿望,战略家会认为是把控制权交给了对手。在这种情况下,人们可能会期望隐性文化政策的重要性、影响范围和微妙程度不断提高④。

四、实现人文学科建构,破除二元化术语和二分化框架,倾向于运用多维、系统、跨学科的研究方法

多维方法最适合于分析文化政策研究。关于文化政策研究,西方学界除了探讨"实用"和"理性"的二元问题外,另一个研究热点是文化研究领域一直存在的对立两翼——"精英文化"(以阿多诺为代表)和"大众文化"(以费斯克为代表)在哲学层面的价值观探讨,"精英文化"和"大众文化"的分野,正是架构不同类型文化政策的逻辑原点⑤。

文化政策研究的确是一个高度复杂的命题,既要包容公民文化权力和社

---

① David Throsby, "Explicit and Implicit Cultural Policy: Some Economic Aspects", *International Journal of Cultural Policy*, 2009, 15(2).

② Phil MacGregor, "Blame and the Messengers: Journalists as a Puritan Prism for Cultural Policies in Britain", *International Journal of Cultural Policy*, 2011, 17(2).

③ Nye, J.S., *Soft Power: The Means to Success in World Politics*, New York: Public Affairs, 2004, p.30.

④ Jeremy Ahearne, "Cultural Policy Explicit and Implicit: A Distinction and Some Uses", *International Journal of Cultural Policy*, 2009, 15(2).

⑤ [英]戴夫·奥布莱恩:《文化政策:创意产业中的管理、价值和现代性》,东北大学出版社 2016 年版,译者序,第 7 页。

会正义论，关注文化经济或者文化产业价值，又要批评其消费主义倾向。既要从雷蒙德·威廉斯对“文化”一词的普及性扩展、阿多诺文化工业批判理论、阿尔都塞意识形态国家机器理论、葛兰西霸权理论、伯明翰学派文化理论、哈贝马斯交往行动理论中汲取有用资源，又要高度关注社会经济的实践进程和技术发展进程对文化政策的影响，并在兼容国家话语、市场话语、学术话语和公众话语的前提下重建文化政策研究的话语体系。尤其是在全球化和文化经济一体化的宏大背景下，文化政策研究的交叉性、融合性和前沿性特点越发明显。按照约翰·哈利特的观点，新的文化政策研究不必再在精英文化和大众文化之间做出非此即彼的选择，也“不需再从批判性局外人、政治经济学家、后现代文本主义或文化激进主义者的长期争论中制造一个胜者”，新的文化政策研究应该是杂交的、全球的、后学科的会话，是具有包容性和创新性的“丰裕哲学”①。

在文化政策研究中，文化研究和政策科学往往成为从“文化”视角和“政策”视角切入的重要理论基础。德勒兹和加塔利提出“光滑空间”(smooth space)和“条纹空间”(striated space)的空间哲学思想对研究娱乐传媒产业和电子传媒文化有着重要的文艺美学或史学理论意义，建构了一种文化研究意义上的审美价值与诗学叙事②。从政策科学视角进行的文化政策研究，文化政策主体，文化政策目标，文化政策制定、执行、评估、监控与调整等环节，均有学者予以关注。

比较分析和案例分析是文化政策研究的常用方法③，克莱夫·格雷提出文化政策的方法与特定学科有关。有学者基于福利经济学、新公共管理理论、人类学等评估文化政策的经济贡献，探讨公共管理对文化资助部门文化制定的影响，以及市政府对街头音乐家监管方式的变化④。这可能导致无法理解

① ［英］戴夫·奥布莱恩：《文化政策：创意产业中的管理、价值和现代性》，东北大学出版社2016年版，译者序，第7页。

② Alan Stanbridge, “Detour or Dead-End? Contemporary Cultural Theory and the Search for New Cultural Policy Models”, *International Journal of Cultural Policy*, 2002, 8(2).

③ Hye-Kyung Lee, “Making Creative Industries Policy in the Real World: Differing Configurations of the Culture-Market-State Nexus in the UK and South Korea”, *International Journal of Cultural Policy*, 2020, 26(4); Häkon Larsen, “Legitimation Work in State Cultural Organizations: The Case of Norway”, *International Journal of Cultural Policy*, 2014, 20(4).

④ Trine Bille Hansen, “Cultural Economics and Cultural Policy: A Discussion in the Danish Context”, *International Journal of Cultural Policy*, 1995, 2(1), pp.87—103; David John Lee, Kate Oakley & Richard Naylor, “‘The Public Gets what the Public Wants’? The Uses and Abuses of ‘Public Value’ in Contemporary British Cultural Policy”, *International Journal of Cultural Policy*, 2011, 17(3); Andrew Green, “Street Music, Governance, and Cultural Policy in San Cristóbal de Las Casas”, *International Journal of Cultural Policy*, 2000, 26(4).

这些学科在调查内容和调查方式方面的真正差异。不同学科之间在本体论、认识论和方法论层面存在的差异意味着不可能简单从表面上采纳每个学科所说的文化政策。如果不能从理论和方法上更好理解可用于文化政策分析的工具，就不可能产生更复杂的分析方法。除此之外，政策理念和模式的发展直接源于文化政策本身的实践和研究，如政策依附(policy attachment)、仪式文化政策(ritual cultural policy)和显性/隐性政策(explicit/implicit policies)——而不是简单将理念和模式从特定领域转移，从个人、学科到文化领域——展示了一个相对开放研究领域的创造性分析潜力①。

五、多元文化观念作为起点，美学价值与身份认同、文化决策民主化、公众文化参与等成为体现文化政策文化价值的关键词

文化政策领域的任何实践者或学者都知道，这一政策领域的关键术语“文化”是相当开放的，没有很好的定义。然而，这种多元的文化观念(总是与特定的期望和愿景联系在一起)不一定非得受到谴责，它也可以作为科学研究的起点。②

自从联合国教科文组织 1966 年宣布国际文化合作原则以来，民主化一直是文化政策中最受重视的任务之一。文化政策民主化意味着文化设施的分散化以及文化定义和决策的民主化③。20 世纪 70 年代以来，促进民众参与文化生活一直是文化政策的主要目标之一，相应的政策措施是从 20 世纪 80 年代开始制定的。

在许多国家，权力下放已成为文化政策的一种规范。川岛信子回顾了文化政策中的分权策略④。对于今天的任何一个政府来说，都很难忽视“全民文化”的理想，文化政策所依据的宪章和原则虽然措辞含糊不清，但却阐明了这

① Clive Gray, “Analyzing Cultural Policy: Incorrigibly Plural or Ontologically Incompatible?” *International Journal of Cultural Policy*, 2010, 16(2).

② Elisabeth Wolf-Csanády, “Whose Cultural Policies? Value Orientations and Cultural Orientations in Politics and Society—The Case of Germany”, *International Journal of Cultural Policy*, 1998, 4(2).

③ Simo Häyrynen, “The Spatial Nature of Cultural Recognition: Constructing Finnish North Karelia in the Centre/Periphery Dimension of Cultural Policy”, *International Journal of Cultural Policy*, 2003, 9(1).

④ Nobuko Kawashima, “Theorizing Decentralization in Cultural Policy: Concepts, Values and Strategies”, *International Journal of Cultural Policy*, 1997, 3(2).

一理想。例如,英国艺术资助机构的目标中就包含了这一理想。凯恩斯勋爵在宣布艺术委员会的就职典礼时,谈到了在关注“伦敦优先”之前分权的重要性:欧洲委员会文化合作委员会开展了一项评估国家文化政策的重大研究项目,将“分散化”与“创造性”和“参与性”作为标准之一。然而,虽然权力下放的重要性在国际上得到了承认,但权力下放仍然没有得到充分研究。

艺术资助也是另一个相关的研究重点①。克利斯托弗·马顿认为艺术发展政策越来越多地将资金与艺术组织的潜力联系起来,以有效提供一系列额外的艺术社会成果②。此外,围绕艺术、审美的“公共价值”和“文化机制”的讨论也在持续中。马丁·道林对传统艺术审美体验的公共价值进行了反思。认为艺术界已经被动卷入一个政治上模棱两可的话语,集中在“社会资本”的概念上。通过想象“资本”和“审美”概念的重新连接来恢复这种论述是可能的,也是必要的③。埃莉奥诺拉·贝尔菲利奥认为在过去10年里,围绕“文化价值”的辩论越来越成为艺术和创意产业政策辩论的核心内容,并且主要集中在“经济价值”的表达和衡量上,而忽视了其他形式的价值——文化、社会、审美。他通过直面这个被忽视的问题,对创意产业学术作出了独特的贡献:呼吁致力于解决文化政策对权力和错误认识的盲点,以及麦奎根所称的“公共利益批判”④。

此外,直到20世纪70年代末,建构文化认同或许是文化政策最重要的理论基础⑤。确立文化身份作为一项文化政策目标,为文化管制提供了重要基础。文化认同的空间性得到讨论,学者运用政治学理论,对一国之内的省级区域,欧盟区域组织的空间范围进行研究,分析文化与政治身份、共同价值观、文化遗产等作为文化认同基础。

---

① 国际艺术理事会和文化机构联合会(International Federation of Arts Councils and Culture Agencies, IFACCA)是“第一个国家艺术资助机构的全球网络”。该网络于2000年12月在渥太华举行的第一届世界艺术和文化首脑会议上原则上成立,其使命是“为那些公共责任是支持艺术事业的卓越性和多样性的所有人创造一个国际资源和会议场所”(www.ifacca.org)。该联合会秘书处位于澳大利亚悉尼,是一家非营利性公司,仅有3名员工。

② Christopher Madden, “International Networks and Arts Policy Research”, *International Journal of Cultural Policy*, 2005, 11(2).

③ Martin Dowling, “Fiddling for Outcomes: Traditional Music, Social Capital and Arts Policy in Northern Ireland”, *International Journal of Cultural Policy*, 2008, 14(2).

④ Vincent Dubois, “Lowbrow Culture and French Cultural Policy: The Socio-Political Logics of a Changing and Paradoxical Relationship”, *International Journal of Cultural Policy*, 2011, 17(4).

⑤ Haksoon Yim, “Cultural Identity and Cultural Policy in South Korea”, *International Journal of Cultural Policy*, 2002, 8(1).

六、文化政策“本身”的研究从民族国家角度进行，国家（地区）文化政策、文化外交和国际关系构成文化政策政治性的主要体现

文化对于政府控制模式的可获得性和“准备就绪性”，使得文化政策在当代任何社会都非常重要①。长期以来，文化政策一方面与公民身份、参与原则有关，另一方面与主权和民族主义相联系。

文化政策在这里被理解为一种公共政治行为，它不仅正式界定了某一群体的文化利益，而且还界定了其文化性质。在研究区域文化政策时，往往忽略了区域文化的空间性，尤其是其对文化形象塑造的影响。本文第五部分提到的文化认同空间性，学者运用政治学理论也予以探讨。国家政治、区域政治和城市政治是从政治学角度理解文化政策的三个空间层次，包括针对一国之内的省级区域和欧盟区域组织的空间范围②。

美学与政治的关系构成国家文化政策的起点。历史上，国家对艺术的兴趣可以说是源于权力和审美表现之间的密切关系，也许在皇家宫廷的仪式上最清晰、最辉煌地显现出来。在当代，权力和美学间的关系持续存在，目前主要是政治中介化。至少30年来，这种关系在国家支持和控制既定文化形式的各种行政实践中受到特殊的扭曲，而这些行政实践被称为“文化政策”③。

特伦斯·李借鉴雷德蒙·威廉斯一篇很少引用的文章，归纳国家文化政策的五种模式：第一种是“庄严的文化政策意识”，它通常是关于国家或政府权力的公开表现，比如议会会议的盛大开幕式或在官邸外更换警卫。这些活动虽然通常是短暂的，但却为官方奉献新传统或展示国家遗产提供了巨大的机会。虽然这种文化政策模式与日常生活关系不大，但它提醒普通人或公民、政府在文化艺术领域是“开放经营”的。第二种文化政策意识涉及对艺术的对立态度。人们可以把艺术看作公共权力或美化民族国家的工具。前一种立场保

---

① Terence Lee, “Creative Shifts and Directions”, *International Journal of Cultural Policy*, 2004, 10(3).

② Simo Häyrynen, “The Spatial Nature of Cultural Recognition: Constructing Finnish North Karelia in the Centre/Periphery Dimension of Cultural Policy”, *International Journal of Cultural Policy*, 2003, 9(1).

③ Rolf Hugoson, “The Rhetoric of Abstract Goals in National Cultural Policies”, *International Journal of Cultural Policy*, 2009, 3(2).

持一种"为艺术而艺术"的政策心态，即将艺术视为一种崇高的、自主的努力，应该超越功利主义和装饰性的"庄严"功能，超越政府控制。后者把艺术和文化领域变成可销售的组成部分，通过将一个特定的民族文化代表其他文化，扩展到旅游、商业娱乐和外交政策。第三种文化政策意识是国家作为艺术的赞助人，并由此延伸，其任务是保护传统艺术或美术。第四种文化政策意识，其特点是国家转向"积极的文化政策，区别于赞助和有限干预"，这实际上是对大众传播和广播兴起所带来的新的艺术和创造力的回应。在这种模式下，国家赞助超出了传统艺术的范畴，似乎拥抱了文化扩张，包括流行的艺术和文化实践，从而试图消除高低艺术/文化之间的等级差别。第五种文化政策意识是提出发展性的文化政策，支持实际社区发展(而不是相对抽象的中央集权国家)，并由艺术家和文化工作者合作自治[①]。

文化外交正日益被视为民族国家利用其文化生产和实现软实力目标的媒介，它从政治角度分析文化政策的外向性。文化外交的概念和与之密切相关的"国家品牌"一词，通过国家认同话语建构被仔细研究。全球化经济中，文化可以品牌化的重要性凸显，可避免使产品单一化，并赋予它们更大的价值。无论是对外政策还是文化政策，都把文化产业的国际投射作为一项战略目标，同时也改变了这些政策的目标和网络。虽然文献中提到了这一现象，但品牌决策的某些效果已变得明显，这需要进一步关注文化多样性的简化、品牌内部非一致性特征的消除以及内部纠纷和参与的限制。华金·乌利德莫林斯等将西班牙的国家品牌项目 Marca España 批判性分析为一个经济和政治工具化的过程，表明这些大公司提倡简化和统一的民族文化形象[②]。

七、超越以往资助艺术及其效果评价，文化(创意)产业、文化(创意/体验)经济成为各国工具性文化政策经济价值的主要体现

过去几十年里，"文化产业"概念吸引到学术界和政界越来越浓厚兴趣。这种繁荣在国际组织、国家和地方各级政府的文化政策中都得到明显体现，报

① Terence Lee, "Creative Shifts and Directions", *International Journal of Cultural Policy*, 2004, 10(3).

② Joaquim Rius Ulldemolins & Mariano Martín Zamorano, "Spain's Nation Branding Project *Marca España* and its Cultural Policy: The Economic and Political Instrumentalization of a Homogeneous and Simplified Cultural Image", *International Journal of Cultural Policy*, 2015, 21(1).

告、倡议和伙伴关系中会使用"文化(创意)产业"一词①。

实际上,伴随着文化经济化的现象,创意产业/创意经济也逐渐进入文化政策的学术话语。这首先追溯至20世纪80年代,随着管理者认识到创造力的价值,文化机构开始接受管理主义和企业精神②。文化政策制定者认识到商业文化产业的活力,并试图将这些产业纳入文化政策的主流,就像企业寻求拥抱创业一样。这种转变的早期迹象来自当时英国的创意产业政策。这也使得英国成为《文化政策国际期刊》文化政策国别研究中最受关注的国家之一,利物浦、伦敦等城市文化政策也被学者关注。

自从"创意产业"的概念在20世纪90年代末流行以来,一些国家的统计账户已经适应新的定义。然而,创意产业与文化部门的关系尚不清楚,该部门的界限仍有争议。此外,一些国家倾向于将强调用户体验而不是生产者创造性行为的方法作为界定标准。

体验经济往往被认为是休闲经济、艺术表演和创意经济的混合,促进体验经济战略方面进行的许多投资得到大量报告的支持,这些报告显示了体验经济带来的经济影响和增长潜力。如今,许多地方政府制定了本地区体验经济的发展战略。问题仍然是缺乏这一领域的知识和研究,这一领域的投资似乎更多由政治而不是知识推动。特赖因·比尔认为如果文化政策侧重于体验经济,并试图创造经济发展,那么传统上用于艺术的支持和补贴可能会用于娱乐或视频游戏制作,或是具有最高增长潜力的行业。但这可能是一个非常错误的策略,因为文化政策的主要目标是文化和社会。即使政策的目标是经济发展,正确的政策扶持体验产业似乎也很难制定。从产业门类看,体验经济活动都是分散的,因此体验经济的政策举措大多是分散的。此外,这些政策举措是否以及如何针对增长潜力最大的行业?最大的增长潜力可能在于与体验行业相关的广泛价值创造,要确定这种价值创造也是一个挑战。因为体验经济不适合任何一致的定义;它的市场价值创造在不同的体验行业内以非常不同的方式发生,程度也非常不同,并且只有一些体验领域在增长。③

综上所述,从20世纪40年代"文化工业"(cultural industry)的出现,此

① David Hesmondhalgh & Andy C. Pratt, "Cultural Industries and Cultural Policy", *International Journal of Cultural Policy*, 2005, 11(1).

② Chris Bilton & Ruth Leary, "What can Managers do for Creativity? Brokering Creativity in the Creative Industries", *International Journal of Cultural Policy*, 2002, 8(1).

③ Trine Bille, "The Scandinavian Approach to the Experience Economy—Does it Make Sense?", *International Journal of Cultural Policy*, 2012, 18(1).

后40年“文化工业”被“文化产业”(cultural industries)所取代,20世纪90年代的创意产业直至体验经济,在发达国家和发展中国家都似乎成为现实:在文化政策论述中越来越强调文化产业。这被看作文化政策的经济还原主义,即“新自由主义全球化”,崇尚市场力量①。但是,正如有学者所言,把文化产业作为文化政策的一个重要组成部分,不应被解释为对新自由主义经济力量的出卖。相反,在地方、国家和国际政策掌握权力的经济决策者看来,这可被视为打开了使文化政策合法化的机会②。一旦艺术和文化的声音从边缘地带进来,就应该更容易重新获得文化政策的基本作用——有义务实现政府的艺术和文化目标。归根结底,无论在何种层面实施文化政策的任务,都必须在当代社会艺术和文化的生产、使用中,在创造经济与文化价值之间把握一种难以捉摸的平衡。

八、高等教育、城市规划、文化生态、可持续发展均是构成文化政策社会价值的热点主题,技术对文化政策的影响也受到关注

文化被看作一种生活方式③,人是实践这种方式的主角,无论作为文化生产者、文化消费者抑或单纯的文化参与者。

大学是艺术生产和培养艺术生产关键角色的主要组织,长期以来,从国际上看,大学一直是许多城市和社区的主要文化参与者。然而,最近在西方一些发达国家,高等教育和经济政策都面临着越来越大的压力,需要了解高等教育对艺术部门和文化创意产业的影响,并增加其潜在价值。2016年《文化政策国际期刊》专刊“高等教育、文化政策与创意经济”探讨了高等教育与创意经济之间的关系。不同学科之间的知识交流、政策研究和网络开发具有不同特点。高等教育通过其在促进创新、创意、文化集群和培养学生就业能力等方面的核心作用,以及对经济发展和城市复兴的更广泛贡献,进而成为政策辩论的焦点。高等教育与创意经济的关系处于不同政策领域的十字路口,即文化政策(包括明确支持和发展创意/文化部门)、高等教育政策(包括技能和课程开发,

---

① [英]吉姆·麦奎根:《重新思考文化政策》,何道宽译,中国人民出版社2010年版,第3页。

② David Throsby, “Modelling the Cultural Industries”, *International Journal of Cultural Policy*, 2008, 14(3).

③ Deborah Stevenson, “‘Civic Gold’ Rush”, *International Journal of Cultural Policy*, 2004, 10(1), pp.119—131.

也包括收费结构和扩大参与)以及就业和经济发展政策(涉及商业支持和就业监管)①。

同时,在美、英、澳、加等西方国家中,以城市为基础的文化规划已成为过去三四十年最重要的地方文化政策举措之一②。一些地区的文化发展优先事项也凸显了战略上培养城市和地方文化的重要性③,“创意城市”“创意能力”“创意经济”以及“创意阶层”等词语进入文化政策制定和城市支持者视野。就目前的概念而言,文化规划远不止是艺术的政策框架。在某种程度上,它作为一种促进当地文化多样性、社区发展、公共和私营部门之间的伙伴关系以及将艺术定位为“产业”的一种方式。此外,人们越来越把文化规划想象为实现社会包容和培养地方公民意识的一种战略。简言之,文化规划被认为是实现社会、经济、城市及创意成果的一种方式。显而易见,文化规划也是社会规划、城市规划、艺术规划和经济规划④。

文化区和城市文化节庆活动均是体现城市特色和品牌的城市规划的主要内容,是自20世纪80年代通过城市重建、带动就业刺激经济复苏而兴起的⑤。但并不是所有的艺术区、文化区均如毕尔巴鄂和鹿特丹一样成功⑥,一些艺术节在融入城市中也存在被城市管理边缘化的问题,它的高知名度与其说源于艺术价值,不如说因为它们与旅游业、城市重建等政策议程有着相关性⑦。过去20年来,“全球南方”城市的文化活动激增,新博物馆和艺术节的出现,创意产业项目的启动,联合国教科文组织赋予城市多重标签。长期以

---

① Abigail Gilmore & Roberta Comunian, “Beyond the Campus: Higher Education, Cultural Policy and the Creative Economy”, *International Journal of Cultural Policy*, 2016, 22(1).

②④ Deborah Stevenson, “‘Civic Gold’ Rush”, *International Journal of Cultural Policy*, 2004, 10(1).

③ 如苏格兰行政院会的《地方当局指南》(2002)称,“文化提供一种成功手段,可以实现一些‘交叉’政策和目标,包括社会公正/社会包容、经济复兴、积极公民身份和环境改善”。

⑤ Linda Moss, “Sheffield's Cultural Industries Quarter 20 Years on: What can be Learned from a Pioneering Example?”, *International Journal of Cultural Policy*, 2002, 8(2).

⑥ Dominic Power, “Culture, Creativity and Experience in Nordic and Scandinavian Cultural Policy”, *International Journal of Cultural Policy*, 2007, 15(4).西方城市中,有许多关于文化引导的再生的研究,通常被称为“毕尔巴鄂效应”,即通过文化重塑城市品牌。他们描绘了后工业城市是如何创建机构的,或是如何邀请已有知名机构来创建像毕尔巴鄂古根海姆博物馆这样的前哨基地。其他城市通过展示城市繁荣的历史时期来“重塑”自己,并将其与不同的过去联系起来,从而与不同的现在联系起来。或者,它们已经成为临时热点,吸引了大量游客参加特别活动,规划者希望这些活动能够转化为一系列可持续的文化和经济活动。这些成功主要集中在西方城市。

⑦ Cecilie Sachs Olsen, “Re-Thinking Festivals: A Comparative Study of the Integration/Marginalization of Arts Festivals in the Urban Regimes of Manchester, Copenhagen and Vienna”, *International Journal of Cultural Policy*, 2013, 19(4).

来，这些标签在高度等级化的全球艺术领域被认为是边缘的，这些都提出了新问题，需要新的理论方法来予以令人满意的回答。2020年第6期特刊旨在填补这一领域研究相对的文献空白①，通过对“全球南方”城市以经验为基础的分析，密切关注城市治理如何在不同权力尺度下进行，揭示了这些地区的重要变化，描绘欧洲和北美以外的城市如何利用文化重塑自己。

如同“创意”的出现是文化政策形成的核心要素一样，以数字化为标志的技术进步也有助于体现、增强文化价值。近几年来，学者特别关注增强的数字环境，通过创造新的文化产品实现文化部门的经济潜力和传播新的文化体验。一些国家受到公共资助的博物馆、剧院、文化遗产和媒体制作等文化空间和文化生产均受到数字化技术的影响，作为提高运作效率和扩展履行文化使命范围的途径②。但有学者认为与其他文化部门相比，文化遗产对新技术的接受程度相对较低③，它们的效益可从以知识转移和其他溢出的技术转移中获得④。

面向过去30年间文化多元话语的式微，近年来文化多元主义再次被学者关注。例如，多元文化艺术的创造与重塑，政策、文化差异与衰落话语⑤。文化政策的转变，从早期注重鼓励更广泛地接触艺术，到越来越强调自我融资和知识产权创造财富的工具主义，再到文化多元主义、文化生态文明⑥。2017年特刊“文化政策与可持续发展”，指出文化政策在可持续发展方面可以发挥四个作用⑦，讨论了文化权力与可持续发展⑧，对“文化与可持续发展”的论述

① 对“全球南方”城市基于案例研究，而这些案例研究没有考虑到它们所处的多标量权力动态。他们还经常依赖于西方城市中建立的理论框架，并倾向于根据同质化脚本（如“创意产业”“文化外交”或“创意城市”）来解释“全球南方”城市的文化政策。

② 例如，歌剧公司通过卫星向电影院播放演出，艺术博物馆利用互联网进行虚拟展览。这些发展对资助当局有影响，他们需要更新政策方法，以包括一系列新的技术现象。

③ María José del Barrio & Luis César Herrero, “Evaluating the Efficiency of Museums Using Multiple Outputs: Evidence from a Regional System of Museums in Spain”, *International Journal of Cultural Policy*, 2014, 20(2).

④ Hasan Bakhshi, David Throsby, “New Technologies in Cultural Institutions: Theory, Evidence and Policy Implications”, *International Journal of Cultural Policy*, 2012, 18(2).

⑤ Rimi Khan, Danielle Wyatt & Audrey Yue, “Making and Remaking Multicultural Arts: Policy, Cultural Difference and the Discourse of Decline”, *International Journal of Cultural Policy*, 2015, 21(2).

⑥ Phil Ramsey & Andrew White, “Art for Art's Sake? A Critique of the Instrumentalist Turns in the Teaching of Media and Communications in UK Universities”, *International Journal of Cultural Policy*, 2015, 21(1).

⑦ Nancy Duxbury, Anita Kangas & Christiaan De Beukelaer, “Cultural Policies for Sustainable Development: Four Strategic Paths”, *International Journal of Cultural Policy*, 2017, 23(2).

⑧ Jordi Baltà Portols & Milena Dragievicei, “Cultural Rights and Their Contribution to Sustainable Development: Implications for Cultural Policy”, *International Journal of Cultural Policy*, 2017, 23(2).

进行了批判性分析，特别是在文化活动家和实际存在的文化政策中。尤迪什蒂尔·拉杰·伊萨尔分析了在“21 世纪议程”的旗帜下，将文化建设成为“可持续发展的第四支柱”的运动。呼吁恢复“可持续性”一词最初的生态重点，特别是在气候变化方面，并概述了这种重点能够而且应该产生的一些文化政策反应①。

九、小结与展望：今后国际文化政策研究面对的七种不同挑战/情景

本文通过综述《文化政策国际期刊》发表“文化政策”为核心概念的学术文章，凝练出围绕“文化政策”的相关概念、研究方法，以及从文化、政治、经济和社会价值视角，自 20 世纪末至当下在应对社会重大转型过程中，文化政策研究的主题变化。这些研究成果表明今后文化政策国际研究将面对七种不同挑战/情景：

（1）在过去的 10 年里，围绕“价值”的辩论越来越成为艺术和创意产业政策研讨的核心内容，并且主要集中在“经济价值”的表达和衡量上，而忽视了其他形式的价值——如文化、社会和审美价值。②

（2）文化已经转向一种更具工具性的目的，因此机构和人们期望政府能够展示文化价值及其社会影响；通过数字颠覆（digital disruption）和数字中介（digital mediation），不仅需要升级传统文化场馆信息基础设施，也需要文化艺术内容生产上更加关注用户导向，密切关注数字技术带来的社会分化。

（3）虽然文化生产、消费和分配经历了快速的全球化，但文化政策仍然主要是以国家和城市为主体，与之相关的文化外交、国际文化关系、国家文化品牌、文化贸易以及城市政治（尤其是发展中国家城市如何参与国际秩序重建）将被更多学者研究。

（4）虽然学者和政界明确职业艺术家是文化领域的主要生产者，并有明确的公共支持计划，但一方面多数职业艺术家仍然很穷；另一方面真实的艺术从业者并不是典型的、想象中的创意艺术家，而是为了支持当地艺术家的文化

① Yudhishthir Raj Isar, “‘Culture’ ‘Sustainable Development’ and Cultural Policy: A Contrarian View”, *International Journal of Cultural Policy*, 2017, 23(2).

② Eleonora Belfiore, “Whose Cultural Value? Representation, Power and Creative Industries”, *International Journal of Cultural Policy*, 2020, 26(3).

工作者，包括那些可能“不时髦”的艺术家和文化工作的参与者①。因此，对于“文化劳动”的界定需要采用包容性的解释框架。

(5) 针对政府补贴艺术和文化的效率评估讨论，扩大到对数字技术引起的新型文化形态资助的合理性。电子竞技、游戏、沉浸消费、流媒体等数字文化形态也将如传统艺术般受到政府和社会资助的考虑，国际数字规则制定将变得十分重要。

(6) 特定文化部门/机构可能会把文化“囚禁”在官僚的“铁笼”里，由于文化的日常生活化，文化政策研究与文化治理都将呈现交叉融合的趋势，同时技术发展是文化部门/机构创新的催化剂。

(7) 随着社会转型，文化是推动社会可持续发展的动力，而文化政策塑造可持续发展的潜力将通过教育以重估文化与自然世界、文化与社会、文化与人的关系来实现。

最后，有人可能会说，在公共财政停滞时期，公共文化政策毫无意义。但实际上，文化与政治难分难解，两者与民族认同感的相互彰显更加密切，讨论文化政策者无不考虑政治文化之重要意义②。文化政策是文化的政治表现形态，体现的是国家文化意志③。不论隐性抑或显性的文化政策，即使是消极文化政策(negative cultural policy)④，均是出于维护一国的国家文化安全和国家根本利益。

Theoretical Observation on International Research of Cultural Policy Based on *IJCP*

Wang Jing

Abstract: Over the past 30 years, four themes have repeatedly appeared in the discussion of cultural policy: culture is the source of moral improvement, cul-

---

① Peter Doak, “Cultural Policy as Conflict Transformation? Problematising the Peacebuilding Potential of Cultural Policy in Derry-Londonderry-UK City of Culture 2013”, *International Journal of Cultural Policy*, 2020, 26(1).

② [美]凯文·马尔卡希:《公共文化、文化认同与文化政策》，何道宽译，商务印书馆2017年版，中文版序，第1页。

③ 胡惠林:《文化政策学》(第2版)，清华大学出版社2015年版，第3页。

④ “消极文化政策”一词并不意味着消极的价值判断，而是指非积极的文化政策。更进一步的释意请参见Eleonora Belfiore, “The Unacknowledged Legacy”, *International Journal of Cultural Policy*, 2006, 12(2)。

ture is the tool to promote national identity and prestige, culture is the economic engine and culture is the fourth source of sustainable development. Based on publishes academic articles with the core concept of "cultural policy" in *International Journal of Cultural Policy*, theoretical observation is examined in this paper. Firstly, research topics, related concepts and research methods of *IJCP* are introduced. Secondly, according to the logic of cultural value, political value, economic value and social value of cultural policy, the characteristics of international research in cultural policy are concluded. Finally, seven challenges for future international research on cultural policy are pointed out.

Key words: cultural policy; *International Journal of Cultural Policy*; theoretical observation

国际文化测量的历史与价值取向分析

华东政法大学传播学院　毕晓梅

［内容提要］　文化测量受到宏观社会历史情境影响，不同时代、不同国家、不同测量主体其主题及价值取向差异巨大。从国际文化测量历史发展看，文化测量在不同时期的关注点不同，不同文化测量主体机构理论倾向和路径选择也不同。本文梳理国际文化测量的历史，并分析文化测量实践的价值取向，为中国方兴未艾的文化测量实践提供宏观参照体系。

［关键词］　文化测量；文化价值；历史

20 世纪 20—30 年代，美国商业部秘书长赫伯特·胡佛改进了全国性的商业和经济统计，最终形成了一份题为《美国最近的经济变迁》的报告。20 世纪 60 年代早期，经济政策取得的成效，尤其是 1964 年肯尼迪减税政策的成功和经济测量预测工具表面上的相关性，使得经济学家在主导公共政策方面相当具有影响力。经济测量的成功促进 20 世纪 60 年代和 70 年代早期社会文化指标运动的诞生。尤其是随着美国社会危机在 20 世纪 60 年代爆发，一些政客和社会科学家开始从已有的经济测量体系转而支持社会文化测量体系的开发。

文化测量是包括文化统计与文化指标在内的从文化现实到文化政策的体系，文化统计与文化指标都是对文化现实的反映，文化现实是文化数据的来源，从文化现实到文化数据再到文化指标形成了文化信息从具象到抽象的层级结构，并为文化政策和文化管理提供信息基础，文化政策反过来又会作用于文化现实，形成理论上的正向循环。

国际层面的文化测量发展至今已有几十年的历史，虽然各种统计和指标及其应用复杂多样，但总的来说学界对文化测量的理解已经形成一些脉络，从

理论和实践两方面展开了讨论和反思：一是文化测量发展历史的梳理。例如，有学者对文化指标的兴起与历史进行了批判性的回顾，阐释了文化统计作为统计领域较新的成员与经济、社会统计之间的关系①。二是文化测量基础理论的讨论。例如，有学者从文化指标的意义和目标、如何发展概念框架、如何选择指标、指标与统计之间的关系等方面探索文化指标和标准的开发②。三是对文化测量的批判与反思。与经济、环境、社会统计和指标相比，文化领域的测量工作引发的争议更多。有学者认为文化统计和指标存在着不可调和的矛盾和先天不足，因为它试图用技术的方法解决伦理的问题③。就国内的文化测量研究发展而言，对于文化统计和指标的理论基础的探讨还少有人问津，与日渐纷繁的文化统计和指标体系构建实践相比，文化统计和指标的理论探讨与反思则非常匮乏。这一缺失容易导致统计与指标相混淆、概念框架不清晰、指标体系之间重复构建、指标体系重构及其实施等诸多问题。

国内外文化测量也面对诸多相似的挑战，例如，将原来不可量化的文化特质进行数量化分析所受到的质疑，以及文化测量要处理的与整体的政治经济社会情境之间千丝万缕的联系等，从这个角度来说，他山之石，可以攻玉。国际层面的文化测量起步较早，其发展的历史及研究者进行的反思应该能够为国内方兴未艾的文化测量工作提供参考。但是，同时也应该看到，文化测量受到宏观社会历史情境的影响，不同时代、不同国家差异巨大，因此其研究成果在多大程度上能够为我所用需要谨慎分析。本研究通过梳理国际层面的文化测量，分析文化测量在不同时期的焦点议题，并探讨不同文化测量主体机构的价值取向。

一、世界文化秩序在不同时期的主题

文化测量面临的现实问题与世界文化秩序讨论在不同时代的主题相关：第一次世界大战后建立的国际联盟在 1925 年第六次会议上提出需要规范的

① Emma Blomkamp, “A Critical History of Cultural Indicators”, in Lachlan MacDowall etc. eds., *Making Culture Count: The Politics of Cultural Measurement*, New York: Palgrave MacMillan, 2015, pp.11—26.

② Duxbury, N., “Cultural Indicators and Benchmarks in Community Indicator Projects”, https://www.researchgate.net/publication/228541726.

③ Parsons, H., “Growth and Depression in Hayek’s Garden: The Emotional Language of Accounting”, in Lachlan MacDowall etc. eds., *Making Culture Count: The Politics of Cultural Measurement*, New York: Palgrave MacMillan, 2015, pp.53—66.

媒介政策，将新闻媒介作为道德训诫的工具；第二次世界大战后，国际联盟的继任者联合国提出新闻来源多元化、信息自由流动的主张，新闻自由和专业主义成为国际新闻界的通用语言。当然，这一主张遭到部分国家的抵抗，认为信息自由流动强化的是强大国家和跨国公司的利益，比如传播政治经济学批判新闻自由与客观性的虚伪，提出文化帝国主义的命题，揭示政治经济权力体系与媒介的复杂关系。欧美最早的文化指标是媒体内容的测量，早在20世纪30年代，就已经有关于大众媒体研究的文化表达及其变迁的测量研究，1969年，“文化指标”这一术语第一次被用来描述电视内容的测量。

20世纪50年代，现代化的范式影响了世界经济、社会、政治、文化等各个方面，西方国家的现代性成为发达国家为第三世界提供的路径榜样。例如，发展传播学认为大众传媒对国家现代化有重要作用，媒体的社会责任是促进国家现代化和民主化，追求文化和信息自主，减缓社会变革中的痛楚和困难。这一时期的文化价值测量主要是在“发展”这一理论框架内。但是，这一范式随后受到中心—边缘理论、文化帝国主义理论等众多理论的挑战。与此同时，国际社会中的规范和制度等文化因素逐渐起到重要作用，它通过塑造国家的身份认同来影响国家对于自身利益的界定，身份或文化价值观被认为是引发冲突的原因，或者成为影响国际事务和改善自身形象的“软实力”。亨廷顿的文明冲突论服务于美国国家战略，为美国在中东的帝国主义行动奠定理论基础，而约瑟夫·奈的软实力观念也被美国政府接收，成为其外交政策的重要参考。

近几年来，文化经济在世界文化秩序中的比重越来越大，世界贸易组织、世界版权组织等在世界文化规则制定中日益重要，文化经济学等经济倾向的文化测量日益引人注意。在许多国家、地区甚至国际层面，文化的经济价值成为占主导性的文化测量，文化经济学也在近几十年间发展成为一门独立的学科，相关文献大量涌现。当然，文化经济学的兴起及其在文化政策中的影响也有阻力和竞争，如文化研究已成为与文化经济学研究相抗衡的主要力量之一。

二、国际组织文化测量实践

联合国教科文组织（以及更广泛的联合国体系）、世界版权组织和世界贸易组织等国际组织在世界文化经济、文化秩序的讨论中扮演重要角色，它们影响了不同时期文化测量的理论倾向，下面考察它们最具代表性的文化测量实践。

（一）联合国教科文组织的文化统计框架

联合国教科文组织的文化统计框架是迄今为止影响最为广泛的文化测量框架。虽然不同的国家先后注意到文化部门的重要性，真正把文化指标制定及对文化部门的重视提升至全球层面的是联合国教科文组织的一系列努力。联合国教科文组织的文化统计框架力求覆盖文化领域的所有重要方面，是文化统计的基础性工作。因此，联合国教科文组织的文化统计框架是我们探索文化统计和文化测量的理论倾向及路径选择的出发点。

1972 年联合国教科文组织的欧洲文化部长会议就提议建立文化统计的统一框架，以促进更好和更全面的文化统计。两年之后，联合国教科文组织/欧洲经济委员会文化统计联合工作组的第一次会议提出了一些具体文化框架范围的建议：(1)该框架应是整体性的，包含文化现象的社会和经济方面，比如文化生产、文化传播、文化消费及文化需求，等等。(2)该框架应是富有逻辑的，并有可能与相关统计体系（社会人口统计体系、国民收支体系、环境统计体系等）兼容。(3)该框架要服务于文化领域的规划、管理以及与文化政策相关的事务研究，因而要包括该领域所有重要的现象。

该倡议之后的 4 年内联合国教科文组织的统计部门一直致力于艰难的文化统计国际标准化。1978 年，文化统计框架范围研究初稿出炉，基于对该草稿的意见反馈，定稿于 1979 年日内瓦第二次联合国教科文组织/欧洲经济委员会联合工作组文化统计会议产生。此后，以文化领域和功能类型为两个维度的矩阵型文化统计框架形成。文化功能分类包括：创作/生产；传播/发布；消费/接收；保存/登记和参与几大领域。10 个文化领域分类包括文化遗产、出版物、音乐、表演艺术、绘画与雕塑艺术、电影与摄影、广播、社会文化活动、运动游戏、自然与环境等（见表 1）。这一矩阵模型广为接受，2011 年版的欧洲文化统计框架也沿用了这一模型。

表 1　联合国教科文组织文化统计框架（1986 年）

	创作/生产	传播/发布	消费/接收	保存/登记	参　与
文化遗产					
出版物					
音　乐					
表演艺术		指标……			
绘画与雕塑					

（续表）

	创作/生产	传播/发布	消费/接收	保存/登记	参　与
电影与摄影					
广播电视				指标……	
社会文化					
运动游戏					
自然与环境					

1986年版文化统计框架发布以后，文化领域各种新因素涌现，一方面新技术深刻影响文化领域，而原有的文化政策框架还是基于前数字时代，不能很好地适应与反映数字时代的新现实；另一方面，文化的商品属性日益突出，某些发达国家中文化的经济地位甚至超过了传统产业。因此，文化统计框架的更新需求日益增加。文化在全球公共政策领域日益占据重要位置，可以说，任何一个现代国家都不能不重视文化政策。例如，随着文化多样性的诉求增长以及与之相关的越来越多发展中国家对文化产业与文化政策日益重视，参与1986年版文化统计框架制定的更多属于发达国家，而2009年版文化统计框架开始考虑到发展中国家的情况。如前所述，发达国家文化的经济地位已经得到凸显，甚至已经开始超过传统产业，但是在发展中国家，文化完全可以发挥更积极、更重要的角色，文化在发展中的角色引发新的思考①。

2009年版文化统计框架在其修订版的目的和主要目标中指出，该框架要建立共同理解的概念基础，便于文化领域的生产、传播、使用等全方位的活动的跨国比较。在1986年版文化统计框架的基础上，更明确地定义了文化领域及可行的数据收集方法，并将文化的创意、生产和传播作为“文化圈”进一步阐释(见图1)。之所以将1986年版文化统计框架的线性文化产业链变为环形网状结构，是考虑到文化部门与文化实践的新情况，即文化产业链上的各个环节之间的关系已经变为复杂的网状结构，比如文化消费和文化参与环节对于文化创意、生产等环节都会产生影响，甚至互相渗透或合并。

另外，新版的统计框架提供了一个文化统计的新维度，将文化测量分为两大部分：文化的经济方面与文化的社会方面。文化统计本身是统计家族中较新的成员，其受经济统计的影响不仅仅是方法上，而且现有的数据体系中可利

① Barrowclough, D. and Z. Kozul-Wright eds., *Creative Industries and Developing Countries: Voice, Choice and Economic Growth*, London: Routledge, 2006.

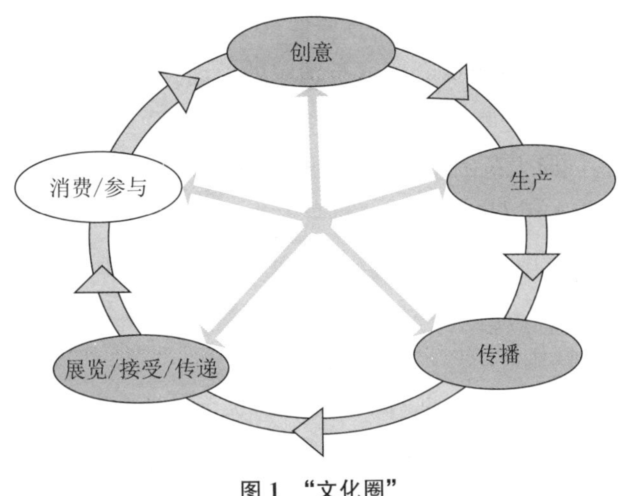

图 1 “文化圈”

用的文化数据也是文化的经济方面居多。文化的社会维度数据收集相对来说要做的工作比较多,进展也相对迟缓。联合国教科文组织 2009 年版文化统计框架将文化的社会维度单列,并给出较具体的数据收集方面的建议,有助于改善之前文化统计偏重经济方面的缺点。

为了制定这一新的标准,联合国教科文组织与世界知识产权组织和经济合作与发展组织一起编制了一套有关文化职业分类的草案,供国际劳工组织修订国际职业分类标准时参考。这些修订工作是为了能更好地监测劳动力市场和经济领域中各文化职业的状况。2008 年举行了一次正式的磋商会议讨论所建议的框架,后提交 2009 年召开的联合国教科文组织大会。与 1986 年统计框架相比,新的统计框架融入了新文化业态,同时也更多地兼顾了发展中国家的情况。

文化领域发生的诸多变迁表明,这一框架是开放性的,随着包括数字技术应用等新因素的涌现以及不同的国家和地区具体情境的不同,这一框架会时时更新并因不同国家具体情境而作出调整,但是文化领域—功能类型这一矩阵模型一直延续下来,成为界定文化统计中数据收集范围和类型的指南。

(二) 联合国教科文组织文化产业统计

联合国教科文组织对于文化产业的统计延续了文化统计框架的基本概念和宗旨,只是更侧重于文化的经济方面。联合国教科文组织对文化产业的关注由来已久,可追溯至 1976 年内罗毕召开的第 19 届联合国教科文组织大会。当时联合国教科文组织第一次委托关于文化产业的研究。但是,这些会议对于亚太地区的文化政策和项目推进影响非常有限。直到 1995 年,世界文化和发展委员会出版的《我们创造性的多样性》(*Our Creative Diversity*)才将文化与发展的议题提升至所有联合国成员国家的层面。这激发了后来1998年斯德哥尔摩召开的“发展的文化政策政府间会议”。这次会议不仅有联合国及其成员国家参与,同时大范围邀请了非政府组织和商业组织参与。会后迅速出版了联合国教科文组织的第一本《世界文化报告:文化、创意与市场》(1998年)。2005年,联合国教科文组织大会通过了《促进和保护文化表达多样性公约》,并经联合国大会认可,创意以及创意相关事业和文化产业在人类发展战略中的角色逐渐在国际层面形成共识。

上述举措促进了国家层面对于创意经济促进可持续发展和社会公正的重要性的认识,越来越多的发展中国家开始收集可靠的数据进行有意义的统计,为政府的文化政策措施提供充分的信息基础。2003年联合国教科文组织统计局组织的蒙特利尔文化统计研讨会有大量国际专家参与,这次专题研讨会确定了文化统计数据领域的主要议题并且明确了其范围和方法,包括文化产业统计的相关内容。最终形成的联合国教科文组织文化产业统计框架偏向亚洲的实践。该框架旨在“缩小工业化国家和发展中国家与地区之间的差距,确保不同国家和地区对于知识经济、社会的平等参与,确保创意文化产业在世界各国和不同地区都能够得到发展”,“在快速发展的经济体中,政府往往目标明确地支持统计研究促进推进文化创意产业发展的政策措施的出台,但是发展中国家创意和文化产业较少纳入全国性的规划框架和发展战略”,部分的原因是“在这些国家和地区,文化产业在很大程度上是非正式的活动和产业;另一个原因是与文化产业和创意事业相关的数据信息总体上缺乏”①。当然,这一状况正在发生改变。另外,从手工艺到表演艺术,以及正蓬勃发展的多媒体产业,创意和文化产业变成了发展最快的部门,虽然传统文化产业在所有国家都被视为潜在的重要经济活动,但在一些欠发达经济体中,新兴的文化产业并没有得到应有的重视。2016年的《2030年联合国可持续发展议程》首次从全球层面承认文化、创造力和文化多样性对可持续发展的重要性,文化创意产业被纳入了全球可持续发展议程。

(三)其他国际组织机构的文化测量

近几年来国际社会日益重视文化在发展中的作用,尤其是聚焦于文化产

① UNESCO, *Statistics on Cultural Industries Framework for the Elaboration of National Data Capacity Building Projects*, 2007, http://unesdoc.unesco.org/ulis/cgi-bin/ulis.pl?catno=154956.

业在达成发展目标过程中的工具性意义。对于文化产业的关注与全球范围正在出现的新的发展范式相关，在新发展范式中，文化产业对于促进参与式的、基于社区的发展和转型具有不可取代的作用和潜力。近些年来国际社会对文化产业的关注是更广泛的全球可持续发展战略的一部分，在许多国际性的议程中被提及，例如，文化发展和媒体政策政府间会议（斯德哥尔摩，1998）、联合国新千年发展目标（2000）、可持续发展世界峰会（约翰内斯堡，2002），以及上文提到的《2030年联合国可持续发展议程》等。文化产业逐渐变得重要，与经济社会发生的深远转型密切相关，同时，也与人们对于这个过程中文化及文化发挥作用的理解转变相关。创意和文化产业被认为具有“将发展延伸至社会最传统部分的强大力量，而这些传统的部分往往是贫穷深深扎根之处”①。文化产业的转向不仅仅是生产力在不同商品之间的转移，而且是按需生产的知识经济的全球转向，因此，文化产业部门的社会影响尤其重要。基于这一理解，文化产业成为消灭贫穷的一个切实可行的战略，并逐渐在国际上形成以下认知：知识产权体制不仅是保护个体创意的经济利益的手段，这一制度工具也有助于政策制定者确保创意事业扩展到更广泛的人口比例中。

2002年，联合国大会决议关于文化与发展的条目中直接阐述了文化产业在消灭贫穷方面的潜力。除了联合国教科文组织，其他联合国机构也逐渐将创意经济作为其关注的焦点。2004年6月在巴西举行的联合国贸易和发展会议（UNCTAD）上，创意产业被重点提到。联合国开发计划署（UNDP）2004年的《人类发展报告》也聚焦于文化的主题，通过将文化问题纳入发展思想和实践的主流，强调文化在建设一个更加和平、繁荣世界过程中可以发挥的巨大潜力，认为文化在发展的过程中虽然不能取代“面包和黄油”的位置，但却是重要的不可缺少的补充②。

其他国际组织和政府间组织也努力理解文化尤其是文化产业的经济潜力。例如，世界银行和地区发展银行以及工业化国家的政府也都越来越聚焦文化部门和文化产业的概念。1998年，世界银行在一份框架性文件《可持续发展中的文化》中强调文化遗产及艺术部门投资的需求及社会经济效益，关注公平、社会包容、纠正贫困状况的机会以及通过伙伴关系保护文化和自然遗产

① UNESCO, *Statistics on Cultural Industries Framework for the Elaboration of National Data Capacity Building Projects*, 2007, http://unesdoc.unesco.org/ulis/cgi-bin/ulis.pl?catno=154956.

② *United Nations Development Programme*, *Human Development Report 2004*, http://www.culturalrights.net/descargas/drets_culturals125.pdf.

等问题。世界银行还与联合国教科文组织合作，组织了两个国际性会议，议题分别为“可持续发展中的文化”和“举足轻重的文化”。随后，世界银行还聚焦于更具体的文化与发展的社会和经济方面，2000 年举办主题为“文化与贫穷”的会议，2002 年召开主题为“文化与公共行动”的会议。

世界版权组织在 2003 年发布《版权产业经济贡献调查指南》，将文化产业分为核心版权产业（如报纸、杂志、书籍等相关产业，广播电视，音乐，戏剧，广告，视觉设计等）和三类版权相关产业，一类是与核心版权产业相依存的产业，主要是生产服务类及装备制造类，如乐器、广播电视设备等；另一类是部分版权产业，如建筑、珠宝、设计、手工艺制造等，在一类产业中版权仅发挥部分角色；还有一类是支持性的产业，主要是关于版权产品的分配，如批发零售业、通信业等①。

2003 年以来，世界版权组织的这一框架得以广泛应用，许多国家采纳了这一模式，包括但不限于：2005 年，国际知识产权联盟在其年度报告《美国经济中的版权产业》中采纳了这一模式；2006 年，世界版权组织出版了美国、加拿大、匈牙利、立陶宛、新加坡等国依此框架所进行的国内研究合集，其后又有其他国家采纳此框架用于国内文化产业研究。世界版权组织框架作为数据收集指南也有很多不足之处。例如，这一指标体系对于非核心创意产业的产品文化价值不太敏感。这构成此类文化统计的诸多挑战之一。另外，文化产业区别于其他产业的共同特征是在生产过程中人类创意、技能与知识的运用，然而没有基于生产过程中人类技艺参与程度的国际标准化分类体系，现有的统计体系不能有效区分同类产品和服务的不同生产行为。不同的文化产业统计研究有一趋势：将文化创意产业的定义建立在文化生产和消费的过程分析上，而不是建立于不同产品或服务种类的区分。这种趋势也许是对文化产业这一方面的认知的表征。世界版权组织的统计框架关注的是文化产业的经济影响，而文化统计的另一个趋势是越来越关注文化的社会影响，而非仅仅经济影响。2009 年联合国教科文组织的文化框架将社会维度与经济维度并列，对过于偏重经济价值的取向是一种纠正。

三、文化测量的价值取向分析

以上梳理了国际层面的文化测量体系，这些测量框架有的关注文化的经

① *Guide on Surveying the Economic Contribution of the Copyright-Based Industries*, WIPO, Geneva, December 2003.

济价值，有的关注文化的社会价值，还有的从个体和社会两个层面探讨文化的价值，其角度方法各异，下面具体分析其背后不同的理论倾向与路径类型。

这些不同的指标体系差异的根源在于不同的国家和机构对文化价值的理解不同以及不同时期面临的宏观情境及急需解决的问题不同。不同的国家和地区对于文化的理解受其历史社会情境影响而各有偏重。对于文化价值理解的不同取向，学界的分类比较多采用的是二分法。如澳大利亚学者认为，有两个维度的对于文化价值的理解：一种是美学的观点，关注生活质量和文化资本的社会与心理价值；一种是新古典主义经济学的观点，关注文化的经济产出和以金钱衡量的价值①。这种二维的区分也体现在文化政策研究中内在价值和工具价值的区分，虽然许多学者指出，艺术和文化部门需要克服这种有问题的二元论，这种简单化的对立忽视了艺术的商品特征以及商品的美学纬度，但是，文化测量的许多讨论和学术文献仍被这种内在价值和工具价值的区分所主导。新西兰的学者艾玛·布洛姆坎普在此种区分的基础上，参考了其他学者文化指标的宽泛分类，提出了文化价值理解维度的新矩阵，通过两个维度四个区间的划分，分析了国家治理和政策研究相关的文化测量领域中对于文化意义的四种不同的理解：作为过程的文化、作为对象的文化、个体的文化和集体的文化（见图2）②。

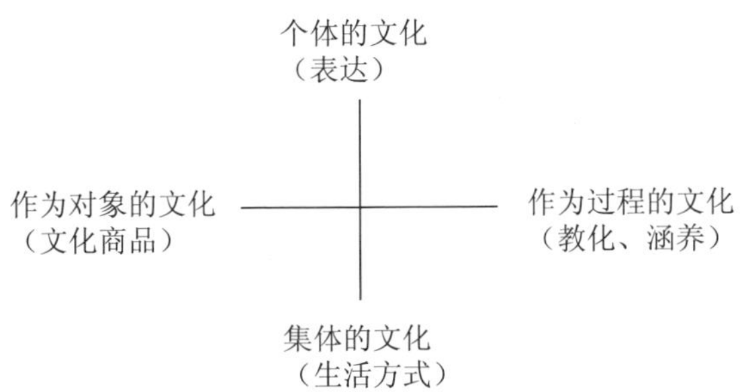

图2　文化测量的不同理论倾向

作为个体表达的文化体现的是美学意义上的文化价值，尤其表现为绘画、音乐等艺术活动意义上的文化，在文化政策与治理领域，这一角度的理解体现

① Gus Geursen and Ruth Rentschler, "Unraveling Cultural Value, Journal of Arts Management", *Law and Society*, 2003(3), pp.196—210.

② Emma Blomkamp, "A Critical History of Cultural Indicators, From Data to Wisdom: Building the Knowledge Base for Cultural Policy", in Lachlan MacDowall etc. eds., *Making Culture Count: The Politics of Cultural Measurement*, pp.11—26.

在文化艺术政策的诸多方面。这一层面的理解基于康德对于美感“无功利”的判断，如果从上面提到的内在价值和工具价值的二元区分来看，这里注重的是文化艺术的内在价值。欧洲国家的文化政策及相关的文化测量对这一文化维度有比较多的考量。从20世纪60年代起，对于文化的这种美学取向的理解受到另一种更宽泛的文化价值理解框架的冲击。

与作为个体表达的文化相对的另一个极端是作为生活方式的集体的文化，这一理解的代表人物之一是雷蒙德·威廉斯，他认为文化不仅是精英人士推崇的“阳春白雪”，也包括“下里巴人”，与日常生活同义，带来对文化的一种全新理解，“文化即生活”，认为文化是某一群体、某一时期或人类整体的生活方式。[①]与这种理解一致，联合国教科文组织对于文化的定义是与特定社会或文化群体相关的物质和文化活动，这也是目前广为接受的对文化的宽泛的理解，不仅体现在政府的文化统计框架中，如新西兰的文化统计[②]，也体现在学术性文献中，例如有学者将文化指标作为社区参与的工具。[③]

在另一个维度上，作为精神涵养过程的文化与作为商品对象的文化相对。作为过程的文化是将文化视为发展智识、精神和美感的过程，这一理解在西方可以追溯至亚里士多德关于戏剧情绪宣泄功能的描述，法国启蒙哲学的观念以及德国浪漫主义的文化理论；在中国可以追溯至儒家的礼乐教化思想，通过礼乐教化让人们遵循行为规范。在文化测量指标体系中，西方对文化的这种理解催生了关于文化参与、文化表达等文化权利的测量，如联合国教科文组织的文化发展指数。而中国礼乐教化思想的出发点与西方个体文化权利的宗旨差异明显，其旨归是集体性的和谐，体现在文化测量指标体系上是对文化生态的整体性观点。

近几年来作为商品对象的文化逐渐在许多国家、地区甚至国际层面成为占主导性的理解，文化经济学也在近几十年间发展成为一门独立的学科，相关文献大量涌现，英美法意等国都是这个领域较早的研究者和实践者。在文化经济学取向的理解中，文化的“好坏”“高雅或低俗”不是关注的焦点，经济理性是理解文化实践的基本出发点，创意经济、创意城市等概念及评估体系的提出和建立多与这种理论倾向相关。中国近几年来非常重视文化产业的发展，在

---

① Williams Raymond, *Keywords: A Vocabulary of Culture and Society*, London: Fontana Press, 1983, p.90.

② Statistics New Zealand, *Cultural Indicators for New Zealand*, Wellington: Statistics New Zealand and Ministry for Culture and Heritage, 2006.

③ Badham Marnie, "Cultural Indicators: Tools for Community Engagement?", *International Journal of the Arts in Society*, 2009(5), pp.67—75.

文化产业测量中尤其侧重文化经济学取向的理解，对文化价值的理解在短短几十年间发生了巨大的变化，形成了自己的发展轨迹和独特的价值生态体系。

不同机构的文化测量体系可以根据这两个维度进行大致的理论倾向上的分类，本文以文化测量发展迅速的21世纪第一个十年前后的国际组织文化测量实践为例，分析其价值取向（见图3）。联合国教科文组织《2000年世界文化报告》的出现正值人们日益认识到全球化不仅仅是经济和技术，它不可避免地导致文化问题，其前言中有这样的阐述：文化认同和表达受到全球化进程的多重挑战，那些能够积极参与全球文化交流的人常常将文化视为一个过程，而不是一种产品，他们的个人文化认同感成为接受其他文化的门户，但是，对于那些缺乏交流或自我表达手段，或经历全球化这一无情而异化过程的人来说，可能会退回到狭隘的文化认同感中，拒绝多样性，……联合国教科文组织及其许多合作伙伴迫切需要寻找保护易受变革影响的社区的语言、风俗、艺术和手工艺的方法[①]。这份文化报告主要是将文化视为对个人和社区都非常重要的过程，处于右侧象限。2008年和2010年的《世界创意经济报告》首要聚焦于创意产品和服务的国际贸易，因为其主要的倡议者联合国贸易和发展会议（UNCTAD）明确聚焦于国际贸易，位于比较偏向文化商品一极的左下象限。世界银行1998年的《可持续发展中的文化》将文化放在发展的宏观框架中考量，发掘其消除贫困的潜力，同时也关注公平、社会包容等维度，总体来说世界银行关注文化对可持续发展的影响的经济方面及其对减贫可能作出的贡献，也处于左下象限。2013年的《世界创意经济报告》（特别版）由联合国教科文组织主导，报告采取了不同于以往两份报告的视角，跳出了经济指标的局限，该报告从更多维度并在多重语境下定义文化，包括创意经济（基于联合国贸易和发展会议报告及相关学术和政策文献）、文化多样性（参考《保护文化多样性公约2005》和《文化多样性宣言2001》等）、文化与发展的关系（参考《我们创造的多样性1996》）等。同时，联合国开发计划署的人类发展范式也影响了该报告的措辞和价值观，在经济领域之外增加了对幸福感的关注，认为市场驱动的对经济指标进行分析的文化统计方法仅能片面反映创意和文化对可持续发展的影响，无法触及道德、政治等方面的影响，创意经济不是单线式的逻辑，而是不同领域和轨迹混合而成的。与之前的两版报告相比，联合国教科文组织主导的2013年版《世界创意经济》尤其强调文化的社会价值，与联合国开发计划

① *UNESCO World Culture Report 2000*, http://101.96.10.64/unesdoc.unesco.org/images/0012/001210/121058e.pdf.

署的《人类发展报告》同处右下象限。从不同的文化测量体系在图中所处位置来看，其文化价值取向与不同的文化测量主体机构身份及其文化测量当时所面临的现实问题密切相关。

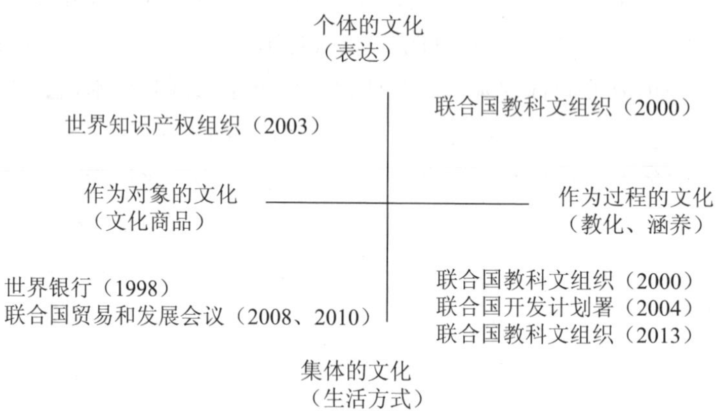

图 3　文化测量体系文化价值倾向分类

四、中国文化测量的价值选择

中国的文化部门发展至今也形成了独特的脉络和亟待解决的问题，中国的文化测量需要有选择有比较地借鉴其他国家的理论和实践，认识到差异，形成适合中国的文化测量体系，并在知己知彼的基础上建立文化测量的跨国比较体系。如上所述，西方的文化测量发展较早，已经形成可以辨识和可资借鉴的发展轨迹，但是不同国家和机构之间存在如上所述的理论倾向与具体路径选择的差异。

如果纵向梳理中国改革开放以来文化价值的理论取向变迁，可以看到几个大的转向(见图 4)。首先是从作为集体生活方式的文化向作为个体表达的文化的转向，改革开放前的数十年，文化基本是以集体性的面目出现。改革开放之初，社会上各种思潮活跃，对文化的反思采取了多种形式和路径，有面向传统的寻根之旅，也有转向西方的现代化探寻，然而，短暂的多样性之后是市场经济大潮的汹涌澎湃，将所有这些思考裹挟着奔向一个单向的经济维度。此时，文化价值的理论取向又发生了从作为过程的文化向作为商品的文化转型的历程。文化在经历了被市场经济大潮遗忘和淹没的境遇之后，逐渐开始走上一条文化市场化的道路，伴随中国经济的腾飞，人们文化需求和消费水平的升级，文化产业迎来了它的春天，甚至在资本的挟持下有了过热的苗头，文化的经济属性被过分强调，导致文化的低俗化、同质化等一系列问题。在文化产业的问题充分暴露之后，中国的文化产业已经到了需要平衡和综合考虑各个价值维度的十字路口。具体到文化测量的理论倾向和路径选择，某一指标体系或统计体系可以偏重某一个维度，但是整体的文化测量工作需要能够将四个维度都涵盖，不能过于偏重某一极。

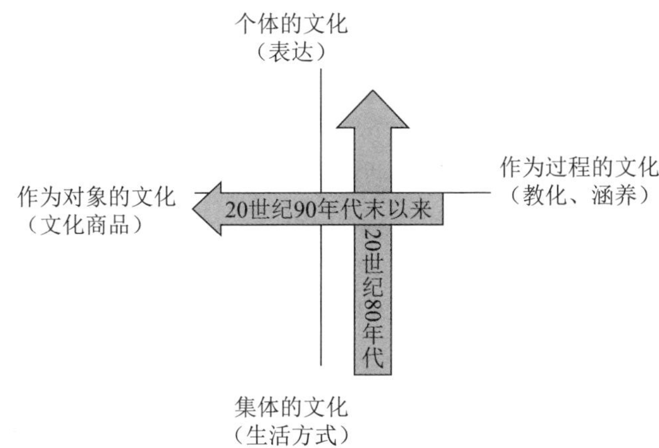

图4　改革开放以来中国文化价值理论取向的变迁

当然，美学维度是最难以量化和进行比较排序的，但也不是完全没有比较的可能。中国的文化测量尤其是文化产业框架中很少对文化产品和服务的艺术品质及受众的接受进行衡量，这与其衡量的内在困难相关，因而大多数文化测量研究中以文化设施、文化企业及文化参与的频率来代替。其实，艺术参与的内在影响或艺术活力在衡量艺术项目或艺术机构中常作为指标来使用，或可资借鉴。例如，一项由艺术 NGO 组织的研究试图通过定义和测量现场演出对观众的改变来评估现场演出的内在影响①。其研究报告基于已有文献提出了两个假设：(1)现场演出产生的内在影响是可以测量的；(2)不同类型的演出会产生不同的影响。我们对于文化产业的美学维度的测量或许也可以借鉴类似的角度，补充传统的文化参与频率及时长调查。

对文化价值的理解规定了文化测量的大致方向，以上两个维度四个区间的划分是一种理想化的分类，实际上并不存在只具有某单一倾向的案例，不同的国家和机构虽然各有偏重，但是其文化测量往往会兼顾两种或多种取向。

① A.S. Brown & J.L. Novak 2007, *Assessing the Intrinsic Impacts of a Live Performance*, http://wolfbrown.com/images/mup/documents/Impact_Study_Final_Version_Summary_Only.pdf.

这一区分的价值在于，按照这一文化价值取向坐标系，我们可以寻找不同国家和机构文化测量指标在这一理论倾向坐标体系中的定位，更立体地区分和比较不同地区和不同历史时期的文化测量指标体系，探讨文化测量跨国比较体系建构的路径，并以此为参照体系进一步完善中国的文化测量实践。

An Analysis on the History and Value Orientation of International Cultural Measurement

Bi Xiaomei

Abstract：Cultural measurement is influenced by the macro social and historical context，and its theme and value orientation vary greatly in different times，countries and subjects. From the perspective of the historical development of international cultural measurement，the focus of cultural measurement in different periods is different，and the theoretical tendency and path choice of different cultural measurement are also different. This paper reviews the history of international cultural measurement，and analyzes the value orientation of cultural measurement practice，which can provide a macro reference system for China's burgeoning cultural measurement practice.

Key words：cultural measurement；cultural value；history

文化产业与文化经济

第30卷

Commentary on Cultural Industry in China

我国文化产业发展的区域差异及空间格局分析*

云南大学　杨路明
云南大学、云南中医药大学　陈丽萍

[内容提要]　文化产业占国内生产总值的比重逐年上升，在经济社会中发挥着重要作用。文化产业发展的差异化程度和聚集程度是研究的重要议题。基于2004—2018年文化产业统计数据，使用泰尔指数分析我国大陆31个省区市文化产业发展的差异特性，并利用探索性空间数据分析方法探究文化产业的空间分布格局和演进态势，结果显示：我国四大经济区域的文化产业发展水平存在显著差异，但差异呈缓慢下降趋势，逐渐趋向均衡性发展；东部地区差异有所下降，而中部、西部、东北地区差异呈增长状态；我国文化产业发展的空间聚集效应逐渐形成且聚集程度不断加强；四川省作为一个新的核心区域在西部地区异军突起，和周边省区市形成较大差异。

[关键词]　文化产业；空间分布；产业聚集；空间自相关

改革开放以来，我国经济不断增长，人民物质生活日益丰富，也带来了文化产业的飞速发展。文化产业的高质量发展于国于民均具有重要的战略意义，不仅可以满足国民的文化需求，提高国民素质，更能繁荣经济市场，增加经济体量和国民收入，也是国家综合软实力的体现，是国民文化自信的根基。我国各省、自治区、直辖市(以下简称为“省区市”)之间经济发展差异较大，文化产业的发展水平和经济体量参差不齐，对我国文化产业的空间布局展开研究，有利于认识我国文化产业发展的总体情况，为落后省区市优化文化资源、发挥

* 本文系云南省哲学社会科学规划重大项目“推动云南数字经济与实体经济融合发展研究”(ZDZB201903)的阶段性成果。

后发优势提供借鉴,促进全国文化产业的协调统筹发展。

一、文献回顾

阿多诺和霍克海默在《启蒙的辩证法》一书中首次提出了"文化产业"的概念,认为文化产业等同于文化工业,是一种工业化生产的相似和可替代的产物,和现在的文化产业还有所不同,现在的文化产业是工业化和产业化的高级阶段,是指生产文化产品或提供文化服务以满足社会需要的各类行业门类的总称。①文化不仅是一种经济产品,也是一种社会产品②,具有长期性和全局性的社会效益③。

经济水平和文化产业发展的关系一直备受重视。一些西方国家建立了文化产业相关的决策和研究机构。④曾伯格和李⑤、格列柯⑥和赫约斯-安德森⑦分别对美国和丹麦的出版业展开了数据分析,拜尔斯⑧对1980—1996年经合组织国家的数据进行计量分析,发现文化产业对经济增长具有正向促进作用。艾伦采用2001年美国48个州的文化产业数据证实了文化产业对消费的促进作用。⑨近些年,我国文化产业增速明显,增长率达15%以上,文化产业对经济的影响作用越来越受到重视,国内关于文化产业经济促进作用的研究也较多。消费水平提高为文化产业提供了广阔的发展空间,随着我国城镇居民恩格尔系数的下降,文化消费比重逐渐上升。文化产业对国民经济有逆向波及、顺向波及和间接波及作用,但在2005年以前对国民经济的影响力还不够大。⑩2005年之后,更多的研究证实了文化产业对国民经济的正向影响。蔡旺春对我国文化产业12个部门2007年的统计指标进行分析,认为文化产业扩散效应很强,

① [德]马克斯·霍克海默、[德]特奥多·威·阿多尔诺:《启蒙的辩证法》,重庆出版社1990年版。

② 张曾芳、张龙平:《论文化产业及其运作规律》,《中国社会科学》2002年第2期。

③ 李江帆:《文化产业:范围、前景与互动效应》,《经济理论与经济管理》2003年第4期。

④ 苑捷:《当代西方文化产业理论研究概述》,《马克思主义与现实》2004年第1期。

⑤ Szenberg M., E.Lee, "The Structure of the American Publishing Industry", *Journal of Cultural Economics*, 1994, 18(4), pp.313—322.

⑥ Greco A., "The Impact of Horizontal Mergers and Acquisitions on Corporate Concentration in the U.S. Book Publishing Industry: 1989—1994", *Journal of Media Economics*, 1999, 12(3), pp.165—180.

⑦ Hjorth-Andersen C., "A Model of the Danish Book Market", *Journal of Cultural Economics*, 2000, 24(1), pp.27—43.

⑧ W. B. Beyers, "Culture, Services and Regional Development", *Service Industries Journal*, 2002, 22(1), pp.4—34.

⑨ Allen J. Scott, "Cultural Products Industries and Urban Economic Development", *Urban Affairs Review*, 2004, 39(4), pp.461—490.

⑩ 李江帆:《文化产业:范围、前景与互动效应》,《经济理论与经济管理》2003年第4期。

对我国产业结构优化和经济发展有显著促进作用。①魏和清等利用2012年数据进行分析得出结论：我国各省区市的经济水平和文化产业发展存在正相关关系，发展水平空间布局体现为东高西低。②

为了促进文化产业的发展，一些学者也对文化产业发展的差异性和发展的影响因素进行探索。王婧通过模型回归发现，人均文化娱乐消费和文化基础设施对文化产业发展有正向促进作用，而未发现当地政府的财政扶持和文化产业发展有相关关系。③沈丽丹、李本乾以波特钻石理论模型为基础，提出影响产业竞争力的九大要素，其中包含文化集群、文化产业企业和文化产业消费。④我国城市文化产业的竞争力差异较大，由于中西部地区的产业动力要素水平较低且各要素之间联动性较差，东部城市的文化产业竞争力远大于中西部城市。⑤文化产业发展的促进要素除了文化消费、人力资本和政府扶持，还包括产业聚集。随后，更多研究转移到文化产业的聚集状态上来。一般认为，文化产业具有资源区位性⑥，文化产业聚集发展并产生溢出效应，可以促进当地的区域创新能力⑦。文化产业集群可以吸引人才进入，并反过来促进文化企业的聚集⑧。发现瑞典的文化产业存在向城市聚集的现象。⑨魏和清通过空间计量发现，我国文化产业东高西低，且存在显著自相关，相关性较多体现为低低聚集，即整体发展水平较低。⑩杨宇、王子龙等测算了我国文化产业空间聚集的指数，显示东部沿海地区聚集程度较高，说明了文化产业聚集程度和经济发展水平存在正向关系⑪，并且发现，我国28地区2006—2011年间文化产业空间聚集现象日益明显，经济基础对文化产业聚集有正向作用，人力资本

① 蔡旺春：《文化产业对经济增长的影响——基于产业结构优化的视角》，《中国经济问题》2010年第5期。

②⑩ 魏和清、李颖：《我国文化产业聚集特征及溢出效应的空间计量分析》，《江西财经大学学报》2016年第6期。

③ 王婧：《中国文化产业经济贡献的影响因素》，《统计与决策》2008年第3期。

④ 沈丽丹、李本乾：《提升文化产业竞争力的政策路径》，《上海交通大学学报(哲学社会科学版)》2010年第5期。

⑤ 熊建练、肖楚博、任英华：《我国城市文化产业集聚竞争力比较研究》，《统计与决策》2017年第1期。

⑥ 邵明华、张兆友：《特色文化产业发展的模式差异和共生逻辑》，《山东大学学报(哲学社会科学版)》2020年第4期。

⑦ 郭新茹、顾江、陈天宇：《文化产业集聚、空间溢出与区域创新能力》，《江海学刊》2019年第6期。

⑧ Storper M., Manville M., “Behaviour, Preferences and Cities: Urban Theory and Urban Resurgence”, *Urban Studies*, 2006, 43(8), pp.1247—1274.

⑨ Power D., “Cultural Industries in Sweden: An Assessment of Their Place in the Swedish Economy”, *Economic Geography*, 2002, (2), pp.103—127.

⑪ 杨宇、王子龙、许箫迪：《文化产业集聚水平测度的实证研究》，《华东经济管理》2014年第2期。

对文化产业聚集的作用得不到证实。①

可见，国内外对文化产业的经济促进作用、文化产业发展的动力因素、文化产业集群的作用和聚集的现状展开了一定的研究。但研究仍有一些局限性，一是对于我国文化产业发展的差异性，主要采用产业集中度进行测算，揭示了产业规模靠前的8个省区市在全国所占的比重，但没有对具体的空间分布差异进行测算，不利于认识文化产业在全国分布的差异性。二是现有研究没有基于时间变化对文化产业发展的聚集状况展开研究，难以得出文化产业空间布局在时间上是否发生变化，而且也缺乏对近几年数据的研究。基于此，拟收集跨时间的数据，通过计算2004—2018年的泰尔系数测算我国各省区市之间文化产业的差异性，并采用探索性空间数据分析探究2004—2018年我国文化产业聚集的动态演变过程，以挖掘文化产业时间和空间变动的规律。

二、我国文化产业总体特征和研究方法

（一）我国文化产业基本概况

我国文化产业发展总体呈现几个特点。第一，2004—2018年，我国文化产业飞速发展。文化产业发展的测量指标主要包括：法人单位数、从业人员、资产总计、营业收入和产业增加值等。2004—2018年，文化产业法人单位数从31.79万个增加到210.31万个，增长率高达562%；从业人员从873.26万人增加到2 055.8万人，增长率为135%；资产总计从18 316.6亿元增加到225 785.8亿元，增长11.3倍；营业收入从16 561.5亿元增加到130 185.7亿元，增长686%（见表1）。②文化产业在国民经济收入中的比重逐渐增加，2018年产业增加值占GDP的比重相比2004年增加1倍，可见文化产业对经济的促进作用逐渐增强。

第二，从文化产业的构成来看，分为文化制造业、文化批发和零售业、文化服务业。其中，文化服务业的占比逐年上升，2004—2018年，文化产业中文化服务业的比重由62.5%上升到74.8%，而文化制造业、文化批发和零售业的比重逐年下降，文化服务业是未来发展的重要产业。

① 杨宇、王子龙、许箫迪：《文化产业集聚的空间经济模型与实证检验》，《经济问题探索》2014年第7期。

② 统计范围为大陆31个省区市，港澳台地区的数据不包括在内，下同。

表 1　我国文化及相关产业发展情况

年份	法人单位数（万个）	从业人员（万个）	资产总计（亿元）	营业收入（亿元）	产业增加值（亿元）	增加值占 GDP 比重（%）
2004	31.79	873.26	18 316.6	16 561.5	3 440	2.15
2008	46.08	1 008.22	27 486.6	27 244.3	7 630	2.39
2013	91.85	1 760	95 422.1	83 743.3	21 870	3.69
2018	210.31	2 055.8	225 785.8	130 185.7	38 737	4.3

数据来源：根据历年《中国文化及相关产业统计年鉴》整理。

第三，我国文化产业的分布是不均衡的。以营业收入为例，通过对我国大陆地区 31 个省区市 2018 年的数据进行分析，以各省区市营业收入最大值为标准，我国文化产业的大致分布情况如表 2 所示。可以看出，2018 年我国文化产业营业收入最高的省份为广东，全国有 24 个省区市的营业收入不足广东省的 25%，山东、上海、福建 3 个省区市的营业收入不足广东省的 50%，北京、江苏、浙江三个省区市的营业收入不足广东省的 75%，可以看出，我国文化产业的分布是不均衡的。

表 2　我国 31 省区市 2018 年文化产业营业收入比例分位

和最大值（广东）相比	省区市数量	省区市名称
≥75%且≤100%	1	广东
≥50%且<75%	3	江苏、北京、浙江
≥25%且<50%	3	上海、山东、福建
≥0%且<25%	24	湖北、河南、湖南、四川、安徽、重庆、江西、天津、河北、陕西、云南、辽宁、贵州、广西、新疆、海南、山西、黑龙江、吉林、甘肃、西藏、内蒙古、青海、宁夏

（二）研究方法

1. 泰尔指数

泰尔指数是用来衡量个体和地区之间、个体和个体之间收入差距的指标，并逐渐用于衡量经济发展水平、人口发展水平、产业发展水平等领域的差异性。泰尔指数以收入比重加权计算（记为系数 T）为公式(1)，为了更好地区分差异的来源，泰尔指数分为组内差异和组间差异，组内差异和组间差异如计算公式(2)所示。其中，T_{Within} 和 $T_{Between}$ 分别代表组内差异和组间差异，n 为我国划分的区域个数，一般分为东部、东北部、中部和西部。m 为区域 i 内的省区市数量，x_i 为区域文化产业某测量指标占全国该指标的份额，y_i 为区域收入占全国收入的份额，x_{ij} 为区域 i 内省区市 j 文化产业某测量指标占该区域的份额，y_{ij} 为区域 i 内省区市 j 收入占该区域收入的份额。

$$T = \sum_{i=1}^{n} x_i \log \frac{x_i}{y_i} \tag{1}$$

$$T = T_{Within} + T_{Between} = \sum_{i=1}^{n} \left(x_i \sum_{j=1}^{m} x_{ij} \log \frac{x_{ij}}{y_{ij}} \right) + \sum_{i=1}^{n} x_i \log \frac{x_i}{y_i} \tag{2}$$

泰尔指数越大，表明我国区域之间文化产业发展差异越大，泰尔指数越小，则区域文化产业发展越均衡。

2. 探索性空间数据分析

著名的 Tobler 地理学第一定律认为：任何事物之间都存在关联，而离得较近的事物总比离得较远的事物相关性要高。探索性空间数据分析（Exploratory Spatial Data Analysis, ESDA）用于分析地理上关联的区域之间的依赖性和异质性，分为全局自相关分析和局部自相关分析，最常用的指数有：*Moran's I*（Moran, 1950）、*Geary's C*、*Getis* 指数（Ord & Getis, 1995）。一般来说，探索区域上的空间关系，首先要做全局空间自相关分析，通过计算全局 *Moran's I* 指数来识别研究区域整体的空间关系是呈正相关、负相关或不相关，计算如下：

$$Moran's\ I = \frac{\sum_{i=1}^{n} \sum_{j=1}^{n} W_{ij} (Y_i - \overline{Y})(Y_j - \overline{Y})}{S^2 \sum_{i=1}^{n} \sum_{j=1}^{n} W_{ij}} \tag{3}$$

式(3)中，Y_i 表示第 i 个省区市的文化产业观测变量（如文化产业营业收入），S^2 是方差，$\overline{Y}$ 是 Y 的平均值，i 为省区市总数，W_{ij} 为各省区市之间的二进制空间权重矩阵，表示省区市之间的地理关系，一般采用地理接近程度构建矩阵。*Moran's I* 统计量的取值范围为[−1, 1]，小于 0 表示区域间负相关，等于 0 表示不相关，大于 0 表示正相关。

如果全局 *Moran's I* 指数显著为正或为负，可进一步探索省区市之间局域空间自相关关系，通过计算局部 *Moran's I* 指数（Local moran index）或 LISA（Local indicator of spatial association）来判断具体省区市之间的相关关系，局部 *Moran's I* 计算公式为(4)，各符号的意义和式(3)相同。

$$I = \frac{Y_i - \overline{Y}}{S} \sum_{j=1}^{n} W_{ij}(Y_j - \overline{Y}) \tag{4}$$

局部空间自相关关系划分为四种类型：高—高区（H—H）、高—低区（H—L）、低—高区（L—H）、低—低区（L—L），分别表示一个地区和周边地区观测指标的高低分布，高—高区（H—H）表示一个地区观测值水平高，周边的区域也高；高—低区（H—L）表示一个地区观测值水平高，而周边的区域水平低；低—高区（L—H）表示一个地区观测值水平低，而周边的区域水平高；低—低区（L—L）表示一个地区观测值水平低，周边的区域水平也低。

（三）数据来源

根据已有文献，文化产业的观测变量一般采用文化产业增加值①、年产出或营业收入②、产值③或就业人数④。研究选取“文化及相关产业营业收入”为观测变量进行分析，营业收入是文化产业所有企事业单位经营主营业务和其他业务带来的货币收入，体现了文化产业产品和服务带来的价值，可以客观反映文化产业发展的规模和水平。我国文化产业差异性分析和空间探索性分析数据均来源于历年《中国文化及相关产业统计年鉴》。

三、我国文化产业发展的区域差异分析

经济差异是区域经济学、空间经济学领域的重要研究对象⑤。杰弗里·威廉森著名的倒U形理论认为区域发展存在差异性，而且差异的发生、增长、减弱是一个周期性过程，区域差异一般遵循“先增大后减小”的轨迹，随着产业发展的成熟，区域差异会逐渐消失。⑥弗里德曼的中心—外围理论认为区域的

① 张洁：《中国文化创意产业的空间分布和地区绩效分析》，《商业经济与管理》2011年第2期；史晋娜、樊丹、李应：《西部十二省旅游产业与文化产业融合的实证分析》，载《中国文化产业评论（第28卷）》，上海人民出版社2020年版；荆立群、薛耀文：《资源型地区文化产业空间集聚特征研究》，《经济问题》2020年第5期。

② 雷宏振、潘龙梅、雷蕾：《中国文化产业空间集聚水平测度及影响因素研究——基于省际面板数据的分析》，《经济问题探索》2012年第2期；赵星、赵仁康、董帮应：《基于ArcGIS的我国文化产业集聚的空间分析》，《江苏社会科学》2014年第2期；魏和清、李颖：《我国文化产业聚集特征及溢出效应的空间计量分析》，《江西财经大学学报》2016年第6期。

③ 周晓唯、朱琨：《我国文化产业空间聚集现象及分布特征研究——基于省际面板数据的空间计量分析》，《东岳论丛》2013年第7期。

④ 顾江、吴建军、胡慧源：《中国文化产业发展的区域特征与成因研究——基于第五次和第六次人口普查数据》，《经济地理》2013年第7期。

⑤ 郭细根、李东伟：《2000年以来江西省区域经济差异格局演变分析》，《资源开发与市场》2017年第7期。

⑥ Jeffery G. Willamson, “Regional Inequality and the Process of National Development: A Description of the Patterns”, *Economic Development and Cultural Change*, 1965, 13(4), pp.3—45.

发展中心会形成产业聚集，围绕在中心周围并受到其影响的区域称为外围区，中心区域会向外围区域吸收市场、资源、技术，同时也会向外围区域扩散资源，使整个区域协调发展。赫希曼提出的“不平衡增长理论”认为地区之间发展不平衡是客观存在的，各地的投入产出是不尽相同的，资源有限的条件下，资源条件好、发展潜力大的地区总会优先发展，而且区域的不平衡、不成比例会促进经济发展。①所以，区域差异和区域不平衡研究一直是经济区域和产业发展研究的重要议题。

我国区位划分有多种方式，按经济水平、按气候特点、按综合地理等。在社会经济领域，最常采用的是按经济区域划分，将我国分为四大区域：东北地区、东部地区、中部地区和西部地区。东北地区包括辽宁、吉林、黑龙江 3 个省；东部地区包括北京、天津、河北、上海、江苏、浙江、福建、山东、广东、海南 10 个省市；中部地区包括山西、安徽、江西、河南、湖北、湖南 6 个省；西部地区包括内蒙古、广西、重庆、四川、贵州、云南、西藏、陕西、甘肃、青海、宁夏、新疆 12 个省区市。以我国大陆地区 31 省区市的文化及相关产业营业收入和地区生产总值为数据（X 为营业收入，Y 为地区生产总值），带入公式（2）计算组内差异、组间差异和总差异，得到表 3 和图 1。

表 3　我国主要省区市文化产业发展差异构成

年份	东部内部差异	东北内部差异	中部内部差异	西部内部差异	组内总差异	组内差异贡献率	组间差异	组间差异贡献率	总差异
2004	0.053	0.025	0.006	0.027	0.046	44.199%	0.058	55.801%	0.103
2008	0.054	0.013	0.020	0.028	0.046	47.119%	0.052	52.881%	0.099
2013	0.035	0.051	0.030	0.079	0.038	41.095%	0.055	58.905%	0.094
2018	0.047	0.045	0.022	0.072	0.046	51.368%	0.043	48.632%	0.089

根据数据可知：以地区生产总值为基数，我国四大经济区域的文化产业发展水平存在显著差异，总差异在 0.1 左右，从时间演变来看，差异呈缓慢下降趋势，由 2004 年的 0.103 下降到 2018 年的 0.089，说明我国文化产业在空间上的分布差异缓慢缩小，逐渐趋向均衡性发展。从组内差异和组间差异来看，组内差异 15 年来呈现上下波动的态势，组内差异绝对值变化不大，但组间差异在逐渐缩小，说明四大区域之间的文化产业发展水平越来越均衡。从组内差异和组间差异的贡献率来看，两者贡献率没有明显差异，四大区域内部和区

① ［美］艾伯特·赫希曼：《经济发展战略》，经济科学出版社 1991 年版。

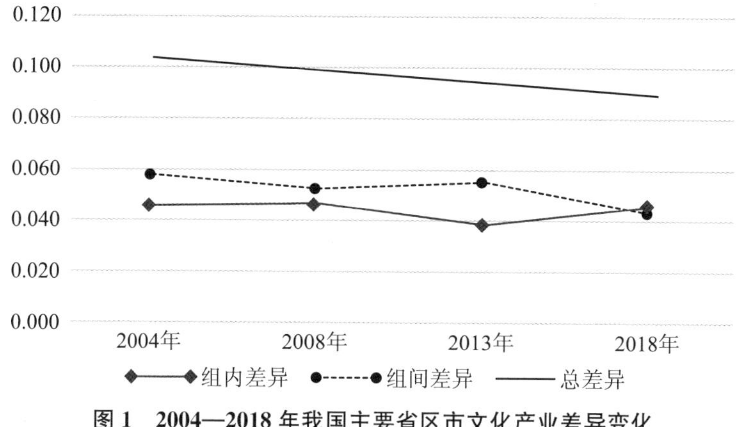

图 1　2004—2018 年我国主要省区市文化产业差异变化

域与区域之间的差异是相似的，但组内差异的贡献作用逐渐增强，组间差异的贡献作用逐渐减弱。四大区域中，东部地区和西部地区的发展差异较大，尤其西部地区，差异值从 2008 年 0.028 急剧增长为 2013 年 0.079，除了东部地区差异有所下降之外，其他 3 个地区差异值均有不同程度的增长。

四、我国文化产业发展的时空格局分析

表 1 显示，2004—2018 年间，我国文化产业在法人单位数、从业人员、资产总计和营业收入等方面均发生巨大变化，各项指数均有大幅度增加。为了进一步认识文化产业发展的时空演变，将进行探索性空间数据分析。

（一）全局自相关分析

全局自相关分析可以探究我国各省区市的文化产业在空间上的相关关系，系统判断文化产业的总体分布特征。空间数据选取 31 个主要省区市的文化及相关产业营业收入，时间数据选择 2004 年、2008 年、2013 年、2018 年共 4 个时间点，利用 Geoda 软件分别计算 4 个年份的 *Moran's I* 指数，以认识我国文化产业的空间分布及空间分布态势的变化情况。此处需要说明的是，*Moran's I* 指数的计算式(3)中，W_{ij} 为各省区市之间的二进制空间权重矩阵，空间权重矩阵一般情况下采用邻接矩阵，即省区市之间如果相邻，则赋值为 1，不相邻则赋值为 0，我国海南省与其他省区市均不相邻，但考虑到其与广东省的地理关系，与其他省区市的相邻关系并无不同，故将海南省和广东省按地理上邻接处理。计算结果如表 4 所示，其中，*p-value* 和 *z-value* 经过 999 次置换得到。

表 4　历年全局 *Moran's I* 指数

年　份	*Moran's I*	*p-value*	*z-value*
2004	0.039	0.187	0.805
2008	0.043	0.183	0.824
2013	0.231	0.021	2.466
2018	0.199	0.027	2.121

根据数据可以得出:2004 年和 2008 年,文化产业营业收入在我国的空间分布未通过显著性检验,整体表现为空间不相关,呈随机性分布。2013 年和 2018 年文化产业营业收入全局 *Moran's I* 指数均在 5%的显著性水平下通过检验,指数分别为 0.231 和 0.199,表明我国各省区市文化产业呈正相关关系,即地理位置越近的省区市,相关性越强,由于指数小于 0.33,所以这种相关关系较弱。

(二) 局部自相关分析

为了进一步探究具体哪些省份呈正相关关系,将计算基于营业收入的局部 *Moran's I* 指数,从而对局部相关关系有更具体的认识。利用 Geoda 软件计算局部 *Moran's I* 指数,并绘制 *Moran's I* 散点图,因 2004 年和 2008 年的结果不显著,故只呈现出 2013 年和 2018 年的 *Moran's I* 散点图,如图 2 所示,一、三象限的 *Moran's I* 散点多于二、四象限,正相关多于负相关,与全局 *Moran's I* 分析相一致。从 *Moran's I* 散点图来看,我国文化产业的局部空间分布主要集中在高—高区、低—高区和低—低区,而高—低区分布较少。

2004 年、2008 年、2013 年、2018 年的 LISA 聚集类型如表 5 所示。可以得出:(1)虽然 2004 年全局 *Moran's I* 不显著,但从局部来看,有 7 个省区市的相关性显著。高—高聚集地区有 1 个:福建,即福建省文化产业发展水平高,它周边的省区市发展水平也高,已经形成文化产业的聚集效应;低—低聚集地区有 4 个:内蒙古、四川、新疆、甘肃,即这 4 个省区市文化产业发展水平低,它周边的省区市发展水平也低;低—高聚集地区主要有 2 个:海南、江西,即这 2 个省文化产业发展水平低,它周边的省区市发展水平却高;不存在高—低聚集的区域。(2)2008 年局部相关性与 2004 年相比,未发生任何变化。(3)2013 年,有 11 个省区市的相关性显著。高—高聚集地区有 3 个:江苏、福建、上海;低—低聚集地区有 5 个:内蒙古、青海、四川、新疆、甘肃;低—高聚集地区有 3 个:海南、江西、安徽;不存在高—低聚集的区域。(4)2018 年,有 12

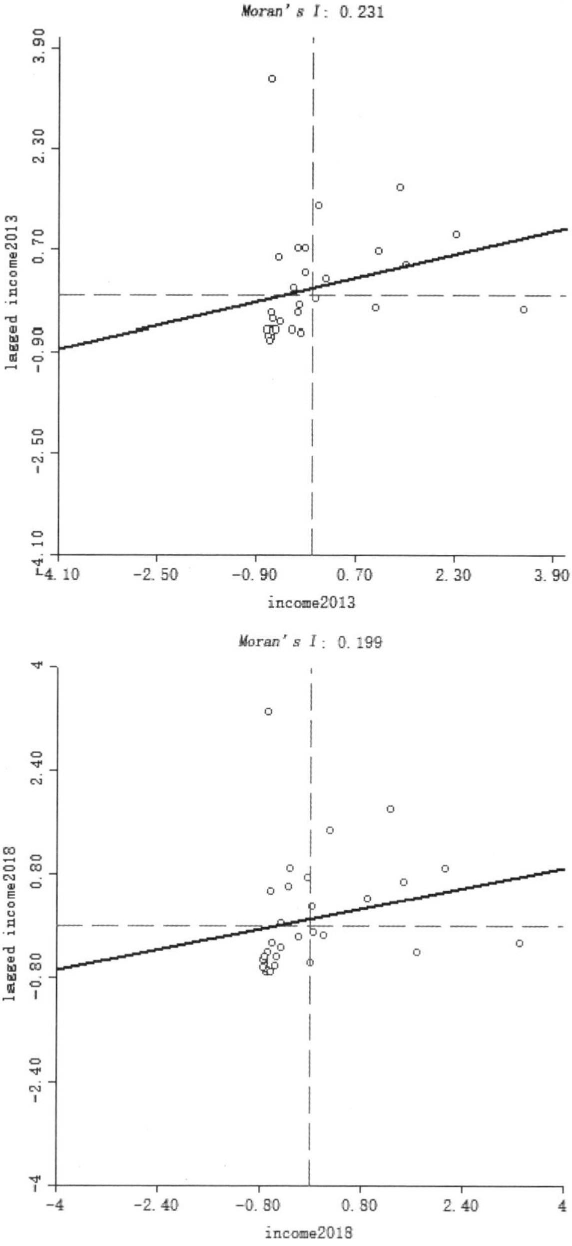

图 2　2013 年、2018 年局部 *Moran's I* 散点

个省区市的相关性显著。高—高聚集地区与 2013 年相比未发生变化，仍然为江苏、福建、上海；低—高聚集地区也未发生变化，仍然为海南、江西、安徽；低—低聚集地区有 5 个：内蒙古、黑龙江、吉林、新疆、甘肃；新增了高—低聚集区 1 个——四川。2018 年和 2013 年相比，变化主要体现在低—低聚集地区和高—低聚集地区，黑龙江、吉林也和周边区域形成低—低聚集的格局，四川却在西南地区异军突起，发展水平显著高于周边地区。

表 5　空间关联局部指标分布类型

类型/年份	2004	2008	2013	2018
高—高	福建	福建	福建、江苏、上海	福建、江苏、上海
低—低	甘肃、内蒙古、四川、新疆	甘肃、内蒙古、四川、新疆	甘肃、内蒙古、青海、四川、新疆	甘肃、内蒙古、黑龙江、吉林、新疆
低—高	江西、海南	江西、海南	江西、海南、安徽	江西、海南、安徽
高—低	无	无	无	四川

五、结论和启示

（一）差异性分析相关结论

第一，我国文化产业发展呈现出东部高、其余区域低的状况。从文化产业发展指标的绝对值来看，31 个省区市中，文化产业营业收入最高的省份为广东，其次为江苏、北京、浙江、上海、山东、福建（见表 2），除这 7 个省区市之外，其余 24 个省区市的指标值均很低，不足广东的 25%。文化产业和当地经济发展水平密切相关，经济发达地区文化产业发展水平也高。这和之前一些学者研究的结论相似。

第二，我国文化产业整体发展水平存在显著差异，但差异呈现出继续缩小的趋势。和经济发展水平相似，我国文化产业形成差异化发展的局面，随着国家的政策支持和对落后地区的扶持作用加强，文化产业的发展差异逐渐缩小。随着网络技术的发展，传统媒体在文化产业中的比重持续降低，新媒体的主导作用日益凸显，文化产业发展受地域约束和经济约束的程度会有所降低，差异性将继续缩小。

第三，东部地区文化产业发展差异有所下降，而其余地区差异呈增长状态。由于东部地区文化产业发展较为领先，内部差异 15 年来相对稳定，呈现出轻微的下降态势，而中部、西部、东北地区由于文化产业的基础较为落后，随着部分省区市文化产业的快速进步，和区域内其他省区市的差异逐渐拉大，符合倒 U 形理论中差异“先增大后减小”的轨迹。

（二）空间格局分析相关结论

第一，我国文化产业发展的空间聚集效应逐渐形成。2004—2018年，文化产业在空间上从随机分布的状态逐渐演变为空间正相关的聚集状态，说明文化产业进入了良性发展阶段，开始产生聚集经济和扩散效应。发生转变在2008—2013年，受全球金融危机的影响，我国货币政策宽松，财政政策积极，着力调整经济结构，扩大消费升级，这些有利的政策和调控手段为文化产业集群发展带来积极促进作用。

第二，我国文化产业发展的空间聚集效应逐渐加强。15年来，文化产业空间相关的省区市数量不断增加，2004年为7个，2018年增加到12个，文化产业发展水平较高的省区市对外围地区的扩散和程度在不断加强，发展潜力大的地区引领作用和辐射作用逐渐体现。

第三，在文化产业领域，四川省作为一个新的核心区域在西部地区异军突起，和周边省区市形成较大差异。过去数十年，西部地区多为低—低聚集和随机分布，不存在高—高聚集区和高—低聚集区，即缺乏一个引领带头发展的省市，然而2018年四川省打破了固有现状，和周边地区形成高—低聚集区。随着发展的推进，四川将作为西部的核心向周围区域产生外部溢出效应。

（三）启示

基于上述结论，得出以下启示：

第一，我国文化产业的差异性逐渐缩小，且集群式发展不断凸显，说明我国文化产业发展进入良好的局面，为进一步缩小各地区之间的发展差异，未来要重点支持中部、东北和西部文化产业跨越式发展，寻求差异化道路，扶持区域中具有良好基础的省市做大做强，形成辐射中心，带动该区域文化产业发展，从而缩小和东部地区的差距，继续促进均衡发展。

第二，充分发挥高—高聚集区省市（福建、江苏、上海）的战略“高地”作用，从技术、模式、人才等方面不断创新，成为产业标杆，不断引领全国文化产业的发展方向。创新文化产业与其他产业的融合发展，提高文化产业发展层次。

第三，充分发挥高—低聚集地区省区市（四川）和低—高聚集地区周边省区市的辐射作用，采取一系列富邻措施，利用区位优势扩大产业溢出效应，同时创新文化发展模式，充分发展网络文化、新媒体文化等，借助新模式、新技术扩大外部经济性，形成更大的文化产业集群。

第四，黑龙江和吉林逐渐与周边省区市形成低—低聚集区，说明东北地区的发展态势不容乐观，该区域应重视文化产业特色发展和模式创新，加强与发达省区市的协作与交流，学习发展经验，同时鼓励创新和竞争，内化产业发展动力，提升东北地区整体发展水平，努力打破有所蔓延的低—低格局。

总的来说，要继续缩小各地区之间文化产业发展差异，加强地区间交流，引导文化产业集群发展，充分发挥产业聚集的正外部性，实现均衡发展和共同发展。

Analysis on the Regional Differences and Spatial Patterns of China's Cultural Industry

Yang Luming　Chen Liping

Abstract：The proportion of the cultural industry in GDP is increasing year by year，and it plays an important role in the economy and society. The degree of differentiation and agglomeration of the cultural industry development are important topic of research. Based on the statistical data of cultural industry from 2004 to 2018，this paper uses Theil index to analyze the difference characteristics of cultural industry development in 31 provinces and cities of Chinese mainland，and uses the exploratory spatial data analysis method to explore the spatial distribution pattern and evolution trend of cultural industry. The results show that：there are significant differences in the development level of cultural industries in four major economic regions，but the differences are slowly declining and gradually tend to develop in a balanced manner；the differences in the eastern region have declined，while the differences in the central，western and northeastern regions have increased；the spatial agglomeration effect of China's cultural industry development has gradually formed and the degree of agglomeration has been continuously strengthened；Sichuan Province，as a new core area，has sprung up in the western region，forming a large gap with the surrounding provinces and cities.

Key words：cultural industry；spatial distribution；industrial agglomeration；spatial autocorrelation

中国艺术区空间分布三维度分析*

山西农业大学、南京艺术学院　荣　洁

[内容提要]　艺术生产空间与艺术消费空间的优越性程度形塑出艺术区空间形态的分布格局。基于结构性、均衡性和稳定性视角，本文对中国艺术区变迁中的空间分布进行了三重维度的分析。以城市为依托的城乡二元空间建构了艺术区分布的基本结构；由集聚要素的地区禀赋决定的空间梯度级差和积累循环作用下"中心—外围"的集散型分布，展现出艺术区空间分布的非均衡性；而空间主导权的政治性和经济性扰动，又导致了艺术区空间形态的非稳定性。

[关键词]　艺术区；空间分布；艺术集聚；空间政治；空间经济

艺术区是一个艺术集聚的空间概念，具体指以艺术家群体集聚为核心、以美术品创作生产为主体的艺术空间形态。基于空间分布的结构性、均衡性及稳定性，中国艺术区的空间分布在多元要素结构中呈现出特有的空间格局。

一、结构性维度：城乡二元空间互依

城市和乡村构筑出中国最基本的文明形态和社会结构单元。乡村承载着中国传统社会共同的文化经验，具有最深刻的文化原初性；而城市作为真实与幻象相结合的复杂综合体，其文明形态既表现为对乡村文明的延续，又显现出对乡村文明的超越。中国艺术区的空间格局正是基于城乡二元空间系统而展开的，具体包括位于城市近郊的以画家村为主要形态的乡村型艺术区，以及城市内部以工业遗产空间再造为主要模式的城市型艺术区。在城乡二元格局中，城市作为各种文化关系的共存交汇之地，成为考察中国艺术区空间分布的

* 本文系山西省哲学社会科学规划课题"意识形态安全视角下文化产业发展研究"的阶段性成果。

核心场所。即使是乡村型艺术区，也难以完全摆脱城市的文化生产力要素及文化消费对象而单独存在。因而，中国艺术区的空间结构总体上体现为以城市为依托的城乡二元空间格局。

本文以深圳大芬村、圆明园画家村的出现作为当代中国艺术区的研究起点，对 1989—2020 年中国城乡艺术区的年度增量进行了统计分析。如图 1 所示，城市型艺术区和乡村型艺术区在空间分布的总体态势上显示出较高的相关性，并在阶段性发展的空间结构上表现出如下特征，即城市郊区的萌芽与形成、城乡并进的发展与扩散以及城乡互构的平衡与转型。

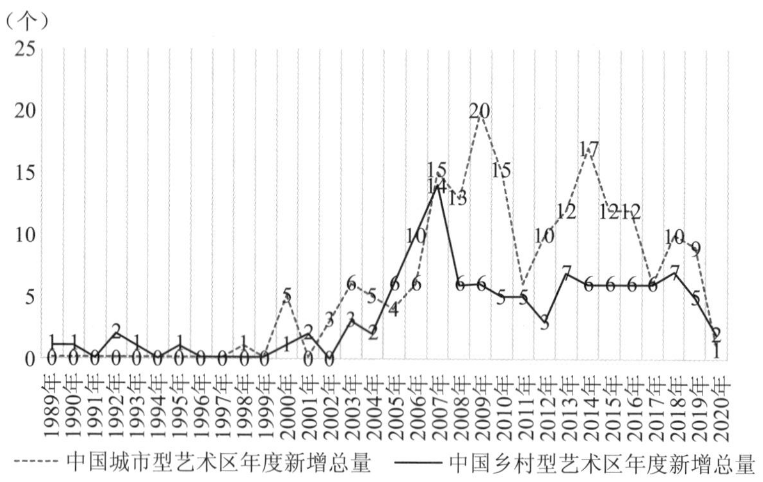

图 1　中国城乡艺术区年度增量(1989—2020 年)①

（一）城市郊区的萌芽与形成(1989—1999 年)

艺术区发展的第一个 10 年，受内生驱动由艺术家自发集聚形成的画家村是中国艺术区萌芽与形成的空间表征。这一时期受改革开放带来的思想解放和体制转型的影响，具有空间探寻的社会意义。从空间选择的必然性来看，以画家村形态生发于市郊的空间区位主要由成本导向与意识形态所规定。

以圆明园画家村、深圳大芬村、北京东村、都江堰聚源画家村、宋庄画家村为代表，中国早期艺术区具有对艺术新空间的主体探索性。由于大部分前卫

① 数据来源于对中国现有艺术集聚区的业态结构分析，具体将“以美术品创作生产为核心”这一艺术区基本内涵作为评价指标，对 1989 年以来中国所形成的 300 多个画家村、艺术基地、艺术工厂、艺术类文化创意产业园区等艺术集聚形态进行综合评估，进而分析得出中国艺术区的基本数据。另外，对城市型艺术区和乡村型艺术区的数据分类主要依据国家行政区划而进行，其中，艺术区所在地为市区级，划分为城市型艺术区；所在地为乡镇级，划分为乡村型艺术区。

艺术家在自发集聚的过程中脱离于体制内身份而成为本雅明所谓的城市"游荡者",这使得他们对艺术世界的精神性探索同时也伴随着物质世界的拮据与困窘。出于成本因素考量,乡村便自然成为相较于城市而言更具合理性的空间区位选择。

另外,艺术区的萌芽在很大程度上与当代艺术在中国的发展相关联,而当代艺术理念所蕴含的挑战性和批判性在社会转型期又与国家意识形态具有一定的对抗性,从而秉持当代艺术理念的先锋艺术家作为"异质性"的文化群体,很难被主流社会价值观所认同。与这种文化身份的"非主流性"相适应,市郊乡野的边缘性空间便自然成为"游荡者"的"流浪"之境。对这些前卫艺术家而言,他们既倾向于远离城市中心以获得创作自由,又不能完全脱离城市而丧失艺术所依赖的经济秩序。于是,那些租金成本低廉,既不完全疏离于城市艺术市场,又与城市保持一定空间距离的大城市近郊地区,便成为中国艺术区的诞生之地。

(二)城乡并进的发展与扩散(2000—2009年)

21世纪的头10年间,中国艺术区进入快速发展期。乡村型的单向度空间结构转变为城乡并进的二元空间格局,并在逐步纳入政策话语体系的过程中,被赋予城市更新与乡村振兴的文化内涵。在政府从质疑到观望、从认可到推动的认知转型中,艺术区作为集物质性和符号性于一体的文化空间形态,获得了政策性助推。

如图1所示,中国城乡艺术区在这一时期均显现出迅猛的增长态势,尤其以城市型艺术区的蓬勃增长为其突出特征。这一空间转向与社会转型所带来的产业结构调整相伴随,并同步于政策环境的不断优化。随着工业社会向后工业社会的转型,城市中大量的工业遗产空间在丧失了原有的生产功能后日趋衰败,而以艺术区的形态赋予其功能性转化,是工业社会转型中空间再造的普遍模式。其中,以美国苏荷艺术区为典型,这种空间再造的Loft模式源于20世纪中叶西方发达国家的工业社会转型。21世纪初,以北京798、上海莫干山M50、云南创库、重庆坦克库为代表,Loft模式在中国兴起,并由此开启了城市型艺术区和村落型艺术区二元并进的新格局。

从政策环境来看,随着全球经济一体化进程的加速推进及国家战略转型,艺术区作为文化产业的形态之一,也在新的政策环境下以文化创意产业园区的形式被纳入国家政策话语体系。在政府"收编"与政府"再造"的双重推动下,以798为典型的艺术区模式迅速推进至全国。至此,艺术区从社会边缘的探索性空间转变为政府主动打造的文化产业发展引擎，实现了从自然生长到制度建构的形制转变，与之相适应的空间分布也显现出城乡二元艺术区的并进式扩散。

（三）城乡互构的平衡与转型(2010—2020 年)

2008 年国际金融危机之后，中国艺术区的文化生态发生了结构性转变，在近 10 年间进入城乡互构的转型期。如图 1 所示，中国城乡艺术区的年度增量在 2010 年之后急剧下降，随后的起伏势态与发展期相比渐趋平稳，呈现出城乡互构的空间格局。事实上，中国艺术区作为文化产业发展的特殊类型与演进缩影，其空间转型正是对国际国内政治与市场环境的空间回应。

一方面，国际金融危机导致的国际艺术市场的大幅萎缩，解构了中国艺术区形成以来依附于国际市场的生产与消费结构，在短期内表现为艺术区增量的骤减，这在图 1 中得以充分显现。而后，在艺术生产与消费的本土化回归中，中国艺术区迈入自主发展与国际合作相结合的转型发展时期。其中，本土化回归既表现在消费对象的本土化转向，也表征为大批本土特色艺术区的涌现，如贵州花溪板桥艺术村、广西古岳艺术村、新疆 7 坊街、西昌 505 艺术区、自贡 813 原创艺术基地、陕西高塬艺术区、河北河渠 393 艺术区；而国际合作多采用交流互动的方式进行，如深圳大芬村的 TNT 国际艺术家驻地、观澜版画村的国际艺术家创作基地，等等。

另一方面，在资本的过度介入下，城市艺术区的文化生态被商业空间所挤压，不断上涨的高昂租金成本开始倒逼艺术家的撤离，如北京 798、上海田子坊等艺术区已呈现高度的商业化趋向。在乡村振兴的政策背景下，乡村作为城市空间的涵养地再次焕发出新的生机。廉价的租金、安静的氛围以及良好的生态环境，使之成为艺术家在后现代喧嚣的城市生活中源于精神心理的一种合理性回应。相对于开放、多元、多变的城市意象，乡村一方面被认为是保守、单调、落后的文化象征，另一方面又被视为乡土寻根和田园回归的精神原乡。乡村文化意象所呈现出的这种复杂性使之与城市文明之间构成了一种相互依存的权力关系，既在空间权力上被主导，又在精神心理上被依存。中国城乡艺术区二元空间格局的演进正是在这个意义上被建构的，在物质与精神的双重作用下，呈现出艺术区的城乡互依与城乡摆动。

二、均衡性维度：梯度级差与集散分布

对中国艺术区空间分布的均衡性分析，通过阶梯性和集中度双重维度而

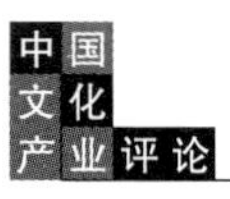

展开。艺术区的空间梯度级差是受市场语言和非市场语言的要素结构所决定的整体性分布态势;在积累循环的作用下,艺术区的空间结构呈现"中心—外围"的集散型分布。

(一)双重要素构建下的空间梯度级差

艺术区这一文化地理现象的形成受多重因素所决定,其中,既包括物质层面产业集聚的一般性要素,又包括艺术及其行为在精神层面上的特殊性。这种一般性与特殊性的交互与融合,塑造出市场语言和非市场语言共同建构的艺术区多元化要素结构。而中国艺术区的空间分布格局,正是这种多元化要素结构共同作用的空间产物。

在对20世纪80年代末至今中国艺术区的相关数据进行整理分析的基础上,本文对中国艺术区空间分布层级进行了统计(见表1),总体上显示为四个层级。其中,北京、广东为第一梯度,艺术区数量在30个以上;重庆、上海、浙江、四川等省份为第二梯度,集中于东部沿海地区以及川渝、鄂豫地区,各地区艺术区数量分布在10—20个;河北、云南、陕西、安徽等省份为第三梯度,艺术区分布数量为5—10个;而西部地区、边疆地区、中部欠发达地区,如广西、新疆、内蒙、甘肃、山西、西藏等地则艺术区数量偏少,当前各省艺术区总量不超过3个。

表1 中国艺术区空间分布层级统计①

第一层级	北京(67)、广东(33)
第二层级	重庆(20)、上海(16)、浙江(16)、四川(15)、河南(15)、辽宁(14)、江苏(14)、福建(12)、山东(12)、湖北(12)
第三层级	河北(10)、云南(8)、陕西(7)、安徽(7)、贵州(6)、湖南(5)、天津(9)、黑龙江(5)、江西(5)
第四层级	内蒙(3)、海南(3)、甘肃(3)、山西(2)、广西(2)、青海(2)、新疆(1)、吉林(1)、宁夏(1)、西藏(0)

可见,中国艺术区的空间分布总体上呈现出东密西疏的特征,集中分布于"胡焕庸线"以东地区。"胡焕庸线"是中国人口空间布局的分界线,勾勒出中国人口空间分布的整体格局及不平衡特征,社会经济文化发展总量也因人口的空间分布而呈现出地域性差异。胡惠林教授认为,"我国的文化产业国土空

① 数据来源于对中国现有艺术集聚区的业态结构分析,具体将"以美术品创作生产为核心"这一艺术区基本内涵作为评价指标,对1989年以来中国所形成的300多个画家村、艺术基地、艺术工厂、艺术类文化创意产业园区等艺术集聚形态进行综合评估,进而分析得出中国艺术区的基本数据。

间分布几乎全部集中在‘胡焕庸线’以东地区”①,一定数量的人口是文化生产、文化消费和文化市场的战略基础。中国艺术区作为文化产业的一种特殊形态,其空间分布与中国文化产业空间分布具有较高的一致性,受国土空间结构与人口空间布局的客观规律所影响。

作为观念的上层建筑之一,艺术的产生和发展始终受到经济基础的影响,并借助于政治、法律、道德、哲学等“中间环节”间接地反作用于经济基础。②艺术区作为艺术及其行为的空间表现形态,空间分布及其演进也并非孤立存在的,既具有物质层面产业集聚的一般性特征,又包括艺术及其行为在精神层面上的特殊性。艺术集聚的密集程度既与经济发达程度表现出高度的相关性,同时又与文化传统、审美价值等精神维度相联系。

从经济地理学的角度讲,产业集聚是空间的集中,即距离的缩短和地理范围的缩小。距离因素、历史和偶然因素、市场因素、知识溢出所产生的向心力,构成某一地区成为产业集聚中心的核心要素,并在集聚作用下促进了生产规模的扩大和生产效率的提高。③这种符合经济地理规则带来的成本节约及市场共享,作为艺术区空间集聚的一般性价值选择,为生产要素的不断流动、集中与重组,奠定了基于“成本—消费”逻辑的市场基础。一般来说,越是经济发达的地区,艺术区的发展规模也越大、成熟度也越高。这一点在中国艺术区空间分布的梯度级差中得到了充分验证。位居第一、第二梯度的省区市,主要以东部沿海地区为主,这些地区本身具有良好的地理环境和区位优势,更在改革开放后政府采取的以沿海带动内陆、由东向西、由外向内的阶梯型空间战略中获得了先发性优势,并在改革开放 40 多年的发展历程中,跃升为中国社会经济发展的核心地带,彰显出显著的经济优势。而西部地区、边疆地区等经济欠发达地区,艺术区不仅数量极少,其发展规模也相对较小,尚处于萌芽状态。可见,经济基础在很大程度上决定了地区文化生产力水平和艺术消费能力,是艺术区形成的基本驱动因素。

然而,与产业集聚相比,艺术区作为艺术集聚的空间形态,其驱动因素则更为复杂多元。正如尼尔·德·马奇围绕艺术品的价格问题提出的“艺术例外论”④,审美价值与精神生产之特性使得艺术集聚并不完全适用于生产成本

① 胡惠林:《文化产业规划:重建人与社会和自然精神关系和精神秩序》,《东岳论丛》2015 年第 2 期。
② 王宏建:《艺术概论》,文化艺术出版社 2010 年版,第 25 页。
③ 梁琦:《产业集聚论》,商务印书馆 2004 年版,第 27—33 页。
④ [澳]尼尔·德·马奇、[美]克劳福德·古德温编:《两难之境——艺术与经济的利害关系》,王晓丹译,中国青年出版社 2015 年版,第 1—4 页。

理论，也并不囿于市场常规法则的限制，而表现为市场语言和非市场语言的共同驱动。相对于以经济逻辑为主导的市场语言，艺术集聚的非市场语言主要包括精神层面的审美追求，以及卢梭所谓的公共价值层面的“社会优化”。一方面，对艺术的审美追求充分体现在由“美的情感”所激发的身份认同。中国艺术区早期自发集聚形成的圆明园画家村、北京东村、上海画家村等艺术群落，便是以艺术为纽带而形成的联结关系，对艺术理想的个性化诉求成为艺术集聚的主要驱动力。另一方面，“社会优化”功能的存在为政治权力和社会权力的艺术介入提供了合法性与必要性。正是因为艺术区具有公共价值层面的“优化功能”，从而被赋予了工业文化遗产空间再造，以及生活艺术化、艺术生活化的价值意涵，进而促进了艺术区在全国范围的空间扩散。

概言之，以经济基础为核心的市场语言是艺术区空间分布的基础性要素，而非市场语言对艺术区的空间集聚又起到了一定的强化作用，物质基础与精神要素相互构建、相辅相成。由于我国地区间的社会形态及经济发展水平具有梯度性差异，相对应，艺术区空间集聚的市场语言和非市场语言也具有显著的地域差异性，反映出艺术区空间分布梯度级差的非均衡性。

（二）积累循环作用下“中心—外围”的集散型分布

中国艺术区空间分布的非均衡性不仅体现在双重要素构建下的空间梯度级差，还反映在中国艺术区由点状分布到网络建构的动态演进中，受积累循环律所影响而形成“中心—外围”的集散型分布。

艺术区形成期的空间分布呈现出以北京、上海、广东、四川为代表的点状特征。这些地区之所以成为中国艺术区的先发地，如前所述，正是市场语言和非市场语言双重驱动的结果。艺术家自发集聚的空间选择不仅是精神层面对符号和意义的表达，也是物质层面依赖于艺术市场的理性选择。在思想解放和经济体制改革的促进下，艺术区率先萌芽于经济基础雄厚和艺术生产与消费能力旺盛的北京、广州、上海、四川等地。与其他 3 个开放性城市相比，四川处于相对封闭且自足的独特地理结构中，该地区虽在经济水平上逊于其他 3 个中心分布点，但却因其在中国当代艺术发展史上的重要地位而占有非市场语言的绝对优势。从“伤痕美术”到“85”美术新潮，以高小华、罗中立、程丛林、何多苓为代表的四川画派作为中国文化现代性的先声，在此后的多次重要艺术变革中居于领军地位。①正是基于物质与精神的双重优越性，北京、上海、广

① 何桂彦：《四川画派和乡土文化的现代性》，载倪志云主编：《美术的地缘性》，重庆出版社 2010 年版，第 80—91 页。

东、四川等地率先成为中国艺术区的“中心”地区。

为了反映中国艺术区在发展期与转型期的空间分布规律，本文运用ArcGIS10.2空间平台对不同时期的艺术区数据进行了核密度分析。这种空间模式分析主要用于计算要素在其周围邻域的密度，重点反映一个核对周边的影响强度，计算区域内的数据聚集状况。[①]作为空间模式分析的一种可视化工具，核密度分析能够准确表达出点要素的空间分布特征。分析得出，北京、上海、广东、四川作为艺术区形成期的核心区域，在中国艺术区30年来的空间扩散中始终居于高密度圈中心点的核心位置，反映出积累循环律对艺术区空间分布的影响。缪尔达尔在《进退维谷的美国》一书中详细阐释了“积累循环的因果关系”，说明“任何一种形式的循环，或互为因果，或相互作用都是积累的，从而也是失衡的……这种相互作用随着时间的变化而变化，使最初的偶然事件发生大而持久的影响”[②]。一旦某个专业化的格局出现，这一格局就会受到累积循环自我实现机制的影响而被锁定。积累循环因果关系引发出回流效应和辐射效应，通过“中心”地区的自我强化和对“外围”地区的正向激发，形成了中国艺术区空间分布的“中心—外围”模式。

一方面，先发性艺术区具有吸引人才、激发灵感的文化场域吸聚力，创造出如特里·克拉克所称的“蜂鸣区”。依托这些文化场景所产生的“蜂鸣”，艺术区本身已成为一种象征性的文化资源和文化容器，散发出焦点和热点区域的空间特性，从而激发出艺术集聚的回流效应。在这一过程中，“外围”地区的艺术家不断向“中心”地区流动，进一步强化了“中心”地区的核密度峰值。从早期的圆明园画家村到宋庄、798、莫干山M50等艺术区，“蜂鸣区”所产生的强大吸聚力在区域内部的人员构成中得以充分体现。从全国的艺术区分布来看，回流效应又会加剧地区间艺术区分布的不均衡。诺贝尔经济学奖得主、瑞典经济学家缪尔达尔指出，“经济力和社会力的作用使有利地区的累积扩张以牺牲其他地区为代价，导致后者状况相对恶化并延续其进一步发展，由此导致不平等状态的强化”[③]。基于“蜂鸣区”的回流效应，四大“中心”点在中国艺术区的发展变迁中实现了不断的自我强化。在经济基础和基本要素条件保持稳定的条件下，自我强化机制将会进一步持续。

另一方面，“中心”地区产生的辐射效应，又带动了周边地区的圈层扩

① 邓敏、刘启亮等:《空间分析》，测绘出版社2015年版，第94页。

② 梁琦:《产业集聚论》，商务印书馆2004年版，第48页。

③ 同上，序一，第1页。

散。这种辐射效应主要来源于"中心"地区成熟的要素条件对周边地区文化参与积极度的正向激发。不论是"中心"地区，还是该地区中的"核心"艺术区，事实上都具有这种艺术辐射效应。四大"中心"地区的高密度圈层在艺术区发展中呈现出显著的扩散态势。"中心"作为艺术区发展的文化增长极，在政治权力所推进的"预期"作用下，转换为一种城市更新与文化经济发展的模式性话语，为艺术区在全国的空间扩散提供了激励。在这种激励作用下，当前除西藏以外，中国大陆 30 个省、自治区、直辖市出现了艺术区这一空间形态。而艺术区早期的四个"中心"点已扩展为包括华北首都文化亚区、华东吴越文化亚区、华南岭南文化亚区以及西南巴蜀文化亚区在内的四大高密度圈，并带动了以陕西、湖北、湖南、河南、云贵、福建等为中心的次高密度圈的形成。与此同时，这种辐射效应也集中体现在"中心"地域的"核心"艺术区。以 798 和宋庄为例，作为北京最具代表性的城市型及乡村型艺术区，其艺术空间范围在辐射效应的作用下呈现出由点状向圈层的扩散。草场地、环铁、黑桥、北皋 1 号、费家村等毗邻 798 的艺术区，使 798 所在的大山子地区成为北京重要的当代艺术集聚区；而大巢、白庙、北堡、怡达、88 号、北向阳光等艺术区在宋庄的星罗棋布，又极大拓展了以原有核心区域小堡村为中心的宋庄艺术空间。

在回流效应与辐射效应的综合作用下，中国艺术区呈现出"中心—外围"的集散型分布模式。值得注意的是，由于累积过程是动态演进的，中心与外围也不是由绝对位置所确定，区域性的艺术生产体系以及这些体系之间的地理关系的总属性会推动中心与外围的空间挪移。但是，中国将长期处于社会主义初期阶段的基本国情决定了东西部发展速率与社会转型时序的地区差异性，由此带来的艺术区集聚要素长期具有的不平衡态势，将使得中国艺术区空间分布的"中心—外围"模式保持一定的持续性。

三、稳定性维度：扰动中的空间非持久性

艺术区以艺术集聚的空间形态在某一地区的出现，如前所述，是市场和非市场等各类集聚要素综合作用的结果。其中，由经济基础和文化资源等基本要素所决定的艺术生产空间与艺术消费空间的动态演化，一定程度上影响着艺术区空间形态的稳定性程度。在这些促生性的基本要素中，政治与经济对空间权力的占据是艺术区空间非稳定性的根本决定因素。

（一）空间的政治性扰动

亨利·列斐伏尔在《对空间政治的反思》一文中从政治对城市规划的视角切入，详细阐释了空间政治的思想。他指出："空间是政治性的，空间不是一个被意识形态或政治扭曲了的科学的对象，它一直都是政治性的、战略性的。以历史性的或自然性的因素为出发点，人们对空间进行了政治性的加工和塑造。"①也就是说，政治对空间的介入是始终存在的，对于空间内容而言，空间相对中立的物理形态实质上也是该空间过去被占据、被管理所呈现出的战略的对象。这一论证为空间的政治性研究以及空间规划提供了理论依据，也为探究中国艺术区空间形态的非稳定性奠定了政治性视角。

政治性扰动对中国艺术区空间非稳定性所产生的影响，通过不同类型的艺术区得以充分显现。基于艺术区生成的驱动力角度，中国艺术区总体可划分为原生类艺术区和规划类艺术区两大类。前者是在内生驱动下，自下而上由艺术家自发集聚而形成的一种松散型的自组织形态；后者则是在外生驱动下，通过规划、设计、引导等方式自上而下促生的组织化的艺术集聚类型。由于这两种集聚模式的驱动诱因不同，在其发展过程中政治性扰动的表现形态也各具差异性。

从中国艺术区空间变迁的总体规律来看，原生类艺术区主要出现于艺术区发展的早期，具有一定的空间开拓性。这类艺术区的内生驱动诱因来源于艺术家个人对艺术理想的追寻，表现为以艺术生产为核心、以文化认同为纽带的艺术聚合体。在这些自发集聚的艺术家当中，绝大多数属于体制外的自由职业者，收入来源的非稳定性使得经济成本成为他们自发集聚的重要考量因素。在级差地租和空间环境的双重制约下，原生类艺术区一般表现出显著的成本导向，那些位于市郊、价格低廉的闲置空间便具有了艺术家自发集聚的空间合理性。

然而，原生类艺术区在区位选择方面的自发性和自主性导向，在社会转型和城市更新的语境中又意味着高度的盲目性与风险性。究其根源，这种风险性源自公共性的政治规划与私有性的"精神规划"之间所具有的不可调和的矛盾。原生类艺术区的自发性集聚是艺术家群体基于文化认同和物质禀赋所形成的代表特定群体意志的"精神规划"，其特征表现为先有空间内容，再有空间物态；而政治规划从社会公共领域的空间资源配置角度出发，空间物态往往先于空间内容而存在。这种空间规划的时序性差异以及各自所依赖的价值指向

① ［法］亨利·列斐伏尔：《空间与政治》（第2版），李春译，上海人民出版社2015年版，第37页。

的差异性，在社会转型对空间占有权的争夺中得到了充分凸显。

在城市化进程的快速推进下，诸多位于城乡接合部的原生类艺术区逐渐被纳入城市改造的范围。以北京为例，数十座艺术区在北京浮现又沉寂。以798艺术区为中心向外辐射所形成的20多个艺术家群落，如孙河艺术区、索家村艺术区、008艺术区、奶子房艺术区、创意正阳艺术区、蟹岛西艺术区、北皋艺术区、东营艺术区、长店95号艺术区等，在东扩的"朝阳新城"规划中相继消失。与之类似，艺术区被城市规划所吞噬的拆迁现象已成为近年来影响中国艺术区空间非稳定性的普遍性问题。

在大批原生类艺术区面临拆迁的同时，另一些规划类艺术区又掀开了轰轰烈烈的建设热潮。与原生类艺术区以创作和生活为主的内生性驱动相比较，规划类艺术区的驱动因素则更加多元，不仅兼有国家战略转型、产业结构调整、城市更新等多重性公共价值，并且在文化创意产业园区这一全新的生命形态下获得了多元化的功能性结构。具体而言，中国的规划类艺术区主要分为政府"收编"与政府"再造"两大模式，前者是对发展成熟的原生类艺术区的制度性确认；后者是由政府通过整体性政策规划主动设立并积极主导的艺术区类型。对后者而言，艺术区的空间物态总是先于空间内容（即艺术家等内容主体）而呈现，多元化的功能结构同时决定了空间占有主体的多元性。原本以艺术家为核心的空间结构让位于商业机构和中介组织，作为艺术生产者的艺术家则由核心退居于边缘。当前，全国范围出现的规划类艺术区的同质化、模式化等现象，正是物质外壳与精神内核相脱离的现实反映，从而导致了艺术区文化生态的解构与重构。

总而言之，中国艺术区在原生类艺术区的形态解构和规划类艺术区的内容再造中呈现出此消彼长的态势。规划类艺术区给我们提出了空间占用正义性与合理性的实践性反思。

（二）空间的经济性扰动

艺术区空间非稳定性的经济性扰动与艺术与经济的共生、同构与互动关系相伴生。"从经济学的角度看，艺术生产不单纯是意识形态的精神生产活动，而是以艺术本体为灵魂、为内容，以一定物质媒介为载体的艺术经济活动。"[①]可见，艺术生产兼具艺术本体的精神属性和媒介载体的物质属性，具有显著的双重性特征。对于艺术区而言，经济决定着艺术家的生存，而艺术关乎作品的灵魂，经济诉求与艺术逻辑各具合理性与合法性。从画家村到城市工

① 顾兆贵：《艺术经济原理》，人民出版社2005年版，第4页。

业空间再造，再到文化创意产业园区的兴起，经济因素在其中均起到了重要的推动作用。然而，两者逻辑诉求之间的根本性差异使得艺术区被推入复杂的市场关系结构中。于是，经济成为一种扰动因素，作用于艺术区的空间结构。

艺术区早期，国内艺术市场尚未形成，艺术区呈现为一种为艺术理想而存在的现实“乌托邦”；随着市场的发展，艺术区的主体性结构开始由创作者向展示者转变，策展人、画廊、收藏家、评论家等非创作群体由于对经济资本的占有权而实现了向空间文化资本占有权的转换。这种空间权力转换是以市场经济为基础的，呈现出社会转型期对空间权力分配的探索性实践。然而，在经济性的权力扰动中，强烈的经济诉求引发了艺术与经济的权力失衡，艺术性的消减则不可避免。一方面，艺术家不堪日益上涨的房租压力以及喧嚣的市井气息，开始陆续撤离最初的艺术理想之地，使得艺术区陷入“艺术带来经济，经济吸引人群，人群驱赶艺术”的循环之中。北京 798、上海田子坊等城市型艺术区，正面临着经济性扰动带来的空间变异。另一方面，在规划类艺术区的生成过程中，经济性扰动还表现为房地产开发对艺术区的空间挤压，例如被称为昔日“艺术航母”的深圳 22 艺术区，由于旧改项目的介入，使得原本艺术区的规划用地变身为高档商业住宅楼。这种经济资本对文化资本的强力侵占，是当前中国艺术区空间非稳定性的主要因素之一。

综上所述，政治性扰动和经济性扰动的综合性作用导致中国艺术区空间形态的非稳定性。而这种非稳定性既包括显性的物理空间的衰亡，又包括隐性的内容空间的变异，其核心均体现为空间占有主体的转移与变迁。当前，自由艺术家日趋频繁的主体流动性正是中国艺术区空间非稳定性的集中体现，而艺术场域中的空间权力主导权问题，是影响艺术区空间稳定性的焦点所在。

Three-Dimensional Analysis of the Spatial Distribution of Art Districts in China

Rong Jie

Abstract: The superiority of art production space and art consumption space determines the distribution pattern of spatial form in the art area. This paper analyzes the spatial distribution in the changes of Chinese art district based on the perspective of structure, balance and stability. The urban-rural dual space

based on the city forms the basic structure of art district distribution. Spatial gradient difference determined by regional endowment of agglomeration elements and distribution of "center-periphery" under accumulation cycle, it shows the imbalance of the spatial distribution of art district. And the political and economic disturbance of spatial dominance leads to the non-stationary spatial form of art district.

Key words: art district; spatial distribution; art agglomeration; spatial politics; spatial economy

传统文化资源激活本土品牌构建路径的研究

上海视觉艺术学院　闵　洁

［内容提要］　品牌经济时代背景下，本文聚焦于挖掘传统文化资源，用以激活本土品牌的构建路径研究，将品牌战略与传统文化进行创造性转化并有机结合起来，提出了传统文化资源激活“品牌构建模式”的三大路径：文化精神提炼、文化灌注方法、文化形象成形。通过解析符合新时代要求的本土品牌构建路径，将传统文化精髓有效灌注于品牌的塑造之中，使品牌增添丰富内涵的活性基因，以此来提升传统文化创新并达成本土品牌的可持续发展。同时，将理论研究融入相关典型案例分析中，突出品牌当代性应用的特征，探讨了运用传统文化品牌构建的适用度，试图为打造优秀的本土品牌并赢得持久竞争力提供有效的途径。

［关键词］　传统文化资源；品牌构建路径；文化精神；文化灌注；文化成形

面对无比激烈的国际经济竞争，品牌无疑成了关键性的因素之一。近三十几年来，中国传统文化的发展迎来了新的机遇，传统文化逐步受到社会各界的重视，传统文化复兴的呼声无比高涨。①那么，在传统与未来多元交汇的时代背景下，以品牌经济的视角，促使具有中国特色的品牌优化与创新势在必行。传统文化品牌的创新契合了当下时代精神与文化遗产相融合的需求，这对追寻民族气韵、地方根脉、留存文化记忆，从而建立与提升品牌的文化品位、价值观念、国际化形象具有重要的研究价值。

对于传统文化资源的提炼、创新性开发，并且运用在品牌价值上的研究虽

① 陈春会、梁高峰：《也谈中国传统文化的复兴》，《长安大学学报（社会科学版）》2015 年第 17 期。

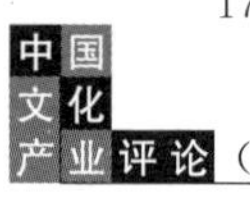

然不少，但是，既有的研究多着眼于传统文化的传承与发展，主要集中在传统文化元素融入品牌形象塑造方面的分析，以中国文化符号、中国传统元素、中国传统图形等在品牌形象设计中的应用性研究居多。同时，涉及国际品牌本土化战略中传统文化元素运用的研究也不在少数。而本研究既不同于品牌理论研究（品牌文化、品牌战略、品牌管理等方面），也不同于传统文化元素应用的案例分析，是结合两大领域的交叉性研究。探索运用传统文化资源来激活品牌的构建路径，在体现品牌当代性战略与价值系统上，期望提供一定的可借鉴思路。

一、国内外文献综述

（一）国外相关研究

广告大师大卫·奥格威指出，品牌是一种错综复杂的象征和各类相关于品牌活动的组合体，也是消费者对其产品使用后所留下的印象及自身体验的一种界定。[①]奥格威所提出的品牌形象理论，在很多品牌的广告创作中得到了不同程度的实践，并获得了一定的效果。而大卫·A.艾克提出品牌资产理论，开启了品牌整合战略的研究。继而，凯文·凯勒的《战略品牌管理》行销全球，系统诠释了基于消费者的品牌资产模型（Customer-Based Brand Equity，CBBE），指出了品牌资产模型的内在本质与模型的使用方法。[②]这使品牌开始成为公司战略和管理中的关键因素。时至今日，虽然创建强势品牌的模式仍然作用于品牌认知度的强化，但是品牌的认知深度被无限扩展。消费者已经很难区别品牌相类似的“个性”，品牌营销的关键词语变得模糊不清，品牌要做到差异化举步维艰。由此，对于传统文化资源激活本土品牌构建并拓展当代性发展的探索，是新时代的要求。

阿林娜·惠勒在《设计品牌识别》一书中系统介绍了从调研到品牌战略、设计开发、品牌发布以及品牌识别等全过程。[③]的确，现代品牌的印象来源于诸多方面，包括产品体验、品牌定位、品牌视觉形象、品牌传播等。道格拉斯·霍特在《文化战略：以创新意识形态打造突破性品牌》中指出，最具挑战的战略

① 奥美公司：《奥美观点精选（品牌卷）》，中国市场出版社 2009 年版，第 15 页、第 41—45 页。

② ［美］凯文·凯勒：《战略品牌管理》，吴水龙、何云译，中国人民大学出版社 2014 年版，第 80—82 页。

③ Alina Wheeler, *Designing Brand Identity*, New Jersey: John Wiley & Sons, Inc., Hoboken, 2013, p.102.

不是如何获得或保持竞争优势，而是如何找到新颖而传奇的方式创造价值。在他的文化战略理论中，品牌的文化表述是文化创新的核心，由意识形态、神话和文化密码构成。①并且，从文化战略的视角来看，市场上的“红海”可以变为一片生机勃勃的“蓝海”，避开聚焦于产品层面的激励竞争，着重于商业之外文化层面的研究，这也成为品牌构建战略的趋势。②但是，对于如何创造品牌传奇，道格拉斯并没有作出详细阐释。事实上，他所指的文化品牌是针对美国主流文化的突破，所寻求的是在亚文化中获得意识形态机遇来促成品牌的文化创新(见图1)。格罗曼·比安卡等认为，在品牌层面考虑社会责任有助于评估品牌组合中对社会责任的看法，品牌因其及时的文化交流而吸引人们的关注，最终引起消费者的共鸣。③可见，文化的专属性使得消费者能从商业竞争者那里获得一种与众不同的体验，也就是说，满足消费者的精神性需求更为突出，而精神需求恰恰多来自“文化”的共鸣。品牌不再是一种单纯的商业现象，而成为标志性的象征并且在文化中获得创新机遇，这给品牌持续性的发展带来动力。

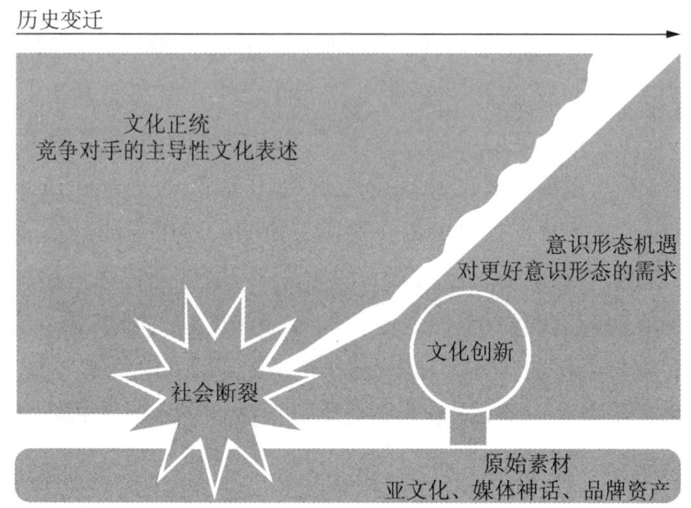

图1　道格拉斯·霍特的文化战略理论

（二）国内相关研究

近年来，国内学者关于传统文化与品牌的研究，从注重品牌设计、品牌营

①② Douglas Holt, Douglas Cameron, *Cultural Strategy: Using Innovative Ideologies to Build Breakthrough Brand*, New York: Oxford University Press, 2010, p.12.

③ Grohmann, H. Bianca, Bodur, Onur, "Brand Social Responsibility: Conceptualization, Measurement, and Outcomes", *Journal of Business Ethics*, 2015, 131(2), pp.375—399.

销与传播等方面，转向为整体性的品牌塑造与品牌的价值体系方面。国内学者何佳讯等提出国家品牌与企业品牌之间的联系及战略意义，认为通过把品牌价值观内化于品牌概念制作，可使其得到有效成长。[①]利用西方品牌模式来探讨中国文化的学者，如黄胜兵、卢泰宏运用艾克的品牌个性测量表，以中国本土品牌为对象作了个性测试研究，通过本土消费者的实证研究开发出中国品牌个性的维度与量表，并以中国传统文化的视角归纳出中国品牌的个性维度为“仁、智、勇、乐、雅”。[②]同时，以地域文化品牌、旅游文化品牌、城市文化品牌为课题的研究日趋增多，多数研究以地区、城市为例展开分析。朱飞发现，地域文化元素在新型城镇化进程中的适应与传承，能够有效发挥城市经济与城市文化的亮点，提高城市竞争力。[③]此外，对民族文化品牌的关注也在提高，如李舒琳对广西地区具有民族文化特色的品牌进行分析，阐述了少数民族文献对民族文化品牌具有难能可贵的价值，旨在推动民族文化品牌的繁荣与发展等。[④]

然而，对于通过有效开发传统文化资源来推动本土品牌的发展与国际化进程，并提供实施路径的研究相对较少。与品牌战略领域相关的研究，从品牌理论中探寻本土品牌当代性发展途径与方法，是值得我们深入思考与探索的方面。本研究主要在品牌构建理论与传统文化研究的基础上，以传统文化精神为着眼点，着重于对运用传统文化资源的品牌内涵进行分析，提出此类本土品牌的构建路径，并结合案例研究方法加以阐述，为具有中国文化底蕴的本土品牌塑造提供相应的思路。

二、新兴的传统文化品牌

中国传统文化资源丰富多彩，主要包括思想资源，生活与艺术实践资源，各类民间艺术形式、生活技艺、文化遗存等，生动呈现了传统文化的价值与魅力，深刻影响大众的意识形态与生活方式。对于当代品牌来讲，传统文化资源在品牌的经营理念与形象识别上有着积极与广泛的作用。我们可以看到，品牌作为一定文化意义的象征，除了满足消费者实际利益需求外，还赋予了产品

① 何佳讯、吴漪：《品牌价值观：中国国家品牌与企业品牌的联系及战略含义》，《华东师范大学学报（哲学社会科学版）》2015 年第 5 期。

② 黄胜兵、卢泰宏：《品牌个性维度的本土化研究》，《南开管理评论》2003 年第 1 期。

③ 朱飞：《地域文化元素在新型城镇化进程中的适应和传承——以盐城为例》，《江苏经贸职业技术学院学报》2016 年第 6 期。

④ 李舒琳：《论广西少数民族文献在民族文化品牌创建中的价值》，《歌海》2017 年第 2 期。

独特的精神与文化内涵，是企业向社会集中反映的有效信息。丰厚的传统文化资源作为本土品牌构建的基础，通过对应性起到激活作用。

品牌既是文化的特殊载体，又是文化的表现形式，贯穿于品牌的内在文化基因与各类传播方式之中。一方面，品牌本土化经营战略是国际大公司追求风险小、回报率高的理想方式。不同的文化象征产生不同的心理链接，那么这些文化属性就必须有相互的关联度。很多国际品牌进入中国市场后对其品牌运作进行相应调整，通过对品牌形象注入本土元素以适应中国市场。值得注意的是，为适应本地市场所做的诸多改变，并没有让这些成功品牌背离其核心的价值体系。另一方面，随着国内民族意识的不断觉醒，近年来有不少传承传统文化元素的现代品牌应运而生。运用传统文化的新生代品牌，不如老字号品牌有着悠久的历史与丰富的经验，成立时间短，在品牌化运作上也存在诸多不足。然而，这些现代品牌不同于应用中国元素的国际品牌，后者的主要目的是为了拉近与本土消费群的距离。因此，如何使它们在这个时代呈现出不同以往的发展潜力与品牌魅力，成为一项富有意义的品牌任务。

显然，新兴的传统文化品牌需要一个文化概念，然后将其置于品牌化与市场化的过程中。这个文化概念的内核，源自中国传统文化精神、思想与哲学的精髓部分，或者是对民族文化、地域文化、特色文化等文化资源的继承与发展，其重点并非将这些文化简单复制或是断章取义地进行修饰，而是着重于传统文化精神的筛选与灌注，以符合时代的延展性趋势。同时，还要将传统文化精神融入企业的经营理念、服务方式、推广模式等方面，使品牌真正达到表里如一的整体塑造。由此，新兴的传统文化品牌，是指新崛起的现代本土品牌，在其运用传统文化资源的过程中构建起品牌完整的价值观念与体系。具体来讲，通过对传统文化资源的分析与选择，将其丰富的内涵注入品牌之中，建立起独特的品牌定位，形成既有中国特色又符合当代性发展战略的品牌形象，并合理运用各种内外部的传播途径，有效地使消费者形成品牌上的高度精神认同感，继而产生品牌信仰，最终使消费者产生强烈的品牌忠诚度。

传统文化品牌构建是结合国家或地区的传统文化进行探索，通过传统文化的灌注，转换为人们可理解的文化意识，从而激活品牌的活力，并给品牌带来很大的声望。那么，传统文化品牌，除了中华老字号品牌，主要是指运用传统文化的中国现代品牌，这类反映中国民族文化特色的品牌，在其理念与形象上通过结合中国传统文化的精神、元素、形式等进行有效塑造，顺应当代大众审美并获得普遍认可的品牌，包括体现中国特色的时尚原创品牌，例如相宜本草、佰草集、李宁、谭木匠、六神、故宫文创等。这些品牌在创立之初即运用传统文化作为根基，利用传统工艺、原料或者理念，与现代化的生产、营销相结合，形成品牌鲜明的传统文化特征。因此，传统文化品牌适用于文化市场也作用于商业市场，是将“传统文化资源”注入“品牌”的塑造与战略规划，让传统文化焕发出新的活力，有着提升与推动品牌持久发展的作用。人们依赖其表达他们所崇尚的身份，它具备了文化的精神价值与经济价值的双重效果，使品牌的无形资产不断增值，更是对现代商业市场运营合理化、人性化的一种思考。

三、传统文化激活本土品牌的构建路径

显然，传统文化品牌构建路径需要研究传统文化，选择适合的文化精神元素并灌注到品牌中。以传统文化激活品牌构建，将文化战略理论置于品牌整合战略的范畴内加以论述，它提供了一种不同于以往的品牌发展路径，它是指导品牌走向特定文化意识的规划，并开发具有中国特色的价值理念。一般品牌具有商业属性，而传统文化品牌具有一定的意识形态属性，意识形态作为社会秩序的标志，其实践给人们提供了不同的感受，是对经济、社会关系的再生产，让社会继续运行。[①]管理者一旦植入合适的文化精神，由文化符号代表的最具影响力的市场继而形成，这决定了品牌构建的根本基础，也是激活中国品牌发展的潜在原动力。此路径由文化精神、文化灌输、文化成形三个主要步骤组成。由此，根据品牌构建理论框架，来分析传统文化资源有效激活品牌活力的路径（见图 2）。

（一）文化精神要素的筛选

文化精神筛选是传统文化品牌构建的第一步。所谓文化精神筛选，即锁定品牌所需要的原始传统文化素材，通过提取传统文化精神中与品牌宗旨相契合的要素，作为所塑造品牌的内涵指导，用于激发品牌的内在价值。我们可以称其为品牌构建中“神”的层面。中国传统文化蕴涵庞大的思想体系，在各类形式背后真正体现中国传统精神本质的主要是以儒、道、佛三家为主的传统思想，可谓取之不尽。其要旨在于：对传统文化精髓的筛选，并非对所有的传统文化思想不加理解地盲目应用，避免乏善可陈或生搬硬套。文化精神选择解决的是品牌的文化内核问题，其影响范围从商业道德到企业行为等，对于现

① ［美］约翰·斯道雷：《文化理论与大众文化导论》，常江译，北京大学出版社 2010 年版，第 4 页。

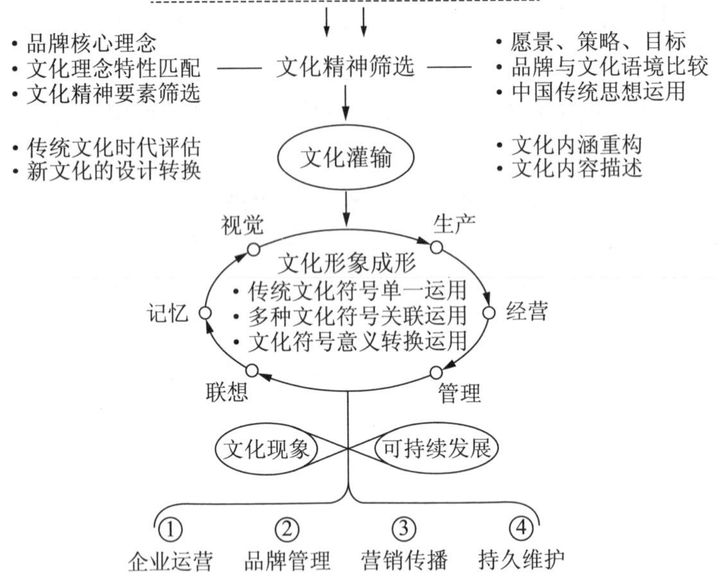

图 2　传统文化品牌构建

代社会价值观起着正面作用，能够被社会大众广泛认可，甚至推崇为“真理”的一种文化观念或态度，它不但可以改善商业环境，还有助于提升人们的日常观念和行为，潜移默化地影响着人们的生活。

如果选择传统文化精神作为品牌的本质需求，那么这些文化精神要素必须能唤起消费者的共鸣，其方法归纳为三方面：第一，提出品牌核心问题，厘清品牌的愿景、策略、目标和价值。也就是说，从品牌本质出发，包括品牌理念、产品、经营范围、服务等，哪些适合以传统文化作为主导因素，考量品牌具有多少文化性的价值能够被挖掘。这需要与企业、品牌主等利益相关者进行密切沟通。第二，文化理念的特性匹配。在文化要素选择丰富的条件下，将传统文化与品牌的语境进行比较，品牌特性与传统文化特性两者缺一不可，其成功运行取决于两者相匹配并且和谐地工作。所以，当他们在表现品牌属性（如品质、安全等）时，就必须对应一个传统文化特性（如诚信、友善等）来加以平衡。同时，要注意这种平衡是随机应变、动态的发展。第三，对传统文化精神要素进行筛选。文化形态也常常是消费者市场的基础，即以文化精神为核心的一种独特的态度。传统文化品牌精神选择与品牌定位十分接近，由艾・里斯与杰克・特劳特首次提出的定位概念具有重要的影响，认为营销决策取决于产品的概念，突出其优势，在客户心中创造一个“位置”，就能占领市场，其理论十分重视竞争对手。①而文化精神的差异之处在于提供了更多对品牌传统价值挖掘的可能性。今天的商业已不仅仅是一味地竞争，需要在传统文化中找到共同价值，如品牌如何在产品体验中体现诚信、孝道、良知等，即可以将中国传统文化中深邃的哲学思想作用于商业，也可以运用质朴、喜庆的民俗文化资源来诠释或提倡一种生活方式，其塑造空间具有很大的张力。

在中国传统文化精神选择与融入上，做得较好的现代品牌要属草本护肤品牌“佰草集”。它是1998年上海家化公司推出具有传统特色理念的品牌，是中国第一家由传统文化转化为完整概念的现代中草药个人护理品牌，尊崇中国传统美颜经典，传承千年中医的中草药文化，是将中国传统文化充分运用于新时代的现代品牌。佰草集努力从中国传统文化中寻找东方消费者的需求，针对东方女性的皮肤特点，探寻现代草本护肤的良方，运用的是中医特有的“平衡之道”和“整体观念”。中国人的阴阳观起源于道家，认为自然世界是在阴阳二气的作用下发展与变化，保持阴阳平衡即能呈现万物的和谐状态，而中医的精髓就是讲究平衡。佰草集融汇古今智慧提炼出传统文化要素，加以高科技手段萃取天然中草药精华，使产品能够有效调养身心，令皮肤、肌体、精神达到由内而外、和谐一致的最佳状态。②可以说，其品牌源自传统文化里中医的“平衡之道”，很好地传递出由内而外的传统护肤理念。

（二）文化灌注方法

传统文化品牌构建中至关重要的第二步就是“文化灌注”。将与品牌理念、气质相符的文化要素灌注到品牌的塑造中十分关键。所谓文化灌注，是对文化精神进行理解与筛选后，将这些挖掘出来的文化要素灌注到品牌之中，为消费者提供了一个简略的表达，使传统文化品牌的描述变得生动，让消费者能够轻松理解和体验品牌传递出的主要理念。这不是要素间的简单组合，而是对抽象概念进行相应转换与深度融合的过程。使消费者能快速获得品牌的价值观念，需要归纳出对应当代的语汇，如包容、和谐、正义等能体现中华民族时代精神，又能结合品牌特性的生动表达。在品牌的传播与被接受的过程中，也对弘扬中国传统文化起到了无形的推动作用。这种灌注成为品牌构建中“意”的层面，即通过文化创新将其品牌价值理念渗入品牌形象、品牌经营与传播等各个方面。一旦创新者选择了与其品牌相符的传统文化精神，通过它可以把

① AI Ries & Jack Trout, *Positioning: The Battle for your Mind*, New York: McGraw-Hill Book Company, 1986.

② 刘彪文、余可发：《世界级品牌塑造过程中“民族文化驾驭”研究——基于“佰草集”案例的经验分析》，《当代财经》2015年第10期。

企业的内部精神，比如企业宗旨、经营理念等与品牌的外在形象结合起来，形成独特的文化理念，再把它们投射到外界，从而引起关注并且变为富有意义的策略过程。其实施方法主要体现在两个方面：

第一，传统文化的时代性评估。在传统元素的表象下能体现独特的东方审美观和当代东方设计的精神，是表达中国文化意境与特有文化情趣的内在本质。然而，新时代的消费者更渴望品牌带来的“酷”“时尚”“乐趣”“冒险”等心理感受，以达到自我实现与认同。[①]让传统文化理念融入现代年轻人的生活观，使审美度得到普遍认可，这是实现主流大众对传统文化内涵重新认识乃至达成重构的路径。在此过程中，许多传统文化内容需要创造性地转化，思考传统文化如何与核心价值观相协调，而不是传统文化成分越多越好。通过对传统文化的时代性评估，拉近与当代受众的距离，特别是运用营销、网络等现代工具，使传统文化精神渗透到大众文化的联想上，证明现实身份价值的存在，而不是将大众文化简单视为娱乐与消遣。

第二，新文化的转换。通过最合适、最引人入胜的文化内容来构成。如果一种文化精神通过大众文化描述，无论从设计形式的海报、宣传册、包装设计还是艺术形式的视频、音乐等，都依赖于时代性背景下所确定的元素意义。那么，将这些元素注入营销组合的各方面，通常会是一个有意义的任务，因其文化内涵的延伸性很强，相比于一般的创意任务更容易影响市场消费者。将历史的惯例作为根基，代表文化精神的元素必须以合适的解释方式为观众定义，也就是说，要用一种受众明白的方式进行描述与传达。由此，一些有价值的要素不可避免地凸显，具有号召力的口号、表达观念的短语会显得别出心裁。可见，这种以传统文化与流行文化相融合，产生新的文化来保持品牌的生命力，并扩展为品牌传奇性的方法，能够唤起消费者深层次的感性记忆与崇尚的心理，其强度远远超过其他的联想，对消费者而言更容易接受，提供了强烈的购买愿望，从而保有持续消费的效果，最终形成一种新的潮流风尚。

佰草集在确立了“平衡理论”的文化精神要素后，如何将此抽象概念有效灌注到现代品牌呢？它通过现代人更能理解的文化描述，将“阴阳平衡”转换为“自然与平衡”的概念，即提倡一种自然、简约、朴素的生活方式。上海家化不仅将高端科技、现代元素及平衡健康的生活理念融会贯通，开辟出一条以中医、中草药为特色的竞争路线，还通过升级制造工艺，实现了“中国制造”向“中

① Holt Douglas B., *How Brands Become Icons: The Principles of Cultural Branding*, Boston: Harvard Business School Press, 2004.

国创造”大背景下的品牌升级，增强了品牌竞争力。佰草集推出的美白系列“新七白”，配方从中国古书中寻得美白活肤的千年美颜古方，如绛雪方、琼玉方、七白方等，秉承了中国美容方法的精髓，经过多次药材特性论证，选出安全可靠的岩白菜和甘草朱替代，最终形成“新七白精华”，它是当代生物科技糅合中草药精华形成的新成果。在新文化的转换过程中，佰草集倡导人与自然和谐共存，产品瓶子采用环保材料，回收再利用；建立中草药基地，保护濒危草本植物；开展各项传承文化美公益活动，通过践行“自然与平衡”的理念，来唤醒人们保护传统文化的意识，实现了新文化的转换。佰草集尝试实现国际化的中国创造，运用尖端科技对中草药古方进行现代演绎，开启了东方养肤全新风尚。佰草集的文化灌输方法是进行合理转换，显示其不断追求自然之美，不过分修饰的生活理念。这种理念所带来的新鲜感，不但易于被受众理解与接受，更创造了一种特有的新美学。

再以云南白药品牌为例。由云南名医曲焕章先生于 1902 年创制的云南白药，当时名为“万应百宝丹”。问世以来，对于跌打损伤、创伤出血有奇效。云南白药的传统秘方，产品独特的功效造就了品牌真正制胜的关键，构筑了云南白药品牌经久不息的传奇之路。云南白药对传统文化内涵进行了时代性的评估，凸显了潜在需求的差异化创新。云南白药通过分析自身的特点，认识到疗效明显、效果可评估性强为其优势。继而将云南白药配方，具有特殊功效的品牌优秀基因，以及真正带来品牌附加值的元素添加到成熟的产品中，开发出了使用与携带便利的新产品，在市场上广受欢迎。由此，品牌在新文化的设计上，将云南白药保密配方应用于消费者认可的日销品市场，其药性成为其他产品的增值部分，诸如云南白药膏、云南白药酊、云南白药创可贴、云南白药牙膏等产品的开发，发展为日用快销品的一个创举。云南白药巧妙突破了医药产品的单一性，依靠神奇疗效的延伸效应开辟出新的市场，使云南白药的附加值得到极大提升。而且，在与邦迪的竞争战役中，云南白药创可贴避开了“创可贴就是邦迪”的概念，转换为“含药”的创可贴，成功创立行业里新的认知模式。①

（三）文化形象成形

所谓文化形象成形，就是在传统文化灌输后，根据品牌所确立的文化描述，将其具象化、合理化地转化为文化符号，并形成富有文化特征的品牌视觉形象系统、产品设计以及优化品牌行销与传播理念的规范化路径。因此，文化形象成形可以简称为品牌构建中“形”的层面。其中，重要的部分是中国文化

① 毕研韬：《品牌之道》，中央编译出版社 2012 年版，第 33 页。

符号的转型，就是在意指结构上运用视觉隐喻，对深邃的意象空间进行诠释与消解，在内涵意义中糅合传统与当代的价值观，将品牌理念转化成当下语境的文化符号。当然，文化形象成形不仅仅是品牌视觉表现系统的完成，而是优化品牌的整体价值系统，贯穿于品牌经营路径的确立与企业内部的管理实施中，形成品牌统一而完整的形象。

中华文化的精髓充满了智慧，传统视觉符号是对中国文化智慧的视觉描述，由于其独特的造型与意象表达方式，使得本民族在文化上具有认同性，易于产生共鸣，可以达到雅俗共赏的视觉效果与文化情结。①传统文化品牌形象成形的方式不仅由传统形态转为当代形态，显示出一种符号化的特征，其内在含义也相应得以延伸，而且始终以中国传统哲学和美学思想为根本，将传统文化符号转型成为当代性的品牌形象系统。那么，文化形象成形的过程，就是突出品牌塑造中的文化魅力，在表现形式上与“中国”构建起丰富的联想。因此，文化形象成形后，既能唤起中国受众的民族情结与情感记忆，又能避免使年轻一代产生文化排斥现象，实现将中国文化、中国智慧真正融入品牌的完整构建之中。此外，其形象在一定程度上能够满足其他民族的好奇和新鲜感，强化对中国品牌的认知度。

如前所述，佰草集的品牌形象与系列产品无不渗透着“自然与平衡”的观念。佰草集，名称源自神农尝百草的千古传说，意为“集百草而成”——以天然的根、茎、叶、花、果精华为原料，自然健康。②从佰草集这三个字中，就可以直接感受到取自百种名贵中草药植物的精华，使人产生关于绿色、天然、自然纯净的品牌联想。它是将中国文字的内涵寓意灌注到品牌命名上，带着传承中国文化的使命，通过清新、自然、健康的经营理念打造中国的高端中草药护肤品牌。从“现代中草药古方个人护理专家”的角度，坚持将“美自根源，平衡有道”的品牌概念推向市场，用具有代表性的传统文化符号来诠释品牌的核心价值，例如采用传统文化中“太极”元素设计而成的产品包装，凸显了“自然与平衡”之美的深意，为品牌走向国际市场打下基础（见图 3）。根据雷利的研究，可以识别出各类文化品牌，包括文人、文化公司和商业公司，在培养商业价值之外，健康向上的责任感和践行的作用是品牌成功的关键。③佰草集多次与国

① 胡慧、曾景祥：《论中国传统视觉元素的文化精神》，《求索》2009 年第 9 期。

② 初令伟、韩红星：《利用中国元素创建强势品牌——以佰草集的成功之道为例》，《东南传播》2010 年第 5 期。

③ O'Reilly, Daragh, “Cultural Brands/Branding Cultures”, *Journal of Marketing Management*, 2010, pp.573—588.

家级非物质文化遗产项目联手合作，如特邀花丝镶嵌工艺大师打造升级版品牌团花图案并运用在第三代产品包装上；与京绣、南京云锦合作417佰草节限量礼盒；推出由故宫博物院进行包装设计的十二美人限量版太极丹等。将品牌的社会活动与公益活动作为品牌战略的延伸，为品牌的长远发展树立了正面而一致的形象。

(1)

(2)

图3　佰草集的品牌推广海报

而云南白药品牌在文化成形阶段，靠的是品牌经营模式的改变，完善了品牌的整体价值体系。云南白药在1976年之后放弃以往前店后厂的经营模式。直到2013年，云南白药共采取自营连锁、授权加盟、网络销售、代理商四种模式且以齐头并进的形式开展线上线下交互模式发售产品。同时，形成与医院终端一体化的模式，随着医疗改革的不断完善，云南白药大药房的市场竞争力也快速增长。云南白药集团不仅实现了其他药品销售带来的业绩和利润贡献，而且拥有了自己的渠道和终端，使那些不容易进入普通市场的自有产品在自己的终端里得以充分培养和发展。云南白药的创新不但没有破坏原有的产品类型和品牌形象，还使云南白药的传奇特质不断扩大并延伸，实现了产品与模式创新的双赢局面。其中，云南白药牙膏的营销思路不是做一般的快销品，而是借以牙膏特点的保健品，打破传统牙膏单一的清洁牙齿功效，而转为清洁保健治疗和预防口腔疾病,又一次将云南白药的特效和保密配方发扬光大。

由此可见,文化精神筛选、文化灌注方法与文化形象成形是紧密相连的三个部分,最后的文化成形不仅实现品牌视觉形象上的统一,而且还构成了完整的品牌价值体系。我们通过佰草集品牌、云南白药品牌的实践应用来剖析品牌构建路径,显示以传统文化再创新来助推品牌的发展,具有得天独厚的优势,形成了品牌珍贵的无形资产(见图 4、图 5)。当然,品牌构建还包括品牌成形过程中的运营、营销、管理与维护。懂得如何用文化传播手段来表达创意是策划团队与受众沟通的关键技巧,也是品牌营销成功的重要部分。①文化传播演绎是传统文化品牌后阶段的测试、信息反馈和各类营销的重要形式,可以遵循已经成熟的品牌管理与营销传播方式,进行品牌的推广与延伸活动。任何一种需要抽象交流的方式都能通过可视化沟通、感官体验、媒体接触等获得帮助。文化传播演绎与直白的销售主张不同,文化传播演绎是具有教育意义的故事,它透露出适当的意识形态,通过文化描述的各个层次使消费者得以全面了解品牌,逐渐成为一种文化现象。如今,在全新的媒介环境下,受众环境与竞争环境也发生了转变,呈现出新的发展态势,具体表现为品牌传播的体验化、娱乐化、全员化、联合化、事件化和全球化等特点。②总而言之,传统文化品牌需要承载更清晰的意义和情感,文化精神、文化灌注与文化成形三者缺一不可,以其适时的文化传播引起关注,最终占据人们的内心。

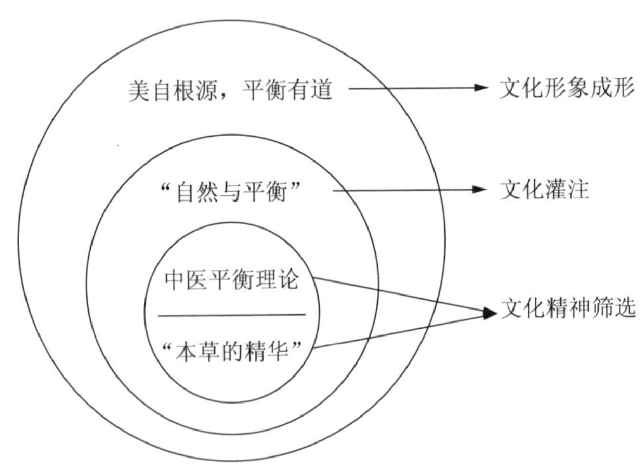

图 4　佰草集品牌构建应用

①② Laura R. Oswald, *Marketing Semiotics: Signs, Strategies and Brand Value*, New York: Oxford University Press, 2012.

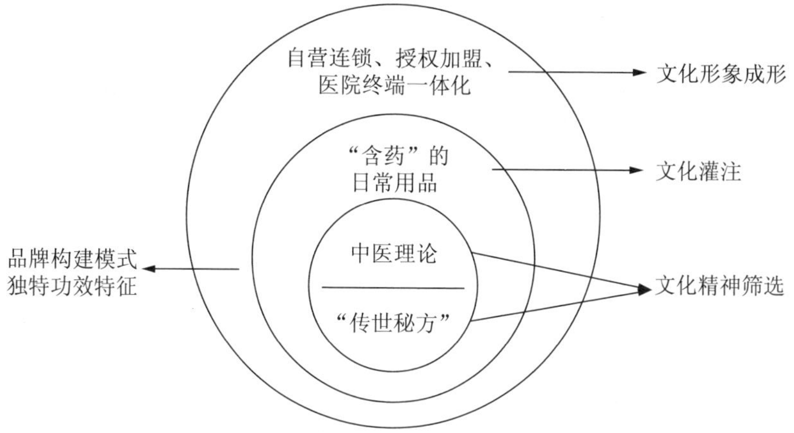

图 5　云南白药品牌构建应用

四、结语

品牌已经在社会、政治、经济中发挥着越来越重要的作用。在优秀传统文化作为中国战略的时代契机下，推动具有中国特色的品牌构建正当其时。本土品牌如果完全照搬西方的品牌理念与品牌模式并不符合当下本土品牌的成长与发展。运用传统文化资源的本土品牌构建，不是仅仅在“传统文化”标签表象下泛化的解读，而是针对国内本土品牌发展中亟待解决的问题，以传统文化资源开发的视角，探寻一条具有中国特色的品牌构建路径，有效地将传统文化资源注入品牌建设，激发品牌的文化创新，为推动本土品牌的当代性转化开辟了新的方向。此路径着重于中国传统文化精神的筛选，将开放的文化观念与传统文化进行有效灌注，通过文化符号的合理表现与传播，从而达到品牌价值系统的完整性。同时，今天的商业不能一味强调竞争，应在传统文化中找寻品牌的精神理念，带动优秀商业文化发展及品牌的经营与管理，起到规范商业道德的作用，这对促进当前商业环境改善与增强民族自信心具有重要而积极的意义。

Research on the Local Brand Building Path Based on Traditional Cultural

Min Jie

Abstract：In the context of the brand economy era，it is aims to study of traditional cultural resources to activate local brand construction models, creatively transform and organically combine brand strategy and traditional culture, propose a "brand construction model" for activating traditional cultural resources. This paths consists of three main steps: cultural spirit, cultural infusion and cultural incorporate. By analyzing the local brand construction path that meets the requirements of the new era, the essence of traditional culture is effectively poured into the brand building, so that the brand can add active genes with rich connotations, so as to enhance the traditional cultural innovation and achieve the sustainable development of local brands. At the same time, it integrates theoretical research into relevant typical case analysis, highlights the characteristics of brand contemporary applications, explores the applicability of using traditional cultural brand construction, tries to provide an effective way to build excellent local brands and win lasting competitiveness.

Key words: traditional culture resources; brand building path; cultural spirit; cultural infusion; cultural shaping

我国网络视频平台价值共创的主导逻辑与形成机理*

复旦大学　黄　艳

［内容提要］ 随着平台经济的发展，作为市场与组织的中间层次，研究平台成为传媒经济领域的新兴焦点。立足当前中国互联网领域的创新实践从“技术导向”转向“生态导向”的现实背景，借助数字技术保持社会连接的传播生态，作为新常态的网络视频传播以其泛媒介化的创造性，正在全面重构人们生活、工作和娱乐的媒介环境，与面向未来传播生态的创新标尺指向同一个方向。基于此，选取优酷的价值共创模式进行纵深案例拓展，力图厘清中国网络视频平台价值共创主导逻辑的演进轨迹，以及对应于主体互动（媒介化平台）和资源整合（泛媒介生态）两个价值共创阶段的形成机理。

［关键词］ 开放生态；媒介化平台；价值共创；泛媒介生态

当今中国，拥有世界上最具影响力的互联网企业，它们通过科技创新与资本扩张，使中国的经济发展动力从传统增长点转向新的增长点，将中国的社会发展带向了一个全新的高度。纵观传媒业的发展历史，媒介技术的革新与整个传媒产业的变动之间始终有着密不可分的关系。①当下，视频传播已经成为网络用户的主流服务需求。从用户端来看，截至 2020 年上半年，网络视频用户规模达 8.88 亿人次，使用率占网民整体的 94.5%；从平台端来看，与移动流量资费全面下降的趋势相伴，所有媒体的内容传播都在趋于视频化并向头部平台集中②。网络技术打破时间与空间的限制，其迭代升级加速媒介形态的

* 本文系国家社科基金青年项目“中国网络视频产业生态创新系统与融合成长路径研究”（18CXW010）的阶段性成果。

① 吴信训：《现代传媒经济学》，复旦大学出版社 2005 年版，第 50 页。

② 《CNNIC 发布第 46 次〈中国互联网络发展状况统计报告〉》，中国网信网，http://www.cac.gov.cn/2020-09/29/c_1602939909285141.htm，2020-09-29。

变革，随着网络技术环境的升级，网络视频媒介不断更新用户的体验感，成为人们日常重要的数字文化消费平台。作为国家创新体系的构成要素和数字经济的重要组成部分，中国网络视频平台的发展既要体现出全球技术经济发展的一般规律，又要与中国本土创新实践紧密结合，应更准确表述为人类（或社会）传播活动（或现象）的一般规律①。

一、文献回顾与问题聚焦

在全球化背景下，特别是以 ICTs 技术为核心的产业融合、科技创新、媒介融合是网络视频产业高速成长的必要前提条件。首先，产业融合是作为一种源于数字技术导致的信息产业之间出现的相互交叉的现象而受到关注，一批从经济学视角介入的学者首先奠定了研究转向的基础②。如研究电信市场的摩根·托马斯·杰弗森③，研究电视经营与管理的伯恩斯坦·欧文④和罗纳德·科斯⑤主要关注传媒组织管理的作用与影响。米勒指出产业融合的实质是改变了获得信息的时间与空间成本，奥诺和奥基则对电信、广播、出版等产业的融合进行分析，提出一个用来阐释媒体信息服务融合实质的理论框架⑥。其次，新的技术创新趋势改变了网络视频产业的迭代和建构模式。传播学者伊契尔·索勒·普尔提出了"传播形态聚合"，即电子技术把所有的传播形态融入一个大系统之中⑦。戴维·B.约菲和林德则基于科技创新的视角进行实证研究，前者提出了"CHESS 模型"⑧，后者建立了以 ICTs 产业对研究

---

① 张国良:《再论传播学的学科特性》,《江淮论坛》2019 年第 5 期,第 131 页。

② Reddaway, W. B., "The Economics of Newspapers", *The Economic Journal*, 1963, 73(290), pp.201—218.

③ Marcus, J. S., "Voice over IP(VoIP) and Access to Emergency Services: A Comparison Between the United States and the United Kingdom", *Communications Magazine*, 2006, 4(8), pp.14—16.

④ Michael E. Whitman, "A Look at the Telecommunications ACT of 1996", *Information Systems Management*, 1997, 14(3), pp.82—86.

⑤ R. H. Coase, "The Problem of Social Cost", *Journal of Law and Economics*, 1960, pp.1—44.

⑥ Sylvia M. Chan-Olmsted, "Theorizing Multichannel Media Economics: An Exploration of a Group—Industry Strategic Competition Model", *Journal of Media Economics*, 1997, 10(1), pp.39—49.

⑦ Waterman D., "The Economics of Internet TV: New Niches vs. Mass Audiences", *The Journal of Policy Regulation and Strategy for Telecommunications, Information and the Media*, 2001, 3(3), pp.215—229.

⑧ David B. Yoffie, Mary Kwak, "Judo Strategy: 10 Techniques For Beating a Stronger Opponent", *Business Strategy Review*, 2002, 13(1), pp.20—30.

对象的“产业生命周期”[①]理论。第三，在媒介融合方面，肯尼思·戈德斯坦对信息与通信技术、媒体和网络业以及组成部分放在同一市场内竞争所产生的复杂性进行了审视[②]。斯内尔森则基于实证研究，考察网络视频产业在特定时期的融合成长表现[③]。此外，国外学界批判性地指出由此引发带来文化、社会以及经济的负面影响，兰克尔认为媒介融合使得这种传播体系愈发变成多样趋同的产业结构[④]，在媒介融合与网络视频产业保持良性互动方面，需要加强“平衡态”[⑤]，以此促进社会文化的协调发展。

在国内学界，研究者多从个人的学科领域如新闻传播、管理学与产业经济学、网络安全与文化治理等开展研究。相关研究关注到近年来中国网络视频产业高速迭代中出现的许多新趋势。首先，新闻传播学界关注到中国网络视频产业进入“产业快车道”[⑥]。张海潮、姜雨杉指出视频产业作为因媒介融合而生的相对独立新媒体业态，正在发生着巨大的变革[⑦]。陆地等认为媒体产业与其他产业的关系越来越密切，媒体行业日渐呈现出高新科技与资本相互吸引、相互推动的特征[⑧]。从产业边界的突破到新产业形态的形成，产业融合的作用是革命性的[⑨]。王晓红等也指出消费已经超过了“观看”意义[⑩]，中国网络视频产业已成为推动新媒介变迁的主要力量[⑪]。从网络安全与文化治理的角度看，始终贯穿政策规制与市场需求间的博弈[⑫]，王晓红等将其分为“自

① 李保红、吕廷杰：《从产品生命周期理论到标准的生命周期理论》，《世界标准化与质量管理》2005 年第 9 期。

② Balkan, Kholod, “Video Analytics in Market Research”, *Information Systems Management*, 2015, 32(3), pp.192—199.

③ Cha, J., “Predictors of Television and Online Video Platform Use: A Coexistence Model of Old and New Video Platforms”, *Telematics and Informatics*, 2013, 30(4), pp.296—310. Cha, J., “Usage of Video Sharing Websites: Drivers and Barriers”, *Telematics and Informatics*, 2014, 31(1), pp.16—26.

④ Ranker, J., “The Sliding of the Signified: Multimodal Sign Operations in a Youth-Created Experimental Digital Video”, *Visual Communication*, 2018, 17(3), pp.337—362.

⑤ Katie E., Mike K., “Access for Everyone? Australia's ‘Streaming Wars’ and Consumers with Disabilities”, *Journal of Media & Cultural Studies*, 2017, 31(6), pp.881—891.

⑥⑩ 王晓红、谢妍：《中国网络视频产业：历史、现状及挑战》，《现代传播（中国传媒大学学报）》2016 年第 6 期。

⑦ 张海潮、姜雨杉：《探究视频市场生态　洞察媒介融合趋势——解读〈大视频时代——中国视频媒体生态考察报告〉》，《电视研究》2014 年第 12 期。

⑧ 陆地、姚怡云：《媒体“资本主义”的特征及其影响》，《新闻爱好者》2017 年第 1 期。

⑨ 刘建明、徐恬：《2015 年国内五大视频网站自制视频内容分析》，载《中国媒体发展研究报告》2016 年。

⑪ 陈积银、杨廉：《中国网络视频产业的发展现状、趋势与思考》，《现代传播（中国传媒大学学报）》2017 年第 11 期。

⑫ 朱春阳：《以东方明珠转型为例试析传统广电媒体突围之路》，《电视研究》2017 年第 1 期。

然生长""有序生长"两个阶段[①]。周笑通过引入"柔性治理"[②]理念,提出建构基于个人数据资产平台的多元主体[③]、协同式监管体系。从管理学与产业经济学的角度来看,当前处于"共享型垄断"阶段[④]。毛蕴诗、梁永宽通过分析行业边界模糊理论[⑤],探讨以产业融合为动力的发展方案。万兴、杨晶则基于从多边市场到产业平台的分析路径[⑥],指出建立全视频产业的平台生态系统。

纵观国内外现有许多研究表明,产业融合本身就是一种产业创新模式,着眼于从产业融合成长的外部环境、机制、创新特点和过程等来分析网络视频产业在融合发展过程中的创新模式。相比国外的学界同行,国内研究均较少涉及网络视频产业与其他产业融合过程中所形成的创新模式,已有的相关研究零散分布,主要着眼于对整个网络视频产业系统的构成要素进行罗列,有关网络视频产业生态化演进中价值创造等一些深层次的问题,对于国内学者而言,对这方面研究的延展相对单薄,如产业生态系统价值网络构建与优化等问题,怎样在用户、技术和产业生态上寻找突破,尚待形成系统性的研究。由此,在技术经济范式转变的背景下,本文基于创新生态系统价值共创整合视阈,尝试构建一个关联开放式创新理念的分析框架,力图分析技术经济范式转变时期中国网络视频平台对其价值共创实施的支撑要件和作用机理。

二、概念溯源和理论背景

"价值共创"由普拉哈拉德(Prahalad)和拉马斯瓦米(Ramaswamy)首次提出,在其合著的《竞争的未来》一书中,已经突破基于法国经济学家萨伊生产要素价值论的静态资源配置观,上升为指导企业未来持续发展的一种创新方法论。目前,国内外学界对价值共创的研究主要从生产者、消费者两个维度展开,分别考察价值创造网络中涉及的企业间合作与组织互动,以及企业、组织与消费者如何共同优化价值创造活动。在这里,特别是在当前技术经济范式

---

① 王晓红、谢妍:《中国网络视频产业:历史、现状及挑战》,《现代传播(中国传媒大学学报)》2016年第6期。

② 周笑:《全网平台上自制视频柔性治理模式的探索与创新——以建构个人数据资产平台为契机》,《电视研究》2016年第8期。

③ 江凌:《网络视听产业的多元主体治理功能及治理结构优化探析——以上海市网络视频产业为例》,《江南大学学报(人文社会科学版)》2015年第7期。

④ 周笑:《垄断与创新:网络视频产业观察与研究》,《东岳论丛》2012年第4期。

⑤ 毛蕴诗、梁永宽:《以产业融合为动力促进文化产业发展》,《经济与管理研究》2006年第7期。

⑥ 万兴、杨晶:《从多边市场到产业平台——基于中国视频网站演化升级的研究》,《经济与管理研究》2015年第11期。

转变时期，一些基于跨界整合的价值共创实践开始在某种程度上消弭网络视频行业的传统边界，中国网络视频平台价值共创如何支撑背后超级网络平台的开放式创新理念存在明显的理论缺口。由此，通过相关文献回顾对技术经济范式和价值共创这两个核心概念进行综述，提出一个关联开放式创新理念交互影响的分析框架。

(一) 源于创新的技术经济范式

约瑟夫·熊彼特在其《经济发展理论》一书中提出了“创新”概念，并将其定义为“企业家对生产要素的重新组合”[①]，据此形成的技术创新理论认为，创新是生产过程中内生的，是一种革命性变化，必然能创造出新的价值。随后，“创新”概念不断被细化，后辈学者越发关注到技术进步对经济增长的影响作用，进一步将“创新”归结为以“技术进步”为延展逻辑的研究进路。自 1969 年国际互联网诞生以来，尤其英特尔公司于 1971 年发明收款个人微处理器后，意大利经济学家多西结合库恩的基于选择性原理的“科学范式”提法，提出以“技术范式”解决创新动力机制中的技术与经济的关系问题[②]，经由演化经济学家卡萝塔·佩雷斯将技术范式的思想引入并结合技术革命的经济学关联分析，提出了“技术经济范式”[③]概念，旨在解释技术进步与经济增长的关系。在进一步突破传统经济学的均衡分析模式基础上，弗里曼和佩雷斯将“技术经济范式”的思想和内容引入具体的产业分析，指出技术范式转变如何通过经济系统影响行业和企业行为的过程，在影响“技术经济范式”发展与变革的多种相关因素中，结合康德拉季耶夫周期划分的五个发展阶段，对应找出棉花、煤、钢铁、石油、集成电路五个“关键要素”成为破解社会经济周期性难题的不同侧重点，这种研究思路遵循了科技产业革命—关键生产要素—主导技术群落—技术经济范式的一般形成过程[④]。

与弗里曼等学者已经预见到信息技术革命不断扩散中生成的一种新技术经济范式几乎同步，南加州大学安南伯格传播学院詹姆斯·贝尼格的《控制革命:信息社会的技术与经济起源》指出信息加工处理技术与传播技术的突飞猛进，正是顺应了解决以往经济运作的系统控制与管理手段难以再对社会物质生产和消费速率施行有效控制的发展潮流[⑤]。面对亟待解决的社会生产与经

① 徐泽荣:《理解熊彼特:创新与经济发展的再思考》，清华大学出版社 2013 年版，第 44 页。

② [意]G.多西等:《技术进步与经济理论》，钟学义译，经济科学出版社 1992 年版，第 274—276 页。

③ 柳卸林:《技术创新经济学》(第 2 版)，清华大学出版社 2014 年版，第 101 页。

④ 贾根良:《演化经济学的综合——第 H 种经济学理论体系的发展》，科学出版社 2012 年版，第 36 页。

⑤ James R. Beniger, *The Control Revolution: Technological and Economic Origins of the Information Society*, Massachusetts: Harvard University Press, pp.2—3.

济活动中突出存在的信息沟通问题，联系电子计算机引领的信息技术经济范式逐渐取代物质能量型的电力技术经济方式的时代语境，信息技术革命的未来价值越发成为技术经济范式不断丰富和完善中更值得关注的对象。真正将信息纳入并视为关键要素进行深刻诠释的是曼纽尔·卡斯特，他通过研究最早全面展开数字化信息技术变革的美国，指出构成网络社会物质基础的关键在于信息技术革命在经济领域的渗透与互动，正是因为在信息科技及其相关组织变迁的冲击下，经济形态在信息化、全球化、网络化的交织与伸展中有了范围广阔的转化，并据此将这一技术经济范式主导下的美国经济界定为信息化经济①。近年来，集成应用于云计算、移动终端、物联网等技术群的大数据技术作为新的"关键生产要素"，正在我国形成一种全新的技术经济范式②，由此形成的互联网产业以鲸吞之势急剧颠覆传统的中国媒介产业格局③，结合熊彼特的"创新不是以连续的方式进行分配"所致的"一种蜂聚的现象"阐释逻辑，胡惠林进一步将之具体到文化产业发展周期分析，指出除了上述的技术创新之外，还存在着由技术创新引起的市场创新及企业组织形式创新两个动力因素推动着周期波动的发展④。循此延展，围绕数据这一新兴生产要素发生的新媒体迅速填补以媒介用户为中心的信息消费市场空白，在全社会范围内形成了基于平台经济效应的产业融合推进趋势。

（二）价值共创的主导逻辑演进

在网络经济中，经济规则的核心是增进联系。我们不应总认为技术就是管理信息的方法，而要把它视作建立关系的中介⑤。互联网已经成为一个不容忽视的重要平台，它能够为那些想要提出创造性想法或创新性解决问题的人提供更多的机会。互联网是体现共同利益的典范，其目标是为绝大多数人提供最大的利益和价值⑥。今天，我们见证了互联网和智能网络的力量造成的媒体和娱乐产品的分众化，正如普尔在《自由的科技》中提出的著名论断：智能网络允许电子信息满足个体专业或独特的需求，取代了向数百万人传播相

---

① ［美］曼纽尔·卡斯特：《网络社会的崛起》，夏铸九、王志弘译，社会科学文献出版社2001年版，第105页。

② 李哲：《大数据将加速形成新的技术经济范式》，《学习时报》，2015年1月5日第7版。

③ 刘庆振：《"互联网＋"技术经济范式下的媒介产业转型》，《新闻界》2015年第23期。

④ 胡惠林：《文化产业发展的中国道路——理论·政策·战略》，社会科学文献出版社2018年版，第153页。

⑤ ［美］凯文·凯利：《新经济　新规则》，刘仲涛等译，电子工业出版社2014年版，第157—158页。

⑥ Antonio Argandona, "The Stakeholder Theory and the Common Good", *Journal of Business Ethics*, 1998, 17(9), pp.1093—1102.

同信息的模式[①]。随着固网时代的图文传播在整体媒介竞争中的地位进一步式微，曾经将广播、有线电视、电话和网络通信清晰分开的界限和有历史影响的边界已不复存在，以视频网站为代表的数字媒介创建了一种全新的平台形态。

自阿尔文·托夫勒透过《未来的冲击》提出一个生产者和消费者的合成词“产消者”以来，旨在使得企业与客户形成一种更完整的关系成为新经济领域研究的基本问题。信息技术的发展不仅赋能客户在选择商品和服务过程中更加积极能动，随之提供的产品的丰富信息也让他们对商品服务更加挑剔，为了解决这一问题，拉米雷斯提出共同生产观，使我们从工业模式的价值创造固化认知中解放出来，意识到存在于行为者之间共同创造的价值是非线性且可传递的。[②]在此基础上，普拉哈拉德、拉马斯瓦米提出企业拥有吸引客户参与到生产研发、产品设计、营销传播等环节创造价值的动态能力，并通过对话、获取、风险—收益、透明度四个指标要素构建 DART 模型分析价值共创过程中产生的主体互动程度，据此决定客户与企业间的联系紧密程度，也成为企业动态能力的一种新型来源。[③]这里，价值共创主体作为嵌入平台创造价值的组织集合，表现为多主体共同参与的价值创造和价值传递，围绕用户体验为核心实现价值共创的基本方式是价值网络成员间的互动。[④]但在发展过程中，主张服务主导逻辑的瓦格、卢施认为在创造价值的过程中，还需要资源整合，作为一种以消费者为中心的价值主张，格默森明确指出这种顾客参与企业流程互动形成的资源基础观，正在转化为一种业务导向的价值共创思想，扩散到整个产品和服务的生命周期[⑤]。对此，格默森、米尔把价值共创过程分为主体互动和资源整合两个阶段[⑥]。

（三）整合关联视角的分析框架

为了进一步明确网络视频平台价值共创的内涵，我们将视角界定在开放

---

① Waterman D., “The Economics of Internet TV: New Niches vs. Mass Audiences”, *The Journal of Policy Regulation and Strategy for Telecommunications, Information and the Media*, 2001, 3(3), pp.223—225.

② Ramirez R., “Valnue Co-Production: Intellectual Origins and Implications for Practice and Research”, *Strategic Management Journal*, 1999, 20(1), pp.49—65.

③ Prahald C.K., Ramaswamy V., “Co-Opting Customer Competence”, *Harvard Business Review*, 2000, 78(1), pp.79—90.

④ Prahalad C.K., Ramaswamy V., “Co-Creation Experiences: The Next Practice in Value Creation”, *Journal of Interactive Marketing*, 2004, 18(3), pp.5—14.

⑤ Gummesson E., “*Exit Services Marketing-Enter Service Marketing*”, *Journal of Customer Behaviour*, 2007, 6(2), pp.113—141.

⑥ Gummesson E., Mele C., “Marketing as Value Co-Creation through Network Interaction and Resource Integration”, *Journal of Business Marketing Management*, 2010, 4(1), pp.181—198.

式创新层面，作为面向知识社会的下一代创新理念，要求网络视频平台从内部和外部两个渠道与所有的利益相关者建立紧密联系，强调实现创新要素在参与的多主体以及外部资源之间的共享，最终构建创新要素整合与资源共享的价值共创网络体系。随着互联网平台形式的多元化，各类数字平台对资源和权力采用不同的控制方式，有别于传统的创新网络与技术联盟等概念，切斯布洛格根据知识流动的方向将开放式创新界定为企业跨越组织边界，形成内外部创新源双向流动的协同创新模式①。在《长尾理论》作者克里斯·安德森看来，打破组织边界的价值共创行为可以理解为网络视频平台提升竞争优势的基础，由此累积的开放式创新规模能够形成一个“生态圈”，这个“生态圈”将为市场提供无限的平台接口，从而为企业赢得竞争。如图1所示，本文在借鉴奥斯特沃尔德、皮格纳描述企业创造、传递和分享价值的商业模式要素模型的基础上②，通过识别中国网络视频平台价值共创主导逻辑的演进轨迹，对应于主体互动（媒介化）和资源整合（泛媒介化）两个阶段的形成机理，以开放式创新融入与之对应的四个核心要素。其中，通过引导网络视频平台基于关键业务和核心资源的主体互动，实现网络视频平台价值创造与传递；通过促进网络视频平台基于用户关系和渠道通路的资源整合，推进网络视频平台价值传递与分享，以此体现中国网络视频平台价值共创的实现途径和节点定位。

<table>
<tr><td rowspan="2">*主体互动*</td><td>关键业务</td><td rowspan="2">★开放生态★</td><td>用户关系</td><td rowspan="2">*资源整合*</td></tr>
<tr><td>核心资源</td><td>渠道通路</td></tr>
<tr><td colspan="2">价值创造</td><td>价值传递</td><td colspan="2">价值分享</td></tr>
</table>

图1　关联开放式创新理念的价值共创分析框架

三、研究设计与案例分析

（一）案例选择及概况

埃森哈特提出的选取个案分析方法作为探索性研究的一种常见做法③，

① Chesbrough H. W., *Open Business Models: How to Thrive in the New Innovation Landscape*, Cambridge: Harvard Business School Press, 2006.

② Osterwalder A., Pigneur Y., “Business Model Generation: A Handbook for Visionaries, Game Changers, and Challengers”, *Journal of Product Innovation Management*, 2012, 29(6). pp.1009—1100.

③ Yin, R.K., *Case Study Research: Design and Methods*, London: Sage Publications, 2003.

能够更好地检视理论框架所要解决的问题[①]，殷·R.K.据此提出一种使用分析性归纳原理的案例纵深研究方法[②]，可以更好地考察掌握案例对象的效度与识别关键要素的信度。遵循这一研究方法的科学设定，本文聚焦价值共创的形成过程，旨在研究网络视频平台如何通过开放式创新促进其演化，鉴于两者之间尚待明晰的理论构建，采用兼具典型性和启发性的案例纵深研究方法[③]。基于关联开放式创新理念的价值共创分析框架，本文通过选取优酷的价值共创模式为案例进行开拓性分析，主要考虑其背靠的阿里巴巴超级网络平台在全球商业模式创新实践中的前沿优势与代表性，结合优酷平台融入阿里大文娱生态协同的复杂性，尽可能动态准确地呈现优酷平台价值共创的发展脉络和形成机理。

优酷于 2006 年 12 月 21 日正式上线，凭借"快者为王"（快速播放，快速发布，快速搜索）的产品理念，满足无处不在的"拍客"心理和用户体验，逐渐发展成专注于创造用户生成内容（UGC）模式的传播平台。2007 年，优酷陆续与迅雷、百度、盛大、搜狐等建立广泛合作，优酷运行 1 周年日视频播放次数突破 1 亿总量，位居行业之首。2012 年 3 月，优酷与土豆签订协议，以 100％换股方式合并，新成立的优酷土豆占据了市场最大份额。2014 年 4 月，阿里巴巴联合云锋基金耗资 12.2 亿美元收购优酷土豆，获得 7.21 亿股 A 类普通股，其中持股比例分别为 16.5％、2％。此外，双方补充协议规定，在同等认股竞价条件下的股份增持阶段，阿里巴巴拥有优先注资认购权，并由陆兆禧代表阿里巴巴进驻优酷土豆董事会管理层，以进一步加强对优酷土豆的运营掌控。虽然在 2015 年阿里巴巴年中财报未显示视频业务的财务指标，但时隔不到半年，阿里巴巴向合一集团（原优酷土豆）董事会发出非约束性要约，以 26.60 美元/ADS（美国存托凭证）的价格宣布现金收购合一集团（原优酷土豆）的剩余流通股，合计金额超过 45 亿美元，至此，创下国内互联网界资本规模最大的并购盛举。2016 年 4 月 6 日，优酷土豆从纽约证券交易所退市、完成私有化，成为阿里巴巴全资子公司。2016 年 10 月 31 日，阿里巴巴正式筹建大文娱集团。2018 年 11 月 10 日，优酷首次承办天猫"双 11"狂欢夜，优酷观看直播用户数超过世界杯决赛直播纪录。至此，优酷已由过去的单一媒介平台过渡为阿里

① Chakravarthy, B. S., Doz, Y., "Strategy Process Research: Focusing on Corporate Self-Renewal", *Strategic Management Journal*, 1992, 13(S1), pp.5—14.

② Yin, R.K., *Case Study Research: Design and Methods*, London: Sage Publications, 2003.

③ Siggelkow N., "Persuasion With Case Studies", *Academy of Management Journal*, 2007, 50(1), pp.20—24.

创新生态系统中的多元内容平台，除了优酷作为网络视频平台的媒介化价值被市场看好之外，更为值得关注的是，其贯穿于阿里大文娱发展架构的平台生态化演进趋势。

（二）案例分析及发现

1. 从技术到平台：媒介化平台（2006—2015 年）

优酷初创于早年媒体资源分散的 web1.0 时代，在系列拍客活动的组织推广中聚集了大批网络活跃用户，鼓励用户创作、上传与分享视频的运营模式，快速积累了 UGC 发展阶段的初始语料库，加之关注度较高的社会热点事件的传播，为视频传播跨入网络主流应用奠定了用户基础，使得"优酷"一词迅速流行并赢得良好的社会效应。媒介的技术动量在很大程度上可以归因于它们的普遍存在性。传播活动贯穿于实践与制度之间，而实践与制度则构成文化和社会；不同的媒介塑造出不同形态的文化与社会——口语、书写以及数字化①。其中，技术动量具有一种敏感性的潜力，能使人意识到简单但关键的事实，即每一项传播技术都是一种物质资源，其独特的技术特征有助于解释已经出现或在未来可能出现的媒体制度和传播实践②。在发展早期，优酷专注于优化用户体验，体现为优酷的主机和服务器设备在稳定性、响应速度等关键业务上的自主技术优势，再加上在当时市场较具先发优势的嵌入式播放器设计，构成了吸引用户参与 UGC 发展模式的技术平台定位。从根本上来说，平台是促进生产者与有价值的消费者进行互动的基础设施。这两种基本类型的参与者使用平台相互联系并进行交换。这些参与者在平台上一起进行核心互动，为平台共同创造价值。基于此，平台价值创造能力的提高需要依靠产消型用户的参与，优酷与用户之间的互动关系变得突出而紧密，同时成为带动用户体验不断优化实现价值传递的纽带。

随着时间的推移，因为前期收获的用户数量，优酷进一步与迅雷、各地卫视及中影等各类机构开展广泛合作，极大丰富了优酷的视频内容资源，从而增加了平台的实用性并吸引其他参与方加入，在与广告公司、电视台、影视公司等多类型的合作主体深度互动中，通过提供基于版权合作获得的专业视频产品快速占据了市场份额。在此基础上，优酷顺势推出一款名为"搜库"的全站式视频搜索引擎，加速了专供线下娱乐的影视媒体内容的数字媒介化进程，也

① ［丹］克劳斯·布鲁恩·延森：《媒介融合：网络传播、大众传播和人际传播的三重维度》，刘君译，复旦大学出版社 2012 年版，第 85 页。

② ［丹］克劳斯·布鲁恩·延森：《界定性与敏感性：媒介化理论的两种概念化方式》，曾国华、季芳芳译，《新闻与传播研究》2017 年第 1 期。

使得版权内容作为网络视频平台核心资源的重要性渐成行业共识。在媒体系统不断扩展的语境内,跨媒体的集中和主要媒体机构之间的合作有了很大的增长。这种集中化的趋势具体表现为:媒体内容的提供者携发行渠道的管理者和新旧媒体机构之间展开了日益紧密的合作①。与之对应,优酷平台的发展重心由提高视频主机服务器基础设施作为吸引用户的技术性定位,开始转向为用户提供丰富多元的 PGC 视频产品的媒介平台定位,这一转向不仅是对分散于线下的影视媒体内容的在线聚类,也是优酷平台加强与关联媒介主体互动推进价值共创的重要基础。

随着视频行业在技术、品牌、服务优势的持续扩大,在三网融合逐渐推进的市场中,优酷平台开始在内容版权差异性竞购、移动运营网络合作中寻找爆发的潜能,伴随 2011 年以来影视剧视频版权价值开始理性回归,优酷平台仍然陷入务实与创新的两难境地,加之整个行业持续内耗和亏损的现状仍在延续,资本的介入为行业拓展新的赢利模式提供了资金动力,2012 年与土豆完成合并后,通过整合平台内外资源,形成视频与音乐、游戏、文学等领域协同的数字娱乐矩阵。值得注意的是,资本对于优酷平台的价值创造与传递主要表现为:作为新兴的视频产业,优酷透过海量视频内容聚拢用户,平台的黏性受到内容与服务的影响,对巨额资金的投入高度依赖,当行业竞争趋势加剧时,资本作为资源配置的高级形式,能够吸引视频技术资源、视频版权资源、视频生产资源以及视频用户资源,从而发挥不同的资源优势,进一步扩大品牌覆盖面、提升核心竞争力,也成为优酷平台基于关键业务与核心资源的主体互动中实现价值共创的必由之路。

2. 从平台到生态:泛媒介生态(2016 年至今)

历经数年发展与市场洗牌,从行业规模发展看,网络视频整体市场规模处于高速增长阶段,以 BAT(由百度、阿里、腾讯三者合成)为首的互联网巨头,开始于 2013 年多角度拓展互联网细分领域,正式进军视频业务相关产业。不同于腾讯和百度在视频业务领域拥有先天的入口优势,以往专注于电商领域的阿里在此却存有短板,阿里对优酷平台完成并购后不久,即重组原数字娱乐事业群成立阿里大文娱板块,其中优酷平台等作为承载阿里"快乐"战略的核心构件,将拥有更为充裕的资本支持与资源注入,也预示着融入阿里创新生态系统对优酷平台价值共创体系的重新设定。

首先,大会员制跨平台整合用户、流量入口中介功能显现。联合推出大会

① [英]詹姆斯·卡伦:《媒体与权力》,史安斌、董关鹏译,清华大学出版社 2011 年版,第 177 页。

员制加强用户流量入口整合的客户关系，由于网络效应的存在，超越时间和空间的大范围的信息、资源、客户、供应商等向特定平台的集聚，在多主体平台上进行跨界整合，融通不同行业的资源提供整体解决方案，以增强用户的获得感，进而融合娱乐、生活、社交的流量入口优化用户体验，打造一个更符合用户消费场景与多元需求的生态圈。基于此，阿里会员一卡通 88VIP 将优酷 VIP 会员、天猫会员、虾米音乐会员、饿了么会员及淘票票年卡等客户资源纳入创新生态系统，将文娱消费与电商消费打通，从早到晚全覆盖用户的音乐、餐饮、看剧、购物等一体化需求环节，实现生态圈内解决用户的日常吃喝玩乐需求，相互赋能持续激活用户的消费活力，这一切都需要激发多元等量级平台的应用对接，通过业务协同与流量互补实现生态布局，运用网络效应聚集各方共同为用户传递价值，从而为优酷平台打造了一个为用户提供一站式生活文娱服务的生态根基。

其次，大数据用户画像及算法推荐应用、内容中介功能凸显。网络时代，人们进入非结构数据信息时代，传统计算模式已无法处理如此量大且不规则的数据量。大数据技术的应运而生，在有效存储、高速及时分析计算、精准预测决策等环节都高效处理，深度挖掘大数据的应用价值已成为网络平台激活网络数据经济价值的重要方式。大数据已成为视频内容制作的重要工具之一，透过机器算法抓取闲置的数据资源精准建立用户画像，为内容平台提供创作方向与预测票房收入等都具有积极作用，也为人工智能的深度应用打下资源基础。正是基于上述以人工智能为主的大数据技术的中介功能，优酷平台直接使用淘宝成熟的个性化推荐算法，使每个打开优酷的用户首页不同，实现广告千人千面，提高用户触达体验。由此，大数据将视频相关内容按照用户需求提供精准推送，辅以阿里巴巴所供更为精细的用户消费数据，协同助力优酷平台提升内容分发效率，以视频内容为核心打通品效全链路。同时，阿里云在技术上也能提供优酷平台运营所需的带宽与云存储支撑技术，以此带来优酷视频的用户数据资源与阿里的业务数据资源高效对接，能更全面立体呈现用户行为与消费习惯，更加精准洞察用户的兴趣偏好与消费心理，使得用户流量变现既能基于优酷平台付费渠道完成价值传递，也能有效传导至阿里电商平台通路实现价值分享。

最后，开放生态日渐成型、渠道中介功能延展。视频网站作为重要的网络视频平台，需要与内容、应用、终端等系统内各环节联动，优质与多样的内容是吸引用户的根本，应用连通终端的无缝体验利于提高用户的黏性，多环节的协同并进才能发挥生态聚合效应。作为阿里大生态的一部分，优酷平台近年也在加速与相关业务的深度融合，逐渐发挥与天猫、淘宝、支付宝、饿了么等业务间的协同互补，共建开放的阿里文娱生态，旨在为用户带来更好的数字生活体验，满足用户日益增长的多样化需求。这个过程中，如何协同阿里影业、阿里体育、阿里互娱等文娱板块提供优质内容实现互利共赢，成为优酷平台再次崛起的优选之道。此外，加强与微博资讯视频融合联动，推动微博的资讯视频化业务发展，拓展新的社交流量入口分享价值，也为赋能优酷平台价值共创带来更大的想象空间。

亨利·詹金斯基于融合不同媒介平台特性全方位提升用户体验的获得感出发，提出了跨媒介(Transmedia)概念，而后，这一提法被广泛应用于传媒产业经营与管理领域，日渐形成一种更为与时俱进的泛媒介(Hyper-media)思维①，在数字经济时代的平台生态创新情境中显得更加具有解释力与时效性。和并入阿里创新生态系统的发展相适应，优酷平台价值共创的推进路径也在继续延伸。与之对应，切斯布洛格主张的开放式创新是强调实现创新要素在平台参与的多主体以及外部资源之间的共享，这和格默森价值共创阶段论的设定框架是一致的，只是进一步考虑了构建算法整合与数据共享的平台价值共创网络体系对于形成内外部创新源双向流动影响的问题，并入技术经济范式内考察数据和算法对资源整合的影响可统一表述为"关键生产要素"，实际上切斯布洛格解释的不仅是创新要素的贡献，在优酷平台价值共创这一阶段除直接的技术和资本投入之外的多方面因素均可以在资源整合中进行分解，将更多创新要素和平台内外部创新源双向流动有影响的因素协同的必然性，决定了优酷从平台转向生态的泛媒介历程。

四、余论

戴利在《大自然的服务：人类社会的生态基础》中提出自然生态系统对于维持人类生命和提升社会福利至关重要。从经济学的视角来看，自然生态系统为人类社会的存在和发展提供了基础设施②。从传播学的视角来看，有学者进一步提出，网络是一个开放的生态系统，能无限扩展，所有的节点，只要它

① Geoffrey A. Long, "Transmedia Storytelling: Business, Aesthetics and Production at the Jim Henson Company", *Comparative Media Studies Program*, *Research Gate*, 2009.

② [美]杰弗里·希尔：《生态价值链：在自然与市场中建构》，胡颖廉译，中信出版社2016年版，第3—4页。

们共享信息就能联系。一个以网络为基础的产业结构是高度动态、开放的系统,由于这个系统的实际科技形态依然不确定,谁能够控制其最初阶段,便能够对未来发挥决定性影响,从而获得结构性的竞争优势①。由此,基于视频传播与社会生活融合的不断扩展与优化,视频网站已经不再是固守于平台属性的数字媒介,而是具有生态功能的泛媒介系统,正在打破单一产业组织形态边界,逐步介入社会生活连接分属于不同领域的资源为用户提供更多服务,成为创新生态系统价值创造、传递与分享的关键节点。从优酷的案例纵深分析可以看出,BAT 全面入局网络视听领域以来,网络视听领域的竞争已经从纯媒体内容或是网络平台的角逐,上升到互联网产业布局的层面,尤其近年基于大数据的智能算法和分发技术进一步提高了内容多样化和用户交互度,价值创造逻辑的改变对商业模式产生了颠覆性影响,中国网络视频平台的生态协同价值共创发展趋势越发明显。需要指出的是,对优酷平台价值共创路径的扩展,是通过开放式创新向阿里大文娱生态系统增加整合连接而实现,即每一个新的整合连接都为不同的消费者群体提供了一个进入阿里大文娱生态的新入口,如何基于跨界协作、连接红利、平台思维等构建生态化的价值共创方向,将成为头部网络视频平台获取持续的行业竞争优势的关键。

Dominant Logic and Formation Mechanism on Value Co-creation of China's Online Video Platform

Huang Yan

Abstract: With the development of the platform economy, the research on platform has become an emerging focus in media economy field acting as an intermediate level between the market and organization. Based on the realistic background of the current Chinese Internet field with innovation practices transferring from "technology-oriented" to "ecologically-oriented", it is reconstructing the media ecology of people's lives, works and entertainment by virtue of digital technology to maintain the socially connected communication ecology as the new normal network video transmission characterized by its hyper-media creativity, that is heading towards the same direction with

① [美]曼纽尔·卡斯特:《网络社会的崛起》,夏铸九、王志弘译,社会科学文献出版社 2001 年版,第 453 页。

the innovative scale for future communication ecology. This paper did in-depth case expansion by selecting Youku's value co-creation model, striving to clarify the evolution of the leading logic of the value co-creation of China's online video platform and corresponding formation mechanism of two value co-creation stages: the interaction of the main body(the media platform) and resources integration(the hyper-media ecology).

Key words: distributed ecosystem; media platform; value co-creation; hyper-media ecology

实体书店商业转型模式与机制研究

——以上海钟书阁书店为例

上海对外经贸大学　李建军　朱乾峰　傅佳诚

［**内容提要**］　在消费升级和市场竞争等多重压力下，实体书店经营举步维艰，如何摆脱经营困境，构建新型商业业态成为近年来实体书店转型研究的焦点。本研究以上海钟书阁书店为例，探索实体书店转型模式和转型机制等问题。研究发现：(1)实体书店商业转型主要从内部管理升级和外部经营拓展两个维度双管齐下。一方面优化产品结构、提升消费体验和加强顾客感知价值管理，另一方面强化差异化定位、实施品牌延伸战略和构建多渠道盈利模式。(2)传统实体书店商业业态转型应该走“文创＋”再造型的路径模式。通过创建文创类消费场景，丰富顾客消费体验和提高顾客感知价值，彰显书店差异化定位，打造强势品牌和实施品牌延伸，构建书店的多渠道盈利模式。(3)实体书店成功转型是通过再生机制和再造机制完成的。实体书店商业转型应挖掘书店中的“文化”和“创意”元素，通过再生机制把“文创”元素有机融入书店品牌，通过再造机制完成实体书店从弱品牌单一盈利渠道向强品牌多元盈利渠道的商业模式成功转型。本文研究结论对于实体书店实现商业转型具有一定的参考价值和实践意义。

［**关键词**］　实体书店；转型模式；转型机制；文化创意

一、提出问题

近几年来随着移动网络技术的迅猛发展，人们的生活方式和消费方式发生了重大变化；网络书店和数字阅读兴起，实体书店流量锐减，经营压力越来越大。据智研咨询2017年发布的中国图书零售连锁行业市场报告表明，2016年全国图书销售总额保持持续增长，其中线上图书保持高速增长，而实体书店

销售总额有所下降，且线上渠道的销售额达到360亿元，首次超越实体书店销售总额[①]。实体书店的经营举步维艰，纷纷转型升级寻找新出路。

然而，传统实体书店转型成功的案例却非常少。大多实体书店仅仅从一两个方面的改变或革新来探寻“重生”之路，陆续出现在公众视野的“转型后”书店，将书店与餐饮结合、与购物结合，甚至与教育培训结合等。总之，通过简单混业经营模式，试图将实体书店摆脱困境得以“重生”，可最后大多却黯然退出市场。可是，上海钟书阁书店从内部管理升级和外部经营拓展两个维度出发，沿着“文化创意＋”再造型的路径模式，通过再生机制把“文创”元素有机融入书店品牌，通过再造机制完成实体书店从弱品牌单一盈利渠道向强品牌多元盈利渠道的商业模式成功转型。上海钟书阁书店的成功转型升级，成为中国实体书店成功转型升级的一个标杆。

但是，探索实体书店成功转型升级的路径模式和转型机制的研究成果却非常少，目前关于实体书店转型的研究主要集中在以下两方面：一是关于影响实体书店转型发展的因素研究。数字产品的普及改变了人们的阅读习惯，时代的发展也为实体书店带来经营压力，学者从不同的侧重点对影响实体书店发展的因素进行了研究。安德森认为制约实体书店发展的因素应从人口的受教育程度、阅读能力等长期因素和图书价格、影业收入等短期因素进行分析[②]。刘瑞婷认为，一方面实体书店自运营成本不断增长，另一方面读者的阅读方式已由纸质书向电子书发生转变，消费者也缺乏良好的阅读习惯[③]。二是关于实体书店转型策略的研究。叶文辉、李桂君等提出，政府的作用对文化产业的发展有着重大意义[④]，特别是对实体书店的引导和管理，应当发挥在资源配置中的主导作用，为实体书店提供必要的政策扶持和引导[⑤]。朱小玲和钱霞指出，特色定位和创新特色服务是实体书店未来发展转型的重要方式[⑥]。以往学者对实体书店的影响因素与转型升级策略方面的研究成果，对指导实体书店走出困境、重振传统图书产业发展具有重要意义，但仍然没有从内外维度系统剖析转型路径和转型机制。

① 智研咨询：《2017—2022年中国图书零售连锁市场研究与未来前景预测报告》，http://www.ibaogao.com/baogao/112H2CV2017.html，2017-11-27。

② Hjorth-Andersen C.，“A Model of the Danish Book Market”，*Journal of Cultural Economics*，2000，24(1)，pp.27—43.

③ 刘瑞婷：《实体书店困境及对策研究》，《科技与出版》2014年第5期。

④ 叶文辉：《文化产业发展中的政府管理创新研究》，《管理世界》2016年第2期。

⑤ 李桂君、李琳：《实体书店发展的政策支持方式选择》，《出版发行研究》2011年第3期。

⑥ 朱小玲、钱霞：《全民阅读背景下实体书店可持续发展策略》，《中国出版》2012年第14期。

因此，本文在以往学者的研究基础上，从内部管理和外部经营双维度视角探索上海钟书阁书店如何把“文化”和“创意”元素有机融入钟书阁品牌，如何增强顾客体验和提高顾客感知价值，如何通过再生机制和再造机制，打造强势品牌实现商业模式成功转型升级。本研究成果不仅对传统实体书店转型升级具有实践指导意义，对丰富顾客感知价值理论和品牌延伸理论也具有理论价值。

二、文献回顾

实体书店作为图书文化产业发展的重要组成部分，不仅是图书销售的主要渠道，也是传播思想文化的重要阵地，有些城市的实体书店甚至成为该城市的文化地标。因此，传统实体书店的生存困境引起了各界的广泛关注，学界对实体书店的转型原因与策略等进行了研究，为实体书店的重生之路提供了参考。

1. 实体书店经营发展态势研究

布拉德利认为，当下实体书店受到非传统书店的竞争压力，同时非传统出版图书版权保护意识弱化，一定程度上丰富了图书内容①。安德烈通过对作者、出版社、线上和线下的分销商以及读者的深入分析发现，作家越来越喜欢在网站发布其作品，消费者购买电子书籍具有不断增长趋势②。因此，出版商和实体书店为了迎合读者的偏好，交付内容也在不断修改。徐瑞则分析了现阶段实体书店发展遭遇的困境，一是读者阅读习惯因互联网技术的发展而脱离纸质阅读，二是网络渠道挤占实体书店的部分营业额，三是现代生活方式致使读者很难静下心看书，间接导致实体书店对读者的吸引力减小③。刘银娣、雷月媚通过考察多地区新开实体书店情况，预计新型书店和小微书店是未来实体书店的发展方向和建设热点，以及线上线下复合经营将会是我国实体书店的主要经营模式④。

2. 实体书店转型的驱动因素

林昱君等从分析线上线下书店对比差异的角度，认为线上书店以低成本

---

① Bradley, J., Fulton, B., Helm, M., “Self-Published Books: An Empirical ‘Snapshot’”, *The Library Quarterly*, 2012, 82(2), pp.107—140.

② Andrei Maxim, Alexandru Maxim, “The Role of E-books in Reshaping the Publishing Industry”, *Procedia-Social and Behavioral Sciences*, 2012, 62, pp.1046—1050.

③ 徐瑞：《实体书店经济新生从改变服务开始》，《出版广角》2017 年第 9 期。

④ 刘银娣、雷月媚：《我国实体书店发展特点及趋势预测》，《出版广角》2020 年第 5 期。

战略占据更大的市场份额①,从而迫使线下书店转型趋于多元化发展经营,向线上线下一体化过渡②。布伦丹的研究表明,虽然实体书店在新加坡居民生活中扮演着满足物质生活需要的重要作用,但实体书店仍然受到众多网络书店的挤压,要重振实体书店,应该充分挖掘和利用实体书店的独特资源优势③。崔英超对互联网时代实体书店的文化转型进行分析,实体书店受到数字出版的冲击、网上书店的挤压、多媒体娱乐的竞争,处境日益艰难,要继续发挥自己的文化传播功能,就需要积极迎合时代需求,结合新媒体营销手段探索实体书店新兴的经营模式④。

3. 实体书店转型的策略研究

李淼等提出新媒介环境中实体书店转型探索的核心在于激活"场景"⑤,通过在一个布局内和跨越多物理布局对多个位置进行定量比较发现,商店布局影响消费者的产品参与度以及购买行为,即实体书店可从店内布局入手提升实体书店成交额⑥。李凤成基于4V的营销视角,从差异化经营、服务功能弹性化、品牌附加价值化、共鸣化链接四个层面提出实体书店的转型策略。⑦通过产品、市场、形象三方面差异化构建实体书店的差异化经营模式;服务功能弹性化体现在满足顾客个性化需求;在品牌建设层面,要让消费者体会图书消费的附加价值;共鸣化链接是指书店需要充分融合当地城市文化和消费者行为习惯,使得书店切实与城市相关联,充分挖掘书店的最大化效用,培养忠诚客户。魏旭以场景传播为研究视角,探索城市实体书店转型路径的核心在于对场景资源的盘活与重构,借助空间场域,实现多维度传播关系的互联,并指出实体书店的物理空间资源是营造场景的基础性媒介,可以通过打造"书店+"的多元生活场景、知识服务的社交场景、新零售背景下的智能场景三重

① 林昱君:《实体书店转型发展下的品牌经营模式探索》,《出版广角》2019年第3期。

② Chih-Peng Chu, Wen-Chung Guo, Fu-Chuan Lai, "On the Competition between An Online Bookstore and A Physical Bookstore", *Netnomics: Economic Research and Electronic Networking*, 2012, 13(3), pp.141—154.

③ Brendan Luyt, Karryl Sagun, "Let Bookstores be Bygones? Memories and Materiality of Bookstores on the Pages of the Singapore Memory Project", *Publishing Research Quarterly*, 2016, 32(2), pp.139—147.

④ 崔英超:《互联网时代实体书店的文化转型——以上海特色书店为例》,《编辑之友》2019年第3期。

⑤ 李淼:《"去"书店:基于场景的实体书店转型策略与实践》,《编辑之友》2018年第11期。

⑥ Lu, Y., Seo, H.B., "Developing Visibility Analysis for A Retail Store: A Pilot Study in A Bookstore", *Environment and Planning B: Planning and Design*, 2015, 42(1), pp.95—109.

⑦ 李凤成:《基于4V营销视角的安徽实体书店创新转型研究》,《中国出版》2018年第4期。

维度,延伸书店的产业价值链①。付国帅对“书+X”复合型经营的实体书店案例进行研究,总结归纳出“书+社会责任”“书+跨界合作”“书+购物中心”和“书+人文情怀”四种实体书店的成功转型范式②。

三、研究方法和数据收集

(一) 研究方法

本文中的研究问题属于“是什么”“为什么”及“怎么做”类型,研究对象是初步完成转型且仍在进行中的事件,采用典型案例时间序列法对这一研究问题进行深入解构和探索。具体原因是:第一,实体书店商业转型的驱动力主要来自内外的环境压力,包括消费需求升级和激烈的市场竞争。实体书店为走出困境,从内部管理和外部经营双管齐下发力,希望获得凤凰涅槃式的“重生”。内部管理升级包括产品结构升级、消费体验升级和顾客感知价值管理,通过构建独特的消费场景、遴选高品质图书和提供优质图书购买增值服务等方面,为消费者提供优质的消费体验,提升消费者的顾客价值感知。外部经营拓展主要是通过差异化定位和品牌营销,打造实体书店强势品牌,通过品牌溢出效应拓宽盈利渠道。采用案例研究法有利于剖析促使其转型的影响因素和共同作用机制。第二,案例研究可以清晰展示实体书店转型过程中的条件、行为和结果,有利于理清实体书店转型过程中的底层商业逻辑。本文从实体书店典型代表上海钟书阁书店所面临转型压力的原因入手,结合对上海钟书阁书店的创始人、上海市松江区与闵行区两家钟书阁书店管理人员,以及消费者的访谈,采用案例时间序列法,将企业内部管理升级与外部经营拓展两方面内容纳入研究框架,提出实体书店转型的概念模型(见图1)。

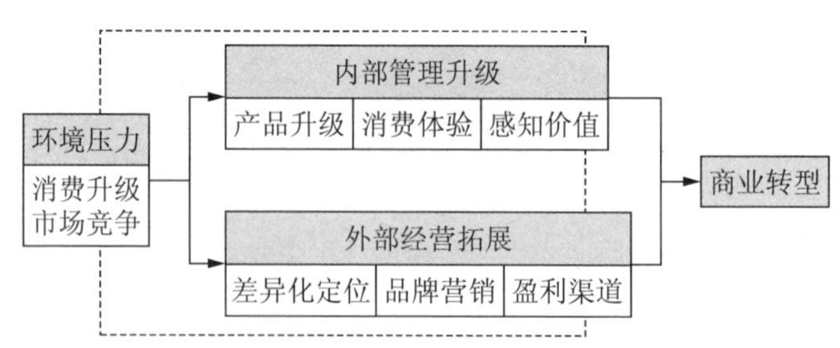

图1 概念模型

① 魏旭:《场景传播视域下的实体书店转型策略》,《现代出版》2020年第1期。

② 付国帅:《“书+X”:实体书店复合式经营发展新路径》,《出版广角》2018年第5期。

（二）案例企业选取缘由

本文遵循案例的典型性原则，选取研究问题与理论建构目的契合的实体书店上海钟书阁书店作为研究对象，通过案例分析，概括出实体书店一般的商业转型模式与机制，案例企业上海钟书阁书店的发展历程概况如表 1 所示。

表 1　上海钟书阁书店发展概况

发展阶段	书店状况	遭遇困境
传统发展阶段	➢ 选址郊区 ➢ 主卖教辅类、文具类商品 ➢ 拥有几百家合作供应商 ➢ 2010 年书店数量达 21 家	➢ 经营成本升高 ➢ 经营模式陈旧 ➢ 目标顾客萎缩
转型升级阶段	➢ 2010 年关闭 5 家门店 ➢ 2012 年书店数量减少至 13 家 ➢ 书店客流量减少 ➢ 有关部门下发优惠政策	➢ 互联网经济冲击 ➢ 书店流量缺失 ➢ 网络书店威胁
快速扩张阶段	➢ 2013 年获“上海最美书店” ➢ 2015 年首家外地分店落户杭州 ➢ 2017 年分店有 10 多家	➢ 利润率待提高 ➢ 品牌经营弱化 ➢ 数字读物泛滥

选取上海钟书阁书店作为本研究的案例是因为：(1)典型代表性。转型升级后的钟书阁书店自 2013 年 4 月营业以来，已经成为申城引人注目的文化地标，不仅获誉“上海最美书店”，还被视作中国实体书店转型的一个标杆。(2)模式先进性。钟书阁书店是实体书店转型的成功典范，在转型战略决策、经营理念、服务体验及盈利模式构建等方面，均具有突出的表现。基于获取流量层面，钟书阁线上线下运营成果出色，线下活动效果突出，线上粉丝众多，具有很高品牌美誉度。(3)数据可信性。钟书阁书店隶属上海钟书实业有限公司，该公司是研究团队所在院校的签约实习基地合作单位，在数据获取、信息证实、现场观察、访谈对话等方面，为本研究提供有力支持和保障。

（三）数据收集与分析

数据收集遵循埃森哈特等提供的案例研究方法①，本研究通过多种渠道收集相关数据，出处不同的数据之间相互印证，以确保其真实性和准确性，主要包括：研究对象提供的原始数据、半结构化的深度访谈数据、现场观察收集数据等。

① Eisenhardt, K. M., “Building Theories from Case Study Research”, *Academy of Management Review*, 1989, 14(4), pp.532—550.

2018 年 3—6 月，本研究团队对钟书阁松江泰晤士小镇店及钟书阁闵行香樟广场店进行了 4 次实地调研和 2 次半结构化深度访谈，受访对象包括钟书阁创始人、分店负责人、员工、读者、消费者等，访谈持续时间平均为 3.6 小时。访谈内容主要涉及当下实体书店运营中面临的困难、实体书店转型的深层次原因、钟书阁转型发展历程、钟书阁运营管理模式和运行机制等。研究团队在结束每次调研和访谈后，对所获得的材料进行讨论、验证，并探究所采集数据的不足，以便于后期能够补充缺失的资料信息，确保案例数据的完整有效性。

表 2　深度访谈与实地观察基本信息汇总

企业名称	访谈编号	被访人员职位	访谈频次	时　间	访谈内容
钟书阁松江泰晤士小镇店	SJ1	创始人	1	123 分钟	➢ 钟书阁发展历史、战略规划及市场定位 ➢ 钟书阁发展面临的困境及应对举措 ➢ 消费者对钟书阁书店的体验感知及评价
	SJ2	市场部经理	1	49 分钟	
	SJ3	消费者、读者	3	45 分钟	
钟书阁闵行香樟广场店	MH1	店长	2	73 分钟	➢ 钟书阁对内管理和对外经营的具体措施 ➢ 消费者对钟书阁书店品牌的感知及评价 ➢ 读者粉丝对钟书阁阅读服务的体验感受
	MH2	副店长	1	47 分钟	
	MH3	服务员	1	23 分钟	
	MH4	消费者、读者	5	69 分钟	
实地观察	1. 走访泰晤士、香樟时尚广场钟书阁书店(SJ、MH) 2. 参加 2018 年度上海书展钟书阁分会场(ZSGHD)				

注：SJ 表示“松江”；MH 表示“闵行”；ZSGHD 表示“钟书阁活动”。

数据分析及研究过程。本文选用多级编码方法进行数据分析，由完整参与上海钟书阁实地调研及半结构化访谈的两位研究团队成员对收集到的数据进行编码。为避免编码过程出现的误差，在对文本信息进行编码时，采取以下方式：两位研究人员对编码后的数据结果进行分析讨论，并对有异议的观点进行修改补充直至意见一致。倘若在编码的过程中，发现数据存在问题，则进一步对原始数据进行确认，或是回访相关受访人员进行修正和补漏。首先对从各渠道获得数据进行一级编码（见表 3），识别出实体书店转型的触发条件、应对措施和转型结果。其次基于文献和理论回顾，将转型原因、转型举措、转型结果的商业逻辑进行概念化二级编码。

表 3　案例数据来源及其编码

数据类型	数据来源	数据性质	来源编码	
			松江钟书阁	闵行钟书阁
一手数据	半结构化访谈	实时性数据	SJ1—SJ3	MH1—MH4
	现场观察	实时性数据	SJ、MH	SJ、MH
	活动参与	实时性数据	ZSGHD	

注：SJ 表示“松江”；MH 表示“闵行”；ZSGHD 表示“钟书阁活动”。

案例研究的信度和效度保证策略。根据殷・R.K.提出的分析推广逻辑①，首先结合深度访谈、实地调研收集的一手数据材料，识别钟书阁书店在商业转型过程中面临的环境压力、转型原因、应对举措以及转型结果，进而构建完整的转型路径，通过充足的数据构建实体书店转型逻辑链；对本研究案例的转型模式内在机制进行详尽阐述，再使用其他转型模式对其进行逻辑检验，确保研究案例的内外部效度。此外，本研究主要从以下三方面避免结论误差：第一，综合半结构化访谈、现场观察、活动参与等方法对钟书阁进行多次调研，确保每次调研受访的工作人员不少于 2 个以上的部门，使所得数据之间形成相互验证；第二，对钟书阁书店内的顾客和消费者进行随机抽样访谈，获取钟书阁在转型后的品牌认知和消费体验感受，对企业内部人员提供的信息进行对比和验证；第三，通过参与在钟书阁书店内举办的现场活动，如名家讲座、作家签售会、主题读书会等，以提高获取数据的真实性和准确性。

四、案例分析与发现

（一）转型过程分析

上海钟书阁书店的前身是上海钟书书店，最初主要以销售各类考试参考书籍为主，后来逐步经营销售多种类优选优质图书，在行业内口碑较好，具有一定的知名度和较好的行业形象。随着市场环境的变化，实体书店经营面临巨大压力，上海钟书阁书店通过内部管理升级和外部经营拓展，实施差异化定位及品牌延伸战略，创新品牌架构和构建多渠道盈利模式，传统实体书店成功转型升级为文化创意类书店，构建了实体书店新型商业业态模式（见表 4）。

① Yin, R.K., “Case Study Research: Design and Methods”, *Journal of Advanced Nursing*, 2010, 44(1), pp.108—108.

表 4　上海钟书阁书店转型的触发条件、行为举措和转型结果

触发条件		典型证据援引	行为举措	典型证据援引	商业转型	结　果
消费升级压力	图书品种单一 消费场景单调	考试类图书居多 书店装饰格调单一（MH1）	遴选优质人文图书 构建“购书＋阅读＋休闲”的图书消费创意场景空间	与国内外顶级出版社合作 书店设计装饰体现文化＋创意，构建创意时尚图书空间（SJ、MH）	提升品牌知名度、美誉度 提升消费者体验感知度 提升消费者品牌忠诚度 打造区域文化新地标 实现盈利模式多样化 发挥钟书阁品牌溢出效应	创新实体书店商业模式，构建可持续发展的实体书店新型商业业态
	顾客消费体验比较差	顾客购书过程和购后服务质量比较差（SJ1）	提升购买过程和购后的服务质量 提供高品质的顾客体验服务	书店有高素质导购 在独特的文化创意场景中选购图书 提供“阅读＋咖吧”的休闲选购场景（SJ、MH）		
	顾客感知价值比较低	售卖教辅书籍，没有顾客感知价值系统（SJ1）	构建顾客感知价值管理系统 为会员和粉丝定期提供增值服务	为顾客会员及其子女建立学习提升私人档案 举办读书沙龙、名人明星签售会，邀请会员参加（SJ、MH）		
市场竞争压力	差异化不明显	销售的图书、消费场景、服务质量与其他书店具有同质化（SJ2）	定位人文精品书店 品牌识别差异化 消费场景差异化 服务质量差异化 人员形象差异化	独特文创设计装饰构建差异化的消费场景 设置“购书＋咖吧＋儿童阅读”等区域，提供差异化消费体验（ZSGHD）		

（续表）

触发条件		典型证据援引	行为举措	典型证据援引	商业转型	结　果
市场竞争压力	品牌营销与品牌价值管理不力	钟书阁书店销售教辅书籍的形象深入人心(MH2)	提升品牌知名度、 提升品牌美誉度 丰富品牌联想 提升品牌忠诚度	承接公益读书活动 举办名书首发仪式 专人进行粉丝管理 积极参与各类送书进校园公益活动(SJ、MH)	提升品牌知名度、美誉度 提升消费者体验感知度 提升消费者品牌忠诚度 打造区域文化新地标 实现盈利模式多样化 发挥钟书阁品牌溢出效应	创新实体书店商业模式，构建可持续发展的实体书店新型商业业态
	盈利渠道单一	依靠销售教辅书籍盈利(MH3)	开拓多种盈利渠道	图书销售收入 咖啡甜点销售收入 承接会议收益 品牌溢出效益，如教育培训、设计装饰等(SJ、MH)		

第一，转型环境压力。尽管原来的钟书书店具有一定的知名度和较好的市场声誉，然而，随着人们阅读方式的改变及移动互联网技术的兴起，钟书书店面临消费升级和市场竞争的双重压力。(1)消费升级压力。随着经济发展阶段从服务经济时代迈向体验经济时代，消费者在购物消费过程中，已经不满足于只有高质量的产品，对服务品质和消费场景有更高期望，希望在选购过程中获得更好的消费体验和相关增值服务，得到更多的顾客感知价值。因此，转型升级前的上海钟书书店经营面临多方面的压力：首先，书店的消费场景单一。原先的钟书书店是一家普通的以销售考试教辅书籍为主的书店，图书品类比较少；店内的装饰布置格调单一，没有形成自己的独特风格。其次，消费体验较差。体验经济时代的消费者不仅在意书籍的品类和质量，也特别注重在购书和购后的体验感知；尽管原先的钟书书店在消费场景的构建、顾客购书过程和购后体验管理等方面做了一些努力，但仍然不能满足消费者和读者的体验式消费需求。最后，顾客感知价值较低。原先的钟书书店作为一家以考试教辅书籍销售为主的书店，核心追求是销售出更多的书籍，从而通过赚取差价获得收益；并没有从提升感知价值视角来构建顾客感知价值系统，不断提升顾客的价值感知，通过为顾客提供更多周边的增值服务提高顾客对钟书书店的黏性和忠诚度。(2)市场竞争压力。随着亚马逊和当当网等线上书城的兴起，传统实体书店的销量直线下降、盈利空间日益狭小，生存环境不断恶化。首先，实体书店同业竞争非常激烈。原先的钟书书店在图书销售的种类、消费场景、服务质量等方面，与市场上其他的实体书店具有高度的同质化，没有体现明显的差异化。加之线上书城兴起，市场环境进一步恶化。其次，不注重品牌价值管理。尽管原先的钟书书店在业内具有一定的知名度，但给人们的总体印象仍停留在销售教辅考试书籍为主的书店品牌形象，品牌定位不清晰，品牌价值管理不重视，钟书书店并未成为行业内的头部品牌。最后，盈利渠道单一。依靠销售教辅考试书籍盈利的钟书书店在激烈竞争中举步维艰，通过打造强势品牌和构建聚集消费者和读者的平台，开拓实体书店的多种盈利渠道，是实体书店重生的必由之路。

第二，转型升级举措。把书店做成书店，但不是一般的书店。钟书书店从“文化”和“创意”中寻求突破，通过再生机制把图书“文化”和文化“创意”元素融入“钟书阁”品牌容器之中，以“文创+”再造型的路径模式实现钟书书店的品牌形象重构；进而通过再造机制构建钟书阁书店品牌，把钟书阁书店打造成城市文化地标和文创强势品牌。钟书阁书店转型升级举措主要包含以下方面：一是构建“文创”类消费场景，提升顾客消费体验。将“文化”和“创意”元素体现于书店的整体设计装饰，结合图书文化、咖啡文化及创意产品，形成文化气息浓厚的创意场景空间，提升了消费者和读者的体验价值。消费者只要走到钟书阁门口，就愿意进入店内，只要进入店内，就愿意多呆在店内，而且愿意通过微信微博转发或口碑推荐钟书阁书店。二是明确差异化定位，加强顾客感知价值管理。钟书阁书店确定要走“文创＋”的差异化定位路线，通过在品牌识别、消费场景、服务质量、人员形象等方面构建差异化形象；以实体书店为载体，结合名家讲座、主题读书会、新书签售会、生活沙龙等活动，将图书文化真正融入人们的生活；通过为书店会员及其子女建立学习提升的私人档案等形式，加强顾客价值管理，提升顾客的价值感知度。三是打造文化品牌地标，构建多渠道盈利模式。钟书阁书店一方面提高书店的品质和服务质量，另一方面加强钟书阁品牌的传播推广，把钟书阁书店打造成“最美书店”，成为城市文化品牌地标，不断提升钟书阁品牌的知名度和美誉度。通过承接各类公益读书活动、积极开展各类送书进校园工厂等，丰富品牌联想，加强与消费者和粉丝的互动，提高顾客忠诚度。钟书阁书店通过品牌延伸，发挥品牌溢出效应，开辟了除图书销售收入之外的多种盈利渠道，诸如咖啡甜点销售、教育培训学校、创意设计装饰等，构建了钟书阁书店多渠道盈利模式，真正实现了品牌运营与价值开发的协同发展。

第三，商业转型结果。钟书阁书店本着“把书店做成书店”的理念，从提高书店产品品质、提升消费者体验价值出发，着力打造强势品牌和进行品牌营销运营，创造性构建了实体书店的商业模式及新型的商业业态。一是顾客价值感知得以提升，顾客忠诚度大幅提高。钟书阁书店自从 2013 年以来，经过内部管理的转型升级，大大丰富了消费者和读者的消费体验和服务质量，提升了顾客价值感知，钟书阁书店得到广大消费者和读者的青睐，钟书阁已经拥有众多忠实的消费者和粉丝，大幅提高了书店的顾客忠诚度。二是钟书阁成为知名文创品牌，成为文化品牌地标。钟书阁书店通过线上线下结合和内部外部互动等形式的营销推广，众多忠实的钟书阁消费者和粉丝，不断通过自己的方式传播钟书阁的品质质量和美丽形象，书店知名度和美誉度不断提升，成为知名的文创品牌，成为文创转型成功的标杆。三是多渠道盈利模式初步形成，创新了实体书店商业模式。经过转型变革后的钟书阁书店，已经扭转了原先单一依靠销售图书获得收益的局面，初步构建了围绕钟书阁品牌的以图书销售、咖啡甜点销售、钟书教育、钟书设计装饰和钟书文旅会务等多业务共生共存的多渠道盈利模式，实现了从弱品牌单一盈利模式到强品牌多元盈利模式的转变，创新了实体书店的商业模式。

(二) 转型模式分析

通过对钟书阁书店的转型过程分析可知，在消费升级压力和市场竞争压力的影响下，"文创+"再造型的路径模式是实现传统实体书店转型升级的可行之举(见图2)。

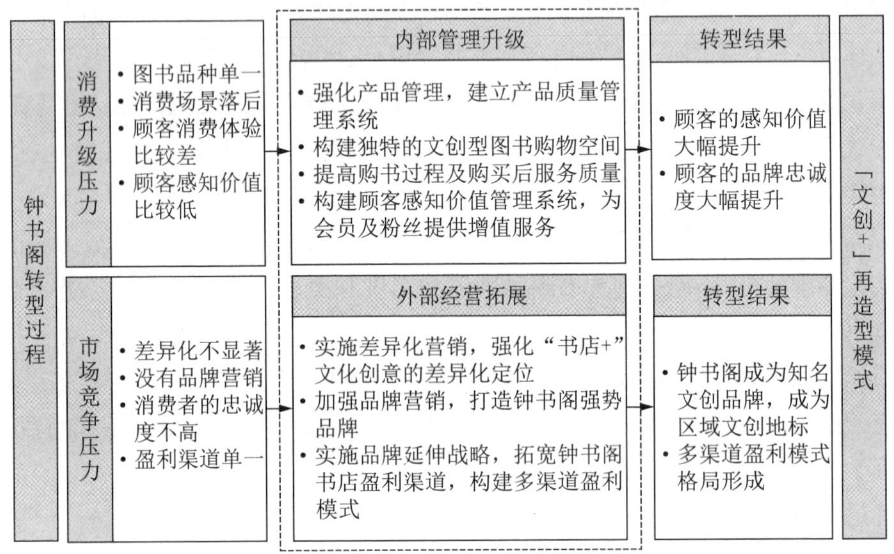

图2 上海钟书阁书店转型的路径模式

钟书阁书店为突破消费升级和市场竞争的双重环境压力，从内部管理和外部经营重构产品内核，提升顾客价值感知和重塑全新品牌形象，通过品牌延伸进行品牌价值链的横向和纵向的品牌溢出效应运营，实现钟书阁书店商业模式的转型升级。一方面，通过挖掘书店的"文化"和"创意"元素，构建独特的文创型图书购物空间，加强产品管理，提高服务质量，建立产品和服务质量管理系统，构建顾客价值感知管理系统，为会员及粉丝提供增值服务，使得顾客感知价值和顾客忠诚度得以大幅提升。另一方面，通过实施差异化营销，强化"书店＋文化创意"的差异化定位，提高钟书阁品牌的知名度和美誉度，丰富其品牌联想，基于多元化的品牌架构形成品牌价值网络，打造钟书阁强势品牌，形成区域性文创品牌地标；实施品牌延伸战略，拓宽钟书阁书店盈利渠道，构建多渠道盈利模式，使得钟书阁书店的多渠道盈利模式格局得以形成。

（三）转型机制分析

本文从驱动因素特征、转型行为两方面探索实体书店的转型机制，揭示实体书店如何通过再生机制和再造机制的共同作用，实现商业业态模式转型（见表5）。

表5 上海钟书阁书店转型驱动因素与转型机制

转型模式	驱动因素特征	实体书店转型行为		转型机制
		内部管理升级	外部经营拓展	
“文创+”再造型模式	差异化不明显 没有品牌优势 顾客忠诚度低 盈利模式单一	加强产品质量管理 提升顾客消费体验 提升顾客感知价值	实施差异化营销 实施品牌营销 实施品牌延伸战略，构建多渠道盈利模式	再生机制 再造机制

实体书店转型的机制包括再生机制和再造机制。(1)再生机制创建钟书阁品牌。通过挖掘钟书阁书店“文化”和文化中的“创意”元素，把这些“文创”类元素与消费场景、消费体验、品牌形象、顾客价值感知、品牌差异化营销等有机融合，通过系列的变革革新创建钟书阁品牌，塑造上海钟书阁书店的全新形象。(2)再造机制构建多渠道盈利的商业业态模式。当钟书阁书店被网友称为“中国最美书店”，被公认为是文创地标的时候，钟书阁品牌的溢出效应也逐渐彰显。钟书阁书店经营者通过再造机制，完全颠覆了原钟书书店的单一盈利商业模式，通过实施品牌延伸战略和一体多元经营战略，构建了多渠道盈利的商业业态模式。

五、研究结论与管理启示

（一）研究结论

本文基于案例时间序列法，通过对上海钟书阁书店转型升级的路径模式和转型机制进行研究，识别实体书店在转型升级过程中的关键因素及逻辑关系，并揭示实体书店商业转型的模式与机制。主要得出如下结论：

(1) 实体书店商业转型主要从内部管理升级和外部经营拓展两个维度双管齐下。一方面，优化产品结构、提升消费体验和加强顾客感知价值管理。实体书店除了为顾客提供优质的图书产品外，注重提供多样化的增值服务以获得消费者的认同。另一方面，强化差异化定位、打造强势品牌和构建多渠道盈利模式。随着图书市场同质化竞争的加剧，在品牌、场景、服务、形象等方面构建差异化形象利于品牌发挥溢出效应。

(2) 传统实体书店商业业态转型应该走“文创＋”再造型的路径模式。通过创建“文创”类消费场景，提高顾客的消费体验和顾客价值感知，通过多渠道的品牌营销，成为文化品牌地标。对书店形象进行重构，以彰显书店差异化定位，打造强势品牌和实施品牌延伸，构建多渠道盈利的商业模型，顺利实现实体书店商业业态模式的转型。

(3) 实体书店在再生机制和再造机制的驱动下实现商业模式成功转型升级。在商业转型的过程中将书店的“文化”和“创意”元素进行有机融合，通过再生机制将“文创”元素有机融入书店品牌；通过再造机制完成实体书店从弱品牌单一盈利渠道向强品牌多元盈利渠道的商业模式成功转型。

(二) 管理启示

本文探索了实体书店商业转型的模式与机制，研究结论对当下传统实体书店的转型升级和业态构建具有一定的借鉴意义。第一，文化创意体验式消费渐成时代趋势，传统实体书店在转型升级的过程中应当进行适应性创新。实体书店是经济价值和文化价值的体现，通过在消费场景、产品种类、服务品质等方面强化差异化定位，在同质化竞争中脱颖而出，获得消费者和读者的认可。第二，实体书店应当聚焦消费体验，构建顾客感知价值系统。在为顾客提供基础产品和服务外，设置多样化相关联的增值服务，不仅有利于提高顾客的感知价值，而且有利于塑造品牌形象，为实施品牌延伸战略、实现品牌溢出效应提供基础条件。第三，围绕核心业务进行品牌延伸，构建一体多元的多渠道盈利模式。基于实体书店创造的品牌价值，通过加强品牌营销，增加消费者对实体书店品牌黏性和忠诚度，为实体书店的品牌延伸和跨领域产业布局提供基础，推动实体书店实现转型升级，构建可持续发展的新型商业业态及“文创＋”再造型多渠道盈利的商业模式。

The Study on Business Transformation Model and Mechanism of Entity Bookstore
——Taking Shanghai Zhong Shu Ge Bookstore as An Example

Li Jianjun　Zhu Qianfeng　Fu Jiacheng

Abstract: Under the multiple pressures of consumption upgrading and market competition, the operation of entity bookstores is difficult. How to get rid of the dilemma of business and build a new business model has become the focus of the study on the transformation of entity bookstores in recent years. This study takes Shanghai Zhong Shu Ge bookstore as an example to explore the business transformation model and transformation mechanism of entity bookstores. The study found that: (1) The business transformation of entity bookstores is mainly carried out from two aspects: internal management upgrade and external business development. On the one hand, it can optimize product structure, improve consumer experience and enhance customer perceived value management. On the other hand, it can strengthen the differentiated positioning of entity bookstores, and then implement brand extension strategy and build multi-channel profit model. (2) Traditional entity bookstores can transform the business model through the path model of "culture creativity plus" re-modeling. By creating a cultural and creative consumer scene, consumers' consumer experience and perceived value are enhanced. In turn, entity bookstores can demonstrate differentiated positioning to build a strong brand and implement brand extension, and ultimately build a multi-channel profit model. (3) The successful transformation of entity bookstores is accomplished through regenerative mechanisms and reengineering mechanisms. The entity bookstore should explore the cultural elements and creative elements of the bookstore in the process of business transformation. Through the recycling mechanism, these elements are integrated into the brand of the bookstore, and then through the reengineering mechanism, the business model of the entity bookstore is successfully transformed from the single profit channel of the weak brand to the diversified profit channel of the strong brand. The conclusion of this study has certain reference value and practical significance for the realization of business transformation in entity bookstores.

Key words: entity bookstore; transformation model; transformation mechanism; culture creativity

文化治理

第 30 卷

Commentary on Cultural Industry in China

文化治理视角下的“双效统一”实现路径研究

华东政法大学　齐崇文

［内容提要］　文化治理理论虽然是一种外来理论，但在中国有一定的适用性，与国家文化治理现代化的要求相合。主张多元治理的文化治理能够充分发挥“双效统一”对文化繁荣和社会发展的推动作用，能够兼顾“双效统一”的双重目标，能够促进“双效统一”中各类主体的良性互动，能够实现“双效统一”的普遍约束，是解决当前“双效不统一”问题的有效途径。通过文化治理实现“双效统一”要以法治为基本方式，以市场治理为主要途径，以文化企业的自我治理为内在动力，以社会治理为有益助推。

［关键词］　文化治理；双效统一；法治化；多元共治

2019 年 10 月，党的十九届四中全会首次从国家治理现代化的角度，将“建立健全把社会效益放在首位、社会效益和经济效益相统一的文化创作生产体制机制”作为繁荣发展社会主义先进文化的制度支撑。文化治理是国家治理的有机组成部分，“双效统一”是文化治理的重要目标，通过多元共治促进“双效统一”是推动文化产品价值最大化、推进国家治理体系和治理能力现代化的有效途径。

一、文化治理的中国语境

近年来，“文化治理”概念在我国引起广泛关注，与其相关的治理体系和治理能力问题也成为文化领域研究的热点。以文化治理的视角审视文化生产、探寻“双效统一”的实现路径，不仅要对文化治理的理论渊源进行回溯，还要对该理论在中国的实际运用进行考察。

(一) 对象论与工具论:文化治理的两个面向

文化治理是“文化”和“治理”的结合,文化治理理论是福柯的治理思想在文化研究领域的应用和延伸。福柯认为,16 世纪中期到 18 世纪末“治理”开始作为一个普遍性问题爆发出来。[①]治理是一种政治领域的权力技术,与传统的君主统治不同,治理的对象不是领土和居住在领土上的居民,而是人与财富、资源、习俗、行为方式等事物之间的关系;治理的目的不是为了公共利益,而是实现多种特定的,包括尽可能多的生产财富、给人民提供足够的生活物资、保证人口增长等在内的“恰当目标”;治理的手段不再只是法律,而是多种多样的策略。[②]治理不仅以对象、目标和手段的多样性为显著特征,涉及他人治理与不自由的层面,还涉及自我治理与自在、自由的层面,因为治理并不意味着迫使他人按照治理者的意志行事,而是要在压制技术与自我构建、自我修正之间寻找平衡。[③]

福柯的治理观深刻影响了西方文化研究的走向。20 世纪六七十年代,法国哲学家阿尔都塞的结构主义传入英国,注重主体能动性的“文化主义”和坚持社会存在决定社会意识的“结构主义”成为英国文化研究的主流范式,但两种范式之间的对立和冲突却使文化研究困顿不前。[④]为摆脱文化主义和结构主义之争,英国学者托尼·本尼特在福柯的治理思想中汲取理论资源来考察文化权力的运行,文化研究也得以从传统的文本研究转向具体的文化实践研究,开辟了全新的研究路径。

本尼特认为,“当把文化看作一系列通过历史特定的制度形成的治理关系,目标是为了转变广大人口的思想和行为,这部分是通过审美智性文化的形式、技术和规则的社会体系实现的,文化就会更加让人信服地加以构想”[⑤]。在文化治理理论中,文化既是治理的对象,又是治理的工具,就对象或目标而言,文化指涉下层社会阶级的道德、礼仪和生活方式,对文化进行治理的目的是为了改善人们的生活状况;就工具而言,文化(艺术和智性活动范围内的狭义文化)是对道德、礼仪和行为符码等领域进行干预和调节的手段,用文化进

① [法]米歇尔·福柯:《安全、领土与人口》,钱翰、陈晓径译,上海人民出版社 2018 年版,第 114 页。

② 同上,第 124—129 页。

③ 徐一超:《“文化治理”:文化研究的“新”视域》,《文化艺术研究》2014 年第 3 期。

④ 江凌:《论实体书店空间的文化治理性》,《出版科学》2019 年第 5 期。

⑤ [英]托尼·本尼特:《文化、治理与社会——托尼·本尼特自选集》,王杰、强东红等译,东方出版中心 2016 年版,第 210 页。

行治理是为了完成政府管理目标、推动社会进步。①"对象论"和"工具论"的区分和统一赋予了文化治理更多理论内涵,也增强了该理论的实用性。

首先,文化治理以文化与社会的双向繁荣与发展为目标。文化治理理论一方面主张对主体进行塑造,用文化转变人们的精神状态、培育人们的行为方式、改善人们的生活状况;另一方面强调对社会进行改革,用文化独有的知识、技能、技术和机制对社会施加影响,进而实现特定的价值目标,在形塑个体和构建社会的过程中,推动文化与社会的双向繁荣与发展。②

其次,文化治理以文化政策、文化机构、知识分子为核心要素。与对政府持抵制和批判态度的传统文化研究不同,文化治理理论认为文化是一门改革者的科学,非常重视"把政策引入文化研究",将政策、制度与管理的背景与手段看作文化的重要领域和成分。③因为只有关注政府治理下的制度创新和政策改造,才能促使政府机构的知识分子和文化机构的知识分子更加有效地联结与合作,更好地发挥文化机构作为文化知识和技能的孵化器、文化传播和主体塑造的主要物质机制的作用,以实现促进文化发展和改善人们生活状况的目的。④

最后,文化治理以"他治"和"自治"为技术手段。与权力技术相关的符号技术系统和自我技术机制是文化作用于社会的主要手段。符号技术系统属于"他治"范畴,以符号、意义、象征等形式呈现的符号技术系统只有在具体的权力技术关系中才能发挥作用,这些"权力技术决定了个体的行为以及使他们从属于某种目标或控制,是一种主体的客观化";自我技术机制属于"自治"范畴,"它允许个体以他们自己的方式或在别人的帮助下对自己的身体和精神、思想、行为和存在方式施加影响"⑤。

（二）文化治理与国家文化治理现代化

国内有关"文化治理"概念的分析和探讨始于20世纪90年代。⑥自2013年党的十八届三中全会提出"完善和发展中国特色社会主义制度,推进国家治

① [英]托尼·本尼特:《文化、治理与社会——托尼·本尼特自选集》,王杰、强东红等译,东方出版中心2016年版,第210页。

②④ 金莉:《本尼特"文化治理性"的理论逻辑与价值意蕴——从"葛兰西方法"到"福柯思想"》,《文艺评论》2017年第2期。

③ 段吉方:《理论与经验:托尼·本尼特与20世纪英国文化研究》,《马克思主义美学研究》2009年第2期。

⑤ [英]托尼·本尼特:《文化、治理与社会——托尼·本尼特自选集》,王杰、强东红等译,东方出版中心2016年版,第270—271页。

⑥ 徐一超:《"文化治理":文化研究的"新"视域》,《文化艺术研究》2014年第3期。

理体系和治理能力现代化”之后，“文化治理”作为文化领域对这一全面深化改革总目标的具体落实正式进入官方政策。国家治理体系和治理能力现代化层面的文化治理大量吸收和借鉴了治理理论，与本尼特文化治理理论的观点暗合。

其一，治理功能多元。国家文化治理既关注文化治理在提高文化产品和服务供给效率、满足公众精神文化需求、推动文化传承、创新和交流等方面的作用，又重视文化治理所具有的凝聚人心、社会认同、文化认同、群体协作的社会功能，多角度理解和发掘文化的治理功能为文化与社会的双向繁荣和发展开启了通道。

其二，治理主体多元。国家文化治理通过包括政府、社会组织、文化企业和个体在内的多元行动主体的互动合作来激发文化创新创造活力，积极培育各类不同微观市场主体、完善各类微观主体的管理和功能是“文化治理”吸纳引导社会力量广泛参与、实现治理主体多元化的必备条件。①

其三，治理手段多元。国家文化治理以法律、政策与行政、经济、社会和公益为主要手段。法律手段通过文化基本法、与基本法相配套的相关法律以及其他法律中与规制文化行业相关的内容进行文化治理；政策与行政手段以党的方针政策和文化行政政策的形式，采取行政命令、行政指导等方式管理文化；经济手段运用财政、税收、金融、价格、收入分配等多种政策工具促进文化发展；社会和公益手段则借助文化类社会组织与公权力机构的互动和约束来实现多元共治的目标。②

二、“双效统一”与文化治理的耦合

“双效统一”是文化生产的基本准则。鉴于在当前的文化生产实践中存在不少社会效益和经济效益相互背离和冲突的情形，为促进和实现两种效益的协调统一，有必要从“双效统一”的内涵和要求出发，以文化治理为视角对文化生产经营行为进行规范、对文化生产关系加以调整。

（一）“双效统一”的内涵与要求

“双效统一”是从党的文化政策和文化发展规律中抽象和概括出的、适用于文化生产实践领域的基本原则，对“双效统一”内涵的把握、要求的理解直接

① 祁述裕等：《国家文化治理现代化研究》，社会科学文献出版社 2019 年版，第 10 页。
② 景小勇等：《政府与国家文化治理》，文化艺术出版社 2016 年版，第 156—179 页。

关系到文化发展目标的实现。

1. 社会效益的涵义

“社会效益优先”是“双效统一”的前提和基础。目前,对文化领域中社会效益的认识主要围绕“经济性”与“非经济性”、“个体性”与“公共性”展开。前者认为社会效益有广义和狭义之分,广义的社会效益指社会生产的产品能够满足人们的物质文化需求,它包括经济效益①;狭义的社会效益指“消耗资源和劳动所形成的、无法价值化和量化的非经济性结果”②;后者基于与“社会”相对应的概念——“个体”来阐释社会效益③,认为社会效益是生产实践活动给个体以外的其他人带来的效果和利益,具有公共属性。

正确理解文化生产的社会效益需要结合其提出的最初语境以及相关的后续政策。1985 年,邓小平在党的全国代表会议上首先提出文化部门及其所属企业的活动要以社会效益为最高准则,思想文化界要多出好的精神产品,要坚决制止坏产品的生产、进口和流传。④这里的社会效益兼具“非经济性”和“公共性”,意指人们的精神需求得到满足。在后续的“七五”计划、“十五”计划、“十三五”规划等相关政策中,社会效益的“公共性”得到进一步扩充。综合而言,社会效益是文化生产给其他社会成员带来的非经济性效果和利益,它包含两方面的内容:一是人们的精神需求得到满足,即文化生产带来的人民群众的知识、审美需求和健康的娱乐需求得到满足的效果;二是社会主义文化得到繁荣发展,即文化生产所带来的社会主义核心价值观得到弘扬、中华优秀传统文化得到传承、国家文化软实力得到增强的效果。

2. “双效统一”的要求

从理论上说,文化生产的社会效益和经济效益应当是统一的,但“双效统一”的提出说明它们之间已经出现背离与冲突,需要对两者关系的 9 种情形(见下表 1)作更为深入的归纳分析。

表 1 社会效益与经济效益关系

社会效益	正	正	正	零	零	零	负	负	负
经济效益	正	零	负	正	零	负	正	零	负

① 景小勇、叶青:《文艺生产社会效益与经济效益辨析》,《艺术百家》2016 年第 3 期。

② 周正兵:《文化领域的“社会效益”概念及其应用》,《中国出版》2017 年第 19 期。

③ 周蔚华:《对“在坚持社会效益第一的前提下,实现社会效益和经济效益的统一”重大命题的一点看法》,《中国出版》2009 年第 1 期。

④ 《邓小平文选》第 3 卷,人民出版社 1993 年版,第 145 页。

就生产和经营行为来说，追求经济效益适用的是获得最大化原则，它要求经济效益可正可负可零、越高越好；增进社会效益适用的是损失最小化原则，它要求社会效益不能为负、可以为零、越高越好。①一般情况下，只有当社会效益为负时，才有采取措施消除不良影响或促进其实现的必要，但“双效统一”对文化生产的社会效益和经济效益有着更高的要求：首先，社会效益要优先实现；其次，社会效益和经济效益要相结合；最后，两者发生矛盾冲突时，经济效益要让位或服从于社会效益。从“双效统一”的要求来看，文化生产的社会效益和经济效益在三种情况下需要统一。

第一，当社会效益为正、经济效益为零或负，即“叫好不叫座”时。“叫好不叫座”通常有两种情况，一种是专业性强的文化生产，如学术出版。由于受众范围小、市场份额少，学术出版很难像商业出版那样进行完全市场化运营、保证持续营利；另一种是非营利或公益性的文化生产，如时政类报刊。时政类报刊是党和人民的喉舌，承担着新闻采集刊发、意识形态宣传教育等公共职能，不以营利为目的。这两种文化生产虽然社会效益为正，经济效益却常常为零或负，有必要进行统一。

第二，当社会效益为零或负、经济效益为正，即“不叫好但叫座”时。“不叫好但叫座”的情况十分常见：为谋取经济利益跟风炒作、重复出版，为增加点击量或发行量不惜以色情暴力、虚假信息博人眼球，等等。片面追求经济效益使文化生产“见利忘义”、沦为市场的奴隶，属于典型的社会效益与经济效益相冲突的情形，必须进行统一。

第三，当社会效益和经济效益皆为零或负，即“既不叫好又不叫座”时。如电影口碑不好、票房惨淡，出版物粗制滥造、销量不佳。文化生产是内容生产，只有在选题策划上守正出新、在编辑校勘上精雕细琢、在艺术创作上精益求精，才能提高公众审美水平、促进文化消费。急功近利、急于求成、贪大求洋不可能产生精品力作，也无法获得市场的积极回应。为提升文化产品的质量和品位、实现文化产品价值的最大化，应当对为零或负的两种效益进行统一。

（二）“双效统一”的现实困境

当前，文化生产在政策适用、管理依据和方式、供需关系等方面的不足使“双效统一”面临不小的困境。

一是“双效统一”政策并不适用于所有文化企业。目前，有关文化企业“双

① 支庭荣：《从“双效统一论”到“多效合一论”——对传媒运作的一条基本原则的辨析》，《现代传播》2010年第11期。

效统一”的政策主要针对的是国有文化企业，如 2015 年出台的《关于推动国有文化企业把社会效益放在首位、实现社会效益和经济效益相统一的指导意见》（以下简称“《意见》”），民营文化企业不在调整之列。民营文化企业是我国文化生产的重要主体，出版企业中有八成以上是民营，在出版权特许经营政策下，民营出版企业为获得较好的经济效益往往会通过市场化运营进行选题决策和内容提供，若出版社执行“三审三校”制度不到位，就容易出现双效冲突的情形。并且，《意见》提出的“双效统一”方法，如通过股份制改造和资本联合重组做大做强企业等也不完全适用于文化企业，因为文化企业以中小企业居多，人员少规模小，很难具备股份制改造或资本联合重组的条件。

二是文化生产规制缺乏合理标准。逐利是企业的本性，为获取经济利益而罔顾行业规则和公序良俗的情况并不鲜见。统一两种效益本质上是要在企业利益和公共利益之间取得平衡，而平衡两种利益需要合理设置文化生产规制标准，科学划定文化生产经营者权利义务范围，防止文化生产“不受限”或者“过度受限”。但当前不论在制定法律对文化生产经营行为进行规范时，还是在选择特定方式对文化生产经营行为进行市场监管时，都未能充分考虑和体现前述要求，对功能不同的文化企业（如学术出版机构和时政类报刊）也未进行分类管理，无法做到在限制企业不当行为的同时尽可能释放企业创新创造活力。

三是文化供给与文化需求之间存在结构性矛盾。文化市场是文化生产和文化消费的纽带，而长期以来政府包办文化所造成的文化市场发育缓慢导致文化生产、服务同市场和群众脱节，文化供给与文化需求之间的结构性矛盾（文化供给不力无法引导消费、无法提高人们文化鉴赏力；反过来，人们文化消费兴趣不高打击文化生产者积极性，影响文化产品供给）①日益凸显，建立健全现代文化市场体系、推动文化供给和文化需求的有效衔接已成为解决“双效冲突”问题的必然选择。

（三）文化治理之于“双效统一”的意义

“双效统一”虽以社会效益为先，但实现经济效益始终是其重要内容；虽以政府为推动主体，但需要文化企业、社会公众的积极参与；虽以文化生产为规制对象，但与文化消费、文化市场紧密相关；虽以政策调节为主，但又涉及经济、法律、社会等多种调整手段。目标、主体、对象和手段的多元决定了“双效

① 李向民、韩顺法：《我国深化文化体制改革的理论探析及政策选择》，《东岳论丛》2010 年第 4 期。

统一”不能再沿用传统的文化管理模式，汲取和运用文化治理理论是统一两种效益的关键。

首先，文化治理能够充分发挥“双效统一”对文化繁荣和社会发展的推动作用。“双效统一”既有提高文化产品内容质量和供给效率，满足公众知识、娱乐和审美需求，激发文化企业创新创造活力的功用，又有提升人民群众文化素质和道德素养、增强社会凝聚力的效能，在具有“对文化进行治理”和“用文化进行治理”功能的文化治理的调整下，“双效统一”规制、引导和促进文化生产以及培育个体和建构社会的作用能够得到最大限度发挥。

其次，文化治理能够兼顾“双效统一”的双重目标。文化生产要保证社会效益，但经济效益也不可偏废。社会效益具有难以量化（或存在量化误区）、潜移默化以及迟滞性特征，其实现往往体现在广泛的文化消费层面，与经济效益的实现密不可分。[①]提升经济效益、保障社会效益需要统一开放、竞争有序的文化市场，需要平衡协调的文化产品供需关系，需要合理有力的文化监管，而具备多种技术手段的文化治理能为“双效统一”提供多方位的支持，有助于双重目标的实现。

第三，文化治理能够促进“双效统一”中各类主体的良性互动。文化企业、社会公众、政府是“双效统一”的主体，他们之间的关系状况对“双效统一”有着直接影响。文化企业、社会公众与政府的互动本质上是文化生产者、文化消费者和文化管理者的互动，由于当前的文化供给与文化需求之间存在结构性矛盾，所以划定文化生产者、文化消费者和文化管理者的权利（或权力）与义务的范围和界限、促进文化企业、社会公众、政府三者关系的平衡协调就成为统一两种效益的前提。文化治理重视政府、文化机构、社会大众的平等伙伴关系以及它们在文化供需关系中各自的作用，多中心治理有利于各类主体的良性互动，对避免文化生产同市场和公众脱节大有裨益。

最后，文化治理能够实现“双效统一”的普遍约束。不论何种类型的文化生产都存在社会效益和经济效益问题，“双效统一”应当是普遍约束而非个别调整，当前仅对国有文化企业适用“双效统一”政策的做法与文化生产的固有属性相悖。“对象论”主张文化治理应当涉及面向普通大众的、所有类型的文化生产，而由此产生的“适用对象的普遍性”则要求从规范性的角度统一两种效益，这为运用法律手段设置文化生产规制标准、划定文化生产经营者权利义务范围，为实现“双效统一”的普遍约束提供了可能。

① 陈庚：《创新国有文化资产管理体制的政策含义与路径选择》，《江汉论坛》2017年第11期。

三、多元共治：文化生产“双效统一”的实现路径

多元目标、多元主体、多元对象、多元手段是文化治理的核心要义，通过文化治理实现“双效统一”要做到多目标兼顾、多主体合作、多对象调整、多手段运用，要以法治为基本方式，以市场治理为主要途径，以文化企业的自我治理为内在动力，以社会治理为有益助推。

（一）法治化：“双效统一”的基本方式

作为多元共治的前提，法治不仅包括法律、行政、经济、社会等文化治理的具体手段，还涉及文化治理的价值理念和基本原则，只有在法治框架内才能真正落实“双效统一”。

1. 确立“双效统一”的法律原则

文化生产是精神生产、是内容生产、是以人民为中心的生产，以满足人民群众精神需求、创作生产文化精品、繁荣发展社会主义文化为价值追求。在法治框架内统一两种效益，首先要将上述价值目标提炼为相应的法律原则，以立法的形式加以固定和确认。

（1）价值导向原则。思想观念、精神追求、价值取向是文化产品的根本，只有坚持文化产品创作生产的正确导向，文化才能健康发展，人民群众才能长期受益。[①]社会主义核心价值观是文化生产价值目标的核心，确立价值导向原则有助于推动社会主义核心价值观融入文化产品，实现“文以载道”。确立价值导向原则、推动社会主义核心价值观融入文化领域立法本身也是文化治理的“工具论”以及价值认同、行为自觉等自我治理技术在中国的转化和运用，是文化治理理论与国家文化治理实践的深度融合。

（2）内容质量原则。文化产品是物质产品和精神产品的统一，其质量由有形的、物质载体的质量和无形的、附着于物质载体上的精神内容的质量两方面组成。在相关立法中确立内容质量原则旨在敦促文化企业为公众提供丰富多样、质量上乘的文化产品，合理使用文化资源，避免同质化、低水平的竞争，防止文化生产泡沫化和信息垃圾泛滥。[②]

（3）以民为本原则。在文化生产创作中应坚持以人民为中心。首先，文化生产要以满足人民群众的精神需求为出发点和落脚点，尊重人民群众需求

① 宣言：《文化产品创作生产要坚持正确导向》，《光明日报》，2011 年 7 月 25 日，第 4 版。
② 厉亚、俞涛、贺战兵：《生态出版产业内涵研究》，《出版科学》2012 年第 5 期。

的多样性和选择的自主性；其次，人民群众是文化生产创作的主体，不是被动的接受者，要保障和维护他们参与文化创造的权利；最后，文化生产应当深入群众、贴近群众、反映群众心声，只有让人民群众真正成为文化表达的主角，文化产品才能获得生命力，实现社会效益与经济效益双赢。①

2. 协调产业促进立法和内容管理立法

文化生产既不能“不受限”，又不能“过度受限”，规范文化生产行为、维护公序良俗的内容管理立法只有与鼓励文化创造创新、推动文化发展的产业促进立法相协调，才能达到“双效统一”的目的。当前的产业促进立法和内容管理立法在目标设置上大体是一致的，然而，在一些具体措施上却存在衔接不畅的情形，例如《文化产业促进法(草案送审稿)》第 18 条规定，报纸、期刊、图书、音像制品、电子出版物、广播、电视、互联网等载体应当大力传播优秀作品，而《出版管理条例》仅在第三章对出版物不得出版或传播的内容作出禁为性规定，并未明确优秀作品的范围，也未对优秀作品的传播作出必为性规定。

协调产业促进立法和内容管理立法应当做到以下两点：一是贯彻“双效统一”的法律原则，将价值导向、内容质量和以民为本理念融入相关的文化立法；二是加强法律解释，当文化立法领域出现上位法和下位法不一致或者同效力层级的立法不一致的情形时，应当采用“谁立谁释”的方式，由立法主体对自己制定的法律作出解释。在作出法律解释前，各级立法主体应当就同一问题进行充分沟通，并根据有关法律规定、政策、公平正义观念、法学理论和惯例，在法定权限内、遵循法定程序对该问题作出说明，以保证立法的统一性。②

3. 推动文化企业社会责任法律化

以“双效统一”为原则进行文化法律制度建构必须将企业社会责任由自愿、无强制的道德责任转化为有普遍约束力和强制执行力的法律责任，满足公众对文化企业社会职能的预期。由于所生产的产品具有精神属性，生产活动须以社会效益为先，文化企业不仅要承担包括保护劳工权益、生态环境、消费者权利、弱势群体在内的一般社会责任，还应担负向公众提供健康、积极、向上的精神食粮的特殊社会责任。在对文化企业社会责任进行法律化时，需要依据社会责任的性质以及道德法律化的基本原理对应当法律化、有条件法律化和不应当法律化的社会责任作出严格区分，对符合道德法律化基本要求、已有法律化制度基础的劳工责任和环境责任直接法律化；对由文化产品内容质量

---

① 廖文:《人民群众是文化的主体》,《光明日报》,2010 年 11 月 25 日,第 12 版。

② 齐崇文:《论文化安全的法律治理》,《行政管理改革》2019 年第 8 期。

带来的消费者责任和以社会效益为主要内容的特殊社会责任进行“主动法律化”,从其所蕴含的道德精神和道德要求中提炼出法律原则,以指导法律规则的遵守、执行和适用,保持道德与法律之间的合理张力;对慈善责任则不加以法律化,防止法律过度入侵道德领域、增加企业道德负担。

(二)市场治理:“双效统一”的主要途径

1. 健全文化市场体系

文化市场是文化生产和消费的纽带,文化市场的完善程度与“双效统一”的实现程度直接相关。当前,我国文化市场的不健全集中表现为计划/市场、国有/民营、公益性/经营性等文化体制二元结构并存,因此,健全文化市场体系、推动“双效统一”应当从改变不合理的二元结构入手。

一方面,要明确文化生产主体的市场地位。“双效统一”涉及所有类型的文化生产,需要对文化生产主体实行普遍约束、对民营文化企业和国有文化企业提出同样要求。但也要看到,民营文化企业的公共属性要弱于国有文化企业,以提供质量优良、能够弘扬社会主义核心价值观的文化产品对其加以约束有限制生产自由、要求过高之嫌,而不对其加以约束又易导致社会效益受损、文化发展受阻。两害相权取其轻,在对文化企业进行普遍约束时,首先要通过立法确认国有文化企业和民营文化企业具有同等的、受“双效统一”约束的法律地位;其次要采用“主动法律化”的方式,通过立法将“双效统一”政策的价值目标转化为价值导向、内容质量和以民为本三项法律原则,以引导和约束所有文化企业的生产经营行为;最后要以政策的形式突出国有文化企业的公共属性,对其提出包括法人治理结构改革、股份制改造在内的促进“双效统一”的更多、更高的要求。

另一方面,要对文化企业的类型进行科学划分。在对文化企业进行普遍约束的同时,还要注意对功能不同的文化企业进行营利性和非营利性的区分。非营利性机构承担着一定的公共职能,其经营收益必须回报社会,经营者无权占有和支配。相比公益性文化事业和经营性文化产业二分法,根据机构设置的目标确定其性质,进行营利和非营利的划分,既可以防止公共资金的私人占有,又可以最大限度地利用市场来满足公众需求,还有助于调动社会力量的支持,使资金来源多样化。[①]对于学术出版和时政类报刊,可依据 2021 年 1 月 1 日起实施的《民法典》第一编第三章第三节有关“非营利法人”制度的规定,将其定性为非营利性机构,使其获得财政支持、税收优惠或社会捐助,从而解决

① 祁述裕:《文化建设九讲》,国家行政学院出版社 2014 年版,第 45—46 页。

“叫好不叫座”问题。

2. 转变政府文化管理职能

受既有行政管理体制影响，政府在文化管理的过程中存在对市场干预过多、未发挥应有监管功能等问题，为统一两种效益，政府的文化管理职能需要作以下调整。

一要建立政府权责清单制度。政府的管理和调节不能没有边界，对于长期以来受政府“办文化”和干预过多影响的文化市场来说，严格界定政府的权责范围尤为重要。建立政府权责清单制度是界定政府权责范围的具体方式，是依法行政的重要内容，只有以法律为准绳衡量政府权力，做到有明确法律依据的列于清单和标准化条目，不合于法的坚决取消或下放①，才能厘清政府与文化市场的关系，解决市场失灵问题。

二要落实事中事后监管。文化经营许可、文化产品审查和文化市场行政执法是文化市场管理的主要方式，从管理行为实施的时间点来看，事前监管占了较大比重。事前监管看似更简单、更有效率，但却会抑制文化创造活力。从满足人民群众精神需求、推动文化发展的角度来说，有必要通过政府文化管理权责立法落实事中事后监管。

三要强化国有文化资产监管。国有文化资产性质特殊，构成和归属较为复杂，“领导小组＋办公室”、宣传部内设国资办、国有文化资产运营公司和政府直属机构（即文资办）等监管模式各有不足之处②。并且，附属于财政或宣传部门的设置使得国有文化资产管理机构有着显著的部门化偏向，专门化或专业化程度不高。③为强化国有资产监管，有必要通过政府文化管理权责立法确定国有文化资产监管主体，明确其职责范围及其与各文化管理部门之间的关系，以打破部门壁垒，推动党委和政府监管相结合，提高监管成效。

（三）自我治理：“双效统一”的内在动力

相较于法律和政府的“他治”，文化生产经营者的“自治”更为重要，也更为根本，因为只有自己遵守自己的意志、自己执行自己的决定才能取得更好的“统一”效果。

第一，在文化企业章程和各项规章制度中体现“双效统一”的生产和经营

① 包世琦：《关于推行政府权力清单制度的若干思考》，《中州学刊》2015年第10期。

② 李媛媛：《国有文化资产管理体制改革：问题与对策》，《中国党政干部论坛》2015年第2期。

③ 陈庚：《创新国有文化资产管理体制的政策含义与路径选择》，《江汉论坛》2017年第11期。

理念。思想观念、精神追求、价值取向是文化生产的根本，企业章程是企业的“内部宪法”，是企业活动的基本准则。将“把社会效益放在首位、社会效益和经济效益相统一”作为文化生产经营的基本理念在文化企业章程及具体规章制度中加以明确，对保证文化生产的正确导向、防范和遏制各类不良文化、推动社会主义核心价值观融入文化产品均有积极意义。在文化企业章程和具体规章制度中规定“双效统一”时，可以参照《图书出版单位社会效益评价考核试行办法》(2019)、《国有影视企业社会效益评价考核试行办法》(2020)等政策文件，将有关社会效益评价考核的内容(如政治方向、舆论导向和价值取向，受众反应和社会影响，产品结构和专业特色、内部制度和队伍建设等)与方式(如差异化考评、百分制考评、“一票否决”等)转化为适用于文化生产过程的行为规则，以达到引导和规范文化生产的目的。

第二，设立专门的内容监督机构或岗位，强化文化产品内容质量自查自控。为推动“双效统一”，应当将2015年出台的《意见》中关于“建立和完善编辑委员会、艺术委员会等专门机构，强化总编辑等内容把关岗位的职责”的要求扩展为适用于所有类型文化企业的“内容质量自查自控”原则，在企业中设立专门的机构或岗位，设置特定的内容监督程序以及建立相应的责任承担和追究机制，对所生产的文字、图片、视频等内容进行系统筛查和管理，以加强文化产品内容质量的自我检查和自我把控，在约束自身生产经营行为的同时尊重他人权利、维护他人利益，提高文化企业通过自我治理实现“双效统一”的可操作性。

(四) 社会治理:“双效统一”的有益助推

社会治理兼有“他治”和“自治”属性，其约束力虽低于法律调整和政府监管，但却是“双效统一”的有益助推。

1. 文化机构的治理

参与“双效统一”社会治理的文化机构包括博物馆、图书馆、文化馆等，尽管我国的博物馆、图书馆、文化馆等文化机构大多为政府所属的公共文化机构，按照企业—政府—社会的划分，它们并不属于严格意义上的“社会”范畴，但相较于政府的宏观管理和强制约束来说，公共文化机构负责具体的文化产品和服务供给，其职能具有相对独立性，且对文化生产者的约束力较弱，是外在于文化企业的、统一两种效益的推动力，所以在“双效统一”层面将其作用划归为社会治理更为恰当，而民营文化机构则属于当然的“双效统一”社会治理类型。

文化机构之所以能够推动“双效统一”，一方面因为它是文化治理的工具，有传播知识和文化、引导和塑造人们行为的功能，是文化产品社会效益的实现者。充分发挥文化机构的这些功能，需要遵守本尼特在文化治理理论中提出的公众权利原则（文化机构应当对所有人平等开放和易于接近）和充分表征原则（文化机构应当充分表征不同公众的文化与价值需求）①；另一方面因为它与文化企业之间存在紧密联系，文化机构对优秀文化产品的需求（如图书馆对精品图书的遴选）是文化企业生产“双效统一”文化产品的根本动力。此外，发挥文化机构在“双效统一”中的作用还需要鼓励和促进博物馆、美术馆等文化机构深挖藏品内涵、开发文创产品，为文化传承和文化创新的连接、社会效益和经济效益的统一开辟道路。

2. 文化行业协会的治理

文化行业协会是基于同业关系，为维护行业共同利益、推进行业内部自我管理而建立的介于政府和文化企业之间的社会中介组织，作协、文联、各类影视行业协会、出版发行行业协会、歌舞娱乐行业协会、文化产品进出口行业协会等构成我国文化行业协会的主体，提供行业服务、规范企业行为、促进企业沟通、进行行业监督是文化行业协会参与文化治理的主要方式。

作为市场经济中观层次的管理主体，文化行业协会在“双效统一”过程中的作用非常重要。它们是政府和文化企业的“连接器”，能够降低政府文化管理成本，提高管理效率，保证文化生产的社会效益；它们又是文化市场与文化企业的“润滑剂”，特别是在文化市场发育缓慢、文化生产同市场和群众脱节的当下，行业协会能够促进企业与企业以及企业与市场之间的沟通和互动，有效化解“叫好不叫座”“既不叫好又不叫座”等问题。由于我国的文化行业协会整体上仍依附于政府，不能很好发挥自身的“双效统一”作用，所以有必要按照2017年中办、国办印发的《关于加强文化领域行业组织建设的指导意见》的要求，从职能定位、内部治理、培育扶持、规范管理等方面推动文化行业协会建设，进一步落实行业协会商会与行政机构脱钩的总体方案，引导文化行业协会更好地服务文化生产、助力“双效统一”。

3. 文化类社会组织的治理

文化类社会组织主要指文化领域中从事各种非营利活动的社会团体、基

① ［英］托尼·本尼特：《文化、治理与社会——托尼·本尼特自选集》，王杰、强东红等译，东方出版中心2016年版，第281页。

金会、民办非企业等非政府组织[①]，它们对"双效统一"的推动主要体现在以下几个方面：一是资助优质文化产品的创作生产，如国家艺术基金对具有导向性、代表性、示范性，能够体现国家艺术水准的创作生产、传播交流推广等项目进行资助；二是提供决策咨询，如中国社会艺术协会承接政府社会艺术的职能、科研课题及政府人文艺术项目购买服务，开展艺术咨询服务工作；三是促进文化传承和交流，如中国文化艺术发展促进会从事文物及非物质文化遗产的宣传、保护、传承和开发工作，开展文化艺术领域的国际交流与合作；四是保护知识产权，如中国音乐著作权协会、中国电影著作权协会等著作权集体管理组织向文化生产者提供著作权管理和维护等服务，在实现文化生产者经济利益的同时，为文化创新和文化繁荣提供权利保障。

当前，我国文化类社会组织受管理方式和管理理念落后、社会认知度低、核心治理能力不强等因素的制约，其有效组织社会成员有序参与文化治理的功能尚未发挥。因此，需要从改革文化管理体制机制、科学界定各文化治理主体的角色和功能，积极营造文化社会组织发育成长的环境，加强对文化社会组织监管等方面入手，发挥好文化类社会组织作为文化秩序的维护者、文化魅力的塑造者和国家文化治理的践行者的作用。[②]

Research On the Realization Path of "Double Effects Unification" From the Perspective of Cultural Governance

Qi Chongwen

Abstract: Although the theory of cultural governance is a kind of foreign theory, it has certain applicability in China, which is consistent with the requirements of national cultural governance modernization. Cultural governance, which advocates multiple governance, can give full play to the role of "double effects unification" in promoting cultural prosperity and social development, can take into account the dual objectives of "double effects unification", can promote the benign interaction of various subjects in the "double effects unification", can realize the universal constraint of "double effects unification", and it is an effective way to solve the problem

① 解学芳、臧志彭：《中国文化社会组织发展报告》，上海交通大学出版社 2017 年版，第 8 页。
② 景小勇等：《社会视角下的国家文化治理研究》，文化艺术出版社 2016 年版，第 54—58 页。

of "disunity of double effects". In order to realize the "double effects unification" through cultural governance, we should take the rule of law as the basic way, take the market governance as the main way, take the self governance of cultural enterprises as the internal motivation, and take the social governance as the beneficial boost.

Key words: cultural governance; double effects unification; legalization; multiple governance

国家治理的介入机制

——美国国家艺术基金会的启示*

上海师范大学 刘素华

[内容提要] 作为联邦公共部门,美国国家艺术基金会自诞生起便是艺术介入国家治理的产物,资助"自由艺术"是冷战背景下意识形态斗争的需要,也是国家外交战略的衍生。国家艺术基金会利用在文化治理体系中的枢纽位置,通过项目制与配套资助的制度设计撬动大量社会资源,使之服务国家治理。借由公民塑造、社会治理、就业与发展,国家艺术基金会建构了获得公共资金的合理性叙述。美国国家艺术基金会50多年的发展历史表明:艺术政策可以成为国家形象建构的重要方式;与国家体制制度相适应是艺术治理体系有效运转的必要前提;以交叉研究为支撑,建构关切现实社会问题的艺术治理话语范式是国家治理能力现代化的重要体现。

[关键词] 艺术;国家治理;美国;国家艺术基金会

美国国家艺术基金会自诞生起便是艺术介入国家治理的产物,然而现有研究却大多仅强调其艺术资助职能。我国学术界关注美国国家艺术基金会的初衷在于借鉴其运行机制,设立中国的国家艺术基金。我国成立国家艺术基金"旨在繁荣艺术创作、打造和推广原创精品力作、培养艺术创作人才"①。因此,对美国国家艺术基金会的研究也基本围绕其运行机制、发展演变及对美国艺术创作与生产的影响这三个方面展开。②

值得注意的是,研究国家艺术基金会的内部运行机制及其对艺术生产的

* 本文系上海师范大学"中华典籍与国家文明"战略创新团队成果之一。

① 国家艺术基金会官网:《国家艺术基金章程(试行)》,http://www.cnaf.cn/gjysjjw/jjhzc/zc_list.shtml。

② 凌金铸:《美国国家艺术基金会的体制与机制》,《江南大学学报(人文社会科学版)》2013年第4期;段运冬:《"资金支持"到"政策转型"——美国国家艺术基金会执行力的挫折与重构》,《文艺研究》2014年第10期。

影响固然有意义，但更重要的是要理解它作为联邦公共部门如何内嵌于美国的艺术政策体系并介入国家治理，服务于美国的社会文化需求。只有这样，才能真正理解机制有效运行的外部条件，也只有这样，才能在结合我国制度现实的基础上，对其进行扬弃。

一、艺术治理的政策目标：国家需求的逻辑演进

资助艺术创作一度被认为是国家艺术基金会最重要的职责，因而20世纪末“文化战争”爆发后，美国国家艺术基金会大幅减少艺术创作资助被视作其衰弱的标志。①但在21世纪，美国国家艺术基金会却重回预算增长通道，甚至开资助全国性艺术项目之先河，这表明美国的公共艺术政策并没有终于“文化战争”。事实上，资助艺术创作从来不是基金会的根本目标，是否资助艺术创作，如何资助艺术创作，乃至国家艺术基金会的职能均随美国国家战略需求的变化而不断调整。

（一）国家艺术基金会的诞生：国家荣耀与文化外交

成立于1965年的国家艺术基金会是一个具有创新意义的机构，它标志着美国联邦政府正式将艺术资助视作一项国家使命。美国艺术与科学院院士麦克尔·卡门认为，1965年是美国政府和文化关系发生变化的转折点，因为这年创建的国家艺术基金会将联邦资助艺术合法化，这是对传统的重大突破。②在美国的传统中，艺术资助是私人机构、地方乃至州政府的职责，却绝不是联邦政府的事务。而一些大型艺术机构和艺术家还十分担心政府介入会影响艺术创作的自由。这两种看法构成国会中最大的反对声音，但美国当时所处的国内外环境却让更多的国会议员投票赞成创建这样一个联邦机构。

从国际环境来看，20世纪60年代中期，冷战日趋白热化，美苏争霸已不局限于科技和军备竞赛，而是发展为文化、体育等全方面的竞争。因此，美国在科技、军事外还需用文化艺术的卓越来证明优越性，更重要的是，繁荣的艺术创作将向欧洲和发展中国家展现美好图景。③与此同时，美国国内的情况也正在发生变化，二战之后科学技术的发展与快速复苏的经济使美国人拥有了

---

① ［法］弗雷德里克·马特尔：《论美国的文化》，周莽译，商务印书馆2013年版，第239页。

② Micheal Kammen, “Culture and the State in America”, *The Journal of American History*, 1996, pp.791—814.

③ Jane De Hatt Mathews, “Art and Politics in Cold War America”, *American Historical Review*, 1976, pp.762—787.

更多的闲暇时间，婴儿潮一代的成熟以及不断扩张的高等教育则带来了社会文化需求的增长，国家艺术基金会的建立也是对社会日益勃发的艺术需求的响应。

1965 年 9 月 29 日，约翰逊总统签署《国家艺术与人文科学基金会法案》(*The National Foundation on the Arts and the Humanities Act*, 1965)，指出，美国不仅应在优势力量、财富和技术上居于世界领先的地位，而且必须在思想和精神领域同样成为领袖，赢得尊重和敬仰；民主社会也需要其公民拥有智慧与眼界，能成为技术的主人而非奴隶。正是因此，联邦政府应“肩负起支持和鼓励人文学科与艺术发展的责任”，“不仅致力于营造一个允许自由思考、想象和质疑的社会氛围，而且要为杰出学者和艺术家的成长提供物质条件”。国家艺术基金会的成立就是对这种支持的实践。

（二）由“民主文化”走向“文化民主”

卓越艺术是“国家荣耀”的证明，但它不应只为部分社会阶层所有，也不应局限于大都市，文化精品应最大范围地流传，惠及更多公众，这是公共部门支持艺术的重要原因，也是“民主文化”政策取向的内核。在国家艺术基金会建立之初，美国的艺术生活主要集中在东海岸的大城市和加利福尼亚的重要城市区域。1970 年，全美受雇的艺术家中有 20%居住在纽约和洛杉矶，其他艺术家也主要集中在芝加哥、华盛顿、费城、底特律、旧金山和波士顿等地①，广大中西部和乡村地区的艺术生活十分贫乏。为缩小地区差距，让“最优质的艺术作品在全国范围内广泛传播”(NEA, 1970)，国家艺术基金会推行了一系列艺术普及项目。20 世纪 70 年代，一些舞蹈团、剧团等来到偏僻的小镇、乡村为农业工人和小镇居民演出。美国艺术火车(Artrain USA)项目则带着古典画家的名作、现代雕塑家和当代艺术家的作品从科罗拉多一直走到佛罗里达。②然而，传统的“卓越艺术”因其审美中表露的“欧洲中心”白人精英主义取向日渐受到质疑。“卓越艺术”固然需要普及，但何为“卓越艺术”，少数族裔、亚文化群体的艺术审美是否也应得到公共资金的支持，国家艺术基金会给出了肯定的答案。艺术标准趋向于多元化。政府职责由支持特定文化的传播逐渐转向为公众提供平等的机会，让他们自己组织文化活动，即转向“文化民主”路径，而这种转变依然植根于国家需求。

一方面，一个拥有伟大艺术的国家需要有本土的艺术形式，不能仅满足于

① NEA, “Where Artists Live”, https://www.arts.gov/publications/where-artists-live-1970.
② NEA, “National NEA Annual Report (1965—2018)”, https://www.arts.gov/publications.

继承和发扬从欧洲带来的传统。①20 世纪 70 年代中期，国家艺术基金会在项目申请指南中赋予爵士乐和古典音乐一样的地位，后来爵士乐成为最具代表性的美国音乐风格。到 20 世纪 80 年代初，国家艺术基金会甚至专门设立了两个国家级奖项：爵士大师奖和国家遗产奖。美国的经济和政治地位不断上升，发展美国的艺术形式是建构国家文化自信的体现和表达。

另一方面，在黑人街区种族骚扰不断蔓延的背景下，艺术被用作缓和局面的方式。在卡特总统任期内，支持乡村地区和少数族群文化的拓展艺术计划(Expansion Arts Program)成为国家艺术基金会的标杆项目。项目预算由 1971 年的 11 万美元增加到 1979 年的 810 万美元。通过鼓励不同社区发展独有的艺术形式，涂鸦和嘻哈音乐进入“官方”文化，社区赋能让“在街上惹是生非”的年轻人变少了，而国会“反映美国社会多元性”的要求也得到满足。②

（三）多元文化纷争：“艺术自由”的边界

对“自由美国”的标榜、对“美国特色”的诉求以及对少数族裔和亚文化的关注衍生出美国的“多元文化”图景，但“多元文化”之间往往存在冲突。

早在 20 世纪 60 年代末，国会中就有人质疑国家艺术基金会资助艺术作品时是否绕开了大部分美国人所认可的文化规范。1984 年，国家艺术基金会资助了一部被认为有歧视意裔美国人嫌疑的歌剧，时任主席的霍德索尔被要求去国会出席一个特别听证会。到 1989 年，国家艺术基金会更因资助黑人艺术家安德里斯·塞拉诺而引发了持续近十年的“文化战争”，保守的右翼国会议员与不少基督教徒一起抗议国家艺术基金会作为一个联邦公共机构竟然资助反基督的艺术创作。“文化战争”使其陷入前所未有的争议中。

但直到 1992 财年，国家艺术基金会的财政预算并没有减少，反而保持增长。预算增长的拐点发生在 1993 年。弗雷德里克·马特尔将国家艺术基金会的衰弱归因于民主党 1994 年底的选举溃败。但从时间上来看，民主党在两院选举中的失利并非导致此种局面的全部原因。更值得注意的是当时美国国内对收缩政府开支的诉求③以及国际环境的变化。1991 年底，苏联宣告解体。美国之所以要建立一个容纳和创造多样性文化的自由国家形象，在一定

① John Kreidler 认为 20 世纪 50 年代末期到 20 世纪 60 年代中期，美国公众面对欧洲文化时始终有种文化自卑，他们渴望在文化上也取得像经济和政治上一样的领先。

② [法]弗雷德里克·马特尔：《论美国的文化》，周莽译，商务印书馆 2013 年版，第 139—140 页。

③ Russell A. Cargo, “Cultural Policy in the Era of Shrinking Government”, *Policy Study Review*, 1995, pp.215—224.

意义上是依靠文化"魅力"与苏联形成对比①。随着竞争对手的消失,"多元文化"中冲突的一面凸显。迈克尔·卡门指出,冷战结束之后美国国内对政府支持文化艺术的认可急剧降低,这绝不是一种巧合。他认为那些长期以来害怕外来意识形态的人在冷战结束后将目标转向了国内的"敌人"——持有非主流观点,不合宜地批判虔诚传统的艺术家、知识分子和相关机构。②在这个背景下,对艺术创作财政支持持续削弱。1996—1998 年,美国国会削减了国家艺术基金会资助艺术家和艺术机构的经费,但对地区、州和地方文化事务处的资助不受影响。

1998 年,国家艺术基金会诉卡伦·芬利案决议发布,"艺术自由"的界限在司法层面得以确立。最高法院认为政府对"艺术自由"的支持需要建立界限,要考虑道德要求、宗教信仰和主流价值观,"多样性"之间应彼此尊重。至此,持续将近 10 年的"文化战争"正式结束。

(四)重回增长:联结美国

2001 年,国家艺术基金会重回预算增长通道。这个时间再一次与一个重大的国际性事件重合——"9·11"事件也发生于这一年。亨廷顿用"文明冲突论"为"9·11"事件提供了解释框架,而相似的视角也被他用来解读美国的国内问题。2004 年,亨廷顿出版了《我们是谁?美国国家特性面临的挑战》一书,他指出盎格鲁—新教文化的认同危机将是美国面临的巨大挑战。也正是在这一时期,国家艺术基金会主席吉奥提出了两个任职目标:第一,将最好的艺术和艺术教育带给最广泛的受众;第二,通过提升文化来丰富公共生活,用最优秀的创新精神联结美国。如果说第一个目标是要进一步推进文化普及,那么第二个目标就是期望通过艺术来建立文化和身份认同。③

吉奥通过一些新做法将两个目标结合到一起。他改变了以往国家艺术基金会资助单个艺术机构,再由艺术机构运作地方性艺术项目的做法,开始推行一系列全国性的大项目并尝试和国防部合作。基金会不但资助剧院为美国军事基地的官兵演出莎士比亚戏剧,而且推行了"回家计划:写下你的战时经历"项目,由职业作家指导参加伊拉克、阿富汗战争的士兵及其家属写下战时经

① Jane De Hatt Mathews, "Art and Politics in Cold War America", *American Historical Review*, 1976, pp.762—787.

② Micheal Kammen, "Culture and the State in America", *The Journal of American History*, 1996, p.814.

③ 事实上,时任美国历史学家组织主席的迈克尔·卡门教授在 1996 年组织年会上的发言中就以德国的历史发展来论证美国"联邦文化主义"存在的必要性,他指出是共同的文化,而非连续的政治传统将德国由分裂整合成一个统一的国家。

历,并结集出版。

这些举措重塑了国家艺术基金会的形象。曾经对基金会持批评态度的议员杰夫·塞申斯就对全国性项目“美国社区中的莎士比亚”大加赞赏。众议员杰罗德·纳德勒甚至对他的同事说,“资助艺术是政府做出的最好投资”①。也正是因此,国家艺术基金会的预算重回增长,2007 年底甚至获得了 29 年来最高的增长额——2 000 万美元。这些全国性项目一直持续至今,国家艺术基金会与国防部和退伍军人事务部的合作甚至不断深化。2011 年,“创新力量:军事治疗艺术网络”计划被推出,这个计划旨在为患有创伤性脑损伤和心理健康问题的退伍军人提供创造性的艺术治疗。2018 年,这个计划还成功在国会得到了额外的资金支持。

虽然特朗普当选美国总统后不久便提议取消国家艺术基金会和国家人文基金会(NEH),以实现削减联邦预算的目标。但最终国家艺术基金会不但没有被取消,2018 财年的预算还增长了 300 万美元。国家艺术基金会之所以得以保留,是因为它向国会和公众证明了它的社会价值:联邦拨款为艺术与文化产业创造了 480 万个就业机会以及 260 亿美元的贸易顺差。②为艺术拨款并非对联邦财政的挥霍,恰恰是对特朗普“美国优先”战略的支持。

国家艺术基金自创办之始就服务于国家需求,这是它作为公共机构的职责,无论是否资助艺术创作,如何资助艺术创作,诉求“文化民主”路径或转向“民主文化”路径,强调“自由美国”或“联结美国”,国家艺术基金会的政策调整均是对美国国家需求转向的回应,也是艺术介入国家治理的呈现,而其具体展开则可从治理系统的结构与话语范式建构进行剖析。

二、艺术介入国家治理的结构:杠杆效应

在美国艺术领域的资助中,国家艺术基金会的预算十分有限。即使 2018 年的年度预算,也远低于 1995 年美国国防部下拨给 85 个军乐队的预算或 1997 年电影《泰坦尼克号》的制作成本。③但国家艺术基金会却用其作为杠杆,高效驱动了其他资金与社会资源。以“美国社区中的莎士比亚”项目为例。

① Mark Bauerlein & Ellen Grantham, “National Endowment for the Arts: A History 1965—2008”, https://www.arts.gov/publications/national-endowment-arts-history-1965-2008.

② The NEA, “Serving Our Nation Through the Art”, https://www.arts.gov/video/nea-serving-our-nation-through-arts.

③ [美]泰勒·考恩:《优良而丰盛:美国在艺术资助体系上的创造性成就》,魏鹏举译,东北财经大学出版社 2018 年版,第 109、117 页。

推行第一年，莎士比亚戏剧演出就被带到遍布全美50个州的172个社区和500所学校。2008年，莎士比亚戏剧的有关材料被分发给全国的老师，并在各地的图书馆中陈列，有超过2 400万的学生接触到这些材料。①而推行于2011年的“我们的城镇计划”则为遍布全美50个州和哥伦比亚特区的256个项目提供了2 100多万美元，用以艺术化地改造城市和社区。之所以能用有限的经费撬动如此多的社会资源，主要基于两点。

第一，国家艺术基金会在美国国家艺术治理结构中处于枢纽位置。

国家艺术基金会不仅衔接联邦艺术政策与地方艺术事业发展，而且也是推动艺术领域与联邦其他部门合作的主体。

美国国家艺术基金与州、地方的文化事务处有着密切合作。实际上，大部分州与城市的文化事务处就是在国家艺术基金的鼓励下成立的。1965年国家艺术基金会成立之初，全美只有7个州拥有文化事务处。为了在州一级层面找到联络机构，更好地推行相关项目，国家艺术基金会自成立起就向50个州和6个特区提供资助。1967年，NEA更进一步推出了“联邦—州合作计划”，向每个成立文化事务处的州提供5万美元的补助，并允诺将持续资助为公众和社区提供艺术项目、设施和服务的行为。受此激励，到1974年，美国所有州，包括哥伦比亚特区和所有美国领地都创建了自己的文化事务处。②国家艺术基金会同样鼓励美国城市建立自己的文化事务处，到20世纪80年代初，有2 000个城市成立了自己的文化事务处，这个数字后来又增加到近4 000个。③2018年，国家艺术基金会年度预算中的40%直接下拨给州艺术联合会和地区艺术组织。

与此同时，基金会还与教育部门、卫生与健康部门、国防部、国家科学基金、美国建筑基金会、美国市长会议、国会图书馆等20多个其他联邦机构合作，合作领域涉及教育、健康服务、国防、住房和城市建设等。虽然美国政府的艺术资助还来自史密森学会、公共广播群团、博物馆和图书馆服务协会、美国总务管理局的艺术融入建筑项目、历史遗产保护国家信托基金、国家人文基金，甚至美国内政部和国防部等④，但事实上其中不少机构均与国家艺术基金

① Mark Bauerlein & Ellen Grantham, “National Endowment for the Arts: A History 1965—2008”, https://www.arts.gov/publications/national-endowment-arts-history-1965-2008.

② Kevin V. Mulcahy, “The State Arts Agency: An Overview of Cultural Federalism in the United States”, *The Journal of Arts Management, Law, and Society*, 2002, pp.67—80.

③ ［法］弗雷德里克·马特尔：《论美国的文化》，周莽译，商务印书馆2013年版，第148—150页，第166页。

④ ［美］泰勒·考恩：《优良而丰盛：美国在艺术资助体系上的创造性成就》，魏鹏举译，东北财经大学出版社2018年版，第109—117页。

会有紧密的项目合作。例如,美国总务管理局的艺术融入建筑项目就由国家艺术基金评审委员会评选项目;2015 年,国家艺术基金会与博物馆和图书馆服务协会、国家人文基金会共同合作评选国家艺术和人文青年计划奖并开展名为"电影前进"(Film Forward)的国际文化交流项目,国防部也与国家艺术基金围绕"蓝星博物馆""创造力量:NEA 军事创伤艺术治愈网络"等项目展开合作。广泛的跨部门合作与文化无所不在的日常生活形成呼应之势。艺术的力量作用于广泛的生活领域,这正是艺术介入国家治理的重要方式。

第二,通过项目制与配套资助的方式撬动社会力量。

社会力量是美国艺术领域最重要的主体。艺术领域的非营利机构在全美有 209 万名雇员,对应于 523 亿美元的直接经济实效。[①]再从资金规模来看,20 世纪 90 年代美国对艺术的全部资助(包括私人捐款)每年已达 100 亿美元的规模[②],而同期国家艺术基金会的年度预算甚至不到 1 亿美元。所以,如果只依靠自己的力量,国家艺术基金会很难在艺术领域激起很大声响,而通过灵活的项目制与配套资助的运作方式,基金会介入更多的艺术活动,并有效撬动其他社会资源。这种方式创造了多方共赢的局面:国家艺术基金会出色履行了作为公共机构的职责,艺术家获得了工作,艺术机构得到了资金,公众接受了艺术教育,参与了艺术创作,文化消费的潜力因此增强,这进一步反哺文化生产与文化经济。托比·米勒和乔治·尤迪思在《文化政策》中对这种撬动作用有着更具体的定量描述:"据估计,今天国家艺术基金会的每一美元资助就会带来价值 20 倍的合同、服务和工作形式的回报。"[③]

也是在撬动社会资源的过程中,国家艺术基金会在结合组织个性、地方特色的基础上使之服务于既定目标和国家治理,其实现主要通过三种彼此交错、互为支持的话语范式展开:艺术教育、社区赋能与文化经济。

三、艺术治理的话语范式:艺术教育、社区赋能与文化经济

自国家艺术基金会创立,缔造"自由美国"形象是其肩负的重要使命,而随着冷战结束,公共艺术资助"急需一种新的叙述为其存在提供正当性",因此

① [法]弗雷德里克·马特尔:《论美国的文化》,周莽译,商务印书馆 2013 年版,第 282 页。

② [澳]托比·米勒,[美]乔治·尤迪思:《文化政策》,刘永孜、付德根译.南京大学出版社 2017 年版,第 77 页。

③ 同上,第 66 页。

“文化部门主张艺术能解决美国的社会问题：提高教育水平、缓和种族冲突、通过文化旅游改变城市恶劣环境、创造工作机会、减少犯罪甚至是创造利润”①。这些叙述进一步通过艺术教育、社区赋能与文化经济的话语范式作用于公民塑造、社会治理、就业与发展，进而服务于国家治理。

（一）艺术教育：公民塑造

作用于公众个体的艺术教育指向国家需求下的文化公民塑造，这个主题一直贯穿于国家艺术基金会 50 多年的发展历史。

基金会设立之初，“滋养美国人的创造性”是因为“民主社会需要其公民拥有智慧与眼界”。因此，艺术家们跟随“美国艺术火车”项目，在每一站都为村镇学校提供创作实践课。20 世纪 70 年代的博物馆计划将资金投入教育和培训。而 21 世纪的“大阅读”计划则旨在重新激励公众的文学阅读兴趣。正如国家艺术基金会在 1998 年的年度报告中提到：“所有美国人都应该有一生的机会去体验艺术——作为学习者、创造者和观众。”基金会要“帮助所有美国人都能获得艺术”。

如果说滋养“创造性”是以全体美国人民为服务对象，那么使贫穷者“脱离”冲突就着眼于收编激进主义者。在约翰逊总统和尼克松总统任内，官僚化的文化机器被用来改造和引导激进主义，黑人和反战示威者借由艺术项目被纳入政府的框架中，以遏制暴力与冲突。这种用来解决“悠闲”危机的方式一直持续至 21 世纪。2001 年，基金会主席艾维指出，国家艺术基金会资助的课后艺术活动为城市贫民区的年轻人提供了“安全的避难所”，有助于减少人际间的暴力活动。②近年来，艺术已不仅仅被用来应对社区中的问题青年议题，而且也被视作应对老龄化趋势、改善老年生活、减轻社区老年看护负担的创新方式。这进一步展开了艺术介入社会治理的图景。

（二）社区赋能：社会治理

社区赋能是将聚居区的生活品质交由社区来负责。在艺术领域，这体现为拓展传统精英导向的艺术定义，将地方性的文化遗产、社区特色文化纳入公共资助的范畴，由公众和社区来定义自身文化。社区赋能的话语范式最早以“拓展艺术计划”的方式在 20 世纪 70 年代推行，这个计划鼓励社区就艺术问题动员起来，由此应对黑人社区频发的种族骚扰。在卡特总统任内，它进一步

---

① ［澳］托比·米勒、［美］乔治·尤迪思：《文化政策》，刘永孜、付德根译，南京大学出版社 2017 年版，第 25 页。

② 同上，第 62 页。

被提升为城镇政策的核心。卡特总统的"宜居城市"计划将艺术作为提升困难街区品质的重要手段,更多的文化空间向公众开放,鼓励公共阅读,扶助业余的艺术爱好,促使社区学校向艺术开放。这种对社区的关注通过"我们的城镇"项目一直延续至今。2018 年,国家艺术基金会为 61 个"我们的城镇"项目提供了 400 万美元的资助,支持艺术家、艺术组织和市政府的合作伙伴关系,努力振兴社区。在这些项目中,艺术与土地使用、交通、经济发展、教育、住房、基础设施和公共安全战略放在一起,共同应对社区的挑战。

值得注意的是,艺术复兴社区的方式早已不囿于形式上的美化,社区品质提升不仅意味着居住环境的改善,也意味着社区内不同群体安居乐业的实现、幸福感的提升。而艺术还可以助推社区走得更远:文化旅游业复兴了社区的经济活力。这指向艺术介入国家治理的第三种话语范式:文化经济。

(三) 文化经济:就业与发展

文化经济的话语范式最晚自 20 世纪 70 年代起就受到国家艺术基金会的重视,它由两个部分组成:艺术家就业与艺术的经济影响。

国家艺术基金会资助艺术项目运行,而非设施建设,因此公共经费支出无疑增加了艺术家的就业机会。国家艺术基金会一直关注艺术领域的就业问题。1976 年,基金会官网上发布的第一份研究报告就是《艺术家的就业和失业情况(1970—1975)》。[①]1982—2006 年,基金会每年发布艺术家就业报告。2008 年,国际金融危机给艺术家就业带来的负面影响受到关注。2011 年则对艺术家的就业与工资状况展开调查。2019 年,国家艺术基金会拓展统计口径,关注的主体不再仅是艺术家,还包括其他从事文化行业的人员。[②]无疑,统计口径拓展是艺术力量扩张的体现。就业是现代国家经济治理的核心问题之一。因此,扩大艺术家就业因服务于国家治理而成为国家艺术基金会存在合理性叙述的重要支撑。

另一个更直接的指标是艺术对经济的贡献。最初,艺术与文化机构对地方经济的影响以案例研究的方式展开,巴尔的摩和哥伦布—明尼阿波利斯先后成为研究对象。[③]自 1982 年起,艺术活动在国民生产总值中的占比及发展

① NEA, "Employment and Unemployment of Artists: 1970—1975", https://www.arts.gov/publications/employment-and-unemployment-artists-1970-1975.

② NEA, "Artists and Other Cultural Workers: A Statistical Portrait", https://www.arts.gov/publications/artists-and-other-cultural-workers-statistical-portrait.

③ 1977 年和 1981 年,国家艺术基金会先后发布了两个研究报告"Economic Impact of Arts and Cultural Institutions: A Model for Assessment and a Case Study in Baltimore"以及"Economic Impact of Arts and Cultural Institutions: Case Studies in Columbus Minneapolis"。

趋势几乎在整个20世纪80年代都被投以关注，尤其是公众用于演艺活动的消费总额。20世纪90年代开始，经济总量指标由国民生产总值转变为国内生产总值①，但其强调艺术经济贡献的主旨未有改变。随着文化艺术更广泛地与其他产业相结合，设计和创意的力量也受到重视。2017年，国家艺术基金会就强调工业设计帮助美国制造业在全球经济竞争中取得优势。②

国家艺术基金会曾在名为《美国画布》的报告中提出"需要把艺术的价值'转换成'更加公民化、社会性和教育性的术语"，而今天的艺术，也确如报告中所说，"不再被限制在文化所认可的舞台上"，它"逐渐地在整个公民结构中扩展，在各种社会服务和经济发展活动中找到自己的空间——从青年规划、防止犯罪到职业培训以及种族关系——这些与艺术的传统审美功能相距甚远的领域"。③公共艺术政策已不再将艺术本身作为目的和对象，艺术是手段，是现代国家治理的重要方式。

四、艺术介入国家治理的演进与启示

历时性的观照表明，对美国国家艺术基金会的研究应由公共艺术资助拓展至更广阔的领域，资助艺术创作早已不是，甚至从来都不曾是国家艺术基金会运行的根本目标。即使在"文化战争"爆发前，对艺术创作的支持也有着无关乎审美的"实用"诉求——由支持艺术创作而缔造"自由美国"形象，这是对国家战略需求的积极回应。国家艺术基金会50多年的历史书写了美国制度与现实下艺术介入国家治理的历程，相较于基金会内部体制机制的设计，其借鉴意义更多在于展现了艺术介入国家治理的演进路径，这为推进我国文化治理能力与治理体系现代化建设带来重要启示。

（一）艺术政策支撑国家形象："自由美国"的标签缔造

分析美国国家艺术基金会半个多世纪的发展路径不难发现，"自由"价值的背后实际上是国家利益的诉求，"艺术自由"在多大程度上被支持取决于国际政治环境的变化。一旦没有了国际政治博弈的背景，"艺术自由"便很快受到限制。对于国家艺术基金会而言，站在公共机构立场，支持"艺术自由"必须

① 1982—1990年，国家艺术基金会几乎每年都发布一个与"国民生产总值中的艺术"有关的报告。20世纪90年代开始，研究报告的主题转变为"国内生产总值中的艺术"。

② The NEA, "Industrial Design: A Competitive Edge for U.S. Manufacturing Success in the Global Economy", https://www.arts.gov/publications/industrial-design-competitive-edge-us-manufacturing-success-global-economy.

③ Gary O. Larson, "American Canvas", https://www.arts.gov/publications/american-canvas.

同时考虑道德、宗教以及主流价值观的接受程度。尤其“9·11”事件以后，在亨廷顿“我们是谁?”的问题下，文化认同建构比标榜“自由”更为迫切。既有凝聚力同时又能展现多元活力的文化实际是中美两国文化治理的共同目标，为实现这个目标，两国政府都致力于寻求平衡点，但这个过程并非发生在真空中，国内外的政治经济环境变化会切实影响平衡点的选择。

但从另一方面来看，“自由美国”刻板印象的根深蒂固恰恰证明了美国文化治理的成功。即使20世纪末美国最高法院为国家公共资金支持艺术创作划定了界限，也并未对“自由美国”的国家形象带来根本性冲击。国会削弱对现代艺术的支持并不被认为是对“自由”的背弃，而被解读为公共政策的退出，是“自由”的另一种表达。成功塑造“自由美国”的刻板印象构造了美国软实力的底层结构，艺术政策的表达与陈述支撑了这一结构，成为缔造国家形象的重要方式。

(二) 由治理艺术走向艺术治理:基于国家现实的艺术治理体系建构

艺术的审美价值固然十分重要且值得珍视，但对公共部门而言，借由“艺术”来治理比治理“艺术”更为重要。这不是要贬低审美的价值，而是对艺术理解的拓展。在文化艺术交融于日常生活的今天，艺术的意义已超乎审美，它和个体与社会、经济与发展相关。值得注意的是，无处不在的艺术固然是艺术治理得以开展的基础，但也给基于科层制和职能分工的管理体制带来挑战:公共艺术部门如何与其他部门通力协作，而非陷入管理权限的争夺之中? 这本身构成一个治理能力问题。美国国家艺术基金会给出的答案是利用项目制和配套资助的制度设计跨越部门职能界限，以社会组织为项目执行主体，推动跨部门合作。但其前提是美国的社会组织十分发达，缺少这个前提，这种制度设计便只是空中楼阁，艺术治理体系设计要以国家现实为基础。

无论是基于“臂距原则”的专家评审，还是配套资助的制度设计，均以美国的文化、社会现实为基础，是在非营利社会组织繁荣发达的既有条件下，最大化公共资源利用效率的选择。不同国家国情不同，因此对发达国家经验的学习，不仅要看到它如何运行，还要理解它何以如此运行。究其原理，方能在整体机制中用“中国变量”置换“美国变量”，真正设计基于中国特色和现实的治理体系。

(三) 以交叉研究支撑自觉的治理话语建构

在执行层面，未引起充分关注却十分有借鉴价值的是美国国家艺术基金会的研究板块。从社区活力的激发、青少年犯罪问题的防范、老龄化问题的应对到儿童能力的培育、战后心理创伤的康复、个体幸福感的营造以及国家制造业优势的建立，相关研究不仅用艺术视角关切现实的社会问题，也拓展了艺术治理的话语范式。艺术的研究可浸润于社会与生活，在治理视域下，艺术不仅可与经济结合，还可走向社会学、教育学、心理学、医学。多维度的交叉研究将为治理实践提供指导，这也为我国艺术领域的决策咨询带来启示：在个体完善与社会发展中拓展艺术的可能性，无论是研究还是实践，这是艺术介入国家治理的方式。

State Governance Intervention Mechanism
——Enlightenment from NEA

Liu Suhua

Abstract: As a federal public sector, NEA has been the product of art participation in state governance since its birth. Funding "free art" is the need of ideological struggle in the context of the Cold War, and it is also a derivative of the national diplomatic strategy. NEA used its pivotal position in the cultural governance system, leveraging a large number of social resources through the design of the project system and matching funding to make it serve national governance. Through citizen shaping, social governance, employment and development, NEA has constructed a rational narrative for obtaining public funds. The development history of NEA for more than 50 years shows that art policy can be an important way to construct a country's image, and adapting to the national system is a necessary prerequisite for the effective operation of the art governance system. Supported by cross-over research, constructing an artistic governance discourse paradigm that is concerned with real social issues is an important manifestation of the modernization of national governance capabilities.

Key words: art; national governance; USA; NEA

社会组织参与社区文化治理路径研究

——以“大鱼营造”的街区生活志《新华录》为例

上海师范大学　王肖练　张景浩

［内容提要］　在基层文化治理的语境下，拥有不同社会资源和多元行为策略的社会组织，成为参与社区文化治理的补充力量。文化社会组织通过对文化产品的“共创”，建立社区、居民、政府联系的文化互动场域，实现社区“文化自治”；鼓励、管理社会力量创制具有凝聚力的文化产品，提供增量文化服务，成为社区文化治理现代化的重要议题。

［关键词］　社区文化治理；社会组织；《新华录》

习近平总书记在“十四五”规划座谈会上强调：“‘十四五’期间，要在加强基层基础工作，提高基层治理能力上下更大功夫。”①“我们要把文化建设放在全局工作的突出位置，加强社会主义精神文明建设，发挥文化引领风尚，教育人民、服务社会的作用。”②在推进国家治理体系和治理能力现代化过程中，基层文化治理是满足群众精神文化需求、推动社会治理范式变革的重要途径。基于文化空间定位、地方意指和场域构建管理机制创新，城市基层治理的一个重要落脚点就是社区文化治理。③这种新型管理机制，一方面需要社区政府具有战略布局和眼光，从做文化到管文化；另一方面则要发挥文化的内在优势，鼓励基层居民的文化参与和自治管理。

① 《两个月六次座谈，习近平这样谋篇十四五》，新华网，http://www.xinhuanet.com/video/sjxw/2020-09/19c_1210808059.htm。

② 《习近平在教育文化卫生体育领域专家代表座谈会上的讲话》，中国政府网，http://www.gov.cn/xinwen/2020-09/22content_5546100.htm。

③ 王列生：《论社区文化治理的自治向度》，《甘肃社会科学》2020年第1期。

社区文化治理的传统主导者是政府。然而,既当裁判员又当运动员的双重身份,使得传统的做法呈现出居民对社区文化的认同度不高、居民参与城市文化治理的力度不够、社区文化产品供给不足等问题,因而社区文化治理的意图很难发挥抵达“最后一公里”的作用。落实《中共中央关于制定国民经济和社会发展第十四个五年规划和二〇三五年远景目标的建议》要求,实现社区文化治理的现代化,“就要进一步创新参与方式,吸纳与城乡社区结对的机关、企事业单位、群团组织、社会组织党组织负责人担任社区党组织兼职成员,实施帮扶共建项目”①。

一、城市文化治理的“社区化转向”

文化治理是国家权力机构将文化作为治理目标,同时也将文化作为治理工具,实现对基层组织的行为规制。托尼·本特尼认为,文化治理是文化的本质属性,只有通过文化的治理才能实现治理的文化。“如果把文化看作一系列的历史特定制度所形成的治理关系,目标是通过审美智性文化的形成、技术和规则的社会体系实现广大人口的思想行为转变。”②亨利特·邦指出,文化治理是关于政治权威如何借助自我和共同能力的运转所采取的行动,通过改革和利用个体与集体行为,使其可能服从政府管理。③胡惠林指出,文化治理是国家通过采取一系列政府措施和制度安排,借助文化功能克服解决国家发展问题。④文化成为一种治理工具——将“文化”当成政府特殊的行为方式,借助文化手段实现社会善治,已然是一种社会共识。

中国社会的组织形态经历了从“单位”到“原子化”的转变。被经济现代化裹挟发展的社区,逐渐丧失了原有的社会共同体肌理,社区个体在获得个人满足感的同时,社区的社会关系却变得支离破碎,如费孝通所言“社会问题源自广罗大众的生活环境失调”⑤;而社区文化就是社会生活本身,乃至社会本身,是社会内在实质性要素的渊源。若想对社区中的各种社会关系进行有效调和,唯有将社区文化建设作为抓手,对社区进行文化建设,在个体化社会中挖掘社区文化价值,实现对社区形态的现代化治理。文化治理是一种自我规制,

① 中国民政部:《贯彻落实党的十九届五中全会部署,提高基层治理水平》,http://www.mca.gov.cn/article/xw/mzyw/202011/20201100030550.shtml。

② [英]托尼·本特尼:《文化与社会》,王杰译,广西师范大学出版社 2007 年版,第 204—206 页。

③ Henriette Bond, *New Creative Community: The Art of Cultural Development*, Ockland: New Village Press, 2006, p.136.

④ 胡惠林:《国家文化治理:发展文化产业的新维度》,《学术月刊》2012 年第 5 期。

⑤ 费孝通:《乡土中国》,北京出版社 2009 年版,第 54 页。

它是基于认同之上可以主动避免矛盾发生的治理模式。[①]社区是拥有个体利益的私人领域和社会利益的公共空间的集合体，学术界已然将文化治理作为一种新的理论视角，呼吁“社区治理”的文化转向。文化治理的实现路径，在于发展文化产业，提供公共文化服务，以凝聚公民认同感，维持政府文化治理政策的正当性；社区文化治理是达成文化治理目标的实践基础和运行场域。

社区文化治理因主体不同有狭义与广义之分。狭义的社区文化治理是指各级街道办事处、居委会在各级政府的领导下，自上而下地组织多种社区文化活动，这些社区文化活动的经费主要来源于政府拨款。熊婉彤认为，社区公共文化服务的提供离不开政府的直接参与，比如基层综合性文化服务中心的建设以及社区文艺活动的举办等。[②]广义的社区文化治理，不单指政府领导的社区文化建设，还包括社区文化自治。关于社区文化自治，国外有学者称为“社区文化发展”或“社区文化服务”，意指社区文化治理的主体不单是政府，还包括居民自己。为了提高自身生活水平，改善社区文化环境，社区居民通过自己的力量，利用自己的社会资源，采取多种参与形式，服务于所居住的社区——这种社区文化服务体现出新型的内生力量，“是将社区作为我国公共文化服务体系的基础单元，强调了社区居民对自身基本文化需求的提供与满足”[③]。

二、社区文化治理的新生力量

社区文化治理的内涵是通过提供公共文化产品和服务，满足社区居民的文化需求，从而提升社区文化的品质，加强社区成员的相互联系。社区文化产品服务参与主体的单一性，是导致社区文化供需矛盾日益突出的重要原因。由于社区文化产品供给的长期不足，居民对于社区参与内容的认知局限于政治参与有关的选举、治安管理等方面。由于多元化的居民主体也在日常生活中产生选择不同产品的情感诉求，但社区政府层面的文化供给，由于具有行政性，而产生与居民文化需求的错位。

公共文化产品是政府管理机构实现公共文化服务的实际载体。长期以来，中国一直受到“大政府、小社会”观念的影响，传统的社区文化参与，是以政府为主导、居民被动参与的单一模式。随着经济发展，居民主体差异化需求涌

---

① 吴理财：《公共文化服务的运作逻辑及后果》，《江淮论坛》2011年第4期。

② 熊婉彤、周永康：《社会公共文化服务的居民参与：公共服务质量与公共服务供给的双重渠道》，《图书馆建设》2020年第5期。

③ 杨敏：《历史视域下的社区文化建设新趋势》，《华中师范大学学报》2015年第9期。

现，政府单一的参与模式，已无法满足居民对于公共文化产品的需求。行政性力量的过多参与，只会出现公共文化产品与服务供给过剩和供给无效，而文化治理效果也会事与愿违。

社区文化管理的根本目标，是根据社区文化发展的实际状况，按照不同的内容和性质管理与组织，为社区居民提供合理的、美好的文化产品和服务，以满足居民不断提高的精神生活需求。政府作为文化产品和公共文化服务的主要提供者，碍于资源限制和触达“末梢”能力不足，多数做法都是将居民委员会作为基点，采取相对单一的行政方式，在社区文化建设中侧重于社区基础文化设施的建设。在组织形式上，多为群体性文体活动。由于受到“灌输式的文化传递模式”影响，相关文化管理工作只是为了完成上级任务，导致社区居民的文化诉求未能得到充分满足；此外，大量的公共文化资源还有可能成为政府在基层中展现政绩的“权力空间”。①政府虽出台了基层文化管理考评体系，但是机械化的考评方式最终导致的并非是居民意向的文化需求，实现社区文化管理的根本目标变成一句空话。

近年来，政府职能从“管理”到“治理”的转变，使得社区文化治理体系也在不断变革。以上海为例，在社区参与文化自治的改革中，提出“两级政府、三级管理”，在完成政府对基层权力整合的同时，鼓励社区引进社会组织，整合社区资源，举办多种形式的文化活动，提供多种形式的文化产品，提升社区治理的能力，取得了良好成效。

三、社会组织参与社区文化治理的特点

中国社会组织是政府机构改革时期在基层由“单位”向“社区”转变过程中所出现的原子化危机②与个人自发性赋权共同碰撞出的产物。我国的社会组织通常在政府约束下形成与生长，具有很强的官民二重性特点。由于当前中国社会需求的多样化以及政府供给能力的有限性，社会组织“公”的一面越发突出，不仅提供公共文化产品、参与公共政策以及监督公共权力，而且享有了一定的社会权力，承担了一定的社会责任。③而社会组织的“公”与“私”属性，

① 颜玉凡：《城市社区公共文化服务的多元主体互动机制：制度理想与现实图景》，《南京社会科学》2017 年第 1 期。

② 社会原子化危机是指个人面对组织表现出精神无助或行为无措，个人缺乏集体行动的动力和途径。

③ 耿依娜：《“公”与“私”之间：当代中国社会组织属性辨析》，《中共浙江省委党校学报》2017 年第 3 期。

成为分辨中国社会组织类型的重要依据。一些社会组织一方面希望得到合法性认同与获取更多资源，亟需向政府的“公”属性靠拢；另一方面，为保证独立性，也会明确私人领域与公共空间之间的边界。

对于社会组织可以根据公私属性和存在背景划分：来自基层民众需求而产生的各种地方和社区联谊型互助组织，来自政府职能转变需求而存在的志愿性慈善组织和各种行业协会，以及来自国外各种机构和基金会援助项目而产生的公益自愿性社团组织。无论属哪种类型，社会组织都是私人性与社会性的统一，体现私人权利与公共权力的集合，其存在的目的都是为解决现有的社会问题。

（一）社会组织参与社区文化治理现状

社会组织的数量呈逐年上升趋势，这表明社会组织在中国进入了快速发展时期，极大丰富了社区公共文化建设的内容和形式。据《2020 中国文化及相关产业统计年鉴》统计显示，截至 2018 年底，中国共有文化类组织机构数 68 744 个，其中文化社会团体 41 835 个，文化基金会 295 个，文化民办非企业单位 26 614 个。相比 2017 年总增幅近 15%。[①]我国文化类社会组织的机构数目中，社会团体类型占据了大多数，文化民办非企业单位次之，基金会所占比例最少。由此可以看出中国文化社会组织在提供社会公共文化服务、参与社区文化治理、为社会文化项目提供资金等方面的力量不断增强。

宽松的政治氛围为社会组织参与社区文化建设提供了有利条件，政府为社会组织参与社区文化建设提供了平台、资金、政策、人员等方面的支持。以上海为例，2015 年以来，关于推动文化社会组织参与社区文化建设的相关政策如《关于推动上海市社区文化活动中心社会化专业化管理的工作方案》《上海市社区文化活动中心专业化管理监督办法》先后出台。同时，上海也积极探索建立社会力量参与社区治理“准入退出”的新机制，力图形成政府治理与社区文化自治的良性互动。

（二）社会组织只有具备以下特点，才有资格参与社区文化建设

1. 组织运营的“政治内嵌”

社会文化组织的作用是分担社区政府提供公共文化产品与服务的压力，以更好地实现社区文化治理的目标。在某种程度上来说，社会文化组织参与社区文化建设实际是具有政治属性的有组织行为。这也正如罗伯特·D.帕特南所说：如果社会组织不内嵌于政治制度的内部，也就无法发挥应有的作用。[②]

---

① 国家统计局：《2020 中国文化及相关产业统计年鉴》，中国统计出版社 2020 年版。

② ［美］罗伯特·D.帕特南：《使民主运转起来》，王列、赖海榕译，江西人民出版社 2001 年版，第 25 页。

2. 具有正规化的行为策略

社会文化组织正规化的过程，就是通过组织或个人不断采取外界较为认可的文化组织形式和符合社会大众文化普遍认同的做法，由组织规范、位置建构两方面组成，组织规范要求社会文化组织在符合政策法规的前提下为组织成员设定统一的行为准则，位置建构则是指社会文化组织在文化场域中建立身份与地位，例如社会组织为了获取身份认同，通常会举办一些社区分享会、发布会，邀请社区居民、街道办事处工作人员参与其中。

3. 较强的社会资源整合能力

社会文化组织通过聚合社区文化资源、寻找社区社会资本，建构起完整的文化参与主体结构。通常参与社会文化组织成员也是社区居民，为积极组织居民参与社区文化活动，会利用自己在社区中的身份，吸收更多具有不同社会资源的能干居民参与其中，使外部社会资源转化为内部有效资源。

（三）社会组织参与社区文化治理的路径

一是发现社区文化治理中的短板，捕捉社区文化需求。二是提供具有“黏性”的公共文化产品和服务。

社区组织因其“第三方”身份的灵活性，提供公共文化产品和服务的效果更加明显。一方面，在参与社区文化建设中有多种形式，例如社区规划、社区更新、社区营造和街区创生等，社会组织根据社区居民的不同需求合理配置公共文化产品与服务的类型内容；另一方面，社会组织与社区居民之间的互动往往更为直接，执行效率和触达效果明显。由此，社会组织可以作为社区中的黏合剂，连结多元力量共同参与社区文化建设，形成社区文化和社群活力的可持续性。

四、社会组织参与社区文化治理的实践——以“大鱼营造”的《新华录》为例

社会组织参与社区文化建设包含两方面内容：场所营造和公共产品（服务）提供。场所营造不仅改造物理空间，更塑造一个有社区认同感、归属感，促发社区交往与参与的场所；本文着力研究的是社会组织创制的公共文化产品之一：社区生活志。

在上海市长宁区新华路街道，有一个名为“大鱼营造”的文化社会组织，由5个“80后”高学历、多教育背景的成员构成，该社会组织持续三年为新华路社

区创制了一个公共文化产品：社区生活志《新华录》。

关于《新华录》的特点，“大鱼营造”的描述是：“这是一本由新华街坊参与共创，与新华共同生长的地方生活志，也是一本非营利性的街区刊物。”《新华录》诞生至今，经历了从自创到共创的过程。

2018 年 9—12 月的《新华录》第 1 号(创刊号)，是“大鱼营造”委托第三方专业团队创制的，其主题是“一个百年社区的共享新生”，宗旨是“一方面希望通过记录并分享社区中人们的日常与发生，以及对美好生活的理解与想象，慢慢地描绘出一副真实又鲜活的新华景象。另一方面，希望连结起一个个更为立体的新华人物与资源，为共同营造新华社区的美好未来提供养分，创造契机”①。2019 年《新华录》第 2 号，主题为“可持续生长的街区”，这个产品实现了创作团队的本地化与市民化。在“创刊号”付梓面世后，“大鱼营造”用各种方式组织了“一批以本地生活者为主，各有专长又有共创杂志意向的伙伴”，召集了一次次的共创工作坊、实地采访、小组会议……一个看似业余的团队通过近 9 个月的共同筹备与共同成长，包办了从内容策划、活动执行、采编校对到设计推广的全过程。漫长的制作周期一方面展现出这个团队的业余，另一方面却这个在街区故事的挖掘与关系的形成方面提供更好的土壤，而整个共创过程就是一场面向街区的美好行动。

社会组织选择街区“杂志”作为公共文化产品，基于“杂志”这个媒介，具有特殊的结构和传播作用。

从 1998 年起，桑德拉·鲍尔-洛基奇带领南加州大学安能博格传播学院的一个命名为“传媒转型：改变社区黏合纽带”的大型课题小组，在洛杉矶市展开建设地方社区的大型研究。该研究的主要发现有：每个地区都有一个独特的传播基础结构，这一事实警示决策者在社区建设中不能采用千篇一律的策略。②归属感、依恋感和睦邻行为是社区最重要的要素。一个强大的居民点趣闻轶事讲述结构或网络积极培育归属感、集体效验，即相信“我们”能够携手合力解决居民点的问题。居民在其中居住的传播环境的物理的、经济的和心理的特征直接影响人们是否感到自己能够并愿意“讲述”其社区归属方式的“故事”。

新华路社区具有自身独特的传播基础结构，包含邻里趣闻轶事讲述系统

① 中国三明治：《共创属于我们的社区刊物》，https://mbd.baidu.com/ma/s/JJj4Z94h。

② Ball Rokeach, “Media System Dependency to Communication Infrastructure: A Review of the Evolution of MSD Theory and a Proposal for a New Concept”, 2003 年在上海大学“全球化、市场化和高科技化时代的大众传媒”国际学术会上的发言稿。

和传播行动的环境。

桑德拉·鲍尔-洛基奇将趣闻轶事讲述者区分为三种，分别为宏观、中观和微观的讲述者。宏观的趣闻轶事讲述者是指主流媒体，这些主流媒体主要讲述的是整个城市、国家甚至是世界的故事。中观的趣闻轶事讲述者主要是指当地媒体和社区组织，当地媒体指的是以某个具体的地区或者某一部分人口(如新移民)为目标群的媒体。社会组织是将个人由某个小区物理空间的纯粹占有者转变为社区事务的积极参与者的有效渠道，其手段是向居民提供共同“想象”或“谈论”他们所居住小区事务的载体。微观的趣闻轶事讲述者就是指居住在某些小区的居民本身。在一个理想的社区，中观和微观的趣闻轶事讲述者形成一个整合的网络，在这个网络中，一个趣闻轶事讲述者激发其他趣闻轶事讲述者谈论社区。

《新华录》街区杂志就是“一个趣闻轶事讲述者激发其他趣闻轶事讲述者谈论社区”的载体。值得思考的问题是：为何在移动互联网高度发达的现今，人人都可以通过社交媒体链接和讲述，传统纸媒作为“宏观讲述者”，影响力式微，但是作为中观和微观的讲述者却展示出非凡的结构力？

2020 年 11 月推出的《新华录》第 3 号，由五个部分 64 页构成，内容包括“陪伴街区 26 年的马可孛罗面包店的结业”“啤酒阿姨的精酿啤酒便利店”“老洋房里的外国隐居者”“公寓里的黑胶图书馆”等发生在街区里的有温度的趣闻轶事，行文轻松生动。版式设计虽不那么专业，但是外在形态却像专业出版物。从版权页上可以看到：支持单位是新华路街道党工委、办事处，统筹单位是社会组织“大鱼营造”，采编团队就是《新华录》共创小组。

从 2020 年 7 月开始，“大鱼营造”发布线上招募共创者公告：第 3 号杂志以“什么最新华”为主题，开始了第 3 年《新华录》共创团队的招募。从 2020 年 7 月开始组织内容、组建团队到 11 月“出刊”，“大鱼营造”组织了线下的“关键词工作坊”“选题工作坊”“A to Z 工作坊”，并以工作坊的方式组建了包括记录组、故事组、摄影组、设计组在内的共创团队。《新华录》第 3 号的共创者有 22 位，人员构成包括前街区居民、现街区居民、新上海人、外国人和租客，共创者职业身份各异，有互联网从业者、外资企业员工、教师、家庭主妇、退休人士、学生等。《新华录》第 3 号的创制经历了 4 个月时间。共创团队里既有“老人”(参与过前期共创的)，也有新人(第 3 期才参与的)，而“大鱼营造”所起的是组织社会力量、整合社区资源、形成共创理念、组建共创团队、管理共创过程的作用。

表1 “大鱼营造”通过微信公众号发布的《新华录》第3号共创时间

时 间	活动内容	备 注
7月25日	线上共创说明会	有意愿加入共创小组参加
8月1日	“最新华”关键词共创工作坊	面向公众开放
8月8日	线下共创选题工作坊	共创小组参加
8月22日	线下内容互评工作坊	共创小组故事写作者、编辑参加
8月30日	故事终稿提交	共创小组故事写作者提交终稿
9月	编辑校对 & 排版设计	内容编辑参与沟通过程
10月中旬	《新华录》第3号发布会	面向公众开放
10月下旬	《新华录》共创小组茶话会	共创小组参加

张少杰是《新华录》第3号的灵魂人物，他是“大鱼营造”招募到的“专业人士”，被“大鱼营造”誉为“内容官”；他兼有新华路社区居民、前专业官方媒体新闻编辑、现互联网从业者等多重身份。作为一个“80后”，为何会参与《新华录》的共创？为此，本文对他进行了如下访谈（Q：本文作者，A：张少杰）

Q：您是什么时候参加《新华录》共创的？

A：我是2020年7月参加的。最开始我在群里看到它的前几期，感觉挺有意思的，毕竟之前我也做过文字编辑工作，我对新华街道也比较熟悉。

Q：您在《新华录》共创工作中具体负责什么？

A：我在这个过程中先帮助确定选题，之后安排共创者去采访，制定采访策略，帮助故事组共创者写成故事。

Q：在参与过程中您收获了什么？

A：我最大的收获是做这件事的过程而非结果，这是本社区居民自发参与的实验性活动，不是专业性的活动，但是因为一群背景各异的人聚在一起，做出一个还不错的东西，本身就很有意思。

Q：您对《新华录》未来期待是什么？

A：它目前保持的周期是每年一期，我希望它可以保持这种慢杂志的特点，每期都可以有相对稳定的主创团队，我还希望它能更深入挖掘社区里面小而美的故事。

Q:您如何评价“大鱼营造”这个社会组织?

A:“大鱼营造”是一个扎根社区,能够真正促进社区文化融合的组织,这个组织真的为社区居民做事情,他们是在基层一点一滴做起来的。通俗来讲,我们都是原子化的个人……在中国传统的城市里,社区里人与人之间的联系感比较偏弱……我认为这个 NGO 做的《新华录》,本身的目的就是让社区中的人都互相认识、互相了解,把共同的兴趣组建成一个联盟,这也是这件事情的最大价值,我认为这是美好市民社会的建设的一个路径。

个人参与社区文化建设往往因为参与渠道的闭塞而选择依托社会文化组织,社会文化组织也正好需要组建文化共创团队,两者一拍即合,进而生成了一种“政府支持、社会组织参与、社区居民互动”的新机制。

从本质上来说,《新华录》的出现是社区行政部门出让部分权力资源,实现公共文化产品多元化供给的体现。《新华录》第 1 号是“大鱼营造”与其他社会文化组织合作完成,该产品的不断传播引发了新华街道自治办的关注。2019 年起,新华街道自治办开始出资赞助《新华录》第 2 号,不仅多次参与选题讨论会,还帮助提供场地举办线下采编和发布活动。新华街道负责人 N 某将《新华录》称为“新华人自己办的街区宣传平台”——在这里,各种社区居民一起讲述新华事、新华美、新华梦。

“大鱼营造”将《新华录》作为凝聚居民参与文化共建的载体,不断孵化内生组织延续该产品的生产制作;社区居民受到该“街区杂志”的感召,自愿加入街坊趣闻雅事的编写队伍,利用自己的兴趣和专长,以及“想借此认识社区里有趣的别人”的社交需求,实现自身的文化价值。在“大鱼营造”的组织下,参与《新华录》的共创“专业人数”从 2019 年的 14 位增加到 2020 年的 22 位,“外围”(受访者、联络者、提供各种支持者)人数则高达 500 人。

居民参与社区文化建设,通常会将情感收益放在首位,象征性收益和制度性荣誉成为激励社区居民主动参与的报偿。为保证社区居民参与社区文化建设的可持续性,每期《新华录》的封面内容都会选用共创团队成员的新华街道风貌摄影作品来呈现,“杂志”中也有专门的页码详细介绍共创者的贡献。《新华录》刊印后,既会赠予共创团队的每位成员,也会放在街道办事处宣传栏以及社区书店中,这种做法体现了政府和社会组织对共创者的肯定,这种肯定作为一种象征性收益表现出参与者的社会价值。

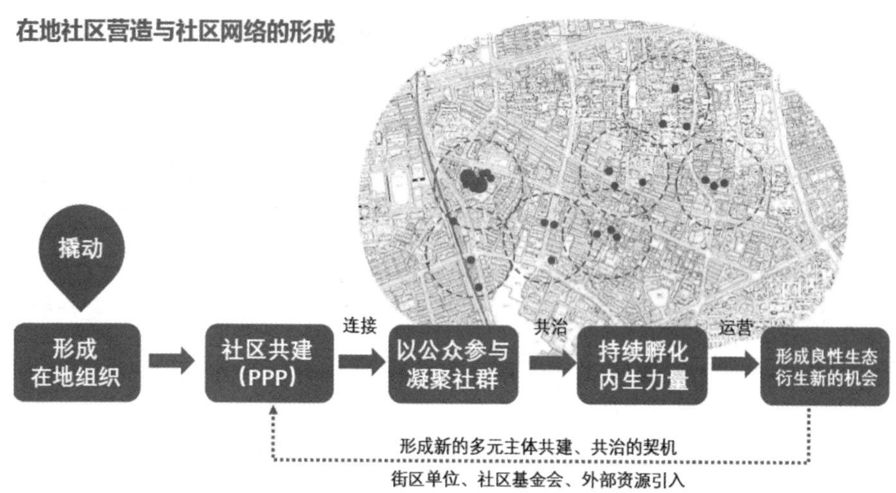

图 1 “大鱼营造”的街区生活志《新华录》的社区文化营造构想

《新华录》运作 3 年,体现了社会组织“大鱼营造”的以下特点:一是形成在地的社区文化组织者;二是整合社区资源,组织居民参与社区文化共建;三是以公共文化产品的创制凝聚社群,实现社区文化的共治与自治;四是持续孵化社区的内生力量,让美好的文化产品得以持续供给;五是形成良性文化生态,衍生出社区的新文化产品。

由于上述原因,《新华录》也因此被社区政府遴选为“一街一品”①的代表,展现出社区文化治理的崭新风貌。

五、社会组织参与社区文化治理的问题与解决路径

上海已有不少社会组织把与居民共创的街区生活志作为公共文化产品推向社区,如 Upbeing 是上海另一个服务于社区文化治理的社会组织,它既为杨浦区定海社区连续创制名为《定海森活》的社区线上杂志,还与虹口四平社区居民共创了《四平》社区杂志;社会组织“社趣更馨”则与愚园路社区居民共创了《故事发生在愚园路》7 册故事图书……这类有吸引力的公共文化产品,促发了在地社区营造和社区网络的形成,弥补了政府工作的“最后一公里”文化产品供给的不足。

---

① 《推进“一街一品”项目,打造长宁社区治理“特长生”》,长宁区政府网,http://www.shcn.gov.cn/art/2019/12/24/art_7854_553657.html。

（一）存在问题

社会组织参与社区公共文化产品提供，还存在着诸多的问题和困难，主要表现为参与程度不足、合法性问题、社会力量发育不完善等。

1. 参与程度不足

此类文化产品对于社区文化治理的参与，既体现为多种参与模式的浅表性，也体现为参与频率的低频次。如《新华录》街区杂志每年只出一次，每期页码比较有限，印数有限，无法让社区居民充分讲述社区事务，表明这个街区杂志参与社区文化治理的程度还不够。

2. 合法性问题

《新华录》等街区生活志是一个公共文化产品，又具有印刷媒体形态，尽管受社区居民喜爱，但存在是否合法的风险。作为一本免费赠阅的印刷物，由于其具有媒体特质，应该在取得新闻出版准印证的基础上继续运作。

3. 文化社会组织的能力发育不完善

《新华录》虽然具有杂志的形态，但是其内容和设计制作、传播的水平显得业余，体现出社会组织的组织能力欠缺——在这个文化产品生产过程中，出现了专业人士缺乏的问题，说明社会组织还没有把社区资源充分调动起来。

（二）解决路径

针对上述问题，建议社区文化治理的主要力量——政府方采取以下解决路径：

（1）为社会组织提供包容和尊重的有效技术和经费支持，进一步实现各利益相关者的激励兼容。

（2）以政策、法律体系建构社会组织参与的制度空间。社会组织参与社区文化治理的有序化、规范化及社会力量权益的合法化、合理化，均需要政策法律的保障才能实现。社区政府应该为社会文化组织创制的产品提供合法性支持，如帮助街区杂志取得新闻出版准印证。

（3）培育、提升社会组织的文化建设参与能力。社会力量是社区传统公共文化供给的“增量”部分，具有对“存量”的补足价值和创新引导激励作用。当前，我国基层文化领域社会组织能力发育不足，成为制约社会力量有效、持续参与社区文化治理的关键因素。应建立健全社会组织的培育机制，通过鼓励基层政府在财政预算中设立专项基金、提供信用贷款支持等举措，为社会组织的发展提供资金保障；通过出台优惠政策，鼓励文化社会组织与公共文化事业单位开展公平竞争；通过实施人才共享策略，由地方政府为社会组织提供人力培训和技术指导，提升专业化水平，从而提高参与社区文化治理的效能。

Research on the Path of Social Organization Participating in Community Cultural Governance
——Taking the Neighborhood Life Records Xinhua Logue of the "Big Fish Community Design Center" as An Example

Wang Xiaolian　Zhang Jinghao

Abstract: In the context of grassroots cultural governance, social organizations with different social resources and multiple behavioral strategies have become a supplementary force for participating in community cultural governance. Through the "co-creation" of cultural products, cultural and social organizations establish a cultural interaction field for the connection of communities, residents and the government to achieve community "cultural autonomy". Encourage and manage social forces to create cohesive cultural products and provide incremental cultural services, has become an important issue for the modernization of community cultural governance.

Key words: community cultural governance; social organization; *Xinhua Logue*

非遗扶贫的文化治理性探析

上海师范大学　王　元　杨程程

［内容提要］　非遗扶贫是精准扶贫与乡村振兴双重政策作用下的产物。非遗扶贫的实践探索生动诠释了文化作为国家治理工具的有效性。文化治理的本质以文化为主要政策对象，作用到经济社会生活的方方面面。非遗扶贫在实践中呈现出促进人的全面发展与主体性的重塑、社会结构的稳固与再生产能力的接续以及文化间性的弥合与国家认同的建构，分别从个体、社会及国家层面展现出其文化治理性的三重逻辑。

［关键词］　非遗扶贫；精准扶贫；文化治理；文化间性

当代中国的社会性质及发展方向从本质上要求实现共同富裕。从改革开放时的“让一部分人先富起来”“先富带后富”到“精准扶贫”，脱贫致富一直是中国社会发展的主旋律。在中华民族实现从“站起来”到“富起来”再到“强起来”的跨越式发展进程中，其背后的主要治理逻辑从“政治治理（‘以阶级斗争为纲’）——经济治理（‘以经济建设为中心’）之后，正在走向文化治理（‘建设社会主义文化强国’）”①。非遗扶贫是精准扶贫政策的具体体现，更是现阶段国家文化治理的生动实践。

一、精准扶贫与乡村振兴的螺旋互动助推了非遗扶贫的应运而生

2013 年 11 月，习近平总书记到湖南湘西花垣县十八洞村考察时首次作出了“实事求是、因地制宜、分类指导、精准扶贫”的重要指示。这是当代中国国家贫困治理进程中基于中国制度优势及社会现实的政策创新与战略调整。

① 胡惠林：《国家文化治理：中国文化产业发展战略论》，上海人民出版社 2012 年版，第 1 页。

随后，习近平总书记在党的十九大报告中明确提出了乡村振兴战略，这既是中国社会主要矛盾变化之后的必然选择，也是消除贫困逐渐实现共同富裕的内在要求。

乡村振兴的关键在人，如何让身处其中的人群成为有能力、有意愿振兴乡村的主体是影响乡村振兴战略成败的决定性因素。在中国广袤的乡村土地上，留存着大量生发于传统农业社会的手工艺，这些手工艺原本是生于斯长于斯的人安身立命之本，但随着城镇化发展及大量乡村人口的流失，这些宝贵的非遗逐渐淹没于乡村与城市。这些手工技艺的基因却深深植根于这片沃土，只要有适宜的外部环境，这些技艺不仅可以重新焕发活力，更有可能成为贫困地区精准扶贫的重要抓手。

2016 年 11 月，国务院下发《关于印发"十三五"脱贫攻坚规划的通知》，其中提到"开展非物质文化遗产生产性保护，鼓励民族传统工艺传承发展和产品生产销售。坚持创意开发，推出具有地方特点的旅游商品和纪念品。支持农村贫困家庭妇女发展家庭手工旅游产品"。非遗被看作旅游扶贫方式中旅游纪念品生产环节的重要生产资料。这是对非遗能够参与扶贫工作的官方认可。2017 年 3 月文化部、工业和信息化部、财政部联合下发的《中国传统工艺振兴计划》是国家层面推动传统工艺重现生机的政策动力，旨在通过建立国家传统工艺振兴目录来将传统工艺的当代重生制度化。当这项制度安排参与乡村振兴和精准扶贫的螺旋共振时，便生发出了乡村传统工艺振兴的实践和精准扶贫的探索。"传统工艺覆盖面广、兼顾农工、适合家庭生产的优势，扩大就业创业，促进精准扶贫，增加城乡居民收入"的论述，使《中国传统工艺振兴计划》成为第一份将非遗与精准扶贫原则性联系在一起的官方文件。

经过一年多的实践，2018 年 6 月，文旅部办公厅发布《关于大力振兴贫困地区传统工艺助力精准扶贫的通知》，明确提出非遗是"助力精准扶贫的重要抓手"，表明"许多地方大力探索和实践'非遗＋扶贫'工作，取得了很多典型经验和显著成效"，这是中国官方文件中第一次明确提出"非遗＋扶贫"模式。一个月后，国务院扶贫办和文旅部联合印发《关于支持设立非遗扶贫就业工坊的通知》，将上一个通知的精神落到了实处，确定了第一批"非遗＋扶贫"重点支持地区设立非遗扶贫就业工坊，并期望"总结提炼一批可复制、可推广、可持续的非遗扶贫就业工坊工作经验与模式"。由此，"非遗扶贫"作为一项国家的制度安排正式走上了历史舞台。如果说《中国传统工艺振兴计划》是从宏观层面对非遗扶贫工作进行定性式的倡议，那么《关于支持设立非遗扶贫就业工坊的通知》则是在微观层面将非遗扶贫工作进行定量式的落实。

2019年12月，文旅部办公厅、国务院扶贫办综合司又印发《关于推进非遗扶贫就业工坊建设的通知》，明确提出“促进非遗保护传承全面融入脱贫攻坚、乡村振兴等国家重大战略”。这既是对前一阶段非遗扶贫工坊经验的总结，又是将试点地区可推广、可持续的非遗扶贫模式深化推进的部署，是非遗扶贫这一具有中国特色的精准扶贫模式由实践探索阶段向实然落实阶段迈进的标志。数据显示，截至2020年，各地非遗扶贫就业工坊已带动项目超过2 200个，带动近50万人就业，助力20多万贫困户实现脱贫。[①]

从“有助于促进就业，实现精准扶贫”到“助力精准扶贫的重要抓手”再到“全面融入脱贫攻坚、乡村振兴等国家重大战略”，我国的非遗扶贫工作遵循“实践摸索—政策试点—实践深入—政策推进”的路径实现了文化传承到文化治理的使命跃迁。

二、非遗扶贫实现文化治理性的三重逻辑

文化本身是具有治理性的，因为它是“对一种社会生活状况的不断构建，而不是一个依附的变量”，文化从本质上来说是一种“意义生成机制”，“文化总是一种在场，并且是第一位的，存在于经济、社会和政治实践之中，还从内部构建它们”，当经济、政治和社会实践在同一性的文化组织中得到构建时，“社会行动者占据某个位置并相应地发挥作用”[②]。非遗扶贫和其他精准扶贫的不同之处恰恰在于非遗本身所蕴含的文化力量。

非遗是人类几千年文明积淀下来的精神财富，是各族人民世代相承、与群众生活密切相关的各种传统文化表现形式和文化空间。在不同的历史时期、不同自然环境下所创造的非遗是重要的历史文化资源和文化成果，凝结的是与我们一脉相承的前人在历史长河中所创造的优秀智慧，更是不同时期人与自然关系的和谐展现。以非遗为代表的文化传统是“既有的解决各种人类问题的文化途径”[③]，也构成非遗在扶贫实践中实现其文化治理性的内在逻辑前提。文化治理的本质是以文化为主要政策对象，作用到经济社会生活的方方面面。非遗扶贫在实践中呈现出对人主体性的重塑、社会结构的稳固以及文

① 郑海鸥：《非遗扶贫让日子更有奔头》，《人民日报》，2020年11月8日。

② [英]托尼·本尼特：《文化、治理与社会》，王杰、强东红等译，东方出版中心2016年版，第258—260页。

③ [美]希尔斯：《论传统》，傅铿、吕乐译，上海人民出版社1991年版，第114页。

化间性的弥合等作用构成其实现文化治理性的三重逻辑。

（一）人的全面发展与主体性的重塑

自古以来，我国便有根深蒂固的富民思想。《诗经·大雅·民劳》有云“民亦劳止，汔可小康”，这是我国古代典籍中对“小康”的最早记录。千百年后的今天，脱贫致富依然是广大人民最朴素的追求。“贫穷不是社会主义”，精准扶贫政策是在总结新中国成立以来各种扶贫经验及现实国情基础上形成的有效扶贫对策。其内在要求实现贫困人口的精准识别，实现扶贫资源的精准投放，变被动接受型扶贫为主动参与型扶贫，实现从“授人以鱼”到“授人以渔”的转变。

约翰·弗里德曼认为，贫困者在社会、政治、心理三个方面被“褫权”，贫困者由于“无法获得生计所需的资源”，又没有“明确的纲领和发言权”，进而也就觉得自己“毫无价值”。为了摆脱贫困，首先要做的便是获得“谋生资源”。①《关于支持设立非遗扶贫就业工坊的通知》明确指出，要“帮助深度贫困地区建档立卡贫困人口参与学习传统工艺，激发内生动力”，引导贫困人口习得一技之长，通过自力更生，实现持续稳定的就业。这便一针见血地指出了非遗扶贫工作的本质在于提高贫困人口的劳动创造能力，这便是一种“谋生资源”。通过学习传统工艺获取谋生资源的过程便相应地成为一种“赋权”的过程。贫困人口不仅被赋予掌握劳动技能的权利，也被赋予通过劳动获得经济收益的权利。正如阿玛蒂亚·森所言，一个人所拥有的劳动能力，以及“与自己的劳动能力有关的以贸易为基础的权利”②构成个人的资源禀赋，借助经济社会的市场交换机制，人们“可以得到的商品组合所构成的集合就是他的资源禀赋的交换权利”③。不难看出，谋生资源只是摆脱贫困的必要条件，交换权利的实现才是脱贫的充分条件。想要获得更多的交换权利，必然要求占有更多的谋生资源。

从时间上来看，非遗具有传统性和古老性，从空间上来看，非遗具有区域性和民族性，要想获得更大消费市场受众的认可，非遗产品必然要满足当代消费者的审美需求。因此，非遗扶贫功能的实现就要求贫困人口不仅要掌握工艺技能，而且需要了解市场需求，生产出满足当代社会发展需求的文化产品。因此，非遗扶贫工坊建设的重要工作抓手便是对贫困人口进行培训。而在非

① ［奥］约翰·弗里德曼：《再思贫困：赋权与公民权》，《国际社会科学杂志（中文版）》1997年第2期。

② ［印度］阿马蒂亚·森：《贫困与饥荒》，王宇、王文玉译，商务印书馆2001年版，第3页。

③ 同上，第57页。

遗扶贫工坊建设之前，文化部和教育部在2015年便共同启动实施了“中国非遗传承人群研修研习培训计划”（以下简称“研培计划”）。该计划以传统工艺为切入点，聚合了高校、机构、学者及设计师等多方力量，组织非遗传承人群到高校学习，帮助传承人群“强基础、拓眼界、增学养”。为了进一步配合实施《中国传统工艺振兴计划》，文旅部、教育部、人力资源社会保障部于2018年4月共同出台《中国非物质文化遗产传承人群研修研习培训计划实施方案（2018—2020）》，进一步根据不同传承人群的基础和特点划分研修层次，因材施教，各得其所。而在《关于推进非遗扶贫就业工坊建设的通知》中，也提到依托“研培计划”来开展有针对性的培训。扶贫工坊和研培计划相辅相成，共同为贫困人口获得更多的谋生资源进行赋权。

云南省怒江傈僳族自治州属于国家“三区三州”深度贫困地区。福贡县群发民族服饰非遗扶贫就业工坊在负责人此路恒的带领下，依托民族服饰制作技艺，逐步实现脱贫。仅2019年工坊总收入便达460余万元，带领当地218户412人脱贫，其中残疾人66人。2020年上半年，工坊带领110户200人脱贫，其中残疾人30人。①值得一提的是，此路恒本人也是残障人士，他因身残志坚的典型事迹被评为云南省残疾人自强模范。“研培计划”的“扶智”效果更为明显，传承人群在参与“研培计划”后都表示“更好地认识了非遗项目的文化内涵和独特价值，使其在‘秉承传统、不失其本’的同时，拓宽了眼界，提高了传承能力”②。甚至有绣娘表示：“从来没敢想，原来自己可以做得更好，表现手法更丰富，传统的东西也可以受到现在的消费者欢迎。”③更难能可贵的是，参加“研培计划”的传承人群在返乡后会起到带动示范效应。以贵州省黔东南州为例，2017年该州参加研培计划的学员，以“传承人＋合作社/公司＋农户”模式创业的就达225家，实现年销售收入逾7.5亿元。同时，优秀学员返回当地培训新学员并带动约9 500人就业，其中贫困人口占就业总人数的58%，每家企业平均带动47人就业。④

实践证明，谋生资源与交换权利的共同实现不仅确保了可持续脱贫的实现，更能让贫困人口增强获得感，尤其对于身体有缺陷的贫困人口，随着非遗扶贫工坊建设的推进，他们重新发现了自身的价值，摆脱了“毫无价值”的心理

① 文静、王培洁：《云南福贡傈僳族村寨：守好“老”手艺　闯出“新”路子》，《中国民族报》，2020年11月24日。

② 郦亮：《“研培计划”为非遗找到当代表达》，《青年报》，2018年7月20日。

③ 蒋培玲：《研培计划：为非遗传承注入活力》，《农民日报》，2017年6月9日。

④ 章莉莉：《“研培计划”：让非遗从历史走进当下》，《光明日报》，2018年6月2日。

图式，进而实现了“人的全面发展”。这也正是习近平总书记所强调的“以人民为中心”“不断促进人的全面发展”思想的具体体现。人的全面发展是马克思主义哲学的根本问题，也是共产主义的基本特征和内在要求。马克思认为人的全面发展是人的劳动能力的全面发展，是人的素质的全面提高，最终表现为能够满足社会发展的需要，实现自我价值。不同于一般性的谋生手段，非遗本身蕴含着丰富的文化价值，对于非遗技艺的传习，不仅可以掌握手工技艺，更能实现对文化传统的认知。非遗是无形的，其展示与传承都需要借助一定的媒介，而在此过程中，人的作用至关重要。无论是技艺的传承，记忆的承载，还是曲艺的沿袭，传说的演绎，都需要代际之间人们口传心授。这样的传承方式是由历史发展条件决定的，由于非遗产生的土壤是传统的农业社会，劳动人民在生产生活中习得了经验，创造了各种手工技能、表演形式，形成了对宇宙、自然的认识，产生了信仰，所有这些都是基于无数个体感受所形成的集体认知，换句话说，是若干个人共同创造了非遗。“既往经验以感知、思维和行为图式的形式存储于每个人身上，与各种形式规则和明确的规范相比，能更加可靠地保证实践活动的一致性和它们历时而不变的特性。”①因此，在传习非遗的过程中，人们必然会对其所蕴含的历史、艺术、科学、文化等价值加以体认，从而得到了思想文化层面的升华，也重塑了自身的文化主体性。非遗扶贫不仅是为了追求经济增长，而且“为了扩大社会的生产能力，以期通过全体居民的努力而充分实现公民的全部权利”②。

（二）社会结构的稳固与再生产能力的接续

多年来，贫困地区普遍存在空心化的现象。年轻的壮劳力无论男女，大多会选择背井离乡，远赴东部发达地区，通过出卖劳动力来获得经济收入。因此，在我国的西南地区，存在大量的留守儿童和留守老人。依据民政部2018年的统计数据，我国留守儿童人数达697万，四川省农村留守儿童规模最大，总人数达76.5万，安徽、湖南、河南、江西、湖北、贵州的留守儿童数量紧随其后，上述七省的农村留守儿童总数占全国总数的69.7%。③2020年1月发布的《2019年度中国留守儿童心灵状况白皮书》揭示了留守家庭中普遍存在亲子关系疏离问题，折射了当代留守家庭对孩子养育与教育问题的迷惑与困境。④

① ［法］皮埃尔·布迪厄：《实践感》，蒋梓骅译，译林出版社2003年版，第82—83页。

② ［奥］约翰·弗里德曼：《再思贫困：赋权与公民权》，《国际社会科学杂志（中文版）》1997年第2期。

③ 《2018年农村留守儿童数据》，中华人民共和国民政部网站，2018年9月1日。

④ 《2019年度中国留守儿童心灵状况白皮书发布：超过三成遭受性暴力对待》，《中国新闻周刊》，2020年1月14日。

由于父母一方或双方外出务工，留守儿童不得不由祖辈代为照顾，虽然父母为了给孩子提供更多的物质保障不得已而为之，但是留守在家的儿童期望得到的却不限于此，在最需要陪伴的年龄阶段，父母的缺位必然导致亲子关系疏离。儿童的心理发展、学业进展、行为教养等方面也受到了较大影响。与留守儿童同样存在的是留守老人。2018 年中国农村留守老人研究报告显示，我国农村留守老人达 1 600 万人①。留守儿童与留守老人弱弱互助必然导致社会结构的失衡，以及贫困地区的恶性循环。

破解贫困地区空心化难题的关键点在于留住青壮年。作为家庭的中坚力量，青壮年不仅需要获得经济收益，还需要获得自身价值的提升，实现人的全面发展。非遗扶贫的出现，使得青壮年劳动力能够在家乡觅得满足其生理、安全、情感和归属需要的工作岗位，不仅掌握了非遗技艺，还对自身文化有了充分体认。唯品会唯爱工坊联合艾瑞咨询、广东振兴传统工艺工作站发布的《2019 年非遗新经济消费报告》指出，自 2017 年以来，非遗手艺人数量不断增加，非遗手艺人年轻化趋势明显，“90 后”手艺人大幅增加，一年之间，“90 后”非遗手艺人增长 14.8 倍，其中“95 后”非遗手艺人占 49.5%，“00 后”手艺人占 5.3%。②越来越多的青壮年劳动力选择回到家乡，通过掌握非遗技艺，获得谋生资源。青壮年的回归意味着家庭结构的稳定，幼有所养，老有所依，从而保证了社会结构的稳定。

湖南省花垣县地处湘西武陵山连片特困山区，该县石栏镇文化站推出“让妈妈回家”苗绣文化扶贫项目，吸收当地妇女在镇上的创业培训基地接受免费培训，培养合格后聘为绣娘在当地就业。③截至 2019 年 6 月，石栏镇已培训 858 名绣娘，其中 356 名留守儿童的妈妈实现返乡。在当地政府的推动下，“非遗苗绣＋扶贫”项目使得花垣县留守儿童由 2015 年的 2.3 万多名减少到现在的 6 000 多名，帮助 1 万余个家庭实现了回乡脱贫的梦想。④“让妈妈回家”在湖南多地得到推广。据统计，湘西州在 4 个苗族聚居县设立了 20 多个苗绣创业培训基地，培训绣娘 6 000 余人，创造就业岗位近 3 000 个，人均年增收近 5 000 元；吉首市有 1/5 的返乡妈妈和留守妇女从事苗绣事业；怀化市通道侗族自治县 4 000 多名织女在当地侗锦织造技艺代表性传承人带领下通过

① 《中国农村留守老人研究报告》，《南方都市报》，2018 年 12 月 11 日。
② 《2019 年非遗新经济消费报告》，艾瑞咨询，2019 年 6 月 10 日。
③ 李尕：《苗绣：让妈妈回家》，《中国青年报》，2018 年 5 月 21 日。
④ 沙兆华：《“让妈妈回家”》，《湖南日报》，2019 年 6 月 13 日。

侗锦脱贫。①

对于依托非遗技艺回家的“妈妈”而言，最重要的不是获得了经济收益，而是能够在家陪伴孩子成长，确保地区活力的延续及后续劳动力的接续。对于整个社会而言，非遗扶贫不仅能够恢复空心化贫困地区的正常家庭关系，还可以通过非遗这一文化纽带建构统一的心理基础，形成地域文化认同的代际传递，维持稳定的社会结构。这也正是非遗作为文化资源与其他谋生资源相比最根本的不同，也是其能达成社会层面文化治理性的前提。

哈佛大学史学家老施莱辛格认为，个人的认同感和生活方式来源于他所属的群体，而各群体的文化认同感和生活方式又植根于所在地区的历史之中。②非遗是产生这些遗产的历史、地理、自然、社会条件的全部过去外在条件的有效在场。对于非遗的传习正是再现这些历史传统的实践。非遗技艺的习得过程意味着“总体上的统一化关系……世代承传的知识只有在身体化状态下才得以留存”③。非遗来源于个体实践中具体而微的日常生活，“‘技能’是由泛化的、不可言喻的范畴和期待构成的世代相传之物，是以符码和信号系统为内容的传统”④，因此，代代相传的非遗对于民众日常生活的维系与延续具有重要作用。这种源自历史的连续性奠定了地域文化传统的基调，对历史和传统的态度实质上构成了生活在这一区域的共同体的集体认同。某种程度上，这种文化认同发挥着一种规范的效应，将共同文化圈层下成长起来的人团结在一起，从而社会可以长期保持相对稳定的态势。

（三）文化间性的弥合与国家认同的建构

如果说主体性重塑和社会结构的稳固是立足于贫困地区单方面而言的非遗文化治理性逻辑，那么接下来的讨论则侧重在“扶”与“贫”双方主体的互动性过程中所达成的更高层面的文化治理。前文已述，交换价值的实现是解决贫困问题的根本途径。承载着地方与民族文化基因的非遗产品经由掌握技艺的传承人群生产，通过消费市场这一中介，与不同地区的消费主体进行交易，生产主体获得了经济收益，消费主体则获得了文化产品。非遗产品是地域民族文化传统高度抽象化后的符号表征，也是他者快速认知该种文化的接口。表面上看，非遗产品交换价值的实现是作为物的商品交易，更深层则是非遗产

① 杜洁芳：《非遗扶贫——“让妈妈回家”让孩子告别留守》，《中国文化报》，2019 年 11 月 4 日。
② 黄柯可：《美国城市史学的产生与发展》，《史学理论研究》1997 年第 4 期。
③ ［法］皮埃尔·布迪厄：《实践感》，蒋梓骅译，译林出版社 2003 年版，第 113 页。
④ ［美］希尔斯：《论传统》，傅铿、吕乐译，上海人民出版社 1991 年版，第 115 页。

品背后的文化传统与异质文化的交流碰撞。在这种交流碰撞的过程中，消费市场两端的文化会实现一种间性的弥合，彼此互构，从而完成国家层面的集体认同。

主体间性概念最早由胡塞尔提出，哈贝马斯在其交往行动理论中将主体间性理论发扬光大。哈贝马斯用主体间性关系来建构交往理性的范式，将工业文明发展以来所形成的“主—客”关系转变为共在的“主—主”关系，也即主体间性，从而克服了资本主义工具理性下导致的人与人之间交往行为的“物化”。主体间性理论强调在承认彼此主体地位的基础上包容差异、相互理解、相互信任、形成共识。①文化间性是主体间性理论在文化领域的拓展，因此也继承了主体间性的基本立场。文化间性承认不同文化之间的差异，但更主张文化间的互动互见，同时也为两种文化在打破高低与强弱之分基础上的互动搭建了桥梁。两种文化系统间性作用发生的前提是一种文化本身对另一种文化某些方面的需要，也即两者之间存在某种内在关联。换句话说，一种文化在与另一种文化互动时会有基于自身文化属性的观察视角，这种视角又会随着时间的发展、社会的变迁而同步变化，同时，某一种文化的某些方面在与另一种文化的关联作用中也会得到意义重组和价值重构。

城市化的迅猛发展使得我国东西部地区的经济发展状况出现显著差异。现代工业文明对传统农业文明造成强势的侵蚀与同化，经济欠发达地区的文化受到现代化文明压倒式的影响。我国的非遗扶贫工作坊大多设立在中西部地区（见表 1），其中，47.05％为少数民族手工艺类非遗扶贫工坊（见图 1），而非遗消费者大多集中在一二线城市。②非遗的原生地较为完整地保留着传统的文化生境，而这恰恰使非遗能够成为传统文化、民族文化的索引。随着非遗扶贫工作的推进，借由作为文化商品的非遗在空间上的转移，传统的乡土文化与典型的民族文化开始向现代的都市文化流动。在文化间性理论视域下，现代工业文明与传统农业文明之间的关系不再是单向度输出，两者都在以彼此为自我形象反馈的镜子，都在与他者文化的交往互动中发生意义重组，通过彼此之间的相互关照，来实现自身文化意义的重新确立，从而实现自身文化的赓续绵延，也实现了多元文化的共在。

① 阚侃：《文化间性的理论根源：从主体间性到文化间性》，《中国社会科学报》，2019 年 7 月 3 日。

② 《2019 年非遗新经济消费报告》，艾瑞咨询，2019 年 6 月 10 日。

表 1　我国非遗扶贫工坊统计

省　份	非遗扶贫就业工坊数量(个)	其中涉及少数民族技艺的非遗扶贫就业工坊数量(个)	省　份	非遗扶贫就业工坊数量(个)	其中涉及少数民族技艺的非遗扶贫就业工坊数量(个)
河　北	17	8	重　庆	20	6
山　西	17	0	四　川	86	50
内蒙古	4	1	贵　州	135	112
吉　林	3	3	云　南	3	3
黑龙江	2	0	西　藏	14	14
安　徽	3	0	陕　西	12	1
江　西	26	0	甘　肃	71	19
河　南	16	0	青　海	8	8
湖　北	4	1	宁　夏	8	3
湖　南	102	27	新　疆	4	4
广　西	3	2	**总　计**	**559**	**263**
海　南	1	1			

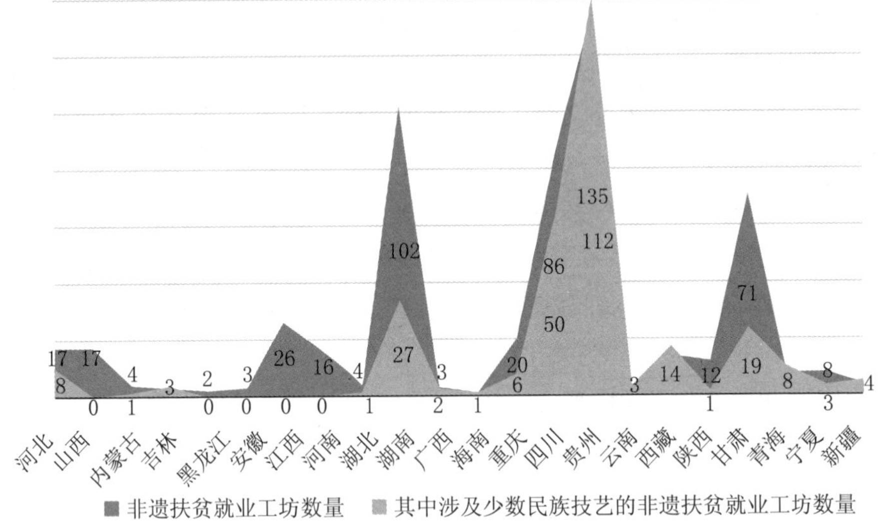

图 1　少数民族非遗扶贫工坊比例

只有当非遗与其原生文化圈之外的文化产生互动时，它的价值和意义才能充分实现，乡土非遗在与都市文化的交互中得到意义再生。换句话说，都市文化是非遗某些要素的显影剂，让原本存在于非遗本身的文化特性在与都市文化的交互中更加凸显，而这种凸显又经由都市文化的衬托才得以显现出来，其呈现的状态及作用形式必然不同于非遗本来状态的面貌，这也正是非遗在当代社会创造性转化和创新性发展的逻辑起点。与此同时，现代都市文化也在与非遗所代表的传统民族文化互动中进一步认清了自己的根脉与源流，知所从来，思所将往。

自古以来，我国就存在着民族迁徙与民族融合的过程，中华文明的光辉灿烂正是各民族优秀文化荟萃的结果。中华大地上不同民族文化的发展与中华民族共同性的形成是相辅相成的，“某个或某些民族的特长一旦为全国各民族或许多民族所接受，就变成为共同的特长，亦即中华民族的共同性了”[①]。这也正是中华民族多元一体格局的内在逻辑。相对于民族而言，国家的概念更具现代性和政治性，是人为建构的产物。国家既建立在民族之上，又区别于民族，国家的认同需要超越边界内的民族认同加以重构，“民族之间的关系对国家认同发生着消解性的影响”[②]，因此，世界范围多民族国家的认同问题一直是一个难题。但民族认同和国家认同之间并不天然存在着不可调和的矛盾，民族认同与国家认同是否协调一致直接关系着国家的长治久安。

“与过去紧密相连”和“与现在休戚相关”是建构民族国家认同的两个要素，前者需要“共享丰富传承的历史”，后者需要达成“今时今世的共识”，也即民族国家的人们“一致同意共同生活、同心协力、坚定意志、发扬光大传统的价值”[③]。链接“扶”与“贫”两端的非遗产品无疑是上述两个要素的集合体，其作为中介，既联系着传统与现代，更弥合了民族与国家。无论哪个民族的非遗都是中华民族优秀灿烂文化的组成部分，而在与当代社会的互动中，经由创造性转化和创新性发展的非遗成为满足全体国民对美好生活向往的具象载体。一方面继承着共有的传统，另一方面开拓着共同的未来，多元一体的中华民族在各民族文化互动互见中进一步筑牢了国家认同。

三、结语

非遗扶贫的实践探索生动诠释了文化作为国家治理工具的有效性。个体层面，非遗为贫困主体赋权，使其不仅掌握了劳动技能，而且提升了文化素养，

① 费孝通主编:《中华民族多元一体格局》，中央民族大学出版社 2003 年版，第 139 页。

② 纳日碧力戈等:《中国各民族的国家认同研究》，中国社会科学出版社 2020 年版，第 121 页。

③ [法]勒南:《国家是什么》，李纪舍译，转引自纳日碧力戈等:《中国各民族的国家认同研究》，中国社会科学出版社 2020 年版，第 122 页。

实现了自身的全面发展；社会层面，非遗让青壮年有能力有意愿返乡，幼有所育，老有所养，使原本空心化的地区再现了稳固的社会结构，更保障了地区再生产能力的接续；国家层面，非遗打通了传统文化走进现代生活的通道，使各族文化在与彼此的互动互见中完成了自我认知的迭代，进一步巩固了多元一体的国家认同。非遗文化治理性的实现固然是其自身属性使然，但更不容忽视的是当下中国发展的历史阶段与现实需求所共同形成的外部环境。在中华民族日益走向世界舞台中央的进程中，文化强国的力量将日益凸显，文化治理的作用也会愈加重要。

Analysis on Cultural Governance of Intangible Cultural Heritage Poverty Alleviation

Wang Yuan　Yang Chengcheng

Abstract: Poverty alleviation through intangible cultural heritage is the result of both targeted poverty alleviation and rural revitalization, which vividly explains that culture could be regarded as a national governance tool. The essence of cultural governance takes culture as the main policy object which will affect all aspects of economic and social life. Poverty alleviation through intangible cultural heritage presents a triple logic in practice, which are promoting the all-round development of people and the remodeling of subjectivity, the stability of the social structure and the continuity of reproduction capacity, bridging interculturality and constructing national identity.

Key words: Poverty alleviation through intangible cultural heritage, targeted poverty alleviation, cultural governance, interculturality

文化旅游

第 30 卷

Commentary on Cultural Industry in China

文旅融合“大休闲产业”背景下的休闲美育之路探索*

南京大学艺术学院、江苏省文化艺术研究院　徐　望

［内容提要］　文旅融合繁荣“大休闲产业”，使得“诗与远方”走到一起，建构了新的休闲美学体验场景，提升了人们对于文旅休闲的文化内涵追求和审美价值追寻。文旅融合助推建设性的休闲方式、创造审美化的休闲样态、生成诗意化的休闲境界，因而开辟了休闲美学之境，提供了休闲美学研究的新领域。文旅融合应发挥休闲美育之社会功能。“成为人”是休闲乃至休闲美育最终的价值指归。为此，要关注休闲异化现象，通过休闲美育来引导民众形成健康良好的审美观与休闲观；要使文旅休闲产业在产品与项目的创意、包装和科技运用等方面注重折射美与文化之张力。文旅融合背景下的休闲美育路径主要有：第一，认同“玩物适情”，解蔽认识局限；第二，保障时间空间，解困时空局限；第三，丰富产品供给，解除选择局限；第四，体悟自由之美，解脱生存局限。

［关键词］　文旅融合；休闲产业；休闲美学；休闲美育

文旅融合不仅是当今文化产业发展的主流趋势，而且于2018年获得我国国家行政机构建制层面的支持。“宜融则融，能融尽融，以文促旅，以旅彰文”是文旅融合的基本思路。文旅融合勾勒了“诗与远方”交相辉映的美好生活图景，建构了生活审美化和审美生活化的美学体验场景，提升了人们对于游憩玩乐的文化内涵追求和审美价值追寻。其要以民众休闲为前提，并要充分激励民众休闲，在造就了休闲经济增长点的同时营造了休闲美学氛围，使得经济效益与文化效益基于现实的休闲需求和审美需求拥有了很好的结合点，并促使

* 本文系国家社科基金艺术学项目“文化资本与消费社会双重视阈下的当代中国文化消费研究”(17CH221)；江苏省文化和旅游科研课题“艺术类产品之社会美育价值与社会文化资本积累功能研究”(20YB24)的阶段性成果。

文旅产业不断创造趣味多样、格调多元的休闲审美情境，在吸引文旅消费的同时切实发挥社会美育作用。无疑，文旅产业是将经济之利与休闲之乐充分结合起来的“幸福产业”，对于社会精神文明建设而言，更是关注人们休闲生活的一项“大美育产业”。今天，在文旅融合背景之下，探索其对于休闲经济发展的意义，对于休闲美学之境的开辟，其休闲美育之价值指归以及实现路径，具有理论与现实意义。

一、文旅融合繁荣大休闲产业

（一）休闲产业概念

休闲产业属于现代服务业，其对接的是人们开展的休闲活动、获得休闲愉悦的精神需求，是一种产业门类广、跨度大的横向产业。其与第三产业中的文化产业、旅游产业、体育产业等具有高度关联性，并广泛涉及第一、第二产业中的诸多产业部门，具有庞大的产业群和很长的产业链，是一种混合性、综合性产业，具有高度的融合性。休闲产业打破了传统农业、工业、服务业的划分界限和模式，形成了新的产业系统，其产业结构具有多元性、复合性、关联性、渗透性、互补性和替代性等特征，符合现代产业体系的关联交织、兼容共生特性。[①]休闲产业按照产业门类可划分为文娱休闲产业、旅游休闲产业、体育休闲产业等；按地理空间可划分为城市休闲产业、城郊休闲产业、乡村休闲产业；按照产业跨界融合形态又可划分为农业观光（田园观光）休闲产业、生态旅游休闲产业、工业创意设计休闲产业、工业博览休闲产业等。[②]

休闲产业是工业社会高度发达和消费社会日益演进的产物，19 世纪于欧美发达国家逐渐兴起，后随着全球经济一体化和发展中国家经济发展提速，20 世纪 80 年代进入快速发展时期。在我国，从 1995 年施行每周双休日的休假制度开始，到 21 世纪以来文化产业的快速崛起，再到当前文旅融合成为潮流，休闲产业一步步进入快车道。随着民众对于美好精神文化生活的需求日益强烈，休闲消费需求不断提升，休闲产业正成为国民经济的重要增长点。

人文属性是休闲产业的本质属性，其强调“以人为本”的服务与创造，宗旨

---

① Smith W. W., “The Tourism and Leisure Industry: Shaping the Future”, *Annals of Tourism Research*, 2005, 32(2), pp.510—511.

② 杨宏东、王培才:《休闲产业与其他产业的共生关系研究》,《山西经济管理干部学院学报》2009 年第 2 期。

是实现人类诗意生存和构建美好精神家园。“休闲经济的本质是以人为本、人文关怀。这是休闲经济对传统经济理念的一大贡献。”①

（二）文旅融合造就大休闲产业格局

无论是文化产业还是旅游产业，两者本身都属于休闲产业的主体产业。两者融合发展具有必然性，既符合产业内部发展机理，又顺应产业结构升级要求，如此，大休闲产业格局因势而生。首先，提升旅游产业的文化内涵，彰显旅游产业的文化特色，促进文化旅游产业发展，是文旅融合的主要思路。虽然单从字面上看，“文旅融合”即“文化＋旅游”，而其实质上侧重于旅游产业的文化化。今天，我国已经进入大众旅游时代。随着民众逐渐将旅游作为常态化的休闲方式，传统的走马观花、浅尝辄止式的景点观光旅游模式越来越难以契合当今民众的旅游消费期待，况且这种“赶场”式旅游较为缺乏休闲格调，不能满足品质化的旅游消费需求；相对的，不追求“打卡”景点数量，而追求在旅途中感受特色文化、体验风土民情、享受慢生活时光、实现审美化地休养生息，正是当下旅游休闲消费的主要趋势。因此，走文旅融合之路，拓展旅游活动的文化意义，提升旅游产业的休闲格调，是必要之举。其次，文旅融合是对于供给侧结构性改革浪潮在旅游领域的呼应，其对接新的需求，凸显了休闲的“以人为本”属性，探索开发研学旅游、康养旅游、亲子旅游、探险旅游、私人定制旅游等新的旅游产品。文旅融合推动了传统的观光旅游向现代的文化旅游发展，使得一系列针对个性化消费需求的新型旅游产品不断涌现，推动文化旅游产业的人本性不断彰显，而人本性正是休闲活动和休闲产业的根本属性。第三，文旅融合为旅游注入文化活力，扭转了传统观光游一统天下的局面，加速了旅游产业的多元化发展，促进旅游演艺业、旅游文创业、旅游食宿业等品质化、品位化发展，为消费者提供丰富的旅游休闲项目菜单。

（三）文旅融合打造大休闲产业空间

“休闲”在空间语义上指向广阔的天地、自由的空间。并且，休闲的空间可以是真实的，是宅内屋外、阳台庭院，是城市乡村、国内海外，是山水田园、商场街市；亦可以是虚幻的，是互联网线上的“云空间”、VR 技术创造出的虚拟场景，或者干脆是心灵的想象空间，如文学作品的虚构时空、自我幻想的异界天地等。休闲的这种无限化的空间语义要在产业经济层面得以体现，文旅融合

① 于光远、马惠娣：《于光远马惠娣十年对话——关于休闲学研究的基本问题》，重庆大学出版社 2008 年版，第 150 页。

是一种现实的途径。文旅融合首先推动了全域旅游的发展,使旅游从景点式走向全景式、从景区式走向区域式,特色小镇、主题公园、文化休闲街区、文化创意产业园区等是典型的全域旅游模式,拓展了旅游消费者的休闲空间。文旅融合对于新型城镇化、城乡一体化亦具有推动作用,诸如田园休闲综合体、生态观光农业产业园区、乡土风俗体验区以及乡韵十足的乡间民宿等,都吸引着旅游消费者走向乡土空间。此外,文旅融合基于"文科融合",运用新型文化艺术科技,推动着真实空间与虚拟空间的融合,生成了亦真亦幻的休闲空间,能将心灵化的空间转化为感官化的空间,不断推升消费者的空间体验,同时营造了新的休闲场景。

(四)文旅融合提升大休闲产业消费

国家统计局2019年8月发布的《消费市场日益强大　流通方式创新发展——新中国成立70周年经济社会发展成就系列报告之十一》指出:"随着居民生活水平的稳步提高和市场供给端的长足进步,消费热点由满足人民群众物质生活需求的实物消费向体现人民美好生活需要的服务消费转变。大众餐饮、文化娱乐、休闲旅游、教育培训、健康养生等服务消费成为新的消费热点。"①盘点当下消费市场,可以得出"消费升级"的结论。一方面,居民可支配收入和消费持续增长。另一方面,伴随着恩格尔系数持续下降,居民消费结构不断优化升级,文化消费结构性占比日益提升。尤其是大众旅游的兴起,成为广大民众支出最大且最为偏好的文化消费项目。央视财经2019年3月发布的《2018—2019中国经济生活大调查》显示,"旅游"持续五年被受访者列在消费意愿的第一选项。②国家统计局、文化和旅游部统计数据显示,2018年我国人均出游4次,国内旅游人数55.39亿人次,是1994年的11倍,年均增长10.3%,同比增长10.8%;国内旅游收入超过5万亿元,是1994年的50倍,年均增长17.7%③。2019年国内旅游人数60.06亿人次,同比增长8.4%;全年实现旅游总收入6.63万亿元,同比增长11.1%。初步测算,全年全国旅游业对GDP的综合贡献为10.94万亿元,占GDP总量的11.05%。④2017年我国出境旅游人数和境外旅游支出已经居世界首位,是全

①③　国家统计局:《消费市场日益强大　流通方式创新发展——新中国成立70周年经济社会发展成就系列报告之十一》,http://www.stats.gov.cn/tjsj/zxfb/201908/t20190802_1688781.html,2019-08-02。

②　中经文化产业:《数字文旅时代已到　中国如何趁势而为?》,https://mp.weixin.qq.com/s/qlF53dORtAs3hmaVrSc2KA,2019-08-14。

④　中华人民共和国文化和旅游部:《中华人民共和国文化和旅游部2019年文化和旅游发展统计公报》,https://www.mct.gov.cn/whzx/ggtz/202006/t20200620_872735.htm,2020-06-20。

球最大的出境游市场。①中国旅游研究院 2020 年 3 月发布的《2019 年旅游市场基本情况》显示，2019 年出境旅游人数达到 1.55 亿人次，同比增长 3.3%。②

当下，旅游是大众文化消费的必选项，并且是很多消费者的首选项，成为大众休闲的高热度选择。文旅融合是满足民众不断提升的休闲消费需求的必然进程，更应和了文化产业尤其是旅游产业业态升级要求。旅游产业业态的不断丰富为文旅休闲消费增加了新热点，近年来，旅游演艺消费呈现大热态势。2013—2017 年，我国旅游演艺市场发展势头强劲：节目台数从 187 台增加到 268 台，增长 43%；场次从 53 336 场增加到 85 753 场，增长 61%；观众人次从 2 789 万人次增加到 6 821 万人次，增长 145%；票房收入从 22.6 亿元增加到 51.5 亿元，增长 128%。③中国演出行业协会（CAPA）2019 年 7 月发布的《2018 中国演出市场年度报告》显示，2018 年旅游演出场次为 6.31 万场，同比增长 9.93%，票房收入 37.47 亿元，同比增长 9.21%。④当前旅游演艺业获得政策大力扶持，经历了从内容到服务再到经营模式的全面供给侧升级，可谓生机勃发。

二、文旅融合开辟休闲美学之境

（一）休闲美学理论渊源

作与息，劳作与休闲，是人生在世的两种基本存在状态。亚里士多德把休闲看作“一切事物环绕的中心”⑤，并认为休闲为科学和哲学的诞生提供了基本条件，且是人类幸福的源泉。马克思的人学理论蕴含着丰厚的人本主义休闲观，尽管其著作中并未直接提及“休闲”，却将休闲思想寓于关于“自由时间”的论述中，将自由时间视为人的自由全面发展和社会全面进步的必要条件，并关注人们对于自由时间的积极利用，即休闲的价值指归在于建设性地利用时间，而非简单地占有时间。凡勃仑的《有闲阶级论》（1899）通常被学界认作现

① 国家统计局：《国际地位显著提高　国际影响力持续增强——新中国成立 70 周年经济社会发展成就系列报告之二十三》，http://www.stats.gov.cn/tjsj/zxfb/201908/t20190829_1694202.html，2019-08-29。

② 中国旅游研究院：《2019 年旅游市场基本情况》，http://www.ctaweb.org/html/2020-3/2020-3-10-16-48-64712.html，2020-03-10。

③ 《促进旅游演艺转型升级，文化和旅游部印发指导意见》，《信息化视听》2019 年第 4 期。

④ 中国演出行业协会：《2018 中国演出市场年度报告——主要市场类型概况分析》，https://mp.weixin.qq.com/s/7OtD34NglQyGadSqsW-97w，2017-07-24。

⑤ ［古希腊］亚里士多德：《政治学》，吴寿彭译，商务印书馆 2017 年版，第 406 页。

代休闲学诞生的标志，其批判了资本主义经济制度，对资本主义社会的休闲消费和休闲文化进行了探究，很多观点涉及休闲价值观、审美观的阶级性。皮珀的《闲暇：文化的基础》(1947)是一部经典之作，其视休闲为文化存在和发展的基础，休闲既非享乐，更非懒散，而是一种人生态度，人们工作是为了休闲，而休闲是为了文化的创造。当代西方休闲学研究不断丰富，学者从社会学、教育学、女性学、文化人类学等多元学科视角研究休闲活动。在我国，休闲文化更加源远流长。儒家的“曾点之乐”“乐山乐水”“颐和养气”，道家的“虚静玄远”“心斋坐忘”“游鱼之乐”“逍遥游”“林泉之心”“林下风流”，佛家的“刹那永恒”“明心见性”“空无圆成”等，无不是关于休闲境界的哲思，更蕴藉着休闲的审美心胸与美学意境。在当代，于光远、马惠娣、潘立勇、吕尚彬、陈琰、张玉勤等学者从中西方休闲文化思想出发，研究了休闲社会、休闲经济、休闲美学与美育等。

休闲具有自由自适性、去功利性、个体情趣性、身心发展性等特性，因而休闲活动本身具有较多的审美意味。无论是我国的“游”“乐”“逸”“逍遥”“澄怀”“畅神”“品味”“怡情养性”，还是西方的“游戏”“超越”“自我实现”“诗意栖居”，都与休闲的审美情境相关，都指向美学化的休闲生活方式，强调于休闲中呈现趣味、格调、品位等美感，从而提升休闲意蕴，从审美化休闲走向审美化生存。由于休闲是生活的一部分，休闲美学自然属于生活美学。休闲美学的发展符合当下日常生活审美化和审美日常生活化的趋势；而在休闲生活中审美、创美、立美(建立美的人格)，实现审美化的诗意生存，正是社会经济文化发展的终极目标，也是文明社会建构的标尺。

从休闲美学的理论品格上看，其提升休闲活动的文化内涵，引导健康的休闲文化建设，“让美学从纯粹的‘观听之学’成为生动的‘身心之学’”[①]，突破了康德以来古典美学所建构的主客二元对立的静观式审美模式，符合现当代美学侧重于研究参与式、体验式审美模式建构的学术发展趋势。

（二）文旅融合助推建设性的休闲方式

休闲是一种美好的生存状态，使人摆脱“身为形役，心为物累”，实现身心调达。清代张潮在《幽梦影》中写道：“人莫乐于闲，非无所事事之谓也。闲则能读书，闲则能游名山，闲则能交益友，闲则能饮酒，闲则能著书，天下之乐，孰大于是?”[②]皮珀的《闲暇：文化的基础》的核心观点是：闲暇是一种哲学式的人生态度和生活观念，并不等于休息休止，也不是玩乐，更不是懒惰的代名词；而

① 潘立勇：《当代中国休闲文化的美学研究和理论建构》，《社会科学辑刊》2015 年第 2 期。
② 张潮：《幽梦影》，崇文书局 2017 年版，第 74 页。

是作为劳作的目的，并且是一种文化创造的能力。只有有了闲暇，才能实现更高层次的人生理想和创造更丰美的文化果实。因而，闲暇是文化的基础。①可见，休闲并不等于无所事事、无聊怠惰，更不等于安逸享乐、纵欲消遣，甚至“娱乐至死”。休闲当是一种主体自由选择参与建设性事务，以充分陶冶情操、培养志趣、发展潜能的积极的生存样式；休闲并不与劳动相斥，恰恰是投入了一种非被动役使性的主动选择性劳动，在这种自主自由的劳动中，主体恢复了精力、创造了价值、发展了自我。从这个意义上看，文旅融合对于人们开展建设性的休闲生活具有助推作用。文旅融合注重发掘旅游的文化价值，强化了旅游这种休闲活动的文化内涵，推动观光游向体验游转化，使游客参与文化活动之中、置身文化场景之中、融入文化情境之中，获得在场性的文化认知和涉身性的审美感知，获得“行万里路”的直接文化经验；并且，诸如非遗传习、文创手作等参与式文化旅游产品，更凸显了创造性休闲的意义。

（三）文旅融合创造审美化的休闲样态

休闲有多种样态，“美的休闲”是其中一种，其致力于探索、创造和享受休闲的美，是生活审美化的外化和审美生活化的内化，能够提升休闲品质和人生幸福感。从我国传统文化的角度看，从游兴比德于山水到卧游神游于天地四方；从隐逸于山林田园到寄情于琴棋书画；从“入兴贵闲”到“闲情偶寄”——与自然美、艺术美紧密关联的审美化休闲是我国休闲的传统，更是一种上流的休闲方式。王国维的《人间嗜好之研究》(1907)是一篇有着审美化休闲寓意的文章，提出了“嗜好”这一休闲活动，并探讨其与“生活之欲”“势力之欲”两者的关系，明确了“嗜好”的产生在于“势力有余”，是“唯为活动故而活动”；进一步区分了“高尚之嗜好”与“卑劣之嗜好”，把文学、美术等归于“最高尚之嗜好”；还借鉴了席勒的剩余精力说与游戏冲动说来说明艺术类嗜好“渊源之存于剩余之势力”。②可见，他倾向于属于审美创造活动的休闲嗜好。而在此前的《去毒篇》(1906)中，他就已明确表达了须以休闲遣兴（“感情上之疾病，非以感情治之不可。必使其闲暇之时心有所寄，而后能得以自遣”），并以审美化的“高尚之嗜好”慰藉“空虚之苦痛”，以防止和取代“卑劣之嗜好”的观点。③综上所述，休闲样态有美雅与劣俗的高下之别。我国文化向来提倡内容健康、格调高尚的“美的休闲”。而今天的文旅融合正不断创造出丰富审美化的休闲样态——

① ［德］约瑟夫·皮珀：《闲暇：文化的基础》，刘森尧译，新星出版社2005年版，第3页。

② 金雅主编，聂振斌选编：《中国现代美学名家文丛》（王国维卷），中国文联出版社2017年版，第135—138页。

③ 同上，第112页。

既有美景，亦有雅艺，更富创意；既有自然美，亦有艺术美，还有人文美——在一趟文化旅游中，“美的休闲”之意义得以淋漓尽致呈现。

（四）文旅融合生成诗意化的休闲境界

文化和旅游的融合是“诗与远方”的牵手，这一融合对于生态环境的美学化建构有着较高的要求。我国传统美学精神源于传统文化精神，美是抽象的文化的具象表现，在对自然环境的审美方面，有着天人合一哲学观下的自然和谐、生生不息之生态美学观。正是在这样的传统生态美学观的影响下，今天的文旅融合注重展现绿水青山的诗情画意，使人们在诗意的环境中游心逞性，进入休闲佳境。这种人与自然和谐共生、“诗意栖居”式的休闲境界基于生态环境建设——存在主体所感受的美学境界生成于环绕主体的外部环境。南朝刘勰在《文心雕龙》中提出“入兴贵闲”，说的是人之感兴，贵在闲远闲适的旷然心境。“闲”是一种心境，指引存在主体进入感兴之境，使主体在兴于造化时实现诗化生存，在诗兴涌动时进行美学创造。今天的文旅融合不但要发展一种休闲业态，更致力于推广一种“身与物化”“神与物游”的休闲情境。文旅项目开发者、产业经营者、设计策划者注重强化环境美学，提升环境艺术设计水平，营建如画的景观；运用文化科技，如全息投影、虚拟成像、多维光影、AI 交互等技术打造沉浸式体验空间，营造如梦的场景，从而打造如诗如画、如梦如幻的休闲之境，吸引公众进行体验，从而普及一种大众参与式的休闲审美经验，激发大众的休闲审美兴趣，提升社会整体休闲境界。

三、文旅融合应发挥休闲美育之社会功能

（一）休闲美育的价值指归

休闲与美育之间具有内在共通性，两者都依托自由且通往自由，都带给人精神的愉悦，都推动人格发展、人性提升与人生超越。休闲可以作为美育的生动载体，美育也能够为休闲建立价值尺度。[①]休闲，尤其是“美的休闲”，本身就具有美育的意义；而休闲美育不仅可以普适化和深化休闲的美学意义，而且是一种覆盖面大、方式多元的社会美育，对于社会文明程度的提升具有重要作用。“成为人”是休闲乃至休闲美育最终的价值指归。赫伊津哈在《游戏的人：文化中游戏成分的研究》(1944)中把游戏休闲作为人类文化进化的动力源之一。古德尔与戈比在《人类思想史中的休闲》(1988)中把休闲与“人类进步的

① 潘立勇：《休闲与美育》，《美育学刊》2016 年第 1 期。

标准和人类生存的真正目标”相联[①]；其中，戈比特别指出了休闲对于个体摆脱“文化环境和物质环境的外在压力”而自由生活并在“内心之爱的驱动下行动”的意义[②]。凯利在《走向自由：休闲社会学新论》(1987)中提出，“休闲应被理解为一种‘成为人’的过程”[③]，“休闲是以存在于成为为目标的自由——为了自我，也为了社会”[④]。戈比在《你生命中的休闲》(1994)提出休闲是人存在过程的一部分，不仅指向对于快乐的寻求，更指向对于生命意义的探寻，并在《21世纪的休闲与休闲服务》(1997)中预见了休闲将占据人类生活的中心地位，将发展出一套新的主流文化价值观。总之，借用王国维在《论教育之宗旨》(1903)中提出的培育“完全之人物”的思想，休闲美育要使人在玩乐中审美、熏陶、学习，既满足人“休”与“玩”的基本生存需要，又在“美的休闲”中塑造和发展“美的人格”。

休闲之所以促进人之成为人，并作为一种美育手段推动人向着美的境界发展，根本在于主体的自由自主性。在马克思主义哲学中，可资休闲的“自由时间”是人从满足生存需要，向着满足享受需要乃至发展需要进步的前提条件，是人的全面发展的基本保障。马斯洛在《动机与人格》(1954)中提出的“自我实现”这一人最高需求的满足以及由此产生的“高峰体验”的前提在于自由选择。契克森米哈赖在《心流：最优体验心理学》(1990)中将心流之“畅”作为休闲心理体验的最优标准和人类幸福之源。波瑞特比尔在《挑战休闲》(1963)和《以休闲为中心的教育》(1966)中都提及了休闲的自由欣然状态以及休闲之事的兴趣化特征。

(二) 文旅产业与休闲经济大发展中须关注休闲异化现象

文旅融合为旅游注入了文化味，使传统文化、民族文化、地方文化等为民众的旅游休闲增添生动的情趣和深远的内涵，对于提升民众的休闲生活质量，满足民众对于美好文化生活的向往具有现实意义。然而，在文旅产业和休闲经济高速发展的当下，产生了休闲异化的现象，主要有休闲繁忙化、休闲消费化、休闲单向化和休闲浅表化等。

第一，休闲繁忙化是当代社会中的一个奇特现象，是休闲异化的突出表现。

---

① [美]托马斯·古德尔、[美]杰弗瑞·戈比：《人类思想史中的休闲》，成素梅等译，云南人民出版社2000年版，第24页。

② 同上，第11页。

③ [美]约翰·凯利：《走向自由：休闲社会学新论》，赵冉译，云南人民出版社2000年版，第25页。

④ 同上，第283页。

休闲本该是一种身心放松、安闲惬意的状态。然而,今天却常常有人说“忙着休假”,并且常常在休假之后显得更加疲惫不堪。这种“休闲不闲”甚至“休闲更忙”的现象,是奇特的,更是畸形的。在当下快节奏的社会中,休闲亦难以放缓节奏——人们需要忙里偷闲,并且一逢休闲,便忙着购物、忙着娱乐、忙着“打卡”各种“网红”景点和展演,如老年人忙着旅游、健身,中年人忙着“溜娃”,青年人忙着追剧、刷网、打游戏,少年儿童忙着进行各种兴趣培训……人们马不停蹄,抓紧“休闲时光”,要最大化地开发和利用这宝贵的时间——盼望有闲,却难以真正有闲,所谓的“普遍有闲的社会”①还只是镜花水月一般的虚幻空想。

第二,休闲消费化也即休闲物化,反映了消费社会中的消费主义意识形态。我国社会整体上已进入消费社会,消费社会是一个充满物欲的社会,产生于其中的消费主义意识形态与社会主义意识形态及主流价值观相悖。当下,一切事物都难以逃脱被物化、被商品化的命运,休闲也是如此。今天,许多人认为无消费就无休闲,甚至消费越高则休闲越好,所谓“美好的休闲生活”似乎就是要驾驶昂贵的名牌跑车、居住奢华的高级酒店、享受不菲的海外旅游,并炫耀阔绰的休闲消费。对此,马克思认为,无论在工作还是在休闲领域,若人们是以所有物而不是以实现生命价值来衡量和判断生活的话,就是彻底的异化。休闲学家凯利则明确指出:“如果休闲成了一种高度商品化的参与市场供应与资源分配的活动,那么它也就变成了被异化的活动。”②

第三,休闲单向化指主体对于休闲的价值判断的一元化取向,这是伴随休闲消费化而生的。消费主义导致消费人格的形成,借鉴马尔库塞的观点,这是一种单向度的人格,在这种人格之下,价值判断是片面化、一元化的,审美和消费取向是趋同化的。在休闲领域,这就导致休闲生活的同质化,虽然表面上看形式纷呈多样,但实质上都是围绕消费主题展开,可量化的金钱消费决定了休闲的价值,而不可量化的文化与美学价值却被掩盖。

第四,休闲浅表化常常和休闲消费的符号化、娱乐化、景观化相联,呈现出后现代式的文化意义消解、文化深度削平。由于当今社会的休闲呈现出高度的消费化,而消费这一活动通常更关注商品显而易见的浅层价值,所以休闲也往往流于浅表化。当下的休闲消费一是追求对商品符号价值的展示,如关注旅游目的地是否“高大上”、入住酒店的档次等。二是贪图感官娱乐,如在各种

① 于光远:《论普遍有闲的社会》,中国经济出版社2005年版,第1页。

② [美]约翰·凯利:《走向自由:休闲社会学新论》,赵冉译,云南人民出版社2000年版,第205页。

沉浸式体验文娱项目中，消费者并不费心解读其中的文化意义，只是一味地体验感官快感。三是呈现出景观化特征，“网红”景观不断涌现。德波在《景观社会》(1967)中指出，“在现代生产条件占统治地位的各个社会中，整个社会生活显示为一种巨大的景观的堆积”①，“景观”是由媒介技术构建起来的可观看性社会幻象，不仅是大众传媒造成的视觉欺骗，更是以技术奇观为中介的社会关系之场景呈现。“景观”愈超真实，生活原生态和社会本真就越不可见，世界的真实部分就越被虚拟的艺术遮蔽，“景观社会”实际上是一种视觉媒介统治下的社会②，身处其中的主体受控制摆布，丧失了主体性。

上述种种休闲异化现象，与休闲的宗旨相悖，需要通过休闲美育来加以引导，使民众形成健康良好的审美观与休闲观，真正享受休闲的和悦舒畅。

(三) 文旅融合要发挥休闲美育功能，折射美与文化之张力

文旅融合所发展的文旅休闲产业能否发挥休闲美育功能？答案是肯定的。狭义的美育主要由学校等教育机构实施，而广义的美育，则要综合社会多方面的力量，形成社会美育格局。发展文旅休闲产业可以为社会美育提供一种新的方式，相比学校美育，这种美育方式能够将美与艺术融入文旅休闲之中，并将严肃文化与商业文化有机衔接，具有寓教于乐、潜移默化，自主自由、无强制性，雅俗共赏、普适共享，供需衔接、市场细分等优点。在文旅融合中实施休闲美育，就是要使人在“美的休闲”中感受“休闲的美”，这就要求文旅休闲产业在产品与项目的创意、包装和科技运用等方面注重折射美与文化之张力。首先是在文旅产品与项目的创意方面，要把“好玩”“好看”“好用”三者结合，充分凸显休闲价值、审美价值以及适用价值，使主体充分感受其中的乐、美、善。其次是在文旅产品与项目的包装方面，这是和形式美关系最密切的方面。客观说，我国民众的审美素养并未跟上经济发展的步伐，庸俗化、拜金化、浮夸化审美现象屡见不鲜，如喜欢奢华夸张的装饰、奇葩古怪的造型等，而文旅产业经营者则常常简单采用艳丽化、巨型化、奇特化的装饰和布景来吸引消费者，不但无法起到美育作用，更是拉低了审美层次。这种情形亟待改观，要提升产品与项目的包装设计品质，向着艺术风格化迈进。第三是在文旅产品与项目的科技运用方面，要大力发展科技美学，使诸如数字技术、虚拟技术、全媒体传播技术、AI 技术等赋予艺术新的表现力，促进艺术与科技化合产生交相辉映的效果，实现新科技不断赋予艺术新的“灵晕”。

---

① [法]居伊・德波：《景观社会》，王昭风译，南京大学出版社 2006 年版，第 137 页。
② [法]居伊・德波：《景观社会评论》，梁虹译，广西师范大学出版社 2007 年版，第 7 页。

四、文旅融合背景下的休闲美育路径

（一）认同“玩物适情”——解蔽认识局限是价值根据

中华民族是一个勤劳的民族。传统的观念常常把休闲，尤其是玩耍看作贪图安逸享乐和不思进取，《尚书·旅獒》就有“玩物丧志”一说。这种说法不无一定道理，因为这其中的“玩物”专指一些不健康的消极的休闲方式，使人消沉怠惰，有害身心，毫无精神上的美感和文化上的审美价值可言。而与“玩物丧志”这一提法相对的，则有孔子的“游于艺”和朱熹的“玩物适情”等。“游于艺”是儒家思想体系中关于休闲美育的最早话语，体现着休闲的美育意义。其建立在“志于道，据于德，依于仁”基础之上，以人的才艺技能全面发展和人的审美境界不断提升为目的。这里的“游”绝非单纯的游戏消遣，而是要与艺相结合，这里的“艺”是“礼、乐、射、御、书、数”儒家六艺。朱熹在《四书章句集注·论语集注》中诠解“游于艺”为“玩物适情”，即儒家“艺教”通过玩乐游戏的方式，自然且适度地达到情感性的审美教育目的，产生“适情”之审美愉悦。无论是孔子的“游”，还是朱熹的“玩”，都是自由生动的休闲方式，且都是休闲美育的践履与体认，都通往儒家文化所倡导的安闲适度之乐与中和之美。除了儒家讲求休闲的和谐之乐外，道家通往逍遥之乐，佛家通往超越之乐。儒释道三家都以休闲通达“畅”的“高峰体验”之境。我国著名休闲学家于光远先生在20世纪90年代就提出“玩是人生的基本需要”，并开辟了现代“玩学”这一研究领域，正是要探讨“玩物”如何“适情”。

“玩物适情”充分地把玩乐与性情调适、情感化育结合起来，折射出休闲的美育价值，合乎我国自古以来提倡的“寓教于乐”之教育引导机制。只有当人能够悠闲玩乐，人的情感、情怀、情趣才能得到最大化发展，才能感兴万化、创意无限，才能促进人自身、人类社会和人类文化的进步。

（二）保障时间空间——解困时空局限是先置条件

休闲美育要在全社会蔚然成风，使民众广泛开展“美的休闲”，充分感受“休闲的美”，必然要以较为充足的闲暇时间为前提。然而，忙是当代社会中人的生活常态。国家统计局2019年1月发布的《2018年全国时间利用调查公报》显示：居民在一天的活动中，个人自由支配活动平均用时3小时56分钟，占16.4%。[①]虽

① 国家统计局：《2018年全国时间利用调查公报》，http://www.stats.gov.cn/tjsj/zxfb/201901/t20190125_1646796.html，2019-01-25。

然这一时间与2008年相比，增加了12分钟，①但在一天活动的时间构成中，占比仍偏低，不及两成；且经过10年，才增加了12分钟，增势微小；而分不同收入组看，收入越高自由支配时间越少。可见，时间之困造成休闲之困。要改观这一困境，需要政府加强保障劳动者的休息休假权利，严格落实每日8小时工作制、双休日制度、带薪年休假制度等；不提倡企业的“996工作制”“加班文化”等；科学合理地开发规划节假日；推广每周4.5天弹性工作制、居家网络办公模式等。

在休闲生活上，与时间局限并列的还有空间局限。心想畅游天地四方，奈何困于一隅之地——这是自古以来的无奈。对此，我国古人采用一种超越现象和经验世界的冥思玄想，能够“卧游”画中、“神游”虚境、“逍遥游”于无穷宇宙，能够“思接千载，视通万里”。这虽然是唯心的，但却只有在闲的境界中才有可能实现。因此，要解困休闲的空间局限，最根本是要以闲的态度对待生命，方能超越有限的现实世界。当然，在科技高度发达的今天，技术为人们解困休闲的空间局限提供了便捷手段，线上“云旅游”“云展演”等使得人们足不出户也可以游遍天涯海角和置身展演现场，而VR技术更是可以提供从未存在于现实中的虚幻空间并打造身临其境的幻觉体验。

（三）丰富产品供给——解除选择局限是品质依托

当前，在文旅融合繁荣大休闲产业的背景下，在休闲产业的经济价值之上，提升其美育价值，就是要使“美的休闲”的形式与内容无限丰富，从而使“休闲的美”的天地无限广阔。换言之，就是要对文旅产业实施供给侧结构性改革，不但要增加供给总量，亦要盘活供给存量，更要创造供给增量，不断开发新的文旅休闲产品。只有“菜单”足够丰富，才能使性格气质各异、生活环境各异、精神需求各异、审美志趣各异的全社会民众实现选择自由，才能使休闲的审美价值为全民共享。为此，一要持续推进文旅休闲产业业态向多元化迈进，推进传统业态与新兴业态融合发展，推进线下与线上两个空间平行互动，推进经典与时尚、艺术与科技、乡土与城市、自然与人文等元素相互结合；二要探索开发对接小众消费需求的个性定制旅游、医学文化康养旅游、秘境探险旅游、高端婚旅等文旅休闲产品，使这些小众不再处于“选择尴尬”的境地；三要积极利用“大数据”“云计算”等先进技术，分析市场需求、侦测消费者偏好，以实现精准供给。丰富产品供给是刺激市场竞争、提升产品品质的有效方法。全社

① 国家统计局：《国家统计局社科文司高级统计师金红解读2018年全国时间利用调查数据》，http://www.stats.gov.cn/tjsj/sjjd/201901/t20190125_1646799.html，2019-01-25。

会民众要在文旅休闲产业之中感受和享受美、学习和创造美、涵养和发展美，需依托于文旅产品的审美品质。

（四）体悟自由之美——解脱生存局限是根本追寻

在“美的休闲”之中畅享“休闲的美”就是要达臻身无束缚、心无羁绊之境。本质上，休闲不是一种意向性活动，而是一种无意向的自由自在、自得其乐的主观心境和客观状态的结合。从审美心理发生学角度看，审美具有无目的无功利性，因而休闲的心态与审美心理具有同构性，休闲本身就具有审美取向，朝向自由之美。在文旅融合所造就的休闲经济语境下，休闲似乎是一种经济活动，似乎与消费有着必然的关联，似乎消费越高则休闲越佳。然而，消费式休闲恰恰是一种异化了的休闲。消费是一种与存在自由相悖的活动，背离休闲的根本含义，真正的休闲不一定需要消费。今天的文旅休闲产业要创造一种休闲美育的环境，应当在产业运营中适度去消费化、去商业化，而这么做往往并不会造成产业减产、经济效益下滑，反而会给人以更好的休闲体验，从而带动产业链延展和业务运营良性循环。

在休闲生活中解脱生存局限、体悟自由之美，是休闲美育的宗旨。结合文旅融合背景而言，今天的文旅休闲产业不仅要去消费化、去商业化以凸显休闲和审美的无功利意味，更要加大创意力度，创造出超越有限生存时空的无限精彩的新世界，使人们能够疏离惯常生活节奏、走出“围困式”的日常空间；能够改变现实身份、对话不同物种；能够徜徉山水田园、置身童话梦境、穿越古今未来、遨游宇宙太空等。通过创意营建，造就自由的审美环境，激发人的审美创造力。

Exploration of the Road to Leisure and Aesthetic Education under the Background of Cultural and Tourism Integration of "Large Leisure Industry"

Xu Wang

Abstract: The integration of cultural tourism and the prosperity of the large leisure industry has brought together "poetry and the distance", constructed a new leisure aesthetic experience scene, and enhanced people's pursuit of cultural connotation and aesthetic value for cultural tourism and leisure. The integration of culture and tourism promotes constructive leisure

methods, creates aesthetic leisure styles, and generates poetic leisure realm, thus opening up the realm of leisure aesthetics and providing a new field of leisure aesthetics research. The integration of culture and tourism should play the social function of leisure and aesthetic education. "Becoming a human" is the ultimate value of leisure and even leisure aesthetic education. For this reason, we must pay attention to the phenomenon of leisure alienation, and guide the public to form a healthy and good aesthetic and leisure outlook through leisure aesthetic education; we must make the cultural tourism industry in the products and projects creativity, packaging, and the use of technology focus on the tension between beauty and culture. The path of leisure and aesthetic education in the context of cultural and tourism integration is as follows: first, to recognize the "playfulness of the game" and to remove the limitations of understanding; second, to protect time and space, relieve the limitations of time and space; third, enrich the supply of products and remove the limitations of choice; fourth, realize the beauty of freedom and get rid of the limitations of survival.

Key words: integration of culture and tourism; leisure industry; leisure aesthetics; leisure aesthetic education

生产与重塑：三省坡侗寨传统公共文化空间的旅游开发研究*

广西师范大学　王　林

［内容摘要］ 充分利用农村传统公共文化空间构建乡村发展的公共秩序，探索乡村振兴的有效模式，具有深远意义。基于列斐伏尔“空间的实践”“空间的表征”和“表征的空间”的空间本体论“三元一体”社会理论框架，对旅游开发背景下三省坡（湘黔桂三省交界）的侗族地区进行持续跟踪调研发现，侗族地区“空间的实践”是旅游生产的基础和前提，促进了侗族民众的文化身份；在旅游开发中“空间的表征”则与各种利益相关者的知识、意识形态和权力关系联系在一起，进一步演变为概念化的空间，即“构想的空间”；而表征的空间属于描述性、体验型的社会空间，其目标是走向差异化、异质化的空间。以侗族传统公共文化空间为依托和载体，三省坡侗族的社会关系发生了转型，旅游利益相关者共同建构了游客的空间想象，并且通过生产行为将其物质化的形式表现出来，完成了“地方空间”的重塑。

［关键词］ 传统公共文化空间；空间的生产；重塑

引言

传统文化保护与乡村振兴业已成为中共中央、国务院新时期施政的重要内容。《乡村振兴战略规划（2018—2022 年）》强调“实施乡村振兴战略是传承中华优秀传统文化的有效途径”。当前我国传统公共文化空间普遍弱化、式微，导致乡村振兴出现缺少文化建设的主体、公共文化供给失衡和传统乡土文

---

* 本文系国家社科基金“乡村振兴背景下西部民族地区农村传统公共文化空间生产研究”（19BMZ06）的阶段性成果。

化价值认同危机等问题。因而,充分利用农村传统公共文化空间构建乡村发展的公共秩序,探索乡村振兴的有效模式,具有深远意义。

一、研究综述

“空间”研究问题由来已久,法国学者涂尔干提出了“社会空间”,认为社会空间就是一个群体居住的区域,强调应当以其形态学或生态学基础为重点对社会空间进行研究①。20 世纪 70 年代以来,在福柯、哈维、布迪厄、列斐伏尔等社会理论家的共同推动下,空间问题成为西方主流社会学的核心问题,即“空间转向”。其中,列斐伏尔②是最具影响力的先驱,他提出了“空间的社会生产”这一核心概念,其基本含义是指“(社会的)空间是(社会的)产物”。他认为空间是社会的产物,反对将空间视为社会关系演变平台的观念,认为空间是社会关系的重要组成部分,是社会关系的产物,提出了建构“空间—社会—历史”的空间研究三元辩证法,即“空间的实践”“空间的表征”和“表征的空间”的空间本体论三元一体社会理论框架。吉登斯认为,社会互动由一定的时间—空间结构下的社会实践构成,空间形塑社会互动亦为社会互动所再生产③。至此,西方学者对空间问题的研究拉开了“空间转向”的序幕,包括福柯的“异托邦”④致力于考察空间、知识和权力之间的联系,他认为空间是任何公共生活形式的基础,也是任何权力运作的基础,而知识体系可以为权力在空间中的运作提供合法性。此外,还有大卫·哈维的“时空压缩”⑤、索亚的“第三空间”⑥、卡斯特的“流动空间”⑦等,还有更多研究者对文化与空间关系进行研究。“公共空间”理论始自德国学者哈贝马斯对欧洲资产阶级公共领域的探讨,按照“公共领域”理论,国家和社会之间、“政治权力”之外,存在着一个“公共空间”,是介于国家与社会之间的“中间地带”,是市民阶层有意识进行

---

① Emile Durkheim, “De la Division du Travail Social”, Alcan, Paris, 1893, cf. Anne Buttimer, “Social Space in Inter-Disciplinary Perspective”, *Geographical Review*, 1969, 59(3), p.418.

② Lefebvre H., “The Production of Space”, Malden, MA: Blackwell Publishing, 1991.

③ Giddens, Anthony, “A Contemporary Critique of Historical Materialism”, University of California Press, 1981.

④ [法]米歇尔·福柯:《不同空间的正文与上下文》,载包亚明主编:《后现代性与地理学的政治》,上海教育出版社 2001 年版,第 18—19 页。

⑤ Harvey D., “Social Justice and the City”, Georgia: University of Georgia Press, 2010.

⑥ Soja E., “Third Space: Journeys to Los Angeles and Other Real-and-imagined Places”, Oxford: Blackwell, 1996.

⑦ Manuel Castells. “The Urban Question”, London: Edward Arnold Ltd, 1977.

公共活动的“场域”，注重文化广泛的“公共性”，尤其是民众公共意见的“话语表达”①。

“空间的转向”对我国学术界的影响较深远，中国的乡村社会是“熟人社会”，人们的交流空间多以公共空间为依托。20 世纪 90 年代以来，我国农村经济发展迅猛，然而乡村文化建设却出现了停滞不前的态势，经济发展与文化建设的矛盾日益凸显，引发学者广泛关注。伍乐平指出，“公共文化空间”是“一种物质空间或社会空间，它是由拥有这一空间的特定群体的一整套相关行为和生活模式”②。傅才武认为，农村公共文化空间是农村居民文化生活的主要场所，是农村文化资源和文化主体活动的物理场域和场景架构，是农村公共文化服务体系建设的重要内容③。贺少雅认为，乡村公共文化空间主要是基于村落内生动力的产物，是村民生产生活和精神需求的物质载体，具有强烈的神圣性、实用性、规范性以及一定的现代性④。耿达指出，农村传统公共文化空间是指农村居民根据生产生活经验自发构建的，是一种内生性的“自组织”公共空间⑤。

而“空间的生产”越来越多地进入旅游研究者的视野。学者认为，很多地方能够成为旅游目的地来源于游客对于其空间的想象。对于许多成功的旅游地来说，现实与虚构的界限是模糊的⑥，其往往是真实与想象交织在一起的，“想象”与“真实”是不可分的⑦。民族村寨旅游以传统文化空间为依托和载体，向游客提供服务的旅游利益相关者，他们通过集体叙事的方式建构游客关于社区的空间想象，并且通过生产行为将空间想象的内容通过物质化的形式表现出来。克罗尼斯⑧、王德刚⑨通过文化空间再造为“非遗”的现代生存与发展恢复适宜的空间与环境。苏静、孙九霞⑩探讨了岜沙社区空间生产、空间

---

① 汪晖、陈燕谷：《文化与公共性》，上海三联书店 2005 年版，第 188 页。

② 伍乐平、张晓萍.《国内外“文化空间”研究的多维视角》，《西南民族大学学报(人文社会科学版)》2016 年第 3 期。

③ 傅才武、侯雪言：《当代中国农村公共文化空间的解释维度与场景设计》，《艺术百家》2016 年第 6 期。

④ 贺少雅：《论乡村公共文化空间的建构与功能》，《东方论坛》2019 年第 3 期。

⑤ 耿达：《公共文化空间视角下农村公共文化服务体系建设研究》，《思想战线》2019 年第 5 期。

⑥ Hughes, G., “Tourism and the Semiological Realization of Space”, *Destinations: Cultural Landscapes of Tourism*, New York: Routledge, 1998, pp.17—32.

⑦ Gao, B. W., Zhang, H., Decosta, P. L., “Phantasmal Destination: A Post-Modernist Perspective”, *Annals of Tourism Research*, 2011, 39(1), pp.197—220.

⑧ Chronis A., “Between Place and Story, Gettysburg as Tourism Imaginary”, *Annals of Tourism Research*, 2012, 39(4), pp.1797—1816.

⑨ 王德刚：《空间再造与文化传承——栖霞古镇都村“非遗”保护工程实验研究》，《民俗研究》2014 年第 5 期。

⑩ 苏静、孙九霞：《民族旅游社区空间想象建构及空间生产——以黔东南岜沙社区为例》，《旅游科学》2018 年第 2 期。

变迁的路径，并剖析了多元主体对岜沙社区空间想象的建构过程；旅游地文化空间演化是由原居民的生产与生活空间演变为服务于旅游发展的生产与生活空间的过程①。明庆忠等指出，集中景观空间分类及重构模式成为最受欢迎的传统村落空间振兴方法②。陈波指出，重建农村公共文化空间是未来实现乡村文化振兴的重要途径③。马永强认为，乡村公共文化空间和公共文化生活的发达程度是影响乡村发展的关键因素，并从传统文化空间载体和新型空间载体两个方面提出重建乡村公共文化空间的实现途径④。方永恒认为，民族区域的农村公共文化空间能够维系社会的稳定，促进资源的整合，同时满足区域居民的休闲、社交等活动，具备独特的意义⑤。贺一松等认为，文化振兴是乡村振兴的灵魂，重构公共文化空间、促进乡村文化再造，是乡村全面振兴的基础性问题⑥。

由此可见，随着"空间""公共空间"的内涵不断扩展，"传统公共文化空间"的内涵也不断丰富，前人多集中讨论其内涵、构成与特点。传统公共文化空间是旅游发展的重要场域和载体，这些"空间"在旅游发展中如何认知、挖掘与生产的研究实为不多。本文对侗寨多维空间生产进行分析，旨在探讨旅游开发带来空间转换的社会变迁及其动力机制，深化探索旅游场域中民族村寨的空间生产研究。

二、三省坡侗族传统村落空间形态及特点

本课题组调研以湖南省怀化市通道县皇都侗寨、广西壮族自治区柳州市三江县程阳八寨和贵州省黔东南州黎平县肇兴侗寨为主要对象，于 2009 年 7 月、2010 年 8 月、2014 年 1 月、2017 年 8 月和 2020 年 8 月 5 次到以上案例地点进行持续追踪考察，采访期间主要以个案采访、问卷发放、群体访谈的方式，采访相关政府工作人员、企业负责人、当地村民代表和游客。这三个案例点具

① 李星明、朱媛媛等:《旅游地文化空间及其演化机理》,《经济地理》2015 年第 5 期。

② 明庆忠、段超:《基于空间生产理论的古镇旅游景观空间重构》,《云南师范大学学报(哲学社会科学版)》2014 年第 1 期。

③ 陈波:《农村内生公共文化资源优化聚合与服务创新研究——基于场景理论的分析》,《艺术百家》2016 年第 6 期。

④ 马永强:《重建乡村公共文化空间的意义与实现途径》,《甘肃社会科学》2011 年第 3 期。

⑤ 方永恒、张艺:《试论民族区域公共文化空间功能及其建构价值》,《贵州民族研究》2018 年第 5 期。

⑥ 贺一松、王小雄等:《乡村振兴视域下农村传统公共文化空间的复兴与重构——基于江西莲花县村落祠堂的调研》,《农林经济管理学报》2019 年第 6 期。

有可比性：其一，三江、通道、黎平等县共同打造“三省坡侗族文化生态保护实验区”，是典型少数民族聚居区；其二，民族旅游发展迅速，形成了一定规模产业；其三，侗寨传统公共文化空间保护较好，非常典型，具有共性。本文对其传统文化空间进行重点观察，探究湘桂黔三省交界处侗寨村寨传统公共文化空间保护、生产及转换，旨在推进民族村寨乡村振兴的多角度研究。

鉴于篇幅有限，本文仅从侗寨常见的主要传统公共文化空间，如鼓楼、戏台、风雨桥等进行分析。

（一）村寨传统公共文化空间元素

鼓楼是侗族社区独具特色的符号景观。侗族自古就流传着“有鼓则有楼，有楼则置鼓”的习俗。《赤雅》中记载，“罗汉楼以大木一株埋地，作独脚楼，高百尺，烧五色瓦覆之，望之若锦鳞矣。扳男子歌唱、饮瞰，夜缘宿其上，以此自豪”。20世纪80年代起有大量学者对此进行了考证①，鼓楼最早是侗族先祖以村寨内巨大的“遮阴树”为集会议事之场所，并仿造树形、依木而上建造了原始简陋的集体住宅，之后公屋变成聚众活动、聚众议事的“堂瓦”，也发展成为侗族年青男女聚会、社交的场所。

三省坡侗族民众在公屋高楼置鼓报警、传递信息、聚众集会，并形成了“鼓楼”一词。鼓楼功能有多重性：包括款约制定、生产活动安排、社区安全及防御、社会秩序治理、祭祀庆典、休憩娱乐、传习礼仪、社会教化等。侗寨的鼓楼高矮不一，新旧不等，有四面八角，三面六角，高台重楼，基本都是采用木质的四柱贯顶、多柱支架、八角密檐塔式建筑结构。楼顶是葫芦形状的攒尖顶，中部是层层的密檐，底部是正方形的，中间是一个大火塘，鼓楼飞檐翘角，雕梁画栋。以肇兴侗寨为例，寨内一共有5个团，每个团有一个鼓楼，仁团鼓楼、义团鼓楼、礼团鼓楼、智团鼓楼、信团鼓楼，其中信团鼓楼最高，为十一重檐八角攒尖顶，高25.9米，占地78.3平方米，鼓楼成为肇兴最突出的标志。通道皇都侗寨的鼓楼属平台式风格，四面作双排柱，内拱大挑梁，中间是大堂，四周设干栏式坐凳。屋顶为歇山顶式，飞檐翘角，四面倒水②。

戏台是侗寨中突出的游憩空间，是专为侗族歌舞表演、民俗活动演出而建的专门场所，侗寨戏台基本为木结构建筑，有很强的娱乐和社会教化功能。肇兴礼团戏台的对联是“欲知世上观台上，不识今人观古人”，指出了其以古照今

① 石庭章：《谈侗寨鼓楼及其社会意义》，《贵州民族研究》1985年第4期；石开忠：《侗族鼓楼文化研究》，民族出版社2012年版，第8页。

② 《通道侗族自治县概况》编写组：《通道侗族自治县概况》，民族出版社2008年版，第14页。

的作用;义团戏台的对联是“传承文化遗产古韵一曲闹春日,弘扬乡风习俗今朝弹唱庆元宵”,则指出戏台是传统文化遗产,弘扬乡风民俗和娱乐民众的重要空间场所。

风雨桥是侗寨的重要交通设施,是侗族人民心中的福祥之桥、平安之桥、兴旺之桥,集桥、廊、亭、阁四位一体,桥面宽敞,凉爽,可供行人遮风避雨和休息。建于1912年三江县程阳风雨桥是国家重点文物保护单位,是目前保存最好、规模最大的风雨桥,为石墩木结构楼阁式建筑,二台三墩四孔,墩台上建有5座塔式桥亭和19间桥廊。

侗族风雨桥还是祭祀的神圣空间,皇都侗寨的普修桥始建于清乾隆年间,清嘉庆八年(1803年)重修,1984年复修。其桥全长57.7米,宽4.2米,等分成21廊间。桥面建有木廊和3座宝塔,塔下面设有3个神殿,第一个神殿祭祀的就是侗族始祖——姜良、姜妹,两侧为关圣殿和文昌阁,是村落最神圣的文化空间。

(二)三省坡侗寨传统公共空间的特点

三省坡侗寨大多有着明确的地理边界和族群边界。首先,侗寨依山傍水,聚族而居,地理边界清晰,并各自成体系,大寨三四百户,小寨几十户。寨内的吊脚楼鳞次栉比,密而不乱,排列有序。其次,侗寨的传统公共文化空间具有重要性与共享性,聚落以鼓楼为中心进行放射状布局,各个侗寨有自己的寨门、鼓楼、风雨桥、戏台,形成“户小寨大”“私简公繁”“外聚式生活”①的特点。最后,侗寨以农业生产为主导,主要以水稻种植为主,人地关系紧密和谐,居民身处于一个紧密团结的文化共同体中,通过“侗族”这一民族身份维系。

传统公共文化空间之于侗族地方社会是承载着社会文化与集体经验记忆,是日常生活开展和社会关系展演与维系的场所。鼓楼是侗寨向心力的中心标志,传递的是平等、团结、荣誉等符号的象征意义。鼓楼是神圣之地与公共空间,承载着社会文化与集体经验记忆;戏台则是侗寨民众唱歌、演艺、展示的中心场域;遇水搭桥则形成了风雨桥。空间构成了侗族民众生存的条件和前提,侗族民族特征与所处的自然环境决定了其生产生活方式以及精神信仰,诞生了丰富的公共娱乐活动与庆典仪式,因此成就了侗族的仪式性空间。它们既是社区典礼的承载空间,也是社区心理感知与社会构建的体现,三省坡侗族社区通过对传统公共文化空间的使用和仪式的定期举行来实现文化的延

① 牛建农:《广西民居》,中国建筑工业出版社2008年版,第33页。

续，促进社区的文化认同。

三、侗寨传统公共文化空间的生产路径分析

对于传统公共文化空间的利用与开发变成各民族村寨旅游开发的重点。在实施乡村振兴战略背景下，三省坡侗寨以内发式更新保护、参与式多元主体协同、空间的生产协调发展为策略，对传统村落公共文化空间进行保护与振兴。

（一）传统公共文化空间的实践

空间的实践属于社会空间被感知的维度，担负着社会构成物的生产和再生产职能。在旅游开发的实践过程中，各地最早的开发是基于游客“想象的空间”“感知的空间”布局的，是对传统侗族鼓楼、风雨桥和戏台等传统公共文化空间的生产，是一种具体社会生产的经验空间，是实际存在的可以被感知到被测量的空间，即物质—地理空间。

以皇都侗寨为例，它四面环山，依托三条溪水分布成 4 个寨群，形成三水抱四寨，四寨成盘龙的形状。围绕着游客的“感知空间”，皇都侗寨最早开发的是 4 座鼓楼、1 座风雨桥、1 座戏台、4 座寨门、2 座萨坛、2 座凉亭，这形成皇都侗寨最初的“空间的实践”。肇兴侗寨则是以 5 个鼓楼构成了重要的生产和生活空间，5 个鼓楼分别名为“仁、义、礼、智、信”，表达了肇兴侗寨民众的共同价值追求和道德观念。

侗族民众创建了传统的实体文化空间，在这一空间中进行表现社会联系的公共活动，映射出社区的心理空间，也同时赋予物理空间特定的场所精神、意义、价值及情感。它是社区在心理上与实践上的整合，促进了侗族民众的文化身份，规范和影响着一代又一代的地方侗族民众。三省坡侗寨从“空间的实践”形塑了侗寨地方的社会关系，也奠定了游客初到侗寨的空间认知与体验。

（二）旅游空间的表征

空间的表征属于社会空间的被构想和设计的维度，是生产关系及其秩序的层面，与各种利益的知识、意识形态和权力关系联系在一起。在旅游开发中，传统公共文化空间进一步演变概念化的空间，即“构想的空间”，成了侗寨旅游的表征，为旅游者提供了体验的场所和交流的平台，是一个明显的“社会—消费空间”。

肇兴侗寨规划“5 个鼓楼、5 座风雨桥、5 个戏台”的村寨内部线路和“八寨

一山”寨外旅游线路。“八寨”指联合周边的堂安、夏格、夏格上寨、上地坪、登江、纪堂和纪伦等村寨共 8 个村寨，“一山”是指以侗族的崇拜神山——萨岁山，范围较宽。肇兴侗寨的空间被构想成为“天下第一侗寨”，开发者强调肇兴侗寨是“世界上最大的民族博物馆”“人类疲惫心灵的最后家园”“人类保存的最古老的歌谣”，突出其“大”“古”“全”的特点，通过构想出相应的空间语言符号来建构现实的空间。

皇都侗寨推出了“让世界侗听”皇都实景演出，普修桥成为演出场所的重要实景。通道县政府委托制定了《通道县全域旅游发展总体规划》《百里侗文化长廊旅游规划》《旅游产业发展扶持奖励办法》等相关规划和管理办法，将皇都侗文化村进行重点景区项目规划，并与周边的万佛山景区、通道转兵纪念地形成区域联动，进而规划了通道县侗文化旅游的“大空间”。

三江县以“千年侗寨・梦萦三江”为旅游品牌形象，以“侗族生活全体验”为主题，突出打造“中国首批景观村落”“广西十大魅力乡村”等旅游品牌。三江程阳永济桥是世界四大名桥之一，享有“中国侗族木构建筑营造技术之乡、侗乡吊脚楼天然博物馆、侗乡最美的山水田园村落”之美誉。广西旅发集团三江通达旅游投资发展有限公司推出“侗恋程阳”主题篝火晚会，展现程阳八寨独特的婚恋文化——侗族集体婚礼，侗款、侗银、侗俗、侗婚、祈福、侗酒、多耶、送别等多个体验式演出章节，塑造了“世界桥楼之乡”“百节之乡”等旅游形象。

为进一步扩大游客的旅游线路，在当地政府引导、专家指导和企业参与下，三省坡侗族旅游村寨重点对寨内的传统公共文化空间进行了规划，以政策法规、形象定位、功能区划、营销口号等形式表现出来，这些空间的表征成为直观而流行的旅游形象。

（三）旅游表征的空间

表征的空间属于一种直接经历空间，指向使用者在日常意义和地方知识中生产和占用，是居民和使用者的空间，处于被支配和消极的主体地位。基于“实践—概念—再实践”的逻辑过程，侗族传统公共文化空间的实践是基础和前提。“空间的表征”是“概念”“知识”和“经验”，而表征的空间是将知识和经验的空间概念来指导空间的再生产，是属于描述性、体验型的社会空间；是一个差异化的空间，属于精神—意向的空间。

为更好地了解三省坡侗寨居民对“空间的表征”认知，本课题组于 2020 年 8 月对居民的“地方认同”和社区归属感进行调查，共发放问卷 200 份，收回有效问卷 188 份。

表 1　三省坡侗寨居民社区归属感的认知对比

题项 \ 村落	三江程阳侗寨		肇兴侗寨		通道皇都侗寨	
	均值	标准差	均值	标准差	均值	标准差
1. 您认为社区的事就是您的事?	3.72	1.08	3.81	0.89	3.9	0.86
2. 您对本村日常生活条件感到满意?	3.55	1.16	3.42	1.08	3.46	1.04
3. 您对本村文化感到自豪?	4.17	0.87	3.92	1.07	3.98	0.96
4. 旅游开发后,您乐意住在本社区?	4.10	0.90	4.10	0.87	4.20	0.8

关于社区归属感的 4 个题项,侗寨村民选择的均值在 3.5 以上,表明村民持肯定认知,对本村的感情较深,这是一种基本的乡土情感。65%的村民认为“村里面(社区)的事就是我个人的事”,他们愿意为村里修桥、修路、修鼓楼的事务积极出钱出力。55%的村民认为“我对村里的日常生活条件感到满意”,这说明侗寨居民的生活条件基本符合村民的日常需求。村民关于“文化自豪感”的选择均值在 4.17、3.92、3.98,且标准差在 1 以下,说明村民对本村的文化资源是较为自信的。随着村里的旅游业开发,旅游者带着“求新、求奇、求异”的眼光来到这块原本藏于深闺的土地,风雨桥、鼓楼、戏台等传统公共文化空间成为“文化遗产”,成为游客凝视的对象,这让不少村民开始思考,重新认识自己的民族文化,希望通过文化资本化来获取经济收益,这本身就是一个文化自觉的过程。让村民了解到外面世界的需求,这在很大程度上增强了社区居民的自尊心和自信心。75%的村民认为自己有“社区居住意愿”,认知均值在 4.1,表现出“重土安迁”的居住喜好,只有 1.3%的人表示不愿意居住在该社区。

调查中可以发现,每个村屯都有不少在外工作过的退休老人回乡居住,他们的理由是“民风纯朴”“环境好”“空气好”等。结合个案访谈得知,不少村民表达了“是我的家园”“与外面的大城市不一样”“很安静”“生活很舒服”。正所谓“一方水土养一方人”,“生于斯,游于斯,嬉于斯”。培养村民对社区的认同意识,加强社区认同归属感,是建立村民自治的基础条件。

四、侗寨传统公共文化旅游中的空间生产——重塑机理分析

民族旅游的发展不仅成为人们记忆中传统与现代的媒介,引导了民族村寨空间的生产,在一定程度上也促进了空间的转变及空间中生产关系的转型,

使得传统与现代之间产生了一种“断裂”，重塑了地方空间。

（一）生产重塑了村寨物质—地理空间

传统公共文化空间承载着侗族民众美好的民族记忆和留恋，在旅游开发中，资本的介入与深层渗透，经济资本寻求增值获利，社区传统公共文化空间内卷化循环发展的平衡被打破。资本的介入与深层渗透目的是为了进一步的生产、流通、交换和消费，导致民族村寨传统公共空间的变形和异化，编织出一个更大更新的整体空间，组成了新的、为游客所感知的村寨空间，生产了物质—地理“实践的空间”。

比如，肇兴侗寨新寨门至演艺中心一带新建了寨门、鼓楼、风雨桥、演艺中心，新寨门延伸到了旧寨门 5 000 米处，沿途需要换乘电瓶车，开发了大片的侗寨商业街区；通往纪堂的后寨门则早已被旅游民宿、酒店包围，成为村内一景。以 2018 年肇兴侗寨春节旅游项目来看，除了“月也”和“非遗民俗展示”这两个活动是在传统公共文化空间中展示之外，其他的活动包括拦门酒（寨门）、芦笙表演（寨内）、歌舞剧（歌舞演艺场）、踩歌堂（寨内）、民族服饰展示（寨内）、篝火晚会（篝火表演场）等，都是在新建的旅游建筑或空间中开展的，可见侗寨活动范围有明显扩大痕迹。

侗寨原有空间所根植的社会环境发生了根本变化，诸多旅游行为及其带来的一系列扩展性商业实践，使侗寨从“封闭空间”变为“流动空间”再转至为“社会空间”，引发了物质、文化和社会等多维空间的嬗变，空间被不断生产与重构，出现了“同质化”“均质化”“支离化”，使传统文化的内涵被剥离、散片化，最终成为消费的“符号”。

（二）生产主体的扩大加速了社会—构想的空间形成

在侗寨村寨旅游规划与开发过程中，当地政府、旅游企业、专家学者、社区民众构成权力、资本、知识、利益的博弈。

地方政府则具有大量的“权力资源”，可以保证其在旅游开发过程中扮演开拓者和掌管者的角色，具有“家长”的特性，可以对民族村寨进行想象性营造。三省坡侗寨的实证研究表明，当地政府在旅游市场中看到民族文化的“经济性”，自上而下提出了重新构建的方案，塑造典型的案例向外进行推广。皇都侗寨的旅游扶贫被作为湖南旅游扶贫经典案例向全省推广。2018 年，该景区实现接待游客 108 万人次，文化旅游总收入 2.4 亿元；文旅产业带动贫困户 270 户 1 186 人脱贫，860 人就业文旅产业[①]。政府调查地方旅游资源潜力、委

① 马慧：《怀化通道皇都侗文化村去年文化旅游总收入达 2.4 亿元》，华声新闻网，http://hunan.voc.com.cn/article/201911/201911150935342331.html。

托规划、制定招商引资的优惠政策、引入外来资本就是一个权威判断的过程。

旅游公司对侗寨实行经济投入和宣传营销，使侗寨的资源能够顺利转化为产品，获得市场的认同。企业将会以商业思维惯例来作出选择。作为理性经济人，企业的终极目标是获得经济利益最大化；他们更多考虑的是产品设计、品牌塑造、市场培育、企业管理、投资回报等具体问题。在各地政府和旅游企业的推动下，侗寨的空间表征有明显规划痕迹，也取得了比较突出的效果。2019 年，皇都侗寨接待游客 128.6 万人次，旅游收入达 4.76 亿元。通道“十三五”期间实现招商引资和社会资本投资文化旅游业 20 余亿元，建成格莱蒂斯等 4 家三星级旅游饭店，旅游经济型接待酒店发展到 98 家，特色民宿 60 余家，旅游接待床位达到 6 618 张；乡村旅游经营实体 110 家。①

专家学者在民族地区长期从事田野调研，清楚认识到民族文化的重要性，也感受到民族文化保护与传承的迫切性。侗寨规划离不开专家的智力支持，有旅游学、生态学、土木工程、风景园林、艺术设计、财务、电力、通信等不同专业的人员，对村寨内的民族文化资源进行勘察，通过多方沟通，最后形成规划成果，在一定程度上引领了民族村寨旅游发展。

因而，一些侗族文化元素在文化再生产中被刻意放大和凸显出来，开发方期望塑造一个“典型的侗寨”、一个“最大的侗寨”或一个“侗族原生态博物馆”，从而可以一跃成为世界文化交流的前沿阵地。由于开发者及规划者等利益群体对真实性理解不同，他们往往只注重物质形态，忽略原有传统公共文化空间的社区网络及生活形态，结果是缺乏对文化空间生活整体性的有效保护，造成同质化现象。

（三）侗寨空间的生产转向“空间本身的生产”

“空间的表征”控制和管理侗族村寨旅游开发，在侗寨村寨旅游规划与开发过程中，这三个侗寨无一例外都实行“政府＋旅游开发公司＋社区”的开发模式，具备了浓厚而深刻的社会关系、生产关系背景。

旅游带来的空间扩展和延伸，在实践中激发形形色色的矛盾，社区民众、政府与企业、企业与民众、东道主与游客、游客与政府、游客与企业等等，熟人社会被许多外来的力量渗透，多元开放的社会结构关系、流动的异质性人际关系和多元化产业构成了侗寨新的社会关系。“对生产的分析显示我们已经由空间中事物的生产转向空间本身的生产”②，空间的生产涉及生产关系的再生

① 《通道侗族自治县政府 2018 年工作总结及 2019 年工作计划》，http://www.tongdao.gov.cn/tongdao/c103804/201901/80be70307bef4ddd9a13f79806c96549.shtml。

② ［法］列斐伏尔：《空间：社会产物与使用价值》，转引自包亚明主编：《现代性与空间的生产》，上海教育出版社 2003 年版，第 47 页。

产。生产的社会关系是一种社会存在,或者说是一种空间存在;它们将自身投射到空间里,并打上烙印,同时它们本身又生产着空间。社会关系促使社会空间的产生,而社会空间使得社会关系在空间中再生产。

资本、权力和利益等政治经济要素和力量对旅游空间重新塑造,使旅游空间成为其介质或产物,并形成以空间为背景的社会关系过程。"旅游"和"空间"存在互塑关系,旅游发展生产了多维空间,空间又影响着旅游发展,互为因果。①

五、传统公共文化空间的重塑与乡村振兴之路

在列斐伏尔的空间生产三元辩证体系中,"表征的空间"是精神的、意向的空间,与游客、社会民众有紧密联系,它是空间走向可持续发展的目的。旅游重塑下的空间伦理精神缺失体现为传统伦理观念的消解、功利化的道德评价标准和空间的物化,历史空间的建设性破坏和空间业态结构的失衡等"异化"问题,要重塑"表征的空间",需要思考以下几点:

(一)有机更新侗寨的传统公共文化空间

尊重侗族民众"空间的实践"的智慧,有机更新传统公共文化空间,不能出现"去生活化"过度消费。在乡村振兴背景下,旅游产业的发展要保护侗寨原生态生活环境,充分尊重侗寨原有的社会组织结构,充分考虑社区居民的利益。不采用大拆大建的方式,还原真实性的传统空间文化空间及其生活场景,通过局部的、渐进式的空间生产路径实现空间的有机更新。

(二)协调开发商与居民的关系

有效对接旅游开发企业进入侗族村寨,规范化协调好开发商与原住民的利益冲突。在文化再生产过程中,文化必须是"少数的""奇异的""原始的""古朴的",才能满足游客对于异文化的想象与期望。这对侗族村寨旅游开发是一种推力和形塑力,过度的旅游开发会影响侗寨生活真实性,反过来也会影响旅游的良性发展。应该建立与居民的沟通协调和互动机制,减少背后的权力干预和权力寻租,开发有特色的旅游产品,建立健全社区旅游开发的良好机制。

(三)重塑乡村文化生态

构建乡村文化生态系统,重塑乡风文明,实现文化振兴,是乡村振兴的重要组成部分。侗寨要深入挖掘乡村特色文化符号,盘活文化资源,推动文旅融

① 郭文、黄震方:《基于场域理论的文化遗产旅游地多维空间生产研究——以江南水乡周庄古镇为例》,《人文地理》2013年第2期。

合发展。乡村文化生态是一个复合有机整体，应重塑现代乡村文化空间，营造“表征的空间”，即“精神的空间”，传承、发展、提升、丰富侗族文化内涵，统筹考虑侗寨最普遍和最重要的传统公共文化空间和场域，激发民众的文化自信和幸福感、获得感，保存侗寨文化的乡土底色，留住乡音、乡亲和乡愁。

（四）促进社区参与空间生产

对于居民来说，侗寨是他们世代居住的家园，是他们的根基所在和心灵归宿，社区民众是民族文化再生产的主体。侗寨居民在长期外来者的刺激下，不断模仿、学习他们的生活习惯、行为举止、思想观念等，很容易屈从外来者的价值观念。游客带来的文化模型不断成为当地文化重构的“模具”，因而出现了“群体失语”，导致旅游“舞台化真实”的现象。旅游发展为民族村寨这一边缘区域带来更多的信息流，加强了核心与“边缘”群体的沟通互动，主客持续交流、互动使得民族认同感增加、地方依恋得到强化。

要建立社区自治组织，鼓励和动员居民参与旅游开发与规划的制定，通过个人访谈、小型座谈会、专家听证会等形式广泛征求社区民众的意见，保障社区民众的利益，实现社区的良性治理。

六、结语

乡村振兴战略能否有效推进，其产业兴旺是一个重要标准。但对于民族地区的旅游产业发展来说，这个过程不是一蹴而就的，需要根据实际情况来有序推进。农村传统公共文化空间既是一个村落特殊的文化标识，也是实现乡村治理的重要平台。充分挖掘农村传统公共文化空间的价值，推进空间的生产与重构，可以激发乡村发展活力和善治内驱力，为乡村振兴提供精神动力。

Production and Reshaping: A Study on Tourism Development of the Traditional Public Cultural Space of Dong Village in Sanshengpo, A Sloping Area Among Hunan, Guizhou and Guangxi Provinces

Wang Lin

Abstract: It is of far-reaching significance to make full use of the traditional public cultural space in rural areas to construct a public order of rural development and to explore effective models of rural revitalization. Based on Lefebvre's three-part dialectical theoretical framework of space ontology—

"spatial practice" "representations of space" and "representational spaces", the author conducted a continuous research on the Dong area at the border of Hunan, Guizhou and Guangxi provinces in the context of tourism development. The survey found that the "spatial practice" in the Dong area is the basis and prerequisite of production, which promotes the cultural identity of the Dong people; the "representations of space" is linked to the knowledge, ideology and power relations of various stakeholders in tourism development, further evolving the conceptualized space, i.e. the "conceptual space"; while "representational spaces" is a descriptive and experiential social space whose goal is to move towards a differentiated and heterogeneous space. Relying on the Dong traditional public cultural space, the social relations of the Dong people in Sanshoupo have been transformed. Tourism stakeholders have constructed the space imagination of tourists and expressed its materialized form through production behaviors, completing the reshaping of "local space".

Key words: traditional public cultural space; production of space; reshape

区域文化创新与旅游演艺可持续发展

——桂林旅游演艺产品的景观人类学研究

广西师范大学　李天雪　唐织辉

［内容摘要］ 区域旅游演艺的可持续发展，离不开对区域文化表象的创新利用，两者之间的关系属于正相关关系。精品旅游演艺产品都善于从区域文化表象中挖掘创作素材，将文化表象、生态文明和文娱表演创造性地嵌入特定的空间，融合生产出既体现地方特色，又不乏艺术创新的文化景观。

［关键词］ 旅游演艺；文化创新；景观人类学

一、问题的提出

旅游演艺是文化和旅游融合发展的重要载体。近几年来，旅游实景演出和主题公园特色演出掀起了我国旅游演艺的热潮，旅游演艺作品数量增长非常快。据文旅部统计，2013—2017 年，我国旅游演艺节目台数从 187 台增加到 268 台，增长 43%；旅游演艺场次从 53 336 场增加到 85 753 场，增长 61%。①旅游演艺产品数量的激增，随之而来的必将是更为激烈的市场竞争。道略演艺研究院发布的报告显示：截至 2019 年，在我国 259 家 5A 级旅游景区中，其中适合开发大型旅游演艺的不足 52 家。②所以，推进区域旅游演艺产品转型升级、提质增效已势在必行。

桂林作为我国旅游业的标志性城市，也是我国旅游演艺发展的缩写版。据不完全统计，改革开放以来桂林先后出现了 20 余种旅游演艺产品，涵盖独

① 《关于促进旅游演艺发展的指导意见》，《人民日报》，2019 年 3 月 29 日，第 12 版。

② 毛修炳：《中国旅游演艺的现状与趋势》，https://www.sohu.com/a/289230797_126204，2019 年 1 月 19 日。

立剧场演出、实景演出和主题公园演出三大主流模式，这其中既有公演了超过15年仍热度不减的《梦幻漓江》(2002年公演)和《印象·刘三姐》(2004年公演)，也有公演仅2年就累计演出约1 438场、接待游客超586.69万人次、实现税收1 610万元的《桂林千古情》①。在过去的10年里，桂林旅游演艺的票房收入一直稳居全国前十。可以说，无论是旅游演艺产品的密集度还是活跃度，桂林在国内都名列前茅，堪称中国旅游演艺之都。

围绕桂林的旅游演艺产品，学者开展了各种研究，限于篇幅，在此不详细介绍。虽然取得了较为丰硕的成果，但总体而言，相关研究聚焦成功个案的多，正反对比联系的少；关注独特现象的多，探寻共同规律的少；立足当前现状的多，着眼于可持续发展的少。有鉴于此，本文拟采用景观人类学的分析视角和概念，对桂林具有代表性和特色的旅游演艺产品进行比较研究，以探寻旅游演艺产品可持续发展的文化机制。

景观人类学兴起于20世纪90年代。虽然学术界研究景观的历史并不短，但景观人类学与之前的研究最明显的区别在于它引入了文化表象的视角，并给景观设置了“空间”和“场所”这两个不同的分析概念。②景观人类学的兴起、发展为厘清区域旅游演艺产品的异同性和规律性提供了新的分析视角和概念，虽然类型各异，规模不一，生命周期不同，但旅游产品本质上都是一种文化景观。

二、桂林旅游演艺产品中的文化表象

文化表象一般指的是反映在客观物体和行为之上的主观文化意识。文化表象与景观之间的关系，是所有景观人类学研究者都关注的问题。他们一致认为：景观不只是客观的物质，更是一个人们赋予文化意义的过程。③葛荣玲依据文化表象作用与否和作用程度，将景观分为三类形式：纯粹自然之景、人为雕琢之景以及观看意象之景。第一种是指尚未被人类所触及的自然景观；第二种则是经由人类生活实践开垦和建设起来的居住环境；第三种是人们通过观察、观看，借由自己的文化背景等形成的对景观的意象解读。④

---

① 数据来源：《桂林千古情》景区。

② 陈昭：《场所与空间：景观人类学研究概览》，《景观设计学》2017年第2期。

③ [日]河合洋尚：《作为“调解人”的景观设计师——文化人类学视角的解读》，《景观设计学》2017年第2期。

④ 葛荣玲：《景观人类学的概念、范畴与意义》，《国外社会科学》2014年第4期。

旅游演艺产品作为一种地域性的文娱演出，在创作过程中大多会使用区域的文化表象作为素材，桂林的旅游演艺产品也不例外。根据其来源，桂林旅游演艺产品中的文化表象，大体上可以分为三类：神话传说、诗文游记和图片影像。

神话传说类的文化表象滥觞于人们对山水形态的联想。例如，位于桂林市桃花江与漓江汇流处的漓山，酷似一只站在江边伸鼻豪饮江水的巨象。山上还有一座建于明代的普贤塔。人们由此虚构出天庭的驮瓶神象遗落人间，后被玉帝用剑刺死的传说，并把这座山称为象鼻山。现在，象鼻山已经成为桂林的城徽，而漓山之名知者甚少。再比如桂林的穿山、穿岩和月亮山山腰上都有一个中空的大洞，人们由此虚构出东汉伏波将军马援"一箭穿三山"，震慑敌胆的传说，等等。这些神话传说的内容虽为虚构，但都与人的活动有关，在为桂林山水披上神奇外衣的同时，也让山水有了文化的气息。

诗文游记类的文化表象主要来自对我国古代山水文化的解读。古代的文人会有意无意地把道德观、幸福观、审美观、生态观融于山水欣赏之中，是谓"看山不是山、看水不是水"。这种山水文化在秦代开凿灵渠后不断传入桂林，许多到过桂林的迁客骚人赋予桂林山水深刻的文化含义或比附其他事物："千峰环野立，一水抱城流"；"桂林山水甲天下、玉碧罗青意可参"……即使如杜甫、韩愈等没有来过桂林的，也写出了赞美桂林山水的千古名句："五岭皆炎热，宜人独桂林"；"江作青罗带，山如碧玉篸"……千百年来，这些介绍桂林的笔墨佳品广为流传，甚至成为教科书上的内容，潜移默化地在国人心中建立起对桂林山水的意象之景，使山水和城市饮誉天下。

图片影像类的文化表象产生得益于信息技术的进步，它们不仅拓宽了文化表象的载体，而且带来了更为直观的审美体验，让桂林的美名在世界范围内传播开来。新中国成立后，大陆第一部风光音乐故事片《刘三姐》是在"桂林山水甲天下"的阳朔取景拍摄的。这部影片不仅在国内取得巨大成功，而且还先后在世界 50 多个国家上映，创下了我国故事片在国外发行的最高纪录。[①]无数的观众在看完这部影片后，将传说中的壮族歌仙刘三姐视作桂林山水的代言人。其实，刘三姐的传说是在广西的柳州、河池一带流传最广，是电影《刘三姐》给观众带来的审美体验，让刘三姐成为桂林的文化象征。在 20 世纪 90 年代末一首名为《我要去桂林》的歌曾红遍大江南北，其词曲作者以及主唱都不是桂林人，但朗朗上口的旋律，再加上在 MTV 中生动刻画想去观赏桂林美景

① 茫茫：《雷振邦和三部音乐经典影片》，《档案春秋》2009 年第 4 期。

却无法如愿的人物形象，让这首歌成为桂林的一张音乐名片。

由于这些文化表象均源自人们的观察和解读，因此更容易为人们所接受，也更容易拉近旅游演艺产品与游客之间的距离。享誉海内外的《印象·刘三姐》，主创团队将“刘三姐”确定为产品的名称，但演出内容又不局限于其一人的故事，目的就在于此。事实证明，这种文化创新是非常成功的。自 2004 年公演以来，《印象·刘三姐》已演出超过 8 000 场，累计接待国内外观众近 1 900 万人次，其中境外观众达 400 多万人次。[①]而位于桂林市灵川县的《穿越·桃花岩》，号称是迄今为止全球最大的全数字化实景溶洞演艺秀。这部分为九幕的光影大戏技术非常先进，讲述的是一个宏大的地球故事，但无论是名称还是内容都无法快速拉近作品与游客的距离，虽下大力气宣传，但市场反应平淡。

三、桂林旅游演艺产品的空间生产

上文提到，“空间”和“场所”是景观人类学中最重要两个分析概念。这一对概念由英国人类学家哈休和奥汉隆在 1995 年出版的《景观人类学——场所与空间之间》中明确提出。景观人类学中的“空间”是指国家、都市、村落等，被政治性地划分出界线，具有领域性的面，是被政府等多个主体在文化表象的基础上“物理地”生产出来的、具有地方特色的景观。[②]对旅游演艺产品来说，空间指的就是演出地点。

众所周知，旅游演艺需要进行长期的驻场演出，因此政府和企业对演出地点的规划和选择显得尤为重要。具体而言，桂林旅游演艺的起步既来自国家的开放创新，也得益于城市的包容互惠。新中国成立初期，桂林的旅游属于外事接待型，来桂林游览的外国人主要是各国驻华使节和在中国工作的专家。1973 年，桂林对外开放，外国游客和华侨、港澳同胞来桂林旅游人数逐年增多。这些游客的旅游品位和要求在当时是比较高的，在领略过甲天下的桂林山水后，都希望了解桂林这座历史文化名城深厚的底蕴，这种文化需求造就了市场。改革开放以后，伴随着我国旅游演艺发展的组织动力系统和市场政策机制逐步建立和完善，一些外来文化企业和人才在地方政府的鼓励下来到桂林，与当地的文化工作者一道创作生产旅游演艺产品。1990 年，由桂林市艺

① 数据来源：《印象·刘三姐》景区。

② [日]河合洋尚：《景观人类学的动向和视野》，《广西民族大学学报》2015 年第 4 期。

术馆与第三方合作经营的豪华演艺有限公司推出了桂林最早的两部旅游演艺产品，一部名为“豪华之夜”，演出地点设在区级文物保护单位，桂林抗战文化城的文化坐标——广西省立艺术馆；另一部名为“漓江民族之夜”，演出地点设在漓江的游船上。虽然演出地点不同，但它们都利用桂林特色的民间曲艺和民歌曲调，传唱赞颂桂林的古代诗词，在成功将“诗和远方”融为一体的同时，也将文物建筑和漓江游船改造为新型的文化空间。

进入21世纪，生态文明建设被国家提到了突出的位置，桂林的旅游演艺产品在确定演出地点时，除了考虑区位情况还非常强调保护环境。政府和企业将自然修复和人工治理相结合，让演出地点的自然生态服务于演出本身，成功将生态文化嵌入景观空间。

《印象·刘三姐》在方圆两千米的漓江水域内，巧妙地将以书童山为首的十二座山峰改造为演出背景，构成迄今为止世界上最大的山水剧场。演出园区绿化率高达90%。灯光、音响系统均采用隐蔽式设计，与环境融为一体，水上舞台采用竹排而建，不演出或者涨水期可以全部拆散整理，对漓江水体及河床不造成任何影响。运营团队在2019年6月，利用景区内原有的侗族建筑群建成刘三姐文化印象博物馆，内设7个展厅，展出的工艺品、服饰、歌本等共计10个大类、100多个系列、1 000多件(套)，这种创新既缓解了游客候场时的心情，对于演出效果也起到了渲染、放大和强化的作用。

《桂林千古情》与阳朔遇龙河风景区毗邻，依山而建，傍水而立。公园在建成与营业的同时，规划建设了一条28米大道，直接沟通321国道至桂林千古情景区的路程。这条道路两旁的田园风光与景区内营造的农耕市井生活风貌互相呼应，既方便了游客和居民，又不露痕迹地延伸了公园的景观空间，在一定程度上弥补了人造主题公园的先天不足。

《三生三世三千漓》位于阳朔县兴坪镇，通过治理境内的原本用于农业灌溉的大源河河道，在满足防洪、排涝及引水等基本功能的基础上，将线性的河道与多幕的演出融为一体，引导游客根据演出剧情行进观看，最终达到丰富观众体验空间、夜游休闲度假区的作用。

需要注意的是，除了做好生态环境保护和治理，相关企业和地方政府在利用旅游演艺产品生产新型空间景观的过程中，必须协调好与演出地点原有景观的关系。例如，大型超媒体奇幻山水实景演绎《象山传奇》以桂林的城徽、长135米宽65米的象鼻山体作为投影屏幕，希望用全新的科技手段和文化创意，营造一个与白天景致完全不同的魔幻奇境。但为了门票收益和旅游演艺产品保护，象鼻山公园一度被高大密实的植物严严实实遮挡起来。游客站在象鼻山全景最佳观赏处，只能欣赏到四季不变的“绿色植物展”。这一举动不单引来了众多网友非议，还引发了《人民日报》等主流媒体的发文点名批评。[①]

四、桂林旅游演艺产品的场所建构

除了以“空间”概念为基础的“生产论”，景观人类学还提出了以“场所”概念为基础的“建构论”。此处所谓“场所”，指的是通过社会关系编织成的生活舞台。[②]与“空间”主要关注外在主体不同，“场所”更加强调当地人的主体性，关注当地人对景观建设的想法以及他们的努力。

当地人在桂林旅游演艺产品运营方面的贡献是显而易见的，最有代表性的例证便是《印象・刘三姐》的演员共计 600 多名，分别为来自周边 5 个村落的村民，以及张艺谋漓江艺术学校的在校师生。很多周边村民打破只能靠打鱼为生的局限和贫穷状态，慢慢找到自己的新营生与新出路。《印象・刘三姐》每年会拿出近千万元的专项资金资助并培养参演学生。

相较而言，当地人对桂林旅游演艺产品创作生产方面的贡献则容易被忽略。虽然旅游演艺作品的创作和生产要重视对当地文化的利用，这是业界的共识，也是学术界的共鸣，但知易行难。一方面，旅游演艺产品主要的观众是游客。现有的研究成果显示：游客的“满意”是认知与情感两条路径综合影响的结果。游客对审美体验和教育体验的感受强烈影响他们对产品的体验评价。[③]简言之，绝大部分游客在观看旅游演艺作品的时候，更多是追求审美愉悦和情感欢愉。另一方面，当地文化有自己的生存土壤和原生语境，在功能上强调精神慰藉和社会整合，有时还会涉及神圣性和神秘性的元素。要想在有限的时间内，在固定的舞台或演出场所中，将当地文化原有的精神意义和内在情感展现出来，并准确传递给观众是非常困难的。譬如，桂林市旅游文化演艺有限公司，在 2005 年曾耗资千万精心打造了一部旅游演艺作品《龙脊魂》，演出地点是桂林市内的地标建筑漓江剧院。这部作品的“卖点”是以当时国内独创的剧场实景艺术表现形式，将生活实景搬到剧场进行艺术再现，真实生动艺

---

① 阳卓霖：《看不见象鼻山的桂林——“门票思维”何时休》，《人民日报》（海外版），2017 年 5 月 24 日，第 12 版。

② ［日］河合洋尚：《景观人类学的动向和视野》，《广西民族大学学报》2015 年第 4 期。

③ 罗盛锋、黄燕玲、程道品、丁培毅：《情感因素对游客体验与满意度的影响研究——以桂林山水实景演出“印象・刘三姐”为例》，《旅游学刊》2011 年第 1 期，第 51—58 页。

术地展现了桂林的少数民族风情。虽然在艺术上有所突破，但这部作品仅演出了3年多的时间。究其原因，一个不可忽略的方面就是游客在观看旅游演艺作品时更想去接近或体验的是深植在其头脑之中的文化表象，将生活在距桂林80多千米外的少数民族同胞的文化还原出来，对游客而言不免曲高和寡。

鉴于此，许多桂林旅游演艺产品在创作生产过程中会倾向于将当地人的共享记忆和话语作为创意的先导，以起到激荡观众情绪、升华主题的作用。这一方面是因为文化表象本质上是一种艺术形象和象征符号，它们没有边界，包容性和可塑性更强；另一方面是因为文化表象产生的自然和社会环境和当地文化是相同的，与当地文化有千丝万缕的联系，有的甚至已成为本土文化的一部分。旅游演艺作品将文化表象实景化、舞台化和艺术化，这样既能体现当地文化的地位与价值，又便于文化创新，更好地满足游客的文化需求。例如，《桂林·山水间》一开场阿牛哥①便在"我要去桂林"的歌声中穿越时空而来，引领观众，串联全篇。主创团队还在演出中加入了男旦舞蹈表演，首创了中国第一男旦舞团。《梦幻漓江》开篇呈现的是《山海经》所载"桂林八树，在贲隅西"的场景，介绍桂林名称的由来。尾声则呈现阳朔的大榕树作为呼应。整台演出中的三个杂技节目和两个舞蹈节目曾获国际金奖和全国金奖，实现了芭蕾和杂技的完美结合，赋予了杂技艺术抒情化和剧情化。《桂林千古情》依次讲述了伏波将军和叠彩仙子对抗恶龙，拯救百姓于水火，最终化作山川河流的故事，秦英嫂为修灵渠的秦兵做米粉的故事以及刘三姐和阿牛哥蝶桥相会的故事，数百位演员倾情演绎，实现水陆空三维立体创意……

上述产品对场所的呈现，使得空间生产论视域下相对被忽视的当地文化得到重视，外来游客文化需求与当地文化传承保护的关系得以协调，群众的文化获得感得以增强。毕竟，广大游客和群众满意与否才是评判旅游演艺质量和效益的最重要标准。

五、结论

桂林的经验告诉我们：区域旅游演艺的可持续发展，离不开对区域文化表象的创新利用，两者之间的关系属于正相关关系。精品旅游演艺产品都善于从区域文化表象中挖掘创作素材，将文化表象、生态文明和文娱表演创造性地

① 电影《刘三姐》的男主人公。

嵌入特定的空间,融合生产出既体现地方特色又不乏艺术创新的文化景观。

Regional Cultural Innovation and Sustainable Development of Tourism Acting
——Landscape Anthropology Research on Guilin Tourism Acting Products

Li Tianxue Tang Zhihui

Abstract: The sustainable development of regional tourism acting is inseparable from the innovative use of regional cultural representation, and the relationship between them is a positive correlation. The boutique tourism acting products are good at digging creative materials from regional cultural representation, creatively embedding cultural representation, ecological civilization and entertainment acting into specific space, and integrating and producing cultural landscape that not only reflects local characteristics, but also has no lack of artistic innovation.

Key words: tourism acting; cultural innovation; landscape anthropology

情感“治愈”与社交“打卡”：“圣地巡礼”动漫旅游的特征及启示*

华中师范大学、湖北大学、湖北省社会科学院　刘玉堂
华中师范大学　姜雨薇

［内容提要］“圣地巡礼”作为由日本动漫电影发展而来的旅游新形式，在青年群体中已蔚然成风。不同于普通旅游，这种旅行模式浸染日本“治愈系”文化产业的“治愈”色彩，带给巡礼者精神的抚慰和情绪的舒缓，旅游者意在寻求情感的治愈从而促成了情感的消费。值得注意的是，“圣地巡礼”动漫旅游呈现出物理空间的身体“在场”与虚拟空间的离身“打卡”，旅游者的身体实际经历了“虚拟—现实—再虚拟”的循环过程，其行为实践也是“脱域—嵌入—再脱域”的动态过程。“圣地巡礼”模式对我国内容产业的发展具有借鉴性意义，即营造“故事感”、建构独特的文化符号、打造“萌系”“治愈系”文化品牌等。

［关键词］“圣地巡礼”；动漫旅游；内容产业；身体在场；情感治愈

2016年，日本动漫电影《你的名字》在国内上映，票房火爆，深受青年群体的喜爱。更为重要的是，该影片吸引粉丝奔赴动漫中虚拟场景的真实取景地进行旅游“打卡”，他们拍摄照片或制作短视频，将其上传至互联网，并在社交媒体上进行分享和传播，其完整的行为模式形成了一定的产业经济规模和文化吸附力。以《你的名字》为例，“圣地巡礼”的蔚然成风为取景地岐阜县招揽了约75万名游客，并与同期上映的另外两部动画作品一起为该县创造了253亿日元的经济效益。[①]“圣地巡礼”不仅成为日本年度流行语之一，而且在我国

* 本文系中央高校基本科研业务经费项目(30106191051)；中央高校基本科研业务费创新资助项目(2020CXZZ086)“青年文化视域下荆楚文化资源产业化研究”的阶段性成果。

① ［日］十六総合研究所：《岐阜県ゆかりのアニメ映画3作品の聖地巡礼による経済波及効果》，2016。

文旅融合发展的业界也激起一阵波澜。马蜂窝旅游网联合中国旅游研究院发布的《2018 文旅融合:全球自由行报告》指出:"'圣地巡礼'成为 2018 年中国旅游时尚潮流,热度涨幅超过 300%。"

回溯历史,"圣地巡礼"兴起的时尚旅游并非昙花一现的短暂存在,其旅游模式并非囿于动漫社群由粉丝专享。到影视取景地进行实地"打卡"是数字化时代时尚旅游、文化旅游、深度旅游的发展方向,如何运用影视 IP 更好助推线下旅游消费新升级是值得思考的议题。"圣地巡礼"作为动漫产业和旅游产业的完美融合,在年轻群体中的风靡释放出一个强烈信号:作为个性化的深度旅游,其在互联网时代借助社交媒体释放出的巨大市场潜力和文化影响力,或将成为新媒体时代文旅融合发展、文化品牌营销的新趋势,或将受到年轻消费群体的拥趸。

一、"圣地巡礼"研究现状分析

"圣地巡礼"起源于日本,最初是宗教领域的朝圣行为,在宗教意义上"指称集团或个人参访具有特别神圣性之场所的实践"。[①]20 世纪 70 年代的日本,经济发展与社会结构的剧烈变化以及影视媒介的蓬勃兴起,促使日本"御宅族"将"圣地巡礼"的概念逐渐挪用至动漫领域。这种群体自发进行的语义挪用和旅游实践在"ACGN"[②]亚文化圈中广为流行,并于 2005 年获得日本官方大力支持,将其归属为"内容旅游"的范畴。2005 年,日本政府相关部门发布《关于通过影视内容的制作、利用实现地域振兴的调查》,将"内容旅游"定义为"利用电影、电视剧、小说、漫画和游戏等与地域相关的内容,谋求观光和相关产业振兴的旅游"。此后,日本政府逐步出台了"利用流行文化外交""动漫旅游""观光立国""动漫地图"等相关主题的政策。动漫"圣地巡礼"已成为日本官方认可并大力推崇的产业模式。在当下,"圣地巡礼"指漫画、动画作品的忠实粉丝奔赴虚拟动漫作品的现实取景地旅游,模仿动漫主人公拍摄相似的人物照片或风景,并上传至社交网络进行打卡分享的一系列行为。它可视为动漫旅游的一种新颖形式,动漫旅游是指"以动漫资源为基础,进行深度综合开

① [日]冈本亮辅:《圣地巡礼与观光》,《宗教人类学》2015 年第 1 期。

② "ACGN"为英文 Animation(动画)、Comic(漫画)、Game(游戏)、Novel(小说)的合并缩写,是从 ACG 扩展而来的新词汇,主要流行于华语文化圈。

发的新型专题旅游活动”①。

“圣地巡礼”虽然在年轻群体中风靡，但目前国内学界对其研究则较为薄弱，现有研究主要集中在“圣地巡礼”文化分析、案例分析（仙台市、秋叶原、鹫宫町）、与普通旅游模式的对比、巡礼者的行为以及对我国动漫发展的启示等方面。作为一种旅游新形态，“圣地巡礼”有其区别性特征和创新性价值，现有的研究多从宏观层面阐释这种动漫旅游模式，缺乏从微观层面对其流行的深层机制进行深描；诸多研究着力于对作品和文化的分析，对当下我国文旅融合产业的发展缺乏关照。虽说也有学者从提升动画质量、完善产业链、拓宽传播渠道三个方面提出对我国动漫产业发展的启示②，或从动漫题材选择、动漫旅游规划等角度提出建议，但总的来看，这些启示与借鉴性策略皆聚焦于我国动漫产业的未来发展，对于影视旅游、作品旅游等其他内容产业的发展缺乏指导意义；且大部分建议较为宏观，针对性和可操作性不强。本文尝试对这一不同于传统观光的新型旅游模式进行全面而深入的解读，探讨“圣地巡礼”旅游的独特性与核心竞争力。在这一过程中，个体如何在物理空间和虚拟空间的游离中获得情感的治愈？社交媒体在数字时代的文旅融合中产生了怎样的社会文化意义？“圣地巡礼”的创新性实践作为“他山之石”可以为我国内容产业的发展提供怎样的借鉴意义？

二、“在场”与“打卡”——“圣地巡礼”动漫旅游的显著特征

（一）情感“治愈”：“圣地巡礼”的精神体验

世界各民族都有“治愈”文化，但唯独在日本，治愈文化形成一个覆盖文学、音乐、旅游、影视、动漫、艺人的全方位的产业体系——“治愈系”。“治愈系”在日语中指能够抚慰心灵，给人以持续、恒久、连续的舒畅感的一系列事物③。“治愈系”一词出现于 20 世纪 90 年代后期，彼时日本经济泡沫破裂，社会大萧条带给日本人一种创伤感，而随着现代化进程的加快，面对充满压力和焦虑的社会现实，“治愈”文化与“治愈系”产品便成为人们的迫切需求。“治愈

① Okamoto T., “Otaku Tourism and The Anime Pilgrimage Phenomenon in Japan”, *Japan Forum*, 2015, 27(1), pp.12—13.

② 周广：《日本“圣地巡礼”对我国动画产业发展的启示》，《出版广角》2019 年第 9 期。

③ 韩思齐：《日本“治愈系”的文化分析》，《南昌教育学院学报》2010 年第 2 期。

系”最早被用于音乐，后被广泛扩大至动漫、影视、旅游、文学等文化产业领域①。日本作为动漫强国，其“治愈系”文化在动漫产业中更是表现得淋漓尽致，审视在国内颇受欢迎的宫崎骏动漫电影《千与千寻》《龙猫》《天空之城》等，不难发现其内容的“治愈”色彩，有研究者将“治愈系”动漫的特点归纳为“无常”“沉静”和“真诚”。②具体而言，日本“治愈系”动漫突出体现在以下方面：第一，无暴力和血腥画面充斥眼球，情节平淡舒缓，娓娓道来，氤氲着童真童趣的纯净氛围；第二，弥漫一种淡淡的伤感，但其中亦不乏人生哲理和温暖鼓舞；第三，借助超自然力量进行虚构叙事，建构出桃花源式的美好世界；第四，塑造丰满鲜活的万物有灵式的“萌系”人物，用真、善、美的动人情节抚慰人心。回顾日本近几年来在海外传播范围较广、影响较深的动漫作品，无不承袭其“治愈系”风格而揽粉无数。

在日本，“内容产业”一词比“文化产业”更为流行。日本将电视剧、电影、动漫、游戏、音乐等门类统称为“内容产业”。内容创作是文化产业的核心，日本动漫作品构筑了纯真烂漫的异想世界，吸引了国内粉丝跋山涉水奔赴目的地，作品内容作为核心竞争力，其塑造的“萌系”人物和充满“灵性”的意象共同营造了一种抚慰人心的精神氛围，所以才能吸引粉丝将线上观看行为转化为线下旅游实践，粉丝在线上与线下的“游走”，延伸了动漫产业的产业链附加值。巡礼者将对虚拟动漫作品的情感寄托于现实场景，在此过程中巡礼者也潜移默化地习得了目的地文化，更为重要的是，巡礼者在此过程中获得了一种情绪的疗愈和精神的升华。在全球化和现代化的复合进程中，人的情感常常难以自渡，需要依托非日常的文化空间进行身份切换和情绪释放。在情感因素驱动下，与传统旅游的猎奇、观光或疗养、娱乐式旅游不同，“圣地巡礼”在于寻求情感的治愈进而促成情感的消费。

青年群体为何会流连于情感“治愈”、钟情于“治愈系”文化产品？为了回应这个问题，需要引入更多元的研究尺度，鲍曼在《流动的现代性》一书中用“液态”“流动”形容并归纳现代性和社会形态的发展。在鲍曼强化的“液态社会”理念中，当下社会在规范、准则、模式等方面存在缺失，人们过着“漂浮”“游离”式的生活，处于“流动”社会中的个体身份是不确定的，其永远处于对身份和意义的寻求中③，而“身份寻求者的自由，类似于骑自行车人的自由。停止

①② 邓文婧：《日本动漫中“治愈系”现象的呈现研究》，西南政法大学2012年硕士学位论文。

③ 李泓江、杨保军：《“液态”理论的旅行及其对新闻学研究的启示》，《社会科学战线》2019年第9期。

蹬车的惩罚，就是摔倒；人必须一直蹬，只是为了保持不摔倒”①。诚如鲍曼所言，“流动”与“液态”是现代性发展的底色，处于“流动”中的个体一直跋涉在寻求意义与身份的征途之中，日本动漫的内容创作和情感表达，在某种程度上是为了抵抗现代性的困境，为当代青年群体提供一个情感寄托与情绪释放的文化空间。不可否认，巡礼者在赋予自身旅游打卡行为神圣性意义的同时，也无意识地解构了作为宗教的“圣地巡礼”的神圣性②。

由此观之，“圣地巡礼”作为一种深度旅游，使巡礼者纵情于异想世界的纯真烂漫，将对虚拟空间的情感投射于现实物理空间，审美体验的延宕与身体的在场使个人化的情感体验转化为群体性的精神共鸣，这一过程消弭了都市革命对城市生活者的异化，消融了虚拟世界带给个体的孤独感，借助动漫影像实践所构筑的“差异空间”使巡礼者挣脱了“抽象空间”的缰绳，完成了对循环往复的日常生活的反叛，进而抵达精神“治愈”和身心舒缓的彼岸。

（二）身体“在场”：物理空间的共在与共享

“在场”意味着“可以被直接感受和拥有的最真实的存在形式”③，其不仅仅是“身体在场”，更是“具体时间和空间中的在场”。这里提及的“在场”概念中的“场”，一方面指“现实场所”，即动漫作品的现实取景地、巡礼者“巡礼”的现场、旅游者观光的现场；另一方面指“行动的场域”，亦即承袭布尔迪厄的“场域”理论，这一“行动场域”不仅限于特定时空下的特定场景，更包含了由意义生产者、旅游实践者、媒介共同建构的复杂“关系网络”。

动漫影片作为一种可供欣赏和休闲的文艺作品，它的传播途径一般经由院线电影、各大媒体平台、电视或移动智能手机呈送至观者眼前。回首过去，电视的出现为家庭和朋友营造了共同在场的环境因素，重点不在于观看了什么，而是与家人或朋友共处于同一场景、同一时空，共享同一氛围。电视作为一种工具维系并建构了共在、共时、共享的社会生活和稳定的人际关系。在当前社会，人各拥有智能手机，再也不是一个家庭拥有一台电视机便足矣的时代了。智能手机的出现使得个体的文本接受变得个性化和私密化，互联网与智能媒介技术引导人们将身体“面对面”的交流转移至虚拟社区或其他虚拟空间，人与人的交流完全可以跨越空间和身体的限制，人们在虚拟空间的社会交往和信息传播是“去身体化”的，即我们无需面对面的身体“在场”，也可以实现

① ［英］齐格蒙特·鲍曼：《流动的生活》，徐朝友译，江苏人民出版社2012年版，第35页。

② 刘玉堂、姜雨薇：《媒介隐喻、意义盗猎与符号消费——圣地巡礼的粉丝文化研究》，《文化软实力研究》2020年第3期。

③ 彭锋：《重回在场——兼论哲学作为一种生活方式》，《学术月刊》2006年第12期。

即时的信息交流。久而久之，沉浸于“身体缺席”的信息交流和社会交往让人们陷入一种虚无感，社交媒体平台的个人头像展示、虚拟表情包、游戏人物与游戏皮肤已经成为数字时代人类的“技术身体”。在此背景下，具身性的人际交流与旅游体验便显得弥足珍贵。在此，我们引入涂尔干的互动仪式理论进行探讨，他在回答宗教如何产生时，提出了构成社会互动仪式的要素，其中特别强调了群体的物理空间汇集这一要素。[①]在梅洛·庞蒂看来，身体就像艺术作品一样，是“活生生的意义关联”。值得注意的是，在互联网和新媒体时代，技术一方面冲破时间和空间的限制，延伸了人类的身体“机能”，互联网和信息技术延伸了人类的器官；另一方面，技术的高歌猛进与现代化进程中人类日益增长的精神需求之间产生了不平衡发展的矛盾关系。因此，须臾逃离日常生活，奔赴“神圣”之旅是现代社会的精神诉求之一。巡礼者的旅游打卡地就是区隔了日常生活场景的审美空间。巡礼者的短暂逃离和回归日常生活相应转换为消费者在“世俗—神圣—世俗”中循环往复。人们向往冲破虚拟空间的交流，奔赴现实场景注视并用肢体触摸目的地景观，调动身体感官去感受物理空间的存在和自我的存在以及与他人的共在。

审视巡礼者的实践过程，其抵达“圣地”（动漫作品的真实取景地）是“入场”[②]的一个片段，日本政府确立“旅游立国”“动漫外交”等政策、动漫创作者对特定场景的拍摄和精心制作、粉丝观看动漫影片、当地政府制作的“圣地巡礼”地图皆是“入场”过程的重要组成部分。巡礼者作为“行动者”，调动身体的感官去凝视、触摸、品尝、聆听目的地的一切，身体在特定空间的实践行为彰显了身体的“属我性”——区划出身体性的空间，这种空间是“自我的”而非“他人的”。身体的“在场”给予巡礼者一种不可替代的真实感，巡礼者根据官方制定或粉丝自发设计的巡礼路线和巡礼地图进行旅游和观光，在现实空间延伸对动漫作品的审美体验，辗转于多元场景一遍又一遍回味动漫作品带给自己的感动，这种身体的“转场”激活了巡礼者对于作品的共鸣和共振。这里的“转场”还包括巡礼者拍摄照片或制作短视频上传至社交媒体，通过在现实空间与虚拟空间之间自由逡巡，实现了虚实空间的身份转换，这种“游离”的旅游模式一方面在现实空间标记了“我”的印记，建构了人与目的地、个体与群体之间的专属记忆和亲密关系；另一方面，虚拟空间的符号传播和意义的生成为目的地

① 潘曙雅、张煜祺：《虚拟在场：网络粉丝社群的互动仪式链》，《国际新闻界》2014年第9期。

② 郭建斌：《“在场”：一个基于中国经验的媒体人类学概念》，《新闻与传播研究》2019年第11期。

带去了更多的文化资本。旅途结束，巡礼者怀揣着“神圣”的情感依依不舍的身体“退场”，“入场”“转场”“退场”共同构成某一次特定的身体“在场”，[①]而巡礼者的“退场”又意味着下一轮“入场”的开始。

（三）社交“打卡”：虚拟空间的社群互动

动漫影片作为一种无形文化资源，具有可转化性高的特点。发展动漫旅游需要对现实场景进行意义关联，构筑意义载体和情感寄托空间。目的地的意义与文化内涵并非由来已久的先天优势，而是后天由政府政策支持、动漫创作者的文艺想象、粉丝“巡礼”与媒介营销传播共同建构的意义空间。

“打卡”作为一个依托新媒体而骤然兴起的词语，是指身体在场，通过拍照或录制小视频等方式在自媒体或社交媒体平台上分享并标记某些事物，包括旅游、美食、学习、运动、观影等方面，在媒介空间留下自我生活的痕迹。“打卡”意味着身临其境，以身体感官感受目的地。在“圣地巡礼”的旅游实践中，“打卡”是一种仪式性的行为，即模仿动漫作品中的主人公在共同的场景中进行画面或情节的还原。巡礼者作为行为主体并非程式性地模仿，而是在打卡的过程中寻找美的瞬间，叩问自我存在的意义与价值。“打卡”突出了巡礼者身体与物理空间的感官相遇，以及影像在虚拟空间的呈现和流转。[②]“打卡”作为一种仪式存在，包含一系列固定的行为，按照“巡礼”地图路线游览不同的风景，其中对于旅游目的地的拍摄是重要一环，其上传至社会媒体的过程也十分微妙：通过对照片或视频叠加不同滤镜，对风景的阴暗明晦进行人为控制，通过后期的调适与再加工改变影像的整体色调和风格，或再添加些许文字或符号，“风景”因此摇身一变，成为烙印自我痕迹的社交媒体“景观”。在这一过程中，巡礼者似乎也参与了动漫制作和拍摄的全过程，这种身临其境和参与式文化给予个体一种自我掌控感，在“圣地”拍照留影，即是强调“我在现场”“我是主角”，巡礼者不再是观看动漫影片时缄默无言的芸芸观众，而是“在场”的见证者和参与者。通过拍摄照片彰显自我的“在场”，上传社交网络进行分享和传播，即是告知他人“我曾来过”“我与它同在”。

摄影的魅力在于将三维空间中须臾即逝的画面进行永久定格，其本身即是一种记录方式，将心之所爱的场景永久留存，将自我与“圣地”之间的现实相遇化为永恒。在这一过程中，摄影或短视频的拍摄是“圣地巡礼”最为重要的

---

① 郭建斌：《“在场”：一个基于中国经验的媒体人类学概念》，《新闻与传播研究》2019 年第 11 期。

② 孙玮：《我拍故我在 我们打卡故城市在——短视频：赛博城市的大众影像实践》，《国际新闻界》2020 年第 6 期。

环节，正是这一环节的顺利进行使得巡礼者可以解码并体验到旅游的真谛和精彩之处。也就是说，没有影像实践参与的“圣地巡礼”是不完整的，也不能称为真正意义上的“圣地巡礼”。与传统的观光旅游相比，其更注重行为主体的自主性，不仅仅调动身体去感知，更借助工具或媒介去进行艺术创作与再生产。在潜移默化中，巡礼者实际上是在用一种动漫制作的方式完成旅游的全过程。拍照并打卡在旅途中占据了重要的位置，在拍照的过程中，巡礼者完成了对目的地的审视，即这种审美体验是自我驱动的，重新调动参与者的全部情感体验去发现平淡之韵与生活之美。动漫创作者描绘的场景多为习焉不察的日常环境，如何在平淡中拾得美则需要每一个巡礼者自我实践。庸常之景本无意义，但是内容创作为平淡之景赋予了故事性和个性化意义，这种深度体验借助电子摄像头和影视媒介才能完成。身体的在场是为了捕捉真实场景的虚拟化再现，在此过程中，旅游者的行为过程实际经历了一个“虚拟—现实—再虚拟”的循环过程，也是一个“脱域—嵌入—再脱域”的过程，线上观看动漫影像带给人身体的“脱域”，身体步入现实场景即是“嵌入”，在社交平台进行“打卡”实现虚拟社区的信息传播是“再脱域”。正是迥异于普通观光的旅游“打卡”，实现了个体在虚拟和现实之间的虚实互嵌和身体流转。“打卡”一方面带给个体在“身体缺席”的社会交往中对身体性的获得感，主体性因此得以实现，借助身体的“在场”在虚实之间体会旅游的真谛；另一方面，“打卡”是巡礼者约定俗成的仪式，“打卡”是在社交平台体验“存在感”，此时此地此身俱在。

旅游者的旅游实践通过媒介生成了新的意义，媒介作为一种中介再现了旅游者的旅游体验，通过特定的格式传递文本、叙事或话语结构。在这一过程中，社交媒体扮演了重要角色，其“风格无边界”的图文叙事结构和共享传播为消费者提供了一个虚拟时尚文化空间，社交媒体促成了个体观光旅游的艺术摄影行为，消费者不仅是神圣旅游者更是艺术鉴赏者，社交媒体深化了旅游者的情感体验，升华了消费者的旅游行为。

三、“圣地巡礼”动漫旅游对我国内容产业发展的启示

内容产业又称为数字内容产业，指“利用数字化手段和信息技术提供内容服务的产业，包括移动内容、互联网服务、游戏、动画、影音等多个领域”①。

① 李思屈、李涛：《文化产业概论》，浙江大学出版社2010年版，第18页。

1996年，欧盟《信息社会2000计划》又将内容产业的主体定义为“那些制造、开发、包装和销售信息产品及服务的产业”。“圣地巡礼”动漫旅游属于影视旅游的一部分，它将动漫产业与旅游产业完美融合，成功地提升了动漫产业的附加值；同时也是践行文旅融合的独特尝试，凭借优质“内容”获得了青年群体的喜爱，将线上观看转化为线下旅游，实现了产业链的延伸，扩大了日本动漫的文化影响力。内容产业的精神内涵，即内容的生产是文化产业发展的核心，前文通过分析提炼了“圣地巡礼”动漫旅游的核心竞争力，下文尝试从具体的旅游行为实践中提炼出一些策略，为我国的内容产业的发展抛砖引玉。

（一）内容创作营造“故事感”，“拼贴”新意义

动漫创作者依据现实场景设计的“圣地”并非精妙绝伦的名胜古迹，相反，其场景大都是生活中初看不以为然的平淡日常。动漫创作者捕捉到了人们习焉不察的美好景致，通过塑造人物、艺术加工将日常生活审美化，赋予日常场景“故事性”和文化内涵，因此即使是城市快节奏的钢筋水泥森林也展现出某种错落有致的现代美感。原本毫不起眼的场景转化为旅游景观，这种景观的魅力不在于曼妙风景本身，而是动漫影片赋予目的地的“故事感”。日本政府熟稔地掌握了消费者的文化心理，挪用原有的材料“拼贴”出新的意义，创造出独特的文化风格，恰恰契合了伯明翰学派对青年亚文化的讨论。因此，对于国内的旅游景点而言，重要的不是开发新的景观，而是生成新的意义。并非所有旅游目的地要基于某种宏大而深刻的历史叙事，对于诸多“先天不足”缺乏历史底蕴的城市而言，强行赋予历史内涵是削足适履，关键是营造“故事性”，生成新的意义。从日本动漫的影响力中可以窥见文化带给游客的感召力，旅游者抵达目的地不仅仅沉醉于风光景物，特定的意义场景是旅游者在物理空间的情感承载空间、审美体验延伸的空间，这种“在场”感一方面赋予故事真实感，另一方面将三重空间实现共时的重叠，这种故事性和仪式感赋予旅游者真实的情感共鸣。

当下的文本接受已经从“作者中心论”转向了“读者中心论”，互联网与大众媒介的崛起更是为个体赋权，为其提供了即时交流的平台和渠道。粉丝或者旅游者不再是被动的接收者，而是主动的创作者和“盗猎者”①。因此，内容产业的发展，在兼顾内容“故事性”的同时应为受众提供可供“游牧”和“盗猎”

① 德塞都在探讨“粉丝文化”时认为读者不单单是“盗猎者”，还是“游牧民”，善于以新材料制造新意义。德塞都的“盗猎”模式强调了意义制造的过程和大众阐释的流动性。具体参见[美]亨利·詹金斯、杨玲：《大众文化：粉丝、盗猎者、游牧民——德塞都的大众文化审美》，《湖北大学学报（哲学社会科学版）》2008年第4期。

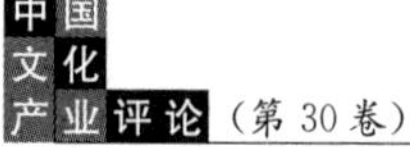

的空间。例如在“圣地巡礼”的内容旅游过程中,旅游者对目的地的拍摄、后期制作、上传分享等行为都蕴含了个体性的创作与参与。具体而言,内容产业的前端即创意内容的设计不仅应具备独特的“故事性”和“主题性”,同时在“主题”之外还应具有可供消费者自由“拼贴”的意义外延,促使消费者在参与式的文化背景中融入文化活动和文化产品的消费。

(二)文化符号的再生产,借助社交媒体营销传播

内容产业的重要特征在于其依托互联网和数字信息技术而展演,诸如动漫、影视、游戏等文化资源具有不可触摸性和虚拟性。将文化内容进行资源整合,必须依靠品牌符号的生产和再生产。“圣地巡礼”动漫旅游是以故事情节和人物形象为基础,对日常景观进行再生产,通过社交“打卡”实现景观的意义生产与符号传播。创意是文化产业的灵魂,内容产业实则也是一种“体验经济”,为了延伸产业链,需将内容产业中个人化的情感、体验转化为可触摸、可识别的符号系统,这类文化产品应具有风格化的高辨识度。例如故宫的猫,作为一个文化IP,开发者赋予其“皇室御猫”“高贵血统”“明清御猫的后代”等标签,故宫御猫作为一个文化符号,隐喻着不同寻常的历史文化地位,象征着皇室的雍容华贵,由此延伸出一系列文创产品并在互联网广泛传播,吸引众多慕名前去的游客踏入故宫或许只为一睹御猫剪影。究其原因,形态各异的文化符号契合并满足了人们内心深处对于目的地异质性文化的美好幻想。

因此,打造鲜明的文化符号是内容产业繁荣发展的必由之路,物质文化资源难以跨越时间、空间的限制进行自由传播,且受限于个体的文化素养、社会背景、受教育水平等因素,对于历史文化资源的解码能力也高低不一。不进行文化符号转化的文化资源缺乏辨识度和可接近性。文化符号因其具有易复制性、象征性、浅表性、娱乐性等特点,可以按照市场需求有规律的批量性生产文化产品,以满足大众的精神文化需求。

(三)契合青年的审美表达,开发“萌系”“治愈系”品牌

日本动漫影视作品在国内的放映是伴随一代人成长的集体记忆,它的广受欢迎反映出青年群体对其认同和肯定,也折射出青年群体的审美品位和审美需求。动漫作品中的场景沉淀了作者对美的感受和体悟,如日本文化中崇尚“物哀”与“虚无宁静”之美,创作者的集体无意识投射在电影中便幻化成可被凝视的故事情节和人物形象。所以说,“圣地巡礼”不仅仅是内容产业的范畴,更是一种审美经济。动漫作品中对日常生活进行审美化加工,用一种诗意、审美的目光审视生活,与其说旅游者是在观光,不如说是在寻找美、发现美。

当代中国呈现出“日常生活的审美化”与“审美的日常生活化”现象，日常生活的审美化打破了审美活动与日常生活的界限，使得审美活动与审美因素大举进入日常生活空间。①携程发布的《2019 国民旅游消费报告》指出，“90后”已经超越“80 后”，成为了旅游消费的绝对主力，说明青年群体对于日常生活的审美化追求更加强烈。一代人有一代人的审美，美对于生活在快节奏现代城市中的青年群体而言，是一种精神的抚慰。作为内容产业，对于形象的加工和制作异常重要，无论是动漫、漫画、影视还是电子游戏，都存在着一种内在的联系，即视觉的冲击与享受，任何一种视觉艺术都服务于美的享受。互联网信息技术加速了视觉形象的传播，因此，内容产业想要在媒体空间中占领一席之地，其形象必须符合受众的审美需求。在前文的论述中，我们提及日本“治愈系”文化产业具有强大的感召力，沉浸于虚拟影片中可使人获得短暂的心灵治愈。究其原因，一方面是其内容流露的真善美和治愈色彩；另一方面，“萌系”的人物形象，将动植物拟人化，万物有灵的原始理念营造了一种淳朴、温暖的氛围。在这种暖意盎然的氛围里，接受者自然而然地慢下来。因此，内容产业的内容设计应该是拥有直抵人心、催人奋进的文化精神内核，而不是娱乐式狂欢或冷却后的虚无。

四、结语

无论是主动的巡礼者还是积极的旅游者和消费者，在“凝视”目的地风景的时候，目的地并非约翰·厄里笔下的“他者”；相反，经过动漫作品的塑造，目的地的景观成为巡礼者朝圣的对象。人与目的地之间的关系不再是“凝视”与“被凝视”的不平等权力关系，而是一场洗涤灵魂、褪去疲惫、获得治愈的“朝圣”审美之旅。

“圣地巡礼”作为一种流行风尚，在社交媒体和互联网的带动下，使得那些非巡礼者的旅游者也加入这一浪潮中，获得一种共在的愉悦与荣光。值得注意的是，其中包含两条相辅相成的线索：一条线索是动漫影片的忠实粉丝奔赴“圣地”开启“巡礼”之旅，巡礼者的身份从虚拟空间的“影片观赏者”转换为现实空间的“圣地朝圣者”；另一条线索是非巡礼者抵达旅游目的地时，所在地氤氲的“圣地巡礼”氛围和热门景观促使非巡礼者进行“圣地巡礼”式的旅游尝试，而在此过程中他们不得不指涉动漫影片。那么对非巡礼者而言，其“接受”

① 陶东风：《日常生活的审美化与文艺学的学科反思》，《天津社会科学》2004 年第 4 期。

路径是从"陌生景观"到"动漫影片"再到"圣地"的反哺过程。无论是作为粉丝的巡礼者还是作为过客的非巡礼者,"圣地巡礼"式旅游因其完备的产业体系和精巧的设计使得参与者不能须臾顿悟其义、瞬间"接受"其美,这种旅游模式恰如一种"陌生化"的旅行,在探索其奥义的同时延长了"接受者"的解码过程,延宕了巡礼者的审美过程,衍生了旅行者的审美体验,从而可以在接受者内心留下痕迹和回味,刺激其再次进行旅行的审美欲望和情感共鸣。

Emotional "Healing" and Social "Clocking in": Characteristics and Enlightenment of "Holy Land Tour" Animation Tourism

Liu Yutang　Jiang Yuwei

Abstract: As a new form of tourism developed from Japanese anime films, "Holy Land Tour" has become popular among young people. Different from ordinary tourism, this kind of travel mode is infused with a comfortable feeling of Japan's "healing" cultural industry, bringing spiritual comfort and emotional relief to pilgrims, which forms a sharp contrast with the fast-paced lifestyle of modern cities. It is worth noting that "Holy Land Tour" animation tourism presents the physical "presence" of the physical space and the "check-in" of the virtual space. The identity of tourists has actually experienced the cyclic process of "virtual-reality-virtual again", and their behavior practice is also the dynamic process of "delocalization-embedding—delocalization again". The model of "Holy Land Tour" has a reference significance for the development of China's content industry. For example, it is vital to create a "sense of story", discover unique cultural symbols, create a unique cultural brand.

Key words: "Holy Land Tour"; animation tourism; content industry; physical presence; emotional healing

编 后 记

自第28卷起，《中国文化产业评论》由上海交通大学文化产业创新与发展研究基地和云南大学文化发展研究院联合主办，上海交通大学胡惠林教授、云南大学李炎教授主编。《中国文化产业评论（第30卷）》聚焦学科建设、“一带一路”研究、文化安全与文化政策、文化产业与文化经济、文化治理以及文化旅游等前沿问题。

本卷特稿，王永章《为中国文化产业修志立志——〈上海市志·文化产业分志〉序》提出，40年来的中国文化产业发展，为新中国70年的壮丽诗篇增添了浓墨重彩的一笔；不仅历史需要，而且现实也需要为中国文化产业修志立志，这应该是当前文化工作者一项义不容辞的历史责任。陈希颜、陈立旭《文化与经济共同富裕：实施“八八战略”以来浙江发展文化产业的探索》提出，进入21世纪后，浙江省做出全面规划未来经济和社会发展的“八八战略”，加快发展文化产业便是其中的重要内容；自实施“八八战略”以来，浙江不断完善文化产业发展政策、体制机制，加快培育国有和民营文化产业发展主体，不断优化文化产业发展环境，不断推动文化产业发展跃上新台阶，在大力发展经济的同时，大力发展文化产业，走出了一条文化与经济共同发展、共同富裕之路。

学科建设，学者在文化产业交叉学科建设、中国文化管理类学科建设、“中国文化产业学派”、文化产业管理学科建设与人才培养方面进行了有益探究。由本刊参与举办的第十七届全国高校文化管理类学科建设联席会议，聚焦国家学科建设的时代诉求，就“新文科”与“新商科”视域下的文化管理类学科建设、一流本科专业建设及人才培养、学科前沿动态展开深入研讨。会议围绕“新文科”发展的时代语境、发展现状、新技术与文科的融合、文化产业与现代社会治理、区域创新发展、课程体系、教学实践、人才培养等议题，提出很多新的观点和思考。李凤亮《抢抓“新文科”发展机遇，加快文化产业交叉学科建设》认为，“积极应变”是“新文科”建设的基本出发点，“新文科”建设应该坚持以人为本，从强化硬通识、催生新思想、体现新担当着手，“新文科”背景下的文化产业学科创新应该抓住“新文科”发展机遇，把握交叉学科建设规律，加强文化产业学科内涵建设，团结协作推动学科建设升级。李炎、耿达《中国文化管理类学科建设刍议》总结提出中国文化管理类学科建设经历的三个阶段，高校学科人才培养的四类实践；认为尊重学科建设和人才培养的规律，构建与中国文化产业发展相适应的学科体系是新时代赋予的社会使命；中国文化管理类学科的学术共同体应该产生知识自觉，直面时代真实问题与真实需求的结构叙事，研究"中国问题"，探索"中国答案"，形成"中国理论"，推动知识体系的战略构造与国家治理的现代转型相吻合，实现知识体系的战略构造与公众参与的现代治理的有机结合发展。

"一带一路"研究，学者探究了丝绸之路沿线中亚国家音乐产权制度和哈萨克斯坦音乐产权内容体系。汪俊昌《丝绸之路沿线中亚国家的音乐产权制度》认为，丝绸之路沿线中亚国家突出音乐团体的音乐产权主体地位，客体确立标准存在差异，音乐产权类型被归为非物质财产权、物质产权、综合产权，具体权能丰富多元，体现各国音乐产权生态，音乐产权救济司法与行政并重，正在形成民间救济体系。郑智武《哈萨克斯坦音乐产权内容体系述论》认为，音乐产权主体非财产权中的身份权与放弃权，音乐产权人财产权中的专有权、使用权、许可权与转让权，以及音乐产权人综合权中报酬权和其他综合性权利，充分显示出本国历史文化特色；哈萨克斯坦历史上是古丝绸之路的重要通道，现在是东西方文明的交汇之地，自独立以后，其文化因素包括音乐直接影响哈萨克斯坦对外政策，深入解析哈萨克斯坦音乐产权内容体系，对促进中哈音乐交流与民心相通有重要价值。

文化安全与文化政策，学者就文化产业政策的维度识别与模式建构、边境治理中的戍边文化资源发掘与运用等主题进行了探究。周建新、谭富强《新冠肺炎疫情背景下我国文化产业政策的维度识别与模式建构》以近期各省级行政单位出台的文化产业政策为研究内容，采用机器学习中的 TextRank 自然语言处理技术为研究工具，力图识别出相关政策的要素与维度，通过与既往政策的对比，尝试建构起特殊时期文化产业发展模式的概念模型，为我国今后探索文化产业发展模式提供参考。范俊《边境治理中的戍边文化资源发掘与运用》认为，作为国家疆域最边缘的区域，边境因人文之异、地理之异、地缘之异而存在特殊性问题，这些复杂问题的解决有赖于物质性资源和精神性资源的投入和运用；戍边文化具有激发戍边精神动力、涵育自觉边民意识、创新治边体制机制的时代价值，为此要重视戍边文化挖掘中的针对性，加强发展型导向的戍边文化挖掘，极力拓展多维戍边文化内涵，注重挖掘同一戍边文化的多种价值。

文化产业与文化经济，学者对中国艺术区空间分布、实体书店商业转型模式与机制、传统文化资源激活本土品牌构建等进行了研究。荣洁《中国艺术区空间分布三维度分析》认为，艺术生产空间与艺术消费空间的优越性程度形塑出艺术区空间形态的分布格局，以城市为依托的城乡二元空间建构了艺术区分布的基本结构。闵洁《传统文化资源激活本土品牌构建路径的研究》聚焦传统文化资源挖掘，用以激活本土品牌的构建路径，将品牌战略与传统文化进行创造性转化并有机结合起来，提出了传统文化资源激活“品牌构建模式”的三大路径：文化精神提炼、文化灌注方法、文化形象成形。李建军、朱乾峰、傅佳诚《实体书店商业转型模式与机制研究——以上海钟书阁书店为例》基于实体书店如何摆脱经营困境、构建新型商业业态和转型发展，以上海钟书阁书店为例，研究发现：实体书店商业转型主要从内部管理升级和外部经营拓展两个维度双管齐下；传统实体书店商业业态转型应该走“文创＋”再造型的路径模式；实体书店成功转型是通过再生机制和再造机制完成的。

文化治理方面，学者对文化治理视角下的“双效统一”实现路径、非遗扶贫的文化治理性探析方面进行了研究。齐崇文《文化治理视角下的“双效统一”实现路径研究》认为，多元治理的文化治理能够充分发挥“双效统一”对文化繁荣和社会发展的推动作用，能够兼顾“双效统一”的双重目标，能够促进“双效统一”中各类主体的良性互动，能够实现“双效统一”的普遍约束，是解决当前“双效不统一”问题的有效途径。王元、杨程程《非遗扶贫的文化治理性探析》认为，非遗扶贫是精准扶贫与乡村振兴双重政策作用下的产物，非遗扶贫的实践探索生动诠释了文化作为国家治理工具的有效性，文化治理的本质以文化为主要政策对象，非遗扶贫在实践中所呈现出促进人的全面发展与主体性的重塑、社会结构的稳固与再生产能力的接续以及文化间性的弥合与国家认同的建构分别从个体、社会及国家层面展现出了其文化治理性的三重逻辑。

文化旅游，学者对休闲美育、传统公共文化空间的旅游开发等主题进行了研究。徐望《文旅融合“大休闲产业”背景下的休闲美育之路探索》认为，文旅融合助推建设性的休闲方式、创造审美化的休闲样态、生成诗意化的休闲境界，因而开辟了休闲美学之境，拓展了休闲美学研究的新领域，为文旅融合背景下的休闲美育发展提出了建议：一是“玩物适情”，解蔽认识局限；二是保障时间空间，解困时空局限；三是丰富产品供给，解除选择局限；四是体悟自由之美，解脱生存局限。王林《生产与重塑：三省坡侗寨传统公共文化空间的旅游开发研究》基于列斐伏尔“空间的实践”“空间的表征”和“表征的空间”的空间本体论“三元一体”社会理论框架，对旅游开发背景下三省坡（湘黔桂三省交界）的侗族地区进行持续跟踪调研，发现：侗族地区“空间的实践”是旅游生产的基础和前提，促进了侗族民众的文化身份；在旅游开发中“空间的表征”则与各种利益相关者的知识、意识形态和权力关系联系在一起，进一步演变为概念化的空间，即“构想的空间”；表征的空间是属于描述性、体验型的社会空间，其目标是走向差异化、异质化的空间。以侗族传统公共文化空间为依托和载体，三省坡侗族的社会关系发生了转型，旅游利益相关者共同建构了游客的空间想象，并且通过生产行为将其物质化的形式表现出来，完成了“地方空间”的重塑。

本刊以前沿性、学术性、原创性、公共性和先进性为学术目标，旨在对当代中国文化产业发展实践中提出的重大理论和实践给出学术回答，对当代国际文化产业理论给予中国学术界的关注。希望能够继续与学界同仁砥砺学术情怀，助力中国文化产业发展，共襄中华文化繁荣盛举。

《中国文化产业评论》编辑部

2021 年 10 月

约 稿 启 事

《中国文化产业评论》是上海交通大学国家文化产业创新与发展研究基地主办的学术理论刊物。它的任务是对当代中国文化产业发展实践中提出的重大理论和实践问题给出学术的回答，对当代国际文化产业理论研究给予中国学术界的关注，发表自己的见解。它追求的学术目标是：前沿性、学术性、原创性、公共性、先进性。

《中国文化产业评论》是一个“开放性实验室”，主张学术自由，倡导学术平等，坚持学术规范，遵循“百家争鸣”方针；主张全球性视野，贯彻发展是硬道理，突出原创品格，坚持社会关怀。本土学者和海外学人，凡是关注中国文化产业发展的，都可以在本书发表研究成果。

《中国文化产业评论》每年出版两卷。主要栏目有：理论探讨、改革瞭望、区域观察、全球环顾、文化政策研究、文化经济研究、文化治理研究、文化市场研究、文化消费研究、文化遗产研究等。

我们坚持以质取文，敬请投稿者注意以下要求：

1. 来稿格式要求规范，项目齐全，按顺序包括：文题、作者姓名、工作单位、主要研究方向、中文摘要、关键词、正文、参考文献、作者详细通信地址、邮编、电话号码、电子信箱。

1.1　文题：一般不超过 20 字，必要时加副标题。

1.2　作者姓名：多位作者之间以逗号分隔，并在篇首页用脚注注明作者简介，包括姓名、出生年、性别、民族、籍贯、工作单位、职称、学位。

1.3　作者单位：单位全称、省市名、邮政编码。

1.4　摘要：从文章中摘出其主要观点和结论，不用“本文”“作者认为”等字样，不加评论和补充解释，200 字左右。

1.5　关键词：选反映论文主题内容的词或词组 3—8 个，关键词之间用分号分隔。

1.6　正文：来稿字数 10 000 字左右。

1.7　参考文献：参考文献置于正文之后。序号用方括号标注，引文起止

页码在正文中用圆括弧标注。如第8页标为(p.8),按正文中出现的次序标引,未公开发表的资料一般不宜引用。注录格式:

[期刊]作者,文题,刊名,年卷(期);

[书籍]作者,书名,出版地,出版社,出版年,页码;

[报纸]作者,文题,报名,出版日期,版次;

[论文集]作者,引文文题,主编,论文集名,出版地,出版社,出版年,页码。

1.8 注解:对正文特定内容的解释与说明采用脚注形式,按页编号,注释号①②③等标在相应正文右上角。

1.9 数字:公历世纪、年代、年月日、时刻、图表的序号用阿拉伯数字。年份不能简写。千位以上数字小数点左右每隔3位空1/4格,5位以上数字以"万""亿"作单位。

2. 稿件若系省部级以上基金项目,需要注明项目名称、编号,本刊将优先发表上述稿件。

3. 勿一稿两投。投稿在3个月之内未收到刊用通知者,请自行处理,来稿不退。

4. 稿件要求用打印机打好,或用Word文档发E-mail:zgwhcypl@163.com。

图书在版编目(CIP)数据

中国文化产业评论.第30卷/胡惠林,李炎主编
.—上海:上海人民出版社,2021
ISBN 978-7-208-17288-3

Ⅰ.①中… Ⅱ.①胡… ②李… Ⅲ.①文化产业-中
国-文集 Ⅳ.①G124-53

中国版本图书馆CIP数据核字(2021)第165598号

责任编辑 黄玉婷 邱 迪
封面设计 范昊如 夏 雪

中国文化产业评论(第30卷)
胡惠林 李 炎 主编

出 版 上海人民出版社
(201101 上海市闵行区号景路159弄C座)
发 行 上海人民出版社发行中心
印 刷 上海商务联西印刷有限公司
开 本 720×1000 1/16
印 张 26.75
插 页 2
字 数 445,000
版 次 2021年11月第1版
印 次 2021年11月第1次印刷
ISBN 978-7-208-17288-3/G·2081
定 价 98.00元